조선에
온
서양
물건들

조선에 온 서양 물건들

안경, 망원경, 자명종으로 살펴보는
조선의 서양 문물 수용사

강명관 지음

이 책은 조선 후기에 청나라 북경을 통해서(부분적으로는 일본을 통해서) 들어온 다섯 가지 서양 물건의 역사를 다룬다. 다섯 가지 물건이란 안경·망원경·유리거울·자명종·양금이다. 이 다섯 물건은 조선 후기 사람들의 서양 인식과 관련하여 대단히 중요한 의미가 있다.

이 주제에 대해 관심을 두고 자료를 모은 지는 오래되었지만 쉽게 원고를 쓰지 못한 것은 언제 어떤 물건이 들어왔다는 식의 범상한 서술을 넘기 위해 챙겨 보아야 할 것이 적지 않았기 때문이다. 자료의 배후에 있는 과학사와 기술사에 대한 이해가 아주 부족했던 것도 집필을 미룬 중요한 이유가 된다. 아직 해야 할 공부가 많이 남았지만 지금 이렇게 정리할 수밖에 없는 것은, 내가 처한 상황으로 보아 이 주제에 대해 더는 진척이 없을 것 같고, 또 다른 공부거리가 밀려 있기 때문이다. 스스로 부족함을 절감하면서도 일단 책을 낸다. 이 책이 앞으로 이 방면에 대한 관심과 더욱 깊은 연구를 촉발하기를 기대할 뿐이다. 아마도 이 책은 과학사와 기술사에 대한 나의 무지로 인해 오류가 적지 않을 것이다.

눈 밝으신 분들은 부디 일깨워주시기 바란다. 애정 어린 교시로 오류를 고쳐나가고 싶다.

이 책을 쓰면서 여러 분의 도움을 받았다. 부산대학교 화학과 이상국 교수님은 나의 질문을 한심하게(?) 여기지 않으시고 찬찬히 답해주셨다. 유리를 만드는 법에 대한 화학적 설명은 이상국 교수님께 얻은 것이다. 물론 유리에 관한 이 책의 서술에 잘못된 것이 있다면 그것은 전적으로 나 자신이 잘못 이해해서 그런 것임을 밝혀둔다. 한국학중앙연구원의 이태희 박사는 귀중한 자료를 챙겨주었다. 대학원생 허하영과 전현주, 김지윤은 자료를 챙겨주고 그림 자료를 정리하는 등 수고가 많았다. 이 자리를 빌려 고마움을 표한다.

오랫동안 조선 후기의 연행록燕行錄을 읽으면서 이 방면의 책을 내는 것이 꿈이었다. 이제 책을 내니 묵은 숙제를 한 듯 홀가분하다.

2015년 겨울
책주산실冊酒山室에서
강명관

차 례

서양에서 온 다섯 물건은
조선에 어떤 영향을 끼쳤을까

사상은 역사를 바꾼다. 로마는 힘으로 팔레스타인을 지배했지만 가난한 목수의 아들이 팔레스타인을 떠돌며 풀어낸 생각은 도리어 로마제국을 지배했다. 런던의 대영도서관 한구석 책상에 앉아 있던 지식인의 손에서 태어난 몇 권의 책은 제정러시아를 소멸시키고 근대 유럽 사회와 정치를 지배했다. 개인의 두뇌에서 흘러나온 사상은 사람을 감염시키고, 급기야 행동이 되고, 마침내 역사의 거대한 물줄기를 바꾼다.

　역사는 하지만 그보다 더 복잡하다. 인간의 생각이 아니라 뜻밖에도 자연 속의 사소한 물질이 역사를 바꿀 수도 있다. 인간과 상관없이 존재하던 그것이 인간의 욕망의 대상이 되는 순간 역사를 간섭하기 시작한다. 식물이 내뱉는 미세한 물질-향료는 서구의 선박을 인도로 이끌었고, 그 선박은 마침내 대항해시대를 열었다. 그렇게 해서 도착한 볼리비아 포토시(Potosí)의 은광銀鑛은 유럽에서 가격혁명을 일으켰다. 한편 인도의 아름다운 꽃에서 뽑아낸 중독성 물질은 인류 역사상 가장 비윤리적인, 더러운 전쟁으로 거대한 제국 청淸을 몰락으로 이끌었다.

자연에 있는 물질만이 아니라 인간이 스스로 만든 물건 역시 역사를 바꾸었다. 한스 리페르세이가 만든 망원경이 아니었다면 과연 유럽의 배가 대서양을 건너 아메리카에 도달할 수 있었을까? 대항해시대가 열릴 수 있었을까? 망원경으로 인해 천동설은 치명상을 입었고, 기독교의 우주관이 무너졌다. 그것은 곧 신학이 학문과 사상의 주류에서 밀려난다는 것을 의미했다. 시간을 정확하게 계측하는 기계, 곧 시계는 인간의 노동을 시간으로 나누어 그것에 가격을 매기는 결과를 가져왔다. 급기야 인간의 노동은 사고팔 수 있는 정량적 상품이 되었다. 곧 시계의 제작은 자본주의적 노동의 탄생과 불가분의 관계에 있는 것이다. 이렇듯 작은 물건 하나는 역사를 바꾸는 결정적인 계기가 되었다.

　이런 물건들은 옮겨지고 전해진다. 아랍을 통해 유럽에 전해진 중국의 나침반이 아니었다면, 망원경이 있더라도 대항해시대는 열리지 않았을 수도 있다. 중국의 화약은 조선에 전해져서 왜구를 물리치는 데 결정적인 역할을 했고, 유럽에서는 중세의 몰락을 재촉했다. 인간이 만든 물건이 옮겨지고 전해짐으로 인해 일어난 사건은 너무나도 거대한 것이어서 역사는 물건과 인간의 욕망이 맺는 관계에서 빚어지는 것이라 해도 지나친 말은 아닐 것이다.

　오랫동안 조선 후기의 연행록을 읽으면서 조선의 입장에서 세계로 열린 유일한 문인 북경을 통해 들어온 '서양'의 의미를 음미해왔다. 한반도는 원래 열린 공간이었다. 저 돈황의 석굴에는 신라·고구려·백제 인의 모습이 그려져 있다. 혜초를 비롯한 신라의 학승들은 중국 대륙을 거쳐 실크로드를 따라 인도로 갔다. 고려의 벽란도에는 송나라의 무역선이 드나들었다. 몽골에 의해 세계화가 이루어지자 고려 사람들은 몽골을 통해 광대한 세계를 경험할 수 있었다. 조선이 건국되고 불과 10년 뒤에 제작된 〈혼일강리역대국도지도混一疆理歷代國都地圖〉에 중국은 물론

인도, 아라비아, 러시아, 아프리카, 유럽이 보이는 것은 그 때문이다.

조선이 국제적 감각을 잃고 고립된 것은 임병양란 이후부터 1876년 개항할 때까지다. 약 2세기 반 정도 조선의 국제 감각은 중국과 일본에 제한되었던 것이다. 이것은 한반도가 경험한 전체 역사에서 예외적인 일에 속한다. 그런데 이 시기 한반도 바깥은 딴판으로 변하고 있었다. 바르톨로메우 디아스는 1488년 초 희망봉에 도착했고, 바스쿠 다가마의 배는 희망봉을 돌아 1498년 5월 인도 캘리컷(코지코드의 옛 이름)에 이르렀다. 콜럼버스의 배가 서인도제도에 도착한 것은 1492년이었고, 마젤란이 태평양을 횡단하고 지구를 일주한 것은 1521년이었다. 서구의 무역선에 의한 새로운 세계화, 곧 인류사의 비극이 일어났던 것이다.

조선의 바로 옆 중국에도 세계화의 바람이 이르렀다. 포르투갈의 무역선이 말라카 해협을 통과해 마카오에 도착했고, 1583년 마테오 리치가 광동의 조경肇慶 땅을 밟고 나서 불과 18년 뒤에는 북경에서 신종황제를 만났다. 이어 예수회 신부들이 도착했고, 북경에는 천주당이 세워졌다. 마찬가지로 일본에도 서양의 무역선이 찾아왔고, 천주교도가 피를 흘린 뒤 데지마出島에 네덜란드의 상관商館이 건설되었다. 중국과 일본은 이들 선교사와 무역선이 곧 자본주의의 음험한 촉수가 되리라는 것을 꿰뚫어볼 수 없었다. 하지만 서양이 상상 속 존재가 아니라 뚜렷한 물리적 실체임을 명확히 인지했다는 점은 조선과 확연히 구분된다.

북경에 도착한 서양인은 서양의 책을 한문으로 번역했고, 서양의 물건을 가져와 소개했다. 그것들은 조선에도 전해졌다. 북경의 서양인은 조선이 서양을 간접적으로 체험하는 통로였던 것이다. 당연히 '서양'도 두 갈래로 조선에 들어왔다. 한 갈래는 종교-천주교, 과학-천문학·수학, 지리학-세계지도·지리서 등의 형태로 들어왔다. 곧 책 또는 텍스트의 형태로 들어왔던 것이다. 이것들은 각각 영향력의 차원과 깊이가 달랐다.

가장 깊은 영향력을 행사한 것은 종교-천주교였다. 그것은 사족士族의 일부와 많은 수의 민중을 감염시켰고, 마침내 사족 체제의 이데올로기를 위협했다. 그것은 분명 사족 체제가 전면적으로 대응해야 할 정도로 사회 전체에 깊고 넓은, 그리고 위험한 영향력을 발휘했던 것이다. 과학-천문학·수학의 영향력은 분명 제한적이었다. 그것은 경화세족京華世族 중 극소수 지식인들 사이에서 극히 일부만이 이해되었을 뿐이다. 지리학 역시 다르지 않았다.

또 한 갈래는 물건의 형태로 들어왔다. 그 물건 중 대표적인 것이 이 책에서 다룰 안경과 망원경, 유리거울, 자명종, 양금이다. 이 다섯 가지 물건은 1583년 광동성 조경에 도착한 마테오 리치가 가져온, 혹은 그 이전에 무역선이 가지고 온 것들이고, 서구인의 삶에 큰 변화를 일으키고 때로는 역사를 바꾸어놓은 것들이다. 만약 서양의 무역선이 직접 한반도에 닿았더라면 더 많은 서양의 물건이 들어왔을 것이다. 하지만 조선은 사신단이 북경에 머무는 짧은 기간에만 서양의 물건을 접할 수 있었다. 그것이 아니라면 서양의 무역선이 일본에 부려놓은 것들 중 일부가 부산의 왜관을 통해 이따금 흘러들어왔다. 이 책에서 다룰 다섯 가지 물건은 그 어렵고 희귀한 접촉의 기회에서 조선인이 특별히 주목한 것들이다.

조선 사람들이 이전에는 보지 못했던 이 다섯 물건은 조선 사회에 어떤 영향을 끼쳤을까? 어떤 것은 신분과 계층에 상관없이 확산되었는가 하면 어떤 것은 극히 일부 사람들만 인지했을 뿐이다. 곧 그것들은 서양 텍스트에 대한 반응이 각각 달랐던 것처럼 수용 양상이 사뭇 달랐다. 그 이유는 무엇인가? 그리고 그 물건의 배후에 있는 과학과 기술을 얼마나 이해했던 것인가? 이 의문에 답하기 위해 이제 책을 시작한다.

1장

안경, 조선인의 눈을 밝히다

안경으로 사귄 벗

———

1765년 겨울 담헌 홍대용洪大容(1731~1783)은 그토록 가고 싶었던 북경 땅을 밟는다. 사신단의 서장관書狀官인 숙부 홍억洪檍을 수행하는 자제군관子弟軍官으로 따라갔으니 공식 임무가 있었던 것은 아니다. 소문으로 듣던 북경의 번영을 직접 확인하고, 천주당에서 서양인 신부를 만나 자신의 천문학 공부 중 의문스러운 점을 물어보려 했던 것이다. 하지만 그가 가장 바란 것은 한족漢族 지식인과 만나 흉금을 터놓고 대화를 나누는 것이었다. 화이론華夷論을 굳게 믿던 그는 오랑캐 청이 중국을 지배하고 번성을 누리는 이유를 알 수 없었다. 그 이해할 수 없는 상황을 한족 지식인은 어떻게 받아들이는지, 그들의 진정한 속내가 무엇인지 알고 싶었던 것이다.

홍대용은 압록강을 건너 중국 땅을 밟으면서부터 한족과의 접촉을 여러 차례 시도했고, 북경에 도착해서도 그런 노력을 아끼지 않았지만, 자신과 지적 수준이 맞는, 또 대화가 통하는 사람을 찾을 수 없었다. 그러던 중 어느 날 기묘한 계기가 마련되었다. 같은 사신단의 비장裨將 이기성李基成이 유리창에 안경을 사러 나갔다가 단정한 용모의 중국 문사文士 둘을 만났다. 둘 다 원시遠視였다. 이기성이 말을 건넸다. "나의 친한 사람이 안경을 구했으면 하는데, 진품을 구하기 어렵구려. 족하께서 쓰신 것이 꼭 맞을 것 같으니, 나에게 파시면 어떻겠소. 족하께서는 여벌이 있을 수도 있고, 또다시 구입하시기 어렵지 않을 게 아니겠소."

그 말에 한 사람이 선선히 안경을 벗어준다. "그대에게 안경을 부탁한 분 역시 나와 같이 눈이 나쁜 모양이구려. 내 어찌 안경 하나를 아끼겠소. 하지만 파는 건 또 무어란 말이오." 말을 마친 사내는 옷깃을 떨치고 자리를 뜬다. 남의 물건을 빼앗은 셈이라 이기성은 머쓱해졌다. 안경을 쥐고 쫓아가 "장난삼아 한 말이고 안경을 구하려는 사람은 없소. 공연히 안경을 받을 수 없구려." 하고 돌려주려 하였다. 두 사람은 "하찮은 물건인 데다 같은 괴로움을 당하는 사람을 생각해서 준 것이오. 어찌 이렇게 좀스럽게 구시오." 한다.[1] 이기성은 얼굴이 달아올랐다. 그는 무어라 할 말을 찾지 못하고 두 사람의 내력을 물었다. 과거 응시를 위해 정양문 밖 건정동乾淨衕에 머무르고 있는 절강성浙江省 항주杭州의 거인擧人이었다.

이기성은 돌아와 홍대용에게 유리창에서 있었던 사건을 전하며 두 사람을 만나보라 권한다. 홍대용은 두 사람을 찾아가 필담을 나누고 마침내 친구가 된다. 두 사람의 이름은 반정균潘廷筠과 엄성嚴誠이었다. 귀국 후 홍대용은 새로 사귄 중국인 친구를 자랑했고, 부러워해 마지않던 이덕무와 박제가, 박지원 등이 이내 북경으로 가서 홍대용이 구축해놓은 인맥을 통해 새로운 중국인 친구를 사귀게 된다. 이로써 조선과 중국 사이에 민간 차원의 지적 교류가 시작된 것이다.

문제는 안경이다. 이기성이 사려고 한 원시경은 '원시를 위한 안경'으로 이해된다.《을병연행록》에 의하면, 이기성이 반정균과 엄성(어느 사람이 안경을 선물했는지는 밝혀져 있지 않다) 중 한 사람에게서 받은 안경은 '가운데를 볼록하게 만든 것'이었으니, 이것은 가까이 있는 물체가 보이지 않는 사람을 위한 돋보기안경인 것이다. 어쨌거나 안경은 18세기 후반 중국과 조선 지식인들의 직접적인 만남을 매개하는 결정적 계기가 되었다. 만약 그날 이기성이 반정균과 엄성에게 안경을 달라고 하지 않았더라면 홍대용은 중국 지식인과 사귈 수 없었을 것이고, 조선 후기의 조선과 중국의 지식 교류사는 다른 방향으로 흘러갔을지도 모를 일이다. 하지만 그 우연은 안경으로 얻은 밝은 세상에 열광한 조선의 지식인들이 만들어낸 필연이기도 하였다. 역사는 우연과 필연이 섞여 만들어내는 드라마가 아니던가.

1

—

안경은 언제 조선에 들어왔을까

최초의 기록들

키아라 프루고니의 《코앞에서 본 중세》에 의하면, 안경의 발명자는 알
수 없으나 적어도 13세기 말경 유리 생산의 중심지였던 베네치아에서
널리 사용되었다고 한다.[2] 지금으로부터 약 700년 전이다. 서양에서 이
미 널리 사용되고 있던 안경이 조선에 전해진 것은 언제였던가?

안경에 관한 최초의 기록은 이호민李好閔(1553~1634)이 1606년에 쓴
〈안경명眼鏡銘〉이다. 이 글에서 이호민은 "화인華人(중국인)이 밝고 깨끗
한 양의 뿔[羊角明潔]을 사용해 두 눈 모양으로 만드는데, 눈이 어두운 사
람이 눈에 쓰고 글을 보면 잔글씨가 크게 보이고, 흐릿한 것이 밝게 보
인다. 이것을 안경이라 부른다."[3]라고 밝히고 있다. 희한한 것은 양의 뿔
로 안경을 만든다는 말인데 사실인지 의문스럽다. 하기야 오늘날에는
플라스틱으로 렌즈를 만들고 있으니, 아주 투명한 양의 뿔이라면 불가
능한 일도 아닐 것이다. 그런데 그렇게 투명한 양의 뿔이 있을 것인가.

이에 대해 뒷날 강세황姜世晃(1713~1791)은 〈안경〉이란 글에서 이호민이 '어심魚鮏', 곧 물고기 머리뼈로 만들었다고 주장했다며 이수광李睟光(1563~1628)과 마찬가지로 그 역시 안경을 본 적이 없었을 것이라고 말한다.[4] 하지만 이호민은 물고기 머리뼈가 아니라 양의 뿔로 만들었다고 했다. 강세황이 본 것은 다른 문헌이거나 아니면 착각했을 가능성도 있다.

〈안경명〉에서 '명銘'이란 원래 어떤 물건의 표면에 새겨 넣기 위한 글이다. 안경에는 글자를 새길 곳이 마땅치 않으니, 〈안경명〉은 혹 안경을 넣어두는 갑匣에 써넣기 위해 쓴 글이 아닌가 한다. 〈안경명〉에서 이호민은 사람이 늙어감에 따라 귀 먹고 눈이 머는 것은 상제의 뜻이니, 귀가 먹었다 해서 귀를 기울여 듣고 눈이 나빠졌다 해서 물건(안경)을 빌려 보려고 하면서 상제의 뜻을 거스를 것까지야 없다고 말한다.[5] 이렇게 말한 것을 보건대, 이호민은 안경을 가지고 있었을 것이다. 다만 그는 자신이 갖고 있던 안경 렌즈를 양의 뿔로 만든 것으로 잘못 판단했던 것이 아닌가 한다. 어쨌든 이호민의 〈안경명〉이 1606년에 쓰인 것이니, 적어도 이때 조선에는 안경의 존재가 알려져 있었던 것이 분명하다.

이호민과 같은 시기를 산 이수광은 1614년에 간행한 《지봉유설芝峯類說》에서 안경에 대해 이렇게 말하고 있다. "소설에 '안경: 노년에 책을 보면 작은 글자가 크게 보인다.' 하였다. 듣자니 예전에 중국 장수 심유경沈惟敬(?~1597)과 왜국의 중 겐소玄蘇(?~1612)는 모두 노인이었지만 안경을 써서 잔글씨를 읽을 수 있었다고 하는데, 우리나라에서는 일찍이 본 적이 없는 것이었다. 안경은 대개 해방海蚌(바닷조개) 종류인데 그 껍데기로 만든다고 한다."[6] 여기서 하나 궁금한 것은 '바닷조개'란 말이다. 그것이 렌즈를 의미하는지 안경테를 의미하는지 알 수 없지만, 안경에서 핵심적인 것이 렌즈임을 생각한다면 렌즈일 가능성이 높다. 하지만 그것이 렌즈라면 투명한 것이어야 하는데, 투명한 바닷조개가 있는지 의

문이 아닐 수 없다. 이 때문에 강세황은 이수광이 안경을 직접 본 일이 없을 것이라고 주장한다.[7]

또 이수광이 인용하는 '소설'이 어떤 책인지 알 수 없다. '소설'은 '자질구레한 이야기'란 뜻이고, 지금의 장편소설이라고 할 때의 소설과는 전혀 다른 의미다. '안경: 노년에 책을 보면 작은 글자가 크게 보인다(眼鏡, 老年觀書, 小字成大).'는 말의 유래를 굳이 찾아보면 청나라 진원룡陳元龍이 편찬한 《격치경원格致鏡原》의 〈안경〉이란 글에 "《패사유편稗史類編》에 따르면, 젊어서 들으니 귀인에게는 안경이 있다 하였다. 노년에 책을 보면 작은 글자가 크게 보인다(老年觀書, 小字看大)."[8]라는 말이 나온다. '成' 자와 '看' 자가 다를 뿐 사실상 같은 문장이다. 다만 《격치경원》은 《패사유편》을 인용한 것인데, 이수광은 청나라가 등장하기 전에 사망했으니 《격치경원》을 보았을 리 없다. 그가 본 '소설'이 《패사유편》인지도 알 수 없다. 다만 그가 중국의 어떤 책에서 안경에 대한 정보를 얻었다는 것만은 분명하다. 또 심유경과 겐소가 안경을 착용했는지도 직접 보지 않았던 것으로 보인다. 이수광이 안경을 쓴 사람으로 들고 있는 심유경과 겐소는 모두 임진왜란 때 중국과 일본의 외교관으로 조선에 파견되었던 사람이다. 즉 임진왜란이 일어난 1592년경 중국과 일본에는 이미 안경이 전해져 있었지만, 조선에서는 생소한 물건이었던 것이 분명하다.

문헌 자료는 아니지만, 이수광과 이호민의 자료보다 연대가 올라가는 자료도 있다. 김성일金誠一(1538~1593)이 착용한 것으로 알려진 안경이 한 점 남아 있는 것이다.

가문의 전승 외에 다른 증거가 없어 과연 김성일이 사용했던 것인지 확언하기 어렵지만, 만약 김성일이 썼던 것이라면 1593년 이전에 중국이나 일본에서 들어온 안경일 가능성이 높다. 김성일은 1577년 1월 사은사 겸 개종계주청사改宗系奏請使의 서장관으로 정사 윤두수尹斗壽, 질정

관質正官 최립崔岦과 함께 북경에 갔다가 7월에 돌아왔고, 또 1590년 통신사의 부사로서 일본에 다녀왔기에 북경이나 일본에서 안경을 구입했을 가능성이 높은 것이다.[9] 하지만 김성일의 안경은 당시로서는 극히 희귀한 물건이었을 것이다. 문득 눈이 나쁜 김성일이 처음 안경을 눈에 걸쳤을 때 심정을 떠올려본다. 퇴계 이황 선생의 고제高弟로서 공부를 잘하기로 이름난 수재였으니, 안경 너머 환히 보이는 책에 일순 기쁨에 젖지 않았으랴.

요약하자면 안경은 임진왜란을 전후해서 조선에 알려졌고, 이내 수입되었던 것으로 보아도 무방할 것이다.

안경과 애체, 그리고 만랄가국

이수광의 《지봉유설》과 이호민의 〈안경명〉은 안경에 대한 가장 오래된 기록이기는 하지만 안경의 유래를 정확히 밝히고 있는 것은 아니다. 뒤에 살펴보겠지만 안경은 스스로를 독서인讀書人으로 규정한 조선의 지식인들에게 광명을 찾아주었다. 시력이 나빠 책을 읽고 쓸 수 없는 사람들에게 이 물건은 그야말로 축복이었던 것이다. 따라서 전에 없던 이 물건의 유래가 궁금하지 않을 수 없었다. 박학한 성호星湖 이익李瀷(1681~1763)이 그 유래를 밝히기 위해 나섰다. 그는 《성호사설星湖僿說》의 〈애체靉靆〉란 글에서 안경의 유래를 밝히고 있다.

애체靉靆는 세상에서 말하는 안경이다. 《자서字書》에는 "서양에서 나온다." 하였다. 그러나 서양의 이마두利瑪竇(마테오 리치의 중국 이름)는 만력萬曆 9년 신사년(1581, 선조 14)에 처음으로 중국에 왔다.[10]

'애체'는 안경의 별칭이다. 왜 애채가 안경의 별칭이 되었는가에 대해서는 뒤에 언급하겠다. 이익은 《자서》란 책에서는 안경이 서양의 산물이라고 말하고 있으나 마테오 리치는 1581년(사실은 1582년에 마카오에 도착)에 처음 중국에 왔다고 말한다.[11] 문장이 약간 이상하게 여겨질 것이다. 이익은 마테오 리치가 중국에 도착한 이후 안경이 중국에 전래되었음을 말하고 싶었기 때문에 군이 '그러나'란 표현을 쓴 것으로 보인다.

이익은 자신의 주장을 입증하기 위해 먼저 장영張寧의 《요저기문遼邸記聞》이란 책을 인용한다. 이 책은 뒷날 안경의 유래를 밝힐 때마다 언급되는 것이니, 여기서 직접 인용해둘 필요가 있다. 이하 인용에서 '나'는 곧 장영이다.

예전 내가 북경에 있을 때 호농胡灘의 집에서 그의 아버지 종백공宗伯公이 선묘宣廟(신종神宗)에게 하사받은 안경을 보았다. 동전 크기만 한 것이 두

개 있는데, 형태가 운모雲母와 비슷했다. 금으로 테를 두르고, 그것을 늘려 자루와 끈을 만들었다. 그 끝을 합치면 하나가 되고 나누면 둘이 된다. 노 인이 눈이 어두워 잔글씨가 보이지 않을 때 이것을 두 눈에 걸치면 글자가 밝게 보인다.[12]

장영이 북경에 있을 때 호농이란 사람의 집에서 호농의 아버지가 선 묘, 곧 신종으로부터 하사받은 안경을 보았다는 것이다. 장영의 기록을 근거로 이익은 안경이 명나라 신종(1572~1620) 때 중국에 들어와 있었을 것이고, 그것은 마테오 리치가 중국에 도착하면서 전래된 것이라고 말 하고 싶었던 것이다.

앞서 이수광의 기록에 중국인 심유경이 안경을 썼다 했으니, 임진왜 란이 일어난 1592년 이전에 이미 중국에서 안경이 유행하고 있었던 것 이다. 다만 그 형태는 지금과 달라 안경알을 접을 수 있는 것이었다. 그 것은 등자갑等子匣(천칭저울을 넣어두는 납작한 상자)에 넣어둘 수 있다고 했 으니, 테에다 대못을 박아 렌즈가 겹쳐지도록 하는 '대못안경'이었을 것 이다. 의아한 것은 테에다 자루가 되는 끈을 만들었다는 것인데, 이때까 지 안경다리가 없었으니 귀에 걸기 위한 끈이 아니었을까 싶다.

여기서 짚고 넘어가야 할 것이 있다. 장영은 《요저기문》이란 책을 지 은 바가 없다는 것이다. 위의 인용 자료는 장영의 문집인 《방주집方州集》 26권 잡저雜著에 실려 있다. 잡저는 전傳·잠箴·명문銘文·잡언雜言으로 구 성되어 있고, 이 중 '잡언'은 가벼운 에세이로서 독립된 책으로 돌아다 니기도 하였는데, 여기에 안경에 관한 정보가 실려 있는 것이다. 박학하 기로 이름난 이익이 왜 《방주잡록方洲雜錄》이 아닌 《요저기문》이란 엉뚱 한 책을 출처로 제시하게 되었던가? 이익은 명나라 도종의陶宗儀가 편찬 한 140책에 이르는 거질의 《설부說郛》란 총서를 가지고 있었던 바, 그중

그림 2 접을 수 있는 안경과 안경갑.

137책에 장영의 《방주잡록》과 전희언錢希言의 《요저기문》이 연달아 실려 있다. 이익은 《방주잡록》이라 말한다는 것을 뒤의 《요저기문》으로 잘못 알고 인용한 것이다. 박학한 이익이지만, 실수가 없을 수 없었던 것이다.

앞서 인용된 장영의 글 뒤에 "서양은 비록 아주 먼 곳이지만, 서쪽 끝 천축天竺의 여러 나라는 중국과 물화를 무역한 지 오래다. 천축은 또 서양과 거리가 멀지 않다. 그 상황으로 보아 안경은 장차 중국에 전해질 것이다."[13]라는 부분이 이어지는데, 이것은 장영의 《방주잡록》에는 나오지 않는다. 또 이익의 시대라면 중국에서도 안경이 이미 유행하고 있을 때였다. 따라서 중국으로 전해질 것이란 말은 납득이 되지 않는다. 이 역시 어디선가 인용한 것을 바탕으로 쓴 것이겠지만, 원래 자료를 찾을 수 없으니 무어라 말하기 어렵다. 다만 앞의 인용에 이어지는 부분은 주목할 만하다. "《거가필비居家必備》에 '서역 만리국滿利國에서 나온다.'고 하였다."[14]고 하여, 안경이 서역의 만리국 산물이라고 밝혀놓은 것이다. 안경의 산출지인 '만리국'은 어디인가?

조선 시대에 박학하기로 두 번째 가라면 서러워할 이덕무李德懋(1741~ 1793) 역시 안경에 대한 기록을 남기고 있다. 정조 시대 정국을 쥐고 흔든 김종수金鍾秀의 형 김종후金鍾厚는 이덕무에게 보내는 편지에서 이만 운李萬運(1723~1797)의 《기년아람紀年兒覽》의 서문에 나오는 '애체靉靆'란 어휘에 대해 물어보았고, 이덕무는 자신의 박식을 과시하는 듯 상세한 답을 한다. 이덕무에 의하면 '애체靉靆'는 자서字書에 '구름이 성한 모양 이다', '애희靉霼는 곧 애희僾俙다'라고 나와 있다고 한다.[15]

이덕무는 '애체靉靆'와 '애희靉霼'를 같은 의미로 보고 있고, '애희靉霼', '애희僾俙'와 같은 것으로 본다. 애체靉靆는 원래 구름이 성한 모양[雲盛貌] 이라고 하는 바, 이것은 구름이 잔뜩 낀 모양, 무언가가 잘 보이지 않는 상태를 의미하는 것이다. 애희靉霼와 애희僾俙 역시 희미한, 불명료한 상 태를 가리키는 말이다. 이것을 근거로 이덕무는 '구름의 애희僾俙한 것 을 빌려서 안경의 이름을 삼은 것'이라고 말한다. 희미한 상태를 나타내 는 말을 안경의 이름으로 삼는다니 이해가 되지 않는다. 굳이 설명을 붙 이자면 '희미한 사물'을 환히 볼 수 있다는 의미로 애체란 말을 택한 것 이 아닌가 한다.

이덕무의 발언에서 조금 주목할 대목은 명대 이전에 이미 안경이 발 명되었다고 주장하는 것이다. 그는 송나라의 조희곡趙希鵠이 지은《동천 청록洞天淸錄》과 원나라 사람의 소설을 인용한다.

《동천청록》─애달靉靆[16]은 노인이 잔글씨가 잘 보이지 않을 때 눈에 걸면 환히 보인다.

원나라 사람의 소설—애체는 서역西域에서 나왔다.[17]

이 두 자료를 근거로 하여 이덕무는 안경이 송·원 때부터 있었던 것이라고 주장한다. 한데 이상한 것은 '원나라 사람의 소설' 운운하는 문장 뒤에 작은 글씨로 쓴 주석이 붙어 있다는 것이다. 출처는 《방여승람方輿勝覽》[18]이고 그 내용은 '만랄가국滿剌加國에서 애체가 나온다'는 것이다. 따라서 '원나라 사람의 소설'을 《방여승람》으로 알기 쉬우나 실제 《방여승람》의 저자 축목祝穆은 송나라 사람이다. 그리고 《방여승람》에는 안경에 대한 내용이 없다. '원나라 사람의 소설' 역시 어떤 문헌인지 알 수가 없다. 뭔가 복잡하게 보인다. 그것은 이덕무가 《동천청록》과 '원나라 사람의 소설' 《방여승람》, 그리고 기타 애체에 관한 자료를 《강희자전康熙字典》에서 몽땅 옮겨놓고 있기 때문이다.[19] 그가 말하는 자서字書란 곧 《강희자전》이다. 이덕무는 《동천청록》과 '원나라 사람의 소설'을 본 적이 없었던 것이다.

그렇다면 《동천청록》은 원래 안경에 관한 내용을 포함하고 있는가? 없다! 이익도 《성호사설》에서 《동천청록》을 인용하고는 있지만, 그 역시 안경에 관한 내용을 인용하고 있는 것은 아니다. 하지만 《동천청록》이 안경과 무관한 것은 아니다. 《동천청록》을 인용해서 안경이 송대에 발명되었다고 주장한 사람은 독일 태생의 미국의 동양학자 베르톨트 라우퍼(Berthold Laufer, 1874~1934)이다. 하지만 왕령王翮과 조지프 니덤(Joseph Needham, 1900~1995)에 의해 라우퍼 주장의 근거가 된 《동천청록》의 안경 부분에 관한 서술이 명대에 증보된 것이라는 사실이 밝혀졌다.[20] 이덕무 역시 명대에 증보된 《동천청록》을 보았던 것이다.

이덕무는 위의 두 자료 외에 앞서 이익이 《요저기문》이라고 잘못 인용한 장영의 《방주잡지方洲雜志》를 인용하고 있다. 곧 《방주잡록》이다. 이덕무는 이익이 인용한 것 외에 다음과 같은 자료를 든다. "또 손경장孫景章의 처소에서 두 번 보았는데, 손경장은 '좋은 말을 주고 서역의 가호賈胡 만랄滿剌로부터 사들인 것인데, 그 이름은 애체僾逮[21]라고 들은 것 같다.'고 하였다."[22] 이덕무는 이상의 자료를 종합해 안경은 송·원 대에 이미 있었지만 그리 유행하지는 않았고, 명나라 신종 때에 좋은 말을 주고 사왔다고 하며, '지금은 누구나 사용'한다고 말하고 있다. 송·원 시기에 안경이 있었다는 이덕무의 주장은 그만의 것이고, 다른 사람의 동의를 얻은 적은 없다.

당시 박학을 자랑하는 사람들은 예외 없이 안경이란 물건의 유래를 밝히려 했던 것 같다. 이유원李裕元(1814~1888)은 세상의 오만 가지 사실에 대해 쓴 에세이집 《임하필기林下筆記》의 〈안경〉에서 안경은 옛날에는 없었고, 명나라에 와서 처음 생겨난 것이라고 말한다. 그는 유기劉跂의 《가일기暇日記》란 책에 사항史沆이 재판을 할 때 수정으로 햇빛을 받아 문서의 어두운 부분을 비추어 본 사실이 있는 것을 근거로 송나라 때는 수정으로 사물을 비추어 볼 줄은 알았지만, 안경을 만들 줄은 몰랐다고 판단한다.[23] 이유원이 명나라 때 안경이 처음 생겨난 것이라 주장하는 근거 역시 장영의 《방주잡록》이다. 그는 《방주잡록》을 근거로 삼아 안경은 명나라 때 매우 귀중한 물건으로 황실에서 하사를 받거나 가호에게서 구입하는 것이었다고 말한다.[24]

그렇다면 안경을 사오는 곳인 '만랄가국'은 도대체 어디며, 가호는 또 무엇인가? 앞서 이익은 서역 '만리滿利'에서 안경이 생산된다 하였고, 이덕무는 《방여승람》을 인용해 '만랄가국滿剌加國'에서 안경이 나온다고 말한 바 있었다. 이유원 역시 〈안경〉과 안경을 다룬 또 다른 글인 〈학슬안경鶴膝眼鏡〉에서 안경은 원래 '서역의 만자가국滿剌加國에서 처음 나왔다'

고 말한다.[25] 여기서 '자'와 '랄'이 섞여서 쓰이고 있음을 알 수 있는데, 이것은 원래 '剌'와 '刺' 자를 혼동했기 때문에 생긴 현상이다. 정확한 표현은 '滿剌加國'이고, 한국 한자음으로는 '만랄가국'이다. 이유원 역시 〈안경〉에서 안경은 '만자가국滿剌加國의 가호賈胡에게서 들어온 것'이라고 하고 있는데, 특이한 것은 가호를 '배를 타고 중국으로 와서 장사하는 만자가국의 가호'라고 말하고 있다는 것이다. 이것은 나름의 근거가 있는 말이다.

'만랄가'는 'Malacca(말라카, Melaka)'를 음역한 것이다. 말라카는 지금의 말레이시아, 말레이 반도 남서부 믈라카 해협에 있는 도시다. 이곳은 인도양을 지나 중국 남부로 들어오는 항로의 요충지이기 때문에 16세기 초반 포르투갈이 식민지로 삼고 동서 무역의 기지로 만들었다. 중국 쪽의 기록이 이곳을 서역이라 표현한 것은 바로 이런 사정을 배후에 두고 있는 것이다. 따라서 '가호賈胡', 즉 장사하는 오랑캐란 바로 포르투갈 상인을 말한다. 포르투갈 상인이 가지고 온 안경은 자연스럽게 중국 남부의 광동 지방으로, 그리고 북경으로 올라갔을 것이다. 그것이 장영의 《방주잡록》에 나오는 안경이 되었을 것이다. 또 앞서 임진왜란 때 일본 승려 겐소가 안경을 썼다고 했는데, 당시 일본은 포르투갈과 교역을 하고 있었으니, 그 안경은 포르투갈 상인을 통해 구입한 것일 터이다.

북경의 안경포와 안경

안경이 원래 중국에서 전해진 것이듯, 조선 사람들이 안경을 구입하던 곳은 북경이었다. 18세기 후반의 인물 박준원朴準源(1739~1807)은 〈안경명眼鏡銘〉에서 안경은 모두 연경의 저자에서 나와 압록강을 건너온 것이라고 말하고 있다.[26] 이 글의 서두에서 언급한 이기성이 유리창을 찾은 이유도 안경을 구입하기 위해서였다. 유리창은 원래 책을 파는 서점이 몰려 있는 곳이지만 골동품과 서화, 문방구, 악기 등도 같이 팔았다. 이 때문에 문인과 예술가 들이 많이 몰렸던 것이니, 거기서 안경을 파는 것은 너무나 자연스러운 일이었던 것이다.

1766년 1·2월 두 달 동안 북경에 머무른 홍대용은 "안경 파는 푸자舖子(가게)는 각색 안경을 좌우에 무수히 걸었다."[27]라고 말하고 있다. 좀 더 구체적으로 살펴보자. 1798년 서장관으로 북경에 다녀온 서유문徐有聞(1762~1822)이 남긴 기록이다.

> 이 가게 외에 두세 곳이 더 있으나 그다지 볼만하지 않으며, 가게는 다 우리나라 《동의보감東醫寶鑑》을 고이 책으로 꾸며서 서너 질 없는 곳이 없으니, 저들이 귀히 여기는 바인가 싶더라.
> 안경포眼鏡鋪와 서첩포書帖鋪와 그림포가 또한 여러 곳이요, 각양 물화物貨의 이름을 새겨 패를 세웠으니, 비록 두서너 달을 지냈어도 빠짐없이 볼 길이 없으며, 광대놀음과 요술 구경이 또한 이곳에 많은지라.[28]

안경포가 바로 안경을 만들어 파는 곳이다. 1803년 북경에 갔다가 이듬해 돌아온 이해응李海應(1775~1825)의 여행기 《계산기정薊山紀程》[29]을 보면 안경포의 이름도 확인할 수 있다. 왕경문王景文이란 자가 운영하는 '명감재明鑑齋'가 그곳이다. 이해응에 의하면, 왕경문은 산동 출신으로 '안경 제조를 직업으로 삼은 사람'이었다. 이해응은 왕경문과 친하게 지내는 역관을 통해 왕경문을 방문하였고, 왕경문은 술대접을 하였다. 수공업자이기는 했지만, 왕경문은 이해응과 필담을 할 수 있는 문식文識이 있는 호협한 사나이였다. 명감재는 조선 사신단의 단골 안경 가게였을 것이다. 역관들은 이곳에서 안경을 구입해서 한양으로 가져가지 않았을까?

유리창 외에 융복사隆福寺에서도 안경을 구할 수 있었다. 융복사는 절이지만 그 마당에서 정기적으로 시장이 열렸고, 팔리는 상품은 서적과 서화, 골동품 등 유리창과 같았다. 1780년 북경에 간 박지원은 《열하일기》에서 우리나라의 양반과는 달리 중국의 명사나 고위 관료가 융복사를 찾아 물건을 직접 흥정하는 것을 보고 찬탄해 마지않는다.

> 내가 이곳저곳 다니며 물건을 사고파는 이들을 보니, 모두 오중吳中(강소성江蘇省)의 명사들이요, 장사치나 거간 외에는 한림서길사翰林庶吉士 같은 사람들이 많았다. 그들은 친구를 찾아 고향 소식을 묻는가 하면, 겸하여 그릇이나 옷가지를 사기도 하였다. 그들이 찾는 물건은 거개 골동품과 이정彝鼎, 그리고 새로 출판된 서적이나 법서法書, 명화, 조의朝衣, 조주朝珠, 향주머니, 안경 등이었으니, 남의 손을 빌려 어설프고 구차하게 하느니보다 차라리 자기 손으로 직접 하는 것이 유쾌했기 때문이다.[30]

여기서 박지원이 꼽는 물건들은 대체로 융복사에서 팔리는 것이었다. 그중에 안경이 들어 있는 것을 눈여겨보라. 융복사는 유리창과 함께 조선 사신단이 반드시 들르는 곳이었으니, 이곳의 안경이 조선으로 수입되었음은 두말할 필요가 없을 것이다.

조선에서도 만들어지다

북경에서 수입된 안경이 조선 사람들이 착용한 안경의 전부는 아니었다. 당연히 조선에서도 수입된 안경을 보고 스스로 안경을 만들기 시작했다.

언제부터인가? 1780년(정조 4) 1월 26일 정조와 승지 김상집金尙集은 경주를 화제로 삼아 이야기를 나눈다.[31] 김상집이 경주에 "수만호水曼胡가 있고 '안경'이 있는데 절품絶品이라고 합니다. 또 경주부로부터 7리 떨어진 산에서 옥정玉精을 채취하는데 민력民力을 동원하는 것이 아주 많아 폐단이 극심합니다."라고 하자, 정조는 "그곳의 오정烏精은 품질이 아주 좋다."라고 하였다.

여기서 김상집이 수만호와 안경을 구별하고 있는 데 주의할 필요가 있다. 수만호는 곧 수마노로서 석영의 한 종류인데, 그것으로도 안경을 만들 수 있고 품질이 수정보다 뛰어났다고 한다. 물론 김상집은 수마노로 만든 안경이 아니라 수정으로 만든 안경만 언급하고 있다. 그것은 검은색이었기에 '옥정' 또는 '오정'으로도 불리었다. 이 수정으로 만든 안경이 곧 저 유명한 경주 '옥돌안경', 혹은 경주 '남석안경'으로 불리는 안경이다. 남석이란 이름이 붙은 것은 수정이 경주 남산에서 채굴된 것이기 때문이다. 경주의 수정 산출지에는 연옥사碾玉砂 혹은 연옥사軟玉砂란 것이 있어 그것의 고운 가루로 수정을 연마하였다고 한다. 물론 경주의 수정으로는 안경만이 아니라 입영笠纓, 곧 갓끈도 만들었다.[32]

남석안경의 유래는 꽤나 올라간다. 18세기 후반의 학자 황윤석黃胤錫 (1729~1791) 역시 눈이 아주 나빴다. 그는 엄청난 독서가이기도 했는데, 스스로 평소 잔글씨를 많이 본 탓에 약관 때부터 눈병이 있어 서른일곱 살 때부터 안경을 썼다고 말한다. 1765년 김이신金履信이란 사람이 그에게 경주의 수정으로 만든 안경을 하나 선물했다. 그런데 이 안경이 꽤나 내력이 있는 물건이었다. 민기閔機(1568~1641)가 경주부윤으로 있을 때 구한 안경이라는 것이다. 민기는 1636년부터 이듬해인 1637년까지 경주부윤을 지냈으니 그가 안경을 손에 넣은 절대연대가 확정된다. 민기가 안경을 구입한 것이 1636~1637년이라면, 남석안경은 그보다 빠른

17세기 초반, 즉 안경이 수입되고 나서 별로 오래지 않아 만들어지기 시작한 것이 아닌가 한다.

민기의 후손은 뒷날 조선 팔도에서 알아주는 집안이 된다. 그 아들 민광훈閔光勳은 강원도 관찰사를 지냈고, 민광훈의 아들 민유중閔維重은 인현왕후(숙종의 비)의 아버지였으니, 임금의 장인이다. 김이신은 황윤석에게 그 안경이 민광훈의 아들인 민정중閔鼎重(1628~1692)과 민유중, 민유중의 아들 민진원閔鎭遠(1664~1736, 인현왕후의 오빠), 그리고 민진원의 손자인 민백상閔百祥(1711~1761)을 거쳐서 자신의 손에 들어온 것이라고 말한다. 안경 하나가 거의 1백 수십 년을 거쳐온 것이다. 황윤석은 이 안경은 바탕이 두터워 떨어트려도 깨지지 않는 튼튼한 물건으로 북경에서 산 안경보다 훨씬 나은 것이라고 말한다.[33]

조선에서 남석, 곧 수정으로 만든 안경은 조선 후기에 널리 유행했다. 현재 유물도 적지 않게 남아 있다. 홍대용이 남긴 자료 또한 수정안경의 존재를 증명한다. 홍대용은 1766년 1월 8일 북경의 천주교당(동당·서당·남당·북당 중 남당)을 방문하여 독일인 선교사 할러슈타인(August von Hallerstein, 劉松齡)과 고가이슬(Anton Gogeisl, 鮑友官)을 처음 만난다. 그리고 2월 2일 재차 방문하여 여러 가지 주제로 대화를 나누는데, 그중에는 안경에 관한 이야기도 있었다. 홍대용은 두 사람이 안경을 쓴 것을 보고, 서양 사람의 안경도 모두 수정으로 만들었는가 묻는다. 이에 할러슈타인은 "수정으로는 안경을 만들 수 없습니다. 눈을 손상시키기 때문입니다. 우리는 모두 수정을 사용하지 않습니다."[34]라고 말한다. 홍대용은 조선에서 유행하고 있는 수정안경을 의식하여 물은 것일 터이다. 서양에서도 수정으로 안경을 만든 적이 있었다. 그런데 품질 좋은 유리가 발명되면서 유리가 수정을 대체했다.[35]

홍대용이 언급한 조선의 수정안경은 민기가 처음 손에 넣은 수정안경처럼 수정이 산출되는 경주에서 만들었던 것으로 보인다. 강세황은 〈안경〉에서 이렇게 말한다.

> 중국에서 수입하는 안경은 좋은 것도 있고 나쁜 것도 있으며, 안경알이 단단한 것도 있고 무른 것도 있다. 일본에서도 안경이 생산되는데, 품질이 극히 좋은 것이 있다. 다만 일본의 안경은 수정으로 만든 것은 아주 드물고, 유리로 만든 것이 많다.
> 우리나라 경주에 또한 수정이 나는데, 경주 사람들이 '본떠서' 연마해 안경을 만든다. 하지만 제조하는 기술이 정밀하지 않고 수정에도 흠이 많아, 끝내 중국이나 일본 것만 못하다.[36]

위의 인용 중 '본떠서'의 원문은 '의양依樣'인데, 중국의 안경(혹은 일본의 안경)을 본떠서 만든다는 뜻으로 보인다. 서유구徐有榘 역시 경주의 수정안경은 렌즈를 갈고 꾸며서 만드는 법이 일본에서 만드는 것만 못하다고 지적하였으니,[37] 그 품질이 아주 좋지는 않았던 것이다.

어쨌거나 강세황이 주로 활동하던 18세기 중·후반에 경주에서는 수정으로 안경을 만들고 있었고, 민기가 안경을 손에 넣은 17세기 전반에 이미 안경을 만들기 시작했을 것이다.

수정으로 만든 안경은 수정의 빛깔에 따라 다양한 빛깔을 지녔다. 강세황은 〈안경〉에서 안경은 유리 혹은 수정으로 만드는데, 흰색·검은색·푸른색·보라색이 있고, 크고 작은 것이 있어 같지가 않다고 한 뒤, 수정으로 만든 안경은 투명하여 흠이 없는 것이 가장 좋은데, 그 성질이 단단해 깨질 염려가 없고, 바탕이 맑아서 어둡고 흐릿하지 않기 때문이라고 한다. 또 검은 수정이나 보라색 유리로 만든 안경은 투명하기는 하지만 색이 어두워 눈병이 있는 사람에게는 편하지만, 투명하게 보이는 정도에는 차이가 있다고 한다.[38] 수정과 유리를 합쳐서 들고 있지만, 수정의 색깔과 투명도에 따라 다양한 렌즈가 있었음을 알 수 있다.

경주 남석안경의 제작 전통은 일제강점기에도 이어져 경주 남석을 채취하여 안경을 제작하는 공방이 여럿 있었고,[39] 1979년에도 남석안경을 제작하는 전문가와 그의 공방이 경주에 있었으니,[40] 20세기 후반기까지 전통이 이어졌던 것이다. 다만 1939년 경주 남석의 채취가 금지됨에 따라 남석안경을 제작하는 데 타격을 받았다. 그 뒤 사정이 어떻게 되었는지는 알 수 없지만, 안경 공방은 여전히 있었던 것 같다. 하지만 남산이 국립공원으로 지정됨으로써 수정 채취가 영원히 불가능해지고부터 남석안경을 제작하는 일은 불가능해졌다.

수정안경에 대해 거론하면서 언급하지 않을 수 없는 것이 이규경李圭景(1788~1856)의 설이다. 그는 〈애체변증설靉靆辨證說〉에서 수정안경의 렌즈는 평면이고 볼록렌즈나 오목렌즈가 아니라고 말하고 있다.

우리나라 영남의 경주부에 수정이 나기에 렌즈를 제작할 줄 안다. 다만 직시경直視鏡만 알 뿐이고, 노소와 원근의 차이를 이해하지 못한다. 그 체양體樣은 투박하고 두터워 거의 쓸 수가 없을 정도다. 근래에는 조금 얇아졌지만 여전히 노소는 구별하지 못한다. 초자硝子(유리의 다른 이름이다)로 만든 것은 없다. 서국西國(서양)에서는 유리로 만든 안경을 상품으로 친다. 만들 때 화기火氣를 물리치기 때문에 눈에 연기를 끼칠 우려가 없다.[41]

이규경은 남산의 수정으로 만든 안경은 노소와 원근의 차이를 이해하지 못하고, 렌즈가 워낙 투박하고 두터워 쓸 수가 없을 정도라고도 말한다. 이 말을 어떻게 이해해야 할 것인가. 17세기 경주에서 제작되어 100년을 지나 18세기 황윤석에게까지 전해진 수정안경은 분명 황윤석에게 '광명'을 가져다주었다. 노소와 원근의 차이가 없는 '직시경'이라면 그럴 수가 없었을 것이다. 이규경의 말을 어디까지 믿어야 할 것인가? 지금으로서는 무어라 판단을 내리기 어렵다.

임진왜란을 전후로 조선에 알려지면서 수입된 안경은 이내 조선에서 수정으로 제작이 되었을 정도로 조선 사회에 빠르게 스며들었다. 조선 시대의 외래품 중 안경만큼 조선 사람들에게 절실한 것은 없었을 것이다. 어떤 이유에서였던가.

2
—

안경으로 밝아진 조선 사회

독서인의 일상품이 되다

안경은 당연히 어두워진 세계에 다시 빛을 가져다주었다. 안경으로 시
력을 회복한 사람이 적지 않았던 것이다. 17세기의 문인 임상원任相元
(1638~1697)은 등불 아래서 유리안경을 쓰고 책을 보면서 이 작은 물건
이 자신의 흐린 눈에 광명을 가져다주었다며 찬미해 마지않았다.[42] 같은
시대를 산 송준길宋浚吉(1606~1672) 역시 마찬가지였다. 그는 1660년 아
들에게 보내는 편지에서 "전후의 편지가 모두 도착했다. 그 사이에 16일
은 종가에서 분황焚黃을 하였다. 17일에는 시사時祀가 있었고, 19일에는
우리 집의 분황을 하였다. 20일의 시사까지 모두 잘 지나갔다. 노안老眼
은 안경의 힘에 의지해 겨우 직접 신주를 다시 쓸 수 있었다. 아주 좋지
는 않지만, 다른 사람의 손을 빌리는 것보다는 오히려 나았다."라고 하
고 있다.[43] 송준길의 나이 이때 55세였다. 눈이 어두워질 바로 그때 그는
안경의 힘으로 자신이 직접 신주를 쓸 수 있었던 것이다.

송준길은 노론이었다. 노론과 대립각을 세우던 남인의 거두이자 대단한 학자였던 이현일李玄逸(1627~1704)도 안경을 끼고 감격에 겨워해 마지않았다. 그에게 안경을 보내준 사람은 이관징李觀徵(1618~1695)이었던 바, 그는 이관징에게 보내는 편지에서 "보내주신 안경을 어두운 눈에 걸치니 갑자기 옛날 시력으로 돌아갔습니다. 이른바 이미 멀어버린 눈을 다시 내려주신 듯하니, 그 감격스러움이 어떻겠습니까?"라고 하면서 거듭 감사하고 있다.[44] 이관징은 1680년(숙종 6) 동지사로 청나라에 다녀왔으니, 이때 구입한 안경이었을 것이다. 그는 시력이 나빠져 고생하고 있는 자신의 친구 이현일을 위해 북경에서 산 안경을 고이 간직해 서울까지 가지고 왔을 것이다.

이현일이 선물로 받은 안경은 꽤나 다양한 정보를 담고 있어 안경의 역사를 고찰하는 데 도움이 된다. 역시 학자로 유명한 이현일의 아들 이재李栽(1657~1730)는 아버지의 안경에 대해 〈안경기眼鏡記〉[45]라는 글을 남겼다. 〈안경기〉에 의하면, 이현일의 안경은 당안경唐眼鏡, 즉 중국제 안경으로, 세상에 이르는 바 '육십경六十鏡'이라고 한다. 뒤에 거론하겠지만, '삼십전경三十前鏡', '이십전경二十前鏡'이란 말이 있는 것으로 보아[46] 안경은 나이에 따라 달리 제작되었던 것 같고, 따라서 '육십경'은 예순쯤 된 사람이 쓰는 안경일 것이다. 이현일의 안경은 붉은 칠을 한 작은 가죽 조각을 잘라 둥근 테 두 개를 장기짝 크기로 만들고 그 속에 흰 유리를 끼운 것으로, 두 눈에 대어보면 투명하여 머리털까지 셀 수 있었다고 한다. 흰 유리라는 것은 투명한 유리를 말하는 것일 테니, 가죽 테에다가 투명한 유리로 만든 안경알을 끼운 형태였을 것이다. 이현일은 이 안경을 받고 앞에서 본 바와 같이 이관징에게 감격과 감사를 전하는 편지를 보냈던 바, 그것은 한때 아름다운 이야기로 사람들이 전했다고 한다.

이현일은 일흔이 넘고는 혼화昏花[47]가 점점 사라졌다. 하루 종일 책을

보고 글씨를 써도 안경이 필요하지 않았기에 안경을 이재의 맏형 이천李
檴에게 물려주었다. 이천 역시 그 안경을 보배처럼 여기며 책을 보는 데
사용했다. 그로부터 10여 년 뒤 이재가 일흔을 바라보는 나이가 되자 눈
이 급속도로 나빠지기 시작했다. 책을 읽고 글을 쓰자니 눈이 침침하여
검고 흰 것이 분간이 되지 않았다. 평생 읽고 쓰던 사람은 무료하기 짝
이 없게 된 것이다. 그래서 그는 조카들에게 그 안경을 가져오게 한다.
아버지와 형의 손때가 묻은 안경을 보고 이재는 감상에 잠긴다. 그는 이
어 어쭙잖은 공부나마 할 수 있었던 것은 바로 이 안경의 덕분이라고 말
한다.

한데 그동안 안경에는 중요한 변화가 있었다.

> 하지만 근래에 안경은 대개 몇 마디쯤 되는 다리가 있어 이마와 관冠이
> 나 건巾 사이에 끼워 책을 보고 글씨를 쓰기에 편리하게 만들었다. 유독 이
> 안경만은 옛날 물건이라 다리가 없다. 치정공致政公(이관징李觀徵)의 아들 이
> 협李浹 열경悅卿이 그사이에 우리 집을 들렀다가 양가 두 어른의 우정에 감
> 동한 나머지 마주 보고 흐느껴 울었다. 한참 뒤 안경다리 하나를 만들어
> 사용할 때면 펼칠 수 있게 하여, 번거롭게 손에 들지 않고서도 하루 종일
> 눈에 걸쳐놓을 수 있게 해주었으니, 그의 마음 씀씀이가 정말 자상하였고,
> 그 고안한 바가 매우 공교하였다.[48]

이 안경은 안경다리가 없는, 손으로 쥐고 눈에 갖다 대는 간단한 방식
의 것이었다. 이재가 이 글을 쓸 때가 나이 일흔을 바라본다고 했으니,
1720년대 중반쯤이면 이마와 관이나 건 사이에 끼워 넣는, 그러니까 갓
이나 망건 사이에 다리를 끼워 넣는 형태의 안경이 수입되고 있었던 것
이다. 이야기가 옆으로 새지만, 18세기 중반에 영국의 에드워드 스칼렛

그림 3 채용신, 〈황현 초상〉, 1911년, 개인 소장.　　　　그림 4 김규진, 〈황현 사진〉, 1909년, 개인 소장.

이 철사로 만든 안경다리를 개발하였다고 하니[49] 다리가 달린 안경은 중
국 쪽에서 먼저 발명한 것 같다.

　참고로 매천梅泉 황현黃玹(1855~1910)의 초상화를 보라. 안경다리를 귀
에 걸치지 않고 건巾 사이에 끼워서 고정시키고 있다. 이런 방식을 참고
해서 이협은 친구 이재의 안경에 다리를 만들어 덧붙여주었던 것이다.
황현이 쓴 안경의 다리는 중간이 굽어 있는데, 이것을 '꺽다리안경' 또
는 '학다리안경', '학슬안경鶴膝眼鏡'이라고 한다. 1752년에 제임스 야스
코프가 발명했다고 하는데,[50] 조선에는 1810년에 역관이 사온 이래 널
리 퍼지게 되었다고 한다.[51] 각설하자. 이관징의 아들 이협은 이재를 찾
아왔다가 그 안경을 보고서 양가 어른들의 우정을 생각하고 감동한다.
어찌 아름답지 않으랴.

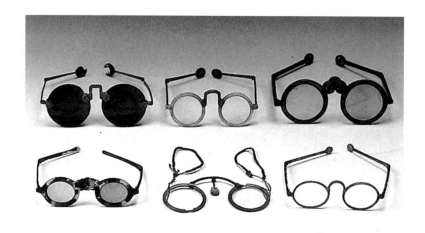

그림 5 여러 가지 학술안경.

안경은 점차 양반들의 필수품이 되었다. 1744년(영조 20) 5월 13일 잔
글씨가 둘로 보인다는 영조의 말에 내의원 부제조 이춘제李春躋가 안경
을 쓸 것을 권하자 영조는 별로 좋지 않을 것이라고 했고, 다시 도제조
유척기兪拓基가 영조에게 남봉조하南奉朝賀는 서른 뒤에 안경을 썼다고
하자 영조는 그런가 하고 답했다.[52] 여기에 등장하는 남봉조하는 남구만
南九萬(1629~1711)을 가리킨다. 남구만은 1707년(숙종 33) 치사致仕하여 봉
조하가 된다. 이덕무에 의하면, 남구만은 어렸을 때부터 안경을 썼는데
늙어서는 오히려 안경을 쓰지 않아도 시력에 이상이 없었다고 한다.[53]
그는 젊어서 원시였고, 늙어서 근시가 된 것이 아닌가 싶다.

안경은 독서인讀書人을 자처하는 조선의 사족에게 그야말로 축복이었
다. 그들은 자신들에게 광명을 찾아준 안경에 환호했다. 안경에 대해 중
요한 기록을 남긴 이익의 경우를 보자. 그는 〈애체경명靉靆鏡銘〉에서 안
경을 열렬히 찬양한다.

내게 밝은 두 눈이 있었으니

하늘이 주신 것 실로 많았지.

기운이 쇠하여 어두워지자

하늘 역시 어찌할 수 없었는데

또 이처럼 반짝이고 환한 물건을 내어주시어

사람에게 주어 그것에 의지하게 하니

이제 노인이 아니고 젊은이가 되었네.

털끝만 한 것도 자세히 눈에 들어오니

누가 이런 이치를 알아내었을까?

구라파의 사람이로다!

저 구라파 사람이야말로

하늘을 대신해 어진 일을 하였구나.[54]

　이익은 사라진 젊은 시절의 시력을 되찾아준 안경을 통쾌한 물건이라 일컬으며, 그것을 처음 만들어낸 '구라파' 사람을 찬양해 마지않는다.

　18세기가 되면 사족들 사이에서 안경의 사용은 흔한 일이 되었다. 1765년(영조 41) 5월 11일 영조가 동부승지 이복원李福源에게 아버지가 지금 안경을 쓰느냐고 묻자 그렇다고 답하고, 좌부승지의 아버지도 생시에 안경을 썼느냐고 묻자 이중호李重祜도 그렇다고 답한다.[55] 1748년(영조 24) 2월 숙종의 초상화를 모사하라는 영조의 명을 '기예로 왕을 섬기는 사람은 사류士類가 아니'라는 《예기禮記》의 말을 인용하여 거절한 조영석趙榮祐(1686~1761) 역시 눈이 극히 나쁜 사람이었다. 그는 그해 1월에 자신은 눈이 어두워 안경이 아니면 조보朝報도 볼 수 없을 정도라서 정밀하게 묘사할 곳은 결코 그려낼 수 없다고 말한 바 있다.[56] 이런 사례들은 무수히 발견되기에 일일이 열거하는 것은 사실 별반 의미가 없다. 조선 후기 문헌에서 안경을 쓴 사람을 찾아낸다면 몇 페이지를 메울 수 있을 것이다. 17세기 전반에 들어온 안경은 18세기가 되면 사실상 별로 신기할 것도 없는 일상품이 되었던 것이다.

왕과 안경

조선 후기에 양반 사족들이 안경을 썼음을 알리는 자료는 흔하다. 하지만 안경 착용에 관해 가장 많은 자료를 남기고 있는 쪽은 왕이다. 왕의 시력은 왕의 건강과 관련된 것이기에 적지 않은 자료가 남아 있는 것이다. 이에 왕과 안경에 대해 잠시 고찰한다.

조선 시대 최초로 안경을 쓴 왕은 숙종일 것이다. 임진왜란 무렵, 곧 선조 때 안경이 처음 알려졌지만, 선조가 안경을 썼다는 사료는 현재로서는 없다. 선조 뒤로 광해군·인조·효종·현종이 이어지지만,《실록》은 물론《승정원일기》에서도 안경을 썼다는 기록은 찾을 수 없다. 다만 숙종은 안경을 쓴 것이 확실하다. 1716년(숙종 42) 1월 29일의《승정원일기》를 보면, 숙종과 이이명李頤命·조태채趙泰采가 안경을 두고 이런저런 이야기를 나눈다. 숙종이 눈이 어두워 문서를 볼 때 눈을 자꾸 비비게 된다고 하자, 이이명이 의관에게 진맥을 한번 해보게 하는 것이 어떠냐 하였고, 숙종은 그렇게 하라고 한다. 이이명이 안화眼花가 있는 것은 아니라 해도 평상시 문서를 보는 것은 어떠냐고 묻자, 숙종은 안화가 없을 때도 잔글씨를 보기 어렵다고 한다. '안화'는 눈앞에 불똥 같은 것이 아른아른 뵈는 증세다. 조태채가 안경을 쓰지 않으시는가 묻자, 숙종의 답이 재미있다. "평상시라고 말하자니 웃음이 난다. 젊어서 안경을 썼을 때 도리어 눈이 어두워지기에 늘 '이 물건을 노인들은 어째서 쓰는 걸까?' 하고 자못 괴이하게 여겼더니, 지금은 안경을 쓰면 아주 또렷하므로 비로소 노인이 안경을 쓰는 이유를 알았다. 숙배단자肅拜單子와 같은 잔글씨는 이 물건이 아니면 어찌 보겠는가?" 숙종이 젊어서 쓴 안경은 원시경, 즉 돋보기안경이었기에 맞지 않았고, 노인이 되어 원시가 되자 비로소 안경이 유용하게 되었던 것이다.

왕은 조정에서 신하들을 공식적으로 만날 때는 안경을 쓰지 않았다. 이 때문에 조태채가 안경을 쓰지 않느냐고 물었던 것이다. 숙종은 비공식적인 자리에서는 안경을 썼을 것이다. 경종은 일찍 죽었으니 안경을 썼는지 관심의 대상이 되지 않지만, 영조는 안경을 썼다 말았다 반복했다. 영조 역시 눈병이 있었고, 시력이 좋지 않았다. 그는 1728년에 안경을 최초로 썼다고 말한 바 있다. 1734년 2월 17일 송인명宋寅明은 영조에게 눈병이 있을 때 문서를 보는 것은 아주 해롭다고 하였고, 영조는 손으로 문지르거나 업무를 보는 것 모두 해롭다고 답했다.[57] 의관醫官 김응삼金應三은 황련黃蓮을 우린 물을 적신 수건으로 닦는 것이 좋다고 했고, 영조는 그 방법을 써보았노라고 답했다. 송인명은 추안문서推案文書와 같은 것을 볼 때 왜 안경을 쓰지 않느냐고 물었고, 내의원 부제조 이유李瑜는 안경은 나이의 다소에 따라 쓰는 것이 따로 있다고 전한다. 영조가 노인이 쓰는 안경은 젊은 사람이 쓸 수 없다고 말하자, 김응삼은 안질이 있을 경우 안경을 쓰면 조금 낫다고 말한다. 영조는 이 말에 젊은 사람은 얇은 안경을 쓰면 밝게 보인다고 말한다. 얇은 안경은 근시를 위한 졸보기안경이다. 송인명은 영조에게 안경을 쓰는 것이 어떻겠느냐고 제안했고, 영조는 시험해보겠으나 안경을 걸치면 쓰기에 불편하다고 답한다. 다리가 없어서 코끝에 걸치는 안경이기에 불편하다고 한 것이 아닌가 싶다. 이유는 안경의 품질은 좋고 나쁨이 있으니, 품질이 아주 좋은 안경을 수의首醫를 시켜 골라 들이게 하자고 하였다. 영조는 동의했다.

영조가 의원이 바친 안경을 썼는지는 알 수 없다. 하지만 뒤에 영조는 안경을 써도 소용이 없다고 호소했다. 영조의 눈에 어떤 문제가 있었던 것일까? 1749년 3월 14일 왕세자(뒷날의 사도세자)의 눈병이 낫지 않아 걱정이라는 내의원 제조 김상로金尙魯의 말을 듣고 영조는 세자가 원래 근시고, 또 눈을 너무 많이 써서 그런 것이라고 답한다. 아울러 자신도 근시며, 세자는 자신보다 더한 근시라고 밝힌다.[58] 1752년 6월 18일 영조는 근래 안경을 끼고 글을 볼 때 멀리 보아야만 글자의 획이 분명히 보인다면서 자신의 시력이 예전과 같지 않다고 말한다. 그리고 자신은 본디 먼 곳에 있는 것을 보지 못했다고 말한다.[59] 곧 영조는 근시였다가 원시가 되었던 것이고, 원시를 교정하기 위해 안경을 썼지만, 그것도 잘 보이지 않아 점점 더 심한 원시가 되었던 것이다.

이뿐만이 아니다. 앞서 언급한 바와 같이 영조는 잔글씨가 둘로 갈라져 보인다고 말한다. 그는 난시이기도 했던 것이다. 1746년 6월 5일 내의원 제조 원경하元景夏는 자신이 안경을 쓰고 책을 보는데 아주 도움이 된다고 말한다. 하지만 영조는 자신이 무신년(1728)에 안경을 간혹 썼지만 아주 답답했다고 말한다. 그러고는 원경하에게 "경의 급박한 성격에도 안경을 쓸 수 있단 말인가?"라고 놀렸고, 원경하는 "신은 집에서는 급박한 마음이 없습니다."라고 답한다. 영조는 "경의 본래 성격이 그런데, 어떻게 집에서는 없다는 것을 알 수 있는가?"라고 다시 놀린다. 부제조 홍상한洪象漢(1701~1769)이 눈의 상태가 아침에 더 나쁜지 밤에 더 나쁜지 묻자, 영조는 밤에 더욱 심하다고 하였고, 원경하는 손바닥만큼 큰 안경은 가장 좋은 품질의 것이니 구해서 써보면 어떻겠느냐고 한다. 영조는 그렇게 큰 것이 있다면 써보겠노라고 한다.[60] 그로부터 나흘 뒤인 6월 9일 원경하가 일전에 올린 안경을 써보았느냐고 묻자, 영조는 전에도 써보았지만 별 효과가 없었다고 한다.[61]

2년 뒤인 1748년 윤7월 16일 영조는 시력이 전과 같이 않아 안경으로 보더라도 작은 글자는 읽을 수가 없을 정도라고 고통을 호소한다. 신하들이 걱정이 되지 않을 리 없다. 9월 14일에 내의원 제조 이주진李周鎭이 안경을 구해보라는 명을 받아 안경의 종류를 조사한다. 안경은 두 종류가 있었다. 노인과 젊은이가 통용하지만 노인이 써도 아주 밝게 보이는 것과 멀리도 잘 볼 수 있는 것이다. 후자는 근시가 쓰는 것이다.[62] 영조는 노인과 젊은이가 통용하는 전자만 가져오라고 말한다. 영조가 효험을 보았는지는 미지수다.

　영조는 안경을 썼다가 말다가를 반복했다. 1758년 3월 26일에는 자신은 안경을 쓰고 싶으나 쓰지 않은 것만 못해 사용하지 않는다고 하였다.[63] 그의 눈에 맞는 안경이 없었기 때문이다. 1760년 8월 22일에는 자신이 늙어 글자가 아주 희미하게 보이기 때문에 가끔 안경을 쓰기도 한다고 말한다.[64] 그런가 하면 1762년 10월 27일에는 "어제 안경을 잠시 썼다가 다시 버렸다."라고 하면서 그런 물건은 모두 가증스러운 것이라고 말한다.[65] 1763년 2월 25일에는 근래에 눈이 몹시 어둡고 근력이 아주 피곤하므로 안경을 쓰고 싶지만 너무나 불편하고, 지팡이도 짚고 싶지만 넘어질까 봐 쓰지 않는다고 말한다.[66] 그러다가 1767년(영조 43) 5월 8일에는 노인의 안력이 마치 베를 가리고 보는 것처럼 희미한데, 최근 안경을 쓰고 물건을 보니 효험이 있는 것 같다고 말한다.[67] 석 달 뒤인 8월 11일에는 눈이 어두운 증상이 조금도 낫지 않아 괴롭다고 하소연을 한다. 영의정 김치인金致仁이 아주 좋은 품질의 안경이라면 효험이 있을 것이라고 한다. 하지만 영조는 시험 삼아 써보았지만 별로 신통하지 않았다고 말한다.[68] 1771년 12월 11일에는 눈이 너무 어두워져 사람의 얼굴이 어떻게 생겼는지 알아볼 수가 없다고 말한다. 영부사 김상복金相福이 노년에는 안경이 효험이 있으므로 여염에서 많이 쓴다고 하자, 영조는

1장 안경, 조선인의 눈을 밝히다　**45**

마치 안경이란 물건을 처음 들어본 사람처럼 "그런가?" 하고 내의원에서 가져오게 하라고 명한다.[69] 다음 날인 12일 김치인은 영조의 명대로 안경을 널리 구해 올린다.[70] 영조가 그 안경 중 어떤 것이 우의정이 구해 올린 것이냐고 묻자, 김치인이 두 개가 우의정과 병조판서가 구해온 것이고, 나머지는 내의원에서 올린 것이라 답한다.

1773년 12월 16일에 영조는 김시교金時敎가 여든하나에 안경을 쓰지 않고도 소설을 볼 수 있다고 한다는 말을 듣고 자신은 여든에 이 모양이라면서 눈이 어두울 뿐만 아니라 걸음도 어렵고 게다가 귀까지 들리지 않는다고 한탄한다.[71] 영조가 안경을 썼다 말았다 한 것은 근시인 데다 난시인 그의 눈에 안경을 맞출 수 없었기 때문이다.

영조의 시력은, 앞서 말한 바와 같이, 사도세자에게 고스란히 이어졌다. 1749년 3월 14일 세자의 예사롭지 않은 눈병을 걱정하면서 하루 두 차례의 서연書筵 중 한 차례는 줄이는 것이 어떠냐는 김상로에게 눈병이 있어 그런 것이 아니고 근시이기 때문에 그런 것이라면서 세자에게 안경을 쓰고 책을 보게 하고 싶다고 말한다.[72] 그렇다면 영조가 세자에게 안경을 쓰게 했느냐 하면 그것도 아니다. 1752년 7월 9일 많은 문서를 보는 영조를 걱정하여 내의원 제조 홍상한이 안경을 쓰면 좋을 것이라고 권한 것을 계기로 안경에 관한 이야기가 이어졌는데, 그 끝에 영조는 세자의 안경 착용 여부에 대해 언급한다. 즉 왕이란 존재는 의관을 정제하고 많은 사람이 경외감을 가지고 바라보게 해야 하는데 아랫사람과 만날 때 안경을 쓴다면 불경한 짓이 된다는 것이다. 요지는 안경은 전에 없던 물건인 데다가 신하들이 보기에 채신없어 보인다는 것이다. 영조는 만약 세자가 안경을 쓰는 방법을 안다면 반드시 쓰고자 할 것인데, 평상시에 쓰는 것은 그래도 괜찮겠지만, 서연에 쓰는 것은 옳지 않다면서 세자에게는 안경의 존재를 알리지 말라고 명한다. 뒤에 기록이 없으니 사도세자가 안경을 썼는지 여부는 분명하지 않다. 어디서 시작되었는지는 알 수 없지만, 남을 마주하여 안경을 쓰는 데는 어떤 심리적 장애가 있었던 것 같다. 뒤에 언급하겠지만 신하는 왕 앞에서 허락 없이 안경을 쓸 수 없었고, 민간에서도 젊은이는 어른 앞에서 마찬가지였다. 편리한 물건이지만 본래의 얼굴을 가린다는 점에서 안경을 착용하는 것은 예에 어긋난다는 관념이 있지 않았나 한다.

사도세자의 아들인 정조 역시 눈이 좋지 않았다. 그는 1782년 5월 9일 명울73이 풀리지 않아 사물을 보는 데 지장이 있다 하였고, 영의정 서명선徐命善이 일시의 풍열風熱 때문이라고 하자 정조 역시 그 말에 동의한다. 다만 그는 글자를 보아도 분명하지 않다고 말한다. 홍낙성洪樂性은 최근의 뜨거운 기온 때문에 그런 것이며 여름이 되면 더할 수도 있다고 말한다. 정조는 겨울에 들면 조금 차도를 보이다가 여름이 되면 정말 더 심해진다고 답한다. 행호조판서 김화진金華鎭이 밤이 이슥하도록 책을 보아서 그런 것일 거라고 하자, 정조는 근래에는 그리 책을 많이 보지 않고, 또 책을 보지 않으면 소일할 것도 없어 고민이라고 말한다. 서명선이 늘 안경을 쓰고 있는 것이 안력을 기르는 가장 좋은 방법이라고 하자 정조는 과연 안경을 써보니 상당한 효과가 있었다고 말한다. 이복원은 눈의 병은 손으로 자주 비비지 않고 관심을 두지 않은 것이 좋다고 말한다. 정조는 이것은 여러 해 묵은 증상인데 올해에 더욱 심하다고 답한다.

위의 자료를 통해 정조가 1782년에 이미 안경을 쓰고 있었던 것을 알수 있다. 6년 뒤인 1788년 4월 20일 홍인호洪仁浩는 내의원 도제조와 제조의 뜻이라면서 이렇게 아뢴다. 원래 정조가 쓸 안경과 곽향藿香 등 6종의 약재를 작년 동지사행 때 사오라고 부사에게 맡겼지만, 안경은 좋은 품질의 것이 없어서 사오지 못하고, 사온 약재도 복명한 지 엿새나 되었지만 아직도 바치지 않았다면서, 정조에게 부사 조환趙璞과 역관, 의관 등을 엄벌에 처할 것을 청하여 허락을 받았다.[74] 안경을 다시 구한 것은 시력이 나빠졌기에 조정할 안경이 필요했기 때문이다.

변화하는 시력과 거기에 맞는 안경을 구하는 일이 계속되었다. 정조는 말년인 1798년 7월 20일 가뭄을 걱정하느라 마음을 썼더니 시력이 점점 떨어져 안경을 쓰고자 하지만 밝게 잘 보이는 것이 아주 드물다면서 역관을 불러 품질이 극히 좋은 것을 사오게 하라고 내의원 제조 정창순鄭昌順에게 명한다.[75] 과연 눈에 맞는 안경을 구했는지는 알 수 없지만, 이후 죽음에 이를 때까지 정조는 나빠진 시력에 대해 자주 언급하고 있다. 1799년 5월 5일 정조는 자신은 본래 잡서 보기를 좋아하지 않아《삼국지》나《수호지》등의 책은 한 번도 눈길을 주지 않았고 한가할 때 보는 책은 성경현전을 벗어나지 않는다고 말한다. 하지만 몇 해 전부터 눈이 점차 어두워지고 올봄 이후로 더욱 심해져 서책의 자획이 분명하지 않은 것이 많고, 정망政望의 낙점도 안력을 허비하게 된다고 말한다. 하지만 안경을 쓰고 조정에 나간다면 여러 사람이 보고 놀랄 것이기에 6월의 친정親政 역시 하기 어려울 것이라고 말한다.[76] 두 달 뒤인 7월 10일에는 자신의 시력이 전만 못해 경전의 문자는 안경이 아니면 읽을 수가 없고, 일상적인 업무를 처리하기 어려운 지경이라면서 고통을 하소연한다. 정조의 시력 저하와 눈병은 영조와 사도세자를 거쳐 유전된 것이면서 동시에 스트레스로 인해 발생한 것으로 보인다. 정조는 자신의 눈병은 예사로운 눈병이 아니라 무언가 생각에 잠기거나 하고자 하는 일이 있으면 등골의 태양경太陽經과 좌우 옆구리에 횃불로 지지는 듯한 기운이 있는데, 이것이 눈병의 원인이라는 것이다. 결국 스트레스로 생기는 병이다. 하지만 안경은 100년 안에 생긴 물건으로서 안경을 끼고 조정에 나가면 여러 사람을 놀라게 만들 것이기에 쓰고 나갈 수가 없다고 여러 차례 하소연한다.[77] 정조가 과연 안경을 쓰고 신하를 만났는지는 분명하지 않다. 하지만 결국 그도 안경을 쓰지 않았을까?

양반을 넘어 서민들 속으로

타고난 나쁜 시력이나 나이가 들어 나빠진 시력은 세상을 흐릿하게 혹은 어둡게 만들었다. 그러기에 그 흐린 세상을 다시 명료하게 펼쳐 보인 안경은 두말할 것도 없이 환영을 받았다. 안경의 덕을 가장 크게 본 사람은 책을 많이 보는 양반들이었다. 또 이들만이 북경에 다녀올 수 있었으니, 안경을 가장 먼저 수입한 것도 이들이었다. 북경에서 수입하는 안경의 값이 쌀 리가 없었으니, 역시 경제적으로 넉넉한 양반들만이 안경을 사용할 수 있었다. 하지만 너무나도 편리한 이 도구는 곧 양반층을 넘어 사용되기 시작했다.

이규경은 〈애체변증설〉에서 안경이 언제 조선에 들어왔는지는 알 수 없으나 대개 명나라 만력 이후이며, 순조純祖 중엽부터 성행하여 지금은 시전 상인이나 푸주한, 점포, 우역郵驛, 머슴까지 모두 사용하고 있다고 한다.[78] 순조 중엽은 1817년 전후다. 곧 19세기 초기에는 하층민까지 사용할 정도로 안경이 확산되었던 것이다. 하지만 이 확산의 조짐은 이미 18세기 후반에 보이고 있다. 앞서 인용한 바 있는 강세황의 〈안경〉에서는 이렇게 말하고 있다.

근래에 안경은 책을 보는 사람들에게만 보배가 되는 것이 아니다. 바느질하는 부녀자, 정밀한 작업을 해야 하는 공장工匠으로서 나이가 채 쉰이 되지 않은 사람도 모두 안경을 사용한다. 그러나 품질이 좋고 나쁜 것을

가려내는 사람은 드물다. 그리고 좋은 품질의 안경은 값이 싸지 않고 구하기도 쉽지 않다.[79]

바느질을 하는 부녀자들이야말로 눈이 보배다. 눈이 나쁘면 안경이 필요하다. 여성용 안경은 '샐쭉안경'이라고 하는 바, 렌즈가 타원형이다. '샐쭉'은 '샐쭉하다'에서 온 말이고, '샐쭉하다'는 말의 뜻은 '감정을 나타내면서 입이나 눈이 한쪽으로 약간 샐그러지게 움직이는 것'이라 한다. 샐그러짐은 한쪽으로 삐뚤어지거나 기울어지는 것, 결국 타원형이란 말이다. 여성용이라서 모양을 예쁘게 하느라 타원형으로 하지 않았나 싶다.

여성 외에 안경을 쓰는 사람은 당연히 정밀한 작업을 하는 장인들이다. 서울의 수공업자들, 예컨대 금과 은을 세공하는 장인들 역시 안경이 필요했을 것이다. 이외에 침을 놓는 의원들 역시 안경을 착용했다. 모든 사람은 왕 앞에서 안경을 쓰는 것이 금지되었지만, 왕에게 시침施鍼하는 어의는 안경을 쓰고 침을 놓는 것이 허락되었다. 정밀한 그림을 그리는 화가들도 안경을 썼다. 1765년 5월 11일 영조는 화원도 안경을 쓴다고 말하고 있는데,[80] 이로부터 30년 전인 1735년(영조 11) 영정모사도감影幀模寫都監에 화사畵師 중 이치李蚩는 안경을 늘 쓰고 있지만, 그래도 사물이 똑똑히 보이지 않는다고 할 정도였다.[81] 진경산수로 유명한 정선鄭敾 역시 안경을 썼다. 박지원은 《열하일기》의 〈열상화보洌上畵譜〉에서 겸재 정선의 〈춘산등림도春山登臨圖〉에 붙인 글에서 "정선의 자는 원백元伯이니 강희·건륭 연간 사람이다. 나이 팔십이 넘어서도 겹돋보기 안경을 끼고 촛불 아래에서 가는 그림을 그려도 털끝만큼도 그릇됨이 없었다."[82]라고 말하고 있다. 정선이 여든이 넘어서까지 작품 활동을 할 수 있었던 것은 안경 덕분이다. 1754년(영조 30) 2월 29일 영조가 홍봉한에게 "정선을 첨정僉正에 제수하였는데, 그의 나이 일흔이 넘어서도 여전히 그림을 그릴 수 있다고 하니, 어려운 일이다. 안경을 쓰는가?"라고 묻자, 홍봉한은 "안경을 쓰고 밤중에도 그림을 그릴 수 있다고 합니다."[83]라고 답했다. 안경은 일흔이 넘은 화가의 작업을 가능하게 했던 것이다. 신광수申光洙(1712~1775)에 의하면, 기벽의 방랑화가 최북崔北 역시 유리안경을 쓰고 그림을 그려 팔았다.[84]

성대중成大中(1732~1812)에 의하면, 각수刻手도 안경을 사용했다. 연안 이씨로 정조 때 좌의정까지 오른 이성원李性源은 금강산에 놀러가서 기념으로 자기 이름을 바위에 새기게 되었다. 그때 실수로 각수의 안경을 떨어뜨려 안경이 깨졌다. 이성원이 안경 값을 치르려 하자 예순 남짓의 각수가 웃으며 안경집을 보여준다. "아무 해 아무 때에 30전을 주고 샀고, 아무 해 아무 달 아무 날 아무 때에 깨질 것이다."[85] 이 이야기의 초점은 미래를 예측하는 사람에게 가 있지만, 어쨌거나 각수 같은 공예가들 역시 안경을 썼던 것이다. 안경은 기술직을 맡은 사람에게 요긴한 물건이었을 것이다. 19세기가 되면 저급한 내용의 책을 읽는 시골 사람들까지 안경을 걸치지 않는 사람이 없다 하였으니,[86] 그때가 되면 안경은 거의 모든 사람이 착용하는 물건이 되었던 것이다.

임진왜란을 전후하여 수입된 안경은 18세기를 거쳐 19세기가 되면 서민층에게까지 확산되었다. 더는 신기하고 이상한 물건도 아니었다. 눈이 나쁜 사람이면 누구나 구입해서 걸칠 수 있는 것이 되었다. 이 서양산 물건은 조선 사람들의 생활 속에 깊이 뿌리를 내리고 있었던 것이다.

안경의 사용이 확산되자 국내에서도 안경을 전문적으로 제작하는 공방이 생겼다. 최초로 안경을 생산한 경주 쪽 사정은 모르지만, 19세기에 오면 서울에도 안경 공방이 생긴 것이 확실하다. 19세기 중반(1870)에 쓰인 문헌인《동국여지비고東國輿地備攷》의 '장방匠房', 곧 '수공업자의 공방'에 관한 부분에 "안경방은 여러 곳에 있다."[87]라고 하였으니, 19세기 전반, 혹은 그 이전에 서울 시내에 안경을 제작하는 공방이 있었던 것이 분명하다. 서울이 안경의 수요가 가장 많은 곳이었으니, 안경을 제작하는 공방이 출현하는 것은 시간문제가 아니었을까? 다만 이곳에서 어떻게 안경을 만들었는지는 확실하지 않다. 수정이나 북경에서 수입한 유리를 가공하여 안경을 만들지 않았을까?

안경은 여성과 장인 들에게까지 확산되었지만, 그 주류는 역시 양반 남성들이었다. 양반은 곧 지식인이기도 했으니, 지식인에게 안경은 축복이었다. 안경으로 되찾은 시력은 더 오랫동안, 더 많은 책을 보고 글을 쓰는 것을 가능하게 하였다. 이것은 조선 후기 학문 발달에 적지 않은 영향을 끼쳤을 것이다. 책을 너무 많이 본 것이 안경을 쓰는 한 가지 이유가 되었던 정조는 북경에서 수입되는 책들이 이단적이라면서 책의 수입을 금지하고 보지 말라고 명하였다. 여기에는 약간 엉뚱한 이유도 있었다. 조선의 책은 글자가 크고 튼튼한데, 아주 작은 글씨의 중국 책을 왜 보느냐는 것이었다. 중국 책의 크기와 활자가 작은 것은 상업적 인쇄 때문이다. 작은 지면에 작은 활자로 더 많은 내용을 채워 넣어야 제작비가 줄어든다. 곧 이문이 남는 것이다. 그리고 작은 활자의 책을 보기에 안경은 더할 수 없이 훌륭한 도구였다. 안경은 책과 함께 북경에서 수입되었고, 또 국내에서도 제작되었다. 그렇게 하여 코끝에 걸친 안경은 잔글씨의 책을 더 많이 볼 수 있게 하였고, 책을 보는 시간과 저술의 시간을 늘렸던 것이다.

18세기 후반부터 조선 학계에 전과 달리 엄청난 분량의 저술을 남기는 사람이 쏟아져 나온 것을 안경 때문이라고 말하는 것은 무리겠지만, 안경이 큰 역할을 한 것도 부정할 수 없는 사실일 것이다.[88] 《홍재전서弘齋全書》라는 거질의 문집을 남긴 정조, 《여유당전서與猶堂全書》에 실린 어마어마한 분량의 저술을 남긴 정약용丁若鏞(1762~1836) 모두 안경을 쓴 사람이었다는 데 주목할 필요가 있다. 정조는 이미 언급했지만 정약용 역시 안경을 쓴 사람이었다. 정약용은 주지하다시피 강진康津 유배기에 엄청난 분량의 저술을 남겼는데, 강진에서 두 아들에게 보내는 편지에서 1802년부터 시작된 저술로 인해 시력이 극히 나빠져 오직 안경에만 의지하게 되었다고 그 스스로 말한 바 있다.[89] 정약용은 1819년 4월 15일 배를 타고 충주로 가서 선산에 성묘를 한다. 이때 지은 시에 "눈에는 안경알 둘이 있어, 여행길이 티 없이 맑네."라는 구절이 있다.[90] 1831년에 지은 〈송파수작松坡酬酢〉에서는 "안경 쓰고 글을 보니 흐릿한 것 환히 뵈고, 호로葫蘆(약초) 약물 마시니 냉한 비장 낫는다."[91]라고 말하고 있다. 언제부터인지는 모르지만 정약용은 안경을 썼고, 그것은 만년의 저작 활동을 가능케 한 물리적 수단이 되었을 것이다. 요컨대 안경은 조선 후기의 학문 발달에 이루 말할 수 없을 정도로 큰 기여를 했던 것으로 보인다.

안경의 관리법과 풍습

안경이 널리 사용되면서 안경의 관리법도 나타났다. 이규경에 의하면, 나무를 태운 잿물에 하루를 담가두면 때를 제거할 수 있고, 보통 때는 침으로 닦을 수도 있다는 것이다.[92] 안경에 윤을 내는 법도 있다. 이규경은 안경을 만든 뒤 상회수桑灰水를 바르고 불 위에 구우면 윤이 난다고 말한다.[93] 품질이 나쁜 안경(혹은 렌즈)을 고치는 법도 있다. 역시 뜨거운 상회수를 발라 5, 6차 건조한 뒤 불에 구우면 품질이 좋아진다는 것이다.[94]

안경의 렌즈는 유리 아니면 수정이었지만 테는 소뿔이나 대모玳瑁(거북

이 등딱지), 은이나 구리 등으로 만들었는데, 대모나 은으로 만든 테는 당연히 값이 비쌌다. 또 두 개의 렌즈를 뿔이나 은·구리로 연결시키기고 테를 하지 않는 경우도 있었다.[95] 안경집 역시 사치를 할 수 있었다. 안경집을 자개나 자수, 상어 가죽으로 고급스럽게 꾸며 허리에 차고 새로운 패션을 과시했다.[96] 안경테와 안경집은 일종의 장신구이기도 했던 것이다.

1832년(순조 32) 10월 동지사 겸 사은사 서경보徐耕輔의 서장관으로 북경에 다녀온 김경선金景善(1788~?)은 자신의 여행기 《연원직지燕轅直指》[97]에서 사신의 복색을 이렇게 묘사하고 있다.

세 사신은 그대로 평복을 입고, 반당伴倘·군관軍官·별배행別陪行·건량관乾糧官은 모두 반비半臂(세속의 이른바 쾌자快子라는 것)를 입는데, 전립戰笠에는 은화 운월銀花雲月을 불쑥하게 세우고 삼안 작우三眼雀羽를 달았으며, 허리에 남색 전대纏帶를 차고, 약낭藥囊·패도佩刀·수건·안경·담뱃갑 같은 것은 모두 좌우에 찬다.

안경은 허리에 찼다. 물론 안경을 그대로 차는 게 아니라 안경집에 넣어서 찼고, 이것은 남에게 보이는 것이기에 여러 재질로 사치를 했던 것이다.

안경에 관한 전에 없던 예절도 생겼다. 젊은 사람은 눈이 나빠도 안경을 쓰고 어른 앞에 나설 수가 없었다. 이규경은 존귀한 사람 앞에서는 안경을 쓸 수 없고, 또 연하자는 연장자 앞에서 안경을 쓸 수 없는 풍속이 자신의 시대에 이미 형성되어 있었음을 말하고 있다. 이 풍속이 비록 과한 예절이기는 하지만, 젊은이와 사회적 지위가 낮은 사람이 안경을 걸치고 존귀한 사람을 보는 것이 건방지게 보이기 때문이라고 설명한다.[98]

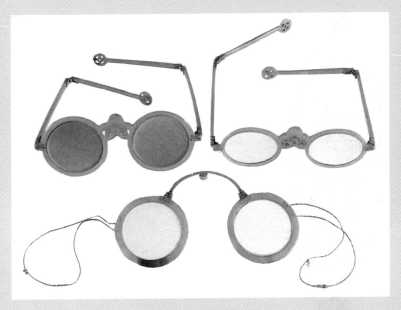

그림 6 여러 가지 안경.

그림 7 여러 가지 안경집. 나무, 천, 가죽 등 다양한 재료로 만들었다.

그림 8 수를 놓아 화려하게 장식한 안경집.

말이 나온 김에 덧보태자면, 신하 역시 임금 앞에서 안경을 쓰지 않는 것이 원칙이었다.

1737년 7월 7일 경연 때 《송원강목宋元綱目》을 읽는 자리였다. 먼저 시독관侍讀官 조명리趙明履가 정해진 본문의 일부를 읽자, 영조는 승지 김응복金應福에게 이어 읽으라고 명한다. 김응복이 "소신은 눈이 어두워 글자를 분변할 수가 없습니다. 반드시 안경이 있어야 겨우 읽어 나갈 수 있습니다. 황공하여 감히 아룁니다."라고 하자, 영조는 주서注書가 계속 읽으라 한다. 이에 주서 정휘량鄭翬良이 뒷부분을 읽었다.[99] 왕이 허락하지 않으면 안경을 쓸 수 없었던 것이다. 다만 젊은 왕은 대개 늙은 신하가 안경을 쓰는 것을 허락했다. 1802년 4월 9일 경연관인 이시수李時秀가 책을 읽다가 한 부분의 구결을 잘못 읽자 순조는 눈이 어두워 그런 것이라면서 안경을 쓰고 읽으라고 한다. 이시수는 가지고 있던 안경을 꺼내어 쓰고 계속 읽어나갔다.[100] 1802년 9월 26일에는 이시수가 "소신은 눈이 밝지 않으니 안경을 써도 될까요?"라고 물었다. 순조가 "비단 오늘만이 아니라 차후에도 계속 안경을 써도 괜찮다."라고 말한다.[101]

19세기 풍양 조씨 세도의 핵심인물이었던 조병구趙秉龜(1801~1845)는 헌종 앞에 안경을 쓰고 나갔다가 지적을 받고는 고민 끝에 자살했다는 전설을 남기고 있다.

3

안경의 이치를 논하다

안경의 종류

19세기에 이르러 안경은 누구나 사용하는 편리한 물건이 되었고, 또 지식인들은 그것의 기원을 밝히려 애썼다. 그렇다면 안경의 원리를 이해하려는 노력은 없었던 것인가? 먼저 조선 후기의 다양한 안경에 대해 살펴본 뒤 그 원리에 대한 언급을 검토해보자.

조선 후기에 사용된 안경에는 여러 종류가 있었다. 먼저 눈의 상태에 따라 사용하는 안경이 달랐음은 물론이다. 먼 것은 잘 보이고 가까운 것은 잘 보이지 않는 원시, 먼 것은 잘 보이지 않고 가까운 것은 잘 보이는 근시, 그리고 사물이 뚜렷이 보이지 않는 난시가 있다. 이것은 사람마다 정도의 차이가 있기 때문에 렌즈를 그 사람의 눈에 맞추어서 제작해야 한다. 하지만 조선 시대 안경이 과연 개인의 시력에 맞춘 것인지는 의문이다. 나는 개인적으로 그런 일은 없었을 것이라 생각한다. 또 문헌에 등장하는 안경은 노인을 위한 안경, 곧 원시경이 대부분이다.

성리학자 한원진韓元震(1682~1751)은 친구 윤봉구尹鳳九(1681~1767)에게 1742년 1월에 보낸 편지에서 안경 이야기를 꺼낸다. "일찍이 안경 세 개를 얻어 비교해보았습니다. 하나는 가까운 것은 아주 환히 보이지만 멀리 있는 것은 환히 보이지 않았습니다. 다른 하나는 가까운 것은 그리 환히 보이지 않지만 멀리 있는 것은 도리어 환히 보였습니다. 마지막 하나는 가까운 것을 보나 먼 것을 보나 모두 다른 안경에 미치지 못했습니다."[102] 첫 번째 안경은 원시를 위한 안경이고, 두 번째는 근시를 위한 안경이다. 그리고 세 번째 안경은 품질이 좋지 않거나 한원진의 눈에 전혀 맞지 않는 안경이었을 것이다. 앞서 언급한 1734년 2월 영조와 신하들의 대화를 떠올려보면 적어도 1734년 이전에 근시경과 원시경이 모두 수입되었던 것이 확실하다.

18세기 후반에 오면 근시경과 원시경의 렌즈를 확실히 구분하게 된다. 강세황은 〈안경〉에서 이렇게 말한다.

대저 안경을 연마하는 법은 주변을 얇게, 가운데를 볼록하게 깎아, 눈에서 떼어놓고 사물을 보면 배나 분명하고 크게 보인다. 그러나 너무 볼록하면 가까이 있는 것은 볼 수 있지만, 조금만 멀어져도 흐릿해진다. 너무 볼록하지 않으면 멀리 있는 것은 볼 수 있지만, 그리 분명하고 크게 보이지 않는다.

주변을 두껍고 가운데를 오목하게 깎으면 보이는 것이 아주 작다. 가까운 것이 아주 작아지고 게다가 흐릿해 분명하지 않다. 이것은 먼 데 있는 것을 볼 수 없는 사람에게 편리하다.[103]

강세황은 렌즈의 중심부가 오목한가 볼록한가에 따라 상像이 커지고 작아진다고 말한다. 오목렌즈와 볼록렌즈를 정확하게 구분하고 있는 것이다.

안경의 종류에 대해 거론하면서 꼭 하나 짚고 넘어가야 할 문헌이 있다.《오주연문장전산고五洲衍文長箋散稿》의 〈애체변증설〉로 안경에 관한 소상한 자료를 남긴 이규경은 《오주서종박물고변五洲書種博物考辨》(1834)[104]이란 책을 저술했는데, 이 책은 조선 시대에서 그 유례를 찾아볼 수 없는, 화학에 관한 전문적인 저술이다. 당연히 이 책에서는 유리 제품을 다루고, 안경도 거기에 포함되는 것은 물론이다. 이 책은 《화한삼재도회和漢三才圖會》와 같은 일본 책과 《천공개물天工開物》,《물리소지物理小識》 등의 중국 책에서 인용한 정보로 구성되어 있다. 이규경의 발언은 상대적으로 적다. 따라서 이 책에 실린 안경에 대한 정보를 모두 조선의 것으로 알아서는 곤란하다. 이 책의 정보를 굳이 세세하게 다루지 않을 수 없는 것도 이 때문이다. 이 점을 염두에 두고 먼저 이 책에서 거론하고 있는 안경의 종류에 대해 검토하기로 하자.

《오주서종박물고변》의 〈유리류琉璃類〉는 안경을 다루는 것은 물론이고 다양한 렌즈 및 렌즈를 설치한 광학기구, 예컨대 망원경 등에 대해 언급하고 있다. 이규경은 안경과 렌즈, 광학기구를 모두 '안경'에 소속시키고 있다. 예컨대 그는 '안경'의 첫머리에서 안경은 아란타阿蘭陀, 곧 네덜란드의 천리경과 서양의 현미경 등이 가장 우월한 것이고, 진수정眞水晶과 자수정·오수정烏水晶 안경은 그다음이라는 것이다.[105] 천리경과 현미경, 조선의 수정안경을 동일한 범주에 넣고 있는 것이다. 천리경, 곧 망원경은 뒤에서 다루고 여기서는 안경에 집중하자.

이규경은 우리나라에서는 수정안경을 으뜸으로 치지만, 그것은 화기火氣를 물리칠 수 있는 서양의 유리안경이 진품임을 모르고 하는 소리라고 한다. 그는 이렇게 말한다. "서양에서는 안경을 만들 때 반드시 화독火毒을 물리쳐 눈의 힘을 돕기 때문에 오랫동안 안경을 쓰고 있어도 화기가 눈을 침범하지 않는다. 생각건대 그것은 화기를 물리치는 약을 발라 땅에 묻었다가 꺼내었다가 물에 담가 화독을 내보내기 때문이다."[106] 서양의 안경이 화기를 물리칠 수 있다는 주장과 그것의 근거는 상식적으로 납득하기 어렵다. 어딘가 유래가 있는 말인 듯하지만 현재로서는 알 수 없다. 다만 수정안경이 무겁고 차가운 것에 견주어 서양의 유리안경은 가볍고 덜 차갑다는 것을 두고 한 말이 아닌가 한다.

〈안경류眼鏡類〉에서 이규경은 다음과 같은 순서로 다양한 안경과 광학기구, 렌즈 등을 나열하고 설명을 붙인다(붙이지 않은 것도 있다). 차례로 열거하되 같은 성격의 것끼리 무리를 지어본다.

A. (1) 노안경老眼鏡, (2) 장안경壯眼鏡, (3) 중로안경中老眼鏡

B. (4) 근안경近眼鏡, (5) 충안경虫眼鏡, (6) 수안경數眼鏡, (7) 원안경遠眼鏡

C. (8) 서양모서화망원경西洋模書畫望遠鏡, (9) 원경遠鏡

D. (10) 취화경取火鏡, (11) 취수경取水鏡, (12) 현미경顯微鏡, (13) 임화경臨畫鏡, (14) 다물경多物鏡, (15) 서광경瑞光鏡

E. (16) 원안경遠眼鏡

길게 나열된 자료를 이렇게 구분한 것은 이규경이 인용한 문헌이 각각 다르기 때문이다. A·B 그룹의 안경들은 C·D·E 그룹의 광학기구 및 렌즈와 전혀 다른 출처, 곧 18세기 초기 일본인 데라시마 료안寺島良安이 편찬한《화한삼재도회》권26의 〈안경〉에서 인용된 것이다.

살피건대, 애체는 안경이다. 수정을 사용해서 조각으로 자른 뒤 금강석의 가루로 갈고 쪼아서 만든다. 노년·장년에 따라 차이가 있다. 노안경은 약간 볼록하고, 장안경은 바깥쪽과 안쪽이 평평하고 곧으며(正直), 중로안경은 바깥쪽은 평평하고 곧으며 안쪽은 약간 오목하다. 다만 노인이 장안경을 끼면, 멀리 있는 물건은 선명하지만 가까이 있는 물건은 선명하지 않다.

근안경近眼鏡. 바깥쪽은 약간 오목하고 안쪽은 약간 볼록하다.

원안경遠眼鏡. 늘어났다 줄어들었다 하는 3중의 통을 만들되, 각 통의 입에는 옥玉을 끼워 넣으며, 그 기본이 되는 입구의 옥은 노안경과 같이 하고, 중간과 끝은 장안경과 같이 한다. 다만 ① 본조本朝(일본)에서 만든 것은 3리 이상을 볼 수 없다. ② 마땅히 아란타의 청판을 사용해야 한다. 대개 이것은 저 나라의 초자硝子인데, ③ 화초자和硝子(일본 초자)와 함께 녹이면 매우 단단해 해체할 수가 없다.

충안경蟲眼鏡. 옥이 두텁고 바깥쪽은 볼록하고 안쪽은 평평하다. 움푹한 합盒처럼 생겼다. 안에 벼룩과 이를 던져두고 보면 그 형태가 커져 벼룩은 짐승만 하고, 이는 오징어와 비슷하다. 그 나머지 작은 물건도 또한 같다.

수안경數眼鏡. 바깥쪽은 평평하고 안쪽은 거북등딱지처럼 마름모꼴로서 5각, 6각형이다. 수에 따라 나타난다.[107]

이것이 〈안경류〉의 A와 B의 출처다. 〈안경류〉에서 인용하고 있는 것은 몇몇 글자의 출입을 제외하면 동일하다. 다만 이규경은 ①의 '본조에서 만든 것(本朝所作者)'을 '왜에서 만든 것(倭所作者)'으로 바꾸어 쓰고 있으며, ①의 뒤에 '곧 30리다(卽三十里也).'란 말을 추가하고 있다. ③의 '화초자和硝子'도 '왜초자倭硝子'로 바꾸어 쓰고 있다. 따라서 이규경이 열거하는 안경을 조선에서 사용하던 안경으로 알아서는 곤란하다.

노안경은 노인이 쓰는 원시경이다. 장안경은 평평한 렌즈를 사용한 안경이다. 장년의 사람이 쓰는 것처럼 이름을 붙이고 있지만, 실제 평평한 렌즈는 아무런 역할을 하지 않는다. 왜 장안경이 필요했는지 알 수 없다. 중로안경은 오목렌즈 안경이다. 근안경은 바깥쪽은 약간 오목하고 안쪽은 약간 볼록하다고 했으니, 결국 볼록렌즈가 아닌가 한다. 이것은 오늘날 원시가 쓰는 원시경으로 보인다.

《화한삼재도회》는 18세기 초에 만들어진 것이니, 이 내용 역시 18세기 초의 일본 상황을 반영한 것이다. 안경을 수정으로 만든다고 밝히고 있는가 하면, 원안경遠眼鏡(망원경)의 경우는 옥을 사용한다고 하다가, 성능이 좋은 것을 만들려면 네덜란드의 초자를 일본의 초자와 함께 녹여서 만들어야 한다고 말한다. 이해하기 어렵다.

충안경蟲眼鏡은 벌레를 관찰하는 렌즈인데, 두꺼운 옥(유리일 것이다)의 바깥쪽은 볼록하게 가공하고 안쪽은 평평하게 가공하되 그 내부를 다시 파내어 공간을 만든 루페(Lupe)가 아닐까 한다. 이 공간에 곤충을 넣어서 관찰할 수 있다. 이것으로 벼룩과 이를 보면, 벼룩은 짐승처럼, 이는 오징어처럼 크게 보인다고 한다.

수안경數眼鏡은 구체적으로 어떤 것인지 짐작할 수가 없다. 다만 수안경 바로 뒤에 이규경이 붙인 것으로 보이는 다음 설명이 추가되어 있다. "일본에서 만든 것이다. 렌즈 아래 물건을 놓고 보면 선명하다. 만약 한 면 안에 경계선이 있을 경우, 그것을 문지르면 물건이 수대로 보인다. 만약 그 렌즈의 면이 오목하고 바깥쪽이 평평하고 곧으면 비치는 상 역시 이형異形이 된다."[108] 이 역시 어디서 가져온 자료인지, 또 이 문장이 지시하는 렌즈가 어떤 렌즈인지 전혀 알 수가 없다.

〈안경류〉의 C그룹 중 서양모서화망원경은 아담 샬(Johann Adam Schall von Bell, 1591~1666, 湯若望)의 《원경설遠鏡說》에서, 원경은 방이지方以智의 《물리소지》 권1의 '역류曆類'에서 각각 인용된 것이므로 이 책의 제2장에서 따로 다루기로 한다. 이외에 D그룹의 취화경·취수경·현미경·임화경·다물경·서광경은 다른 곳에서 다룰 기회가 없으니 여기서 간단히 언급하고 넘어간다. 취화경에는 '태양에서 불을 얻는다'는 설명이, 취수경에는 '달에서 물을 얻는다'는 설명이,[109] 서광경에는 "밤에 등불을 비치면 그 빛이 몇 리에 이르고 겨울에 그 빛 안에 있으면 태양 아래 있는 것처럼 온몸이 따뜻하다."[110]라는 설명이 붙어 있을 뿐이고, 나머지에 대해서는 아무런 설명이 없다. 한 가지 흥미로운 것은 1809년(순조 9) 빙허각憑虛閣 이씨李氏가 지은 《규합총서閨閤叢書》(권2)의 '모든 거울諸鏡'에 천리경·임화경·서광경·취화경·취수경·다물경이 나온다는 것이다. "그림을 임한 듯한 거울이다."(임화경), "작은 것도 나타나는 거울이다."(현미경), "온갖 것이 많이 뵈는 거울이다."(다물경) 등 이규경이 빠뜨린 설명을 덧붙이고 있는데, 설명 자체는 정보량이 거의 없거나 잘못된 것이다. 천리경에는 "대소가 같지 않다."는 설명이 붙어 있는데, 그것은 《오주서종박물고변》〈안경류〉의 '원경眼鏡' 마지막에 붙어 있는 "천리경은 대·소가 같지 않다."라는 말을 따다가 붙인 것으로 보인다. 그뿐만 아니라 현미경에 대한 설명 역시 오류다. 현미경의 성능은 따로 밝혀진 바 없으며, 건륭제乾隆帝의 시에 작은 물건을 확대해서 보는 도구라는 설명이 나와 있고, 왕사정王士禎의 《지북우담池北偶談》에 서양인이 현미경을 가지고 왔다는 간단한 정보만 있을 뿐이다.[111] 19세기 인물인 이유원이 그림을 감정할 때 현미경을 사용했다고 하니,[112] 어떤 종류인지는 모르지만 소장자가 아주 드물었을 것이다.

이규경은 19세기 전반부터 북경에서 수입된 복경復鏡 또는 협경挾鏡이란 것을 소개하고 있는데, 그것은 안경의 좌우 옆에 렌즈 하나를 더 달거나 렌즈 위에 다시 렌즈를 겹친 것이다. 이것은 멀리 있는 것을 더 가까이 끌어당기므로 노안에 더욱 좋다는 것이다. '최근에 우리나라에 온 것'이란 말이 있는 것[113]으로 보아 《오주서종박물고변》이 쓰인 1834년 직전에 중국이나 일본에서 수입된 것으로 보인다. 이외에 특수한 안경도 수입되었던 것 같다. 예컨대 1766년 1월 9일 홍대용은 천주당으로 가면서 거센 바람에 눈을 뜰 수가 없을 지경이라면서 풍안경風眼鏡을 쓰고 나간다.[114] 이덕무 역시 1778년 북경으로 갈 때 장인으로부터 풍안경 하나를 받아서 떠났다. 풍안경은 바람으로부터 눈을 보호하는 구실을 했던 것 같다. 풍안경이 주로 쓰인 곳은 군대였다. 금위영禁衛營에 군기軍器의 하나로 풍안경이 350개 지급되고 있었던 것이다.[115] 이 역시 북경에서 수입된 것으로 보아야 할 것이다.

안경에 대한 조선의 이해

19세기 전반 이규경은 안경을 제조하는 법은 섭인攝引·개척開拓에 지나지 않으며, 오직 오목함과 볼록함, 평평함과 곧음, 짧음과 긺, 두꺼움과 얇음의 구분에 달려 있는 것이라고 말한다. 섭인은 빛을 끌어당기는 것, 개척은 빛을 확대하는 것을 뜻하는 것으로 보인다. 두 어휘는 렌즈의 성질을 지적한 것이다. 아울러 그는 렌즈에 들어오는 빛에 따라서 상이 달라진다면서, 그 빛에는 평행하는 것, 넓게 퍼지는 것, 먼 곳에서 오는 것, 가까이에서 오는 것, 비스듬히 오는 것, 똑바로 오는 것 등의 구별이 있다고 하였다.[116] 그리고는 상세한 것은 《천문략天問略》과 《원경설》을 보라고 하였다. 《천문략》은 서양인 선교사 디아스(Emmanuel Diaz, 1574~1659, 陽瑪諾)가 저술한 서양 천문학서의 개설서고, 《원경설》은 아담 샬이 쓴 망원경의 원리에 대한 저작이다. 뒤에 언급하겠지만, 이규경은 《예해주진藝海珠塵》이란 책에 실린 《원경설》을 보았을 것이다. 자세한 것은 역시 이 책의 제2장에서 상론한다.

《원경설》은 원래 망원경에 대한 설명이 담긴 책이다. 당연히 망원경에 쓰이는 볼록렌즈와 오목렌즈의 성질에 대한 설명이 있다. 그런데 아담 샬은 망원경의 렌즈 하나만 따로 안경처럼 사용할 수 있다면서 안경의 원리를 설명한다.[117] 가까운 사물을 보는 것이 어려운 사람이 사용하는[118] 안경(곧 원시遠視가 쓰는 안경)인 돋보기안경과 멀리 있는 사물을 보는 것이 어려운 사람이 사용하는[119] 안경(곧 근시近視가 쓰는 안경)인 졸보기안경에 대해서 각각 설명하고 있는데, 전자에 대한 설명을 직접 보자.

(1) 세상에는 어려서부터 멀리 나가서 놀기를 좋아하고 먼 곳을 바라보기를 즐기는 사람들이 있다. 하지만 나이가 들어 눈이 쇠하면 멀리 있는 물체를 보는 것은 괴롭지 않으나 가까이 있는 물건을 보는 것은 괴롭다. 삼각형의 사선을 견디지 못하고, 평행의 사선을 견디는 습성이 그렇게 만든 것이다. 만약 원경의 중고경中高鏡(중간 정도의 볼록렌즈)을 사용한다면, 물상의 작은 한 점이 흩어져 렌즈의 면에 닿고, 렌즈로부터 평행선으로 눈에 들어가서 교묘하게 그 습성과 합치된다. 가까운 것을 보아도 피로하지 않고 저절로 밝아진다.

(2) 그러나 또 일찍이 먼 곳으로 나가 놀거나 먼 곳을 바라보는 것을 좋아하지 않고 평소 오로지 평평하고 곧은 것을 보는 데에만 힘쓰는 사람도 있다. 이런 사람 역시 반드시 늙어 시력이 쇠하면, 물체를 볼 때 그 상象을 거두어 모으지 못하고, 상은 직사直射하여 어슴푸레한 것이 진짜처럼 보이지 않는다. 만약 중고경을 쓴다면, 물체의 형태는 비록 작고 어둡지만, 그것을 보면 저절로 커져서 드러난다.[120]

(1)의 '삼각형의 사선을 감당하지 못한다'는 말은 물체의 상이 내쏘는 빛이 눈에 사선으로 도달한다는 것이다(사선으로 도달하면 보기 어렵다는 생각을 내재하고 있다). 먼 곳에 있는 물체의 상은 눈에 평행으로 들어오고,

평생 이것에 익숙해져 있기 때문에 나이가 들어도 먼 곳에 있는 물체는 볼 수 있다는 것이다. 하지만 눈과 물체가 가까울 경우 물체의 빛은 사선으로 들어오는데, 볼록렌즈를 사용하면 사선으로 닿은 빛을 평행으로 바꾸어주기 때문에 원래 평행으로 들어오는 빛에 익숙하던 눈의 습성과 합치되고, 그러니 잘 볼 수 있다는 것이다.

(1)에 대한 그림을 보자.

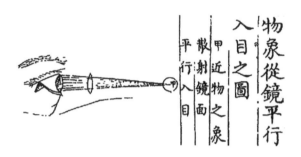

〈물체의 상象이 렌즈로부터 평행하여 눈에 들어가는 그림(物象從鏡平行入目之圖)〉

갑-물체의 상이 렌즈의 면에 산사散射하지만 평행하게 눈으로 들어간다.[121]

즉 물체의 상은 흩어져 렌즈에 닿지만, 렌즈를 통과하는 순간 눈에 평행하게 들어가기 때문에 평소 평행한 광선에 익숙하던 사람은 상을 정확하게 볼 수 있다는 것이다. 이것은 명백한 오류다. 사실 갑의 상은 평행하여 렌즈에 닿고, 렌즈에 닿는 즉시 굴절을 일으켜 초점에 맺히게 된다.

(2)는 반대의 경우다. 평소 먼 것을 보는 데 익숙하지 않고, 따라서 가까운 사물만 본다. (1)의 표현을 따르자면 삼각형의 선에 익숙하고 평행의 선에 익숙하지 않다는 것이다. 이 경우 늙으면 평행으로 들어오는 사

물의 빛을 거두어 모으지 못해 물체는 희미할 수밖에 없는데, 이때 볼록 렌즈를 쓰면 평행의 선을 삼각형의 선으로 바꾸어주기 때문에 작고 어두운 물체가 크게 보인다는 것이다.

이 설명에도 그림이 붙어 있다.

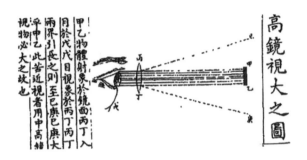

〈볼록렌즈로 크게 보는 그림(高鏡視大之圖)〉

갑-을의 물체가 렌즈의 면인 병-정에 상象을 쏘면, 무-술에서 눈으로 들어간다. 눈은 병-정에서 상을 보고, 병-정 두 양계兩界에서 당기고 늘여서 사-경에 이른다. 사-경은 갑-을보다 크다. 이것이 가까운 것을 보는 것이 괴로운 사람이 중고경을 쓰면 사물이 반드시 크게 보이는 까닭이다.[122]

이 설명에 따르면 갑-을의 물체가 병-정의 볼록렌즈로 상의 빛을 쏘아 보내면, 무-술에서 눈으로 들어간다. 눈은 병-정의 상을 보는데, 이때 병-정의 양쪽에서 사-경으로 상을 확대한다. 사람의 눈이 보는 것은 사-경이다. 따라서 물체가 크게 보인다는 것이다.

이런 설명 역시 오류라는 것은 두말할 필요가 없다. 사실 갑-을의 상의 빛은 볼록렌즈의 표면인 병-정에 닿으면 굴절이 일어나므로 눈에 평행으로 들어가지 않는다. 그림은 갑-을의 빛이 병-정, 무-술에 모두 평행하여 도달하고, 무-술에서 역으로 갑-을을 볼 때 확대가 일어나는 것처럼 말하고 있지만, 모두 잘못된 설명이다. 실제로는 각막과 수정체의 굴절력에 문제가 생겨 망막 뒤쪽에 물체의 상이 맺히는 것이 원시다. 볼록렌즈는 빛을 모아서 물체의 상을 앞으로 당겨 망막에 맺히게 해준다. 하지만 앞의 설명은 각막과 수정체, 망막의 상호 관계에 대한 언급이 빠져 있어 올바른 설명이 될 수 없다.

다음은 근시에 대한 설명이다.

> 서생은 눈에서 서사書史를 떼지 못하고 시선視線은 궤석几席을 넘지 않는다. 그의 습관이 성품이 되어 삼각형을 좋아하여 가까운 물체를 볼 때 평행을 견디지 못하고, 멀리 보는 것 역시 습관에서 말미암은 것이 아니다. 다만 눈동자의 정력이 열려 널리 보지 못한 나머지 물체의 상이 원만하지 않을 수도 있다. 이 두 사람은 원경 중 중와경中窪鏡을 쓴다면 물체의 상이 렌즈의 면으로부터 삼각형으로 눈에 들어와 그 습성과 합쳐져 물체를 보는 것이 절로 밝아진다.[123]

말이 모호하고 어렵지만 정리하면 다음과 같다. 서생은 책을 보기 좋아한다. 곧 가까운 것을 보기 좋아한다. 가까운 것을 볼 경우, 물체와 눈이 이루는 관계는 삼각형이다. 즉 물체의 빛은 사선으로 눈에 들어오고, 눈은 사선으로 들어오는 빛에 익숙해지고 평행으로 들어오는 빛에는 익숙해지지 않는다. 멀리 보는 것 역시 습관이 되어 있지 않다. 또 눈동자의 힘이 모자라서 눈을 활짝 열고 보지 못하는 나머지 물체의 상이 원만하게 보이지 않을 수도 있다. 이 경우 오목렌즈를 쓰면 물체의 빛은 렌즈에 와서 확산되어 평소 사선으로 들어오는 빛에 익숙하던 눈의 습성을 만족시키므로 물체를 명료하게 볼 수 있다는 것이다.

여기에도 그림과 설명이 있다.

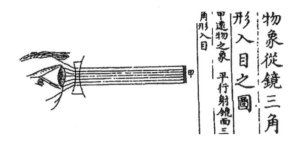

〈물체의 상이 렌즈로부터 삼각형으로 눈에 들어가는 그림(物象從鏡三角形
入目之圖)〉

　갑은 멀리 있는 물건의 상이다. 평행으로 렌즈의 면에 닿고, 삼각형으로
눈에 들어간다.[124]

　물체 갑에서 평행으로 나온 빛이 오목렌즈를 통과하면서 확산되는 그
림이다. 즉 사선으로 변하는 것인데, 이를 삼각형이라고 말한 것이다. 이
설명 역시 각막과 수정체를 통과한 빛이 굴절되어 망막 앞에 상이 맺히
고, 그것을 교정하기 위해 오목렌즈로 상을 옮겨 망막에 맺히게 하는 실
제의 근시 교정과는 완전히 어긋나는 것이다.
　이상의 설명에 의하면, 눈은 습관에 따라 사행하는 빛과 평행하는 빛
에 각각 익숙해져 있는데, 렌즈가 익숙하지 않은 형태로 눈에 도달하는
빛을 익숙한 형태로 바꾸어준다는 것이다. 각막과 수정체, 망막과 빛의
굴절이 구성하는 관계에 대해서는 전혀 언급이 없다. 그렇다고 해서《원
경설》에 수정체에 대한 언급이 없는 것은 아니다. 〈렌즈를 나누어 쓰는
것은 불리함이 없는 합쳐 쓰기만 못하다―分用不如合用之無不利〉는 글에서
사람의 눈에는 눈동자가 있어 열리고 닫히며, 안구의 바닥에 □[125]가 있
어 본성대로 굽혔다 폈다 하니, 본디부터 고경·와경 두 렌즈가 안구에
갖추어져 있다고 말한다. 따라서 렌즈가 필요 없을 듯하지만, 망원경에

서처럼 렌즈의 도움이 있다면 눈이 더 밝아지고 물체의 상이 더욱 잘 보일 것이라고 주장한다.[126] 결국 망원경의 필요성을 역설하고 있는 이 글에서 사람의 안구에 망막과 수정체와 같은 렌즈가 장착되어 있다는 것을 설명하고 있는 것이다. 하지만 이 설명에서도 수정체란 렌즈가 빛을 굴절시킨다는 것, 그리고 그 초점이 망막에 맺힌다는 것은 전혀 언급되지 않고 있다. 그렇더라도 볼록렌즈와 오목렌즈를 광학과 연관시켜 안경의 원리를 설명하려는 방식 자체는 존중받아야 마땅하다.

근시의 원리는 1611년 독일의 케플러에 의해서, 원시의 원리는 1704년 영국의 뉴턴에 의해서 밝혀진다. 따라서 《원경설》은 근시와 원시에 대해 정확한 지식을 제공할 수 없었다. 그래도 《원경설》은 나름의 광학 이론을 동원하여 볼록렌즈와 오목렌즈가 원시와 근시를 교정하는 원리를 설명했다. 하지만 정두원鄭斗源(1581~?)이 《원경설》을 조선에 들여온 1630년(인조 8) 이래 18세기 말까지 170년 동안 《원경설》의 원리를 수용하거나 이해하거나 반박한 사람은 아무도 없었다. 《원경설》을 읽고 그것을 인용한 사람은 19세기에 들어와서 나온다. 《오주연문장전산고》에서 네 차례에 걸쳐 《원경설》을 인용한 이규경과 아마도 보았을 것이라고 여겨지는 정약용이 있을 뿐이다. 그런데 이규경은 비록 인용은 하고 있지만, 정작 안경의 원리를 이해하고 인용한 것은 아니다. 이제 안경의 원리를 확실히 이해한 사람으로는 정약용만 남았다.

정약용은 1800년에 쓴 《마과회통痲科會通》 〈의령醫零〉의 '근시론近視論'[127]에서 시력과 안경의 원리에 대해 말하고 있다. 근시에 대한 재래의 설명은 음양오행론에 근거를 두고 있었다. 정약용은 가까운 것을 볼 수 없는 것은 양기가 부족해서이고 먼 것을 볼 수 없는 것은 음기가 부족해서라는 이명지李明之(이고李杲, ?~1251)의 설과 전자는 수기水氣가 후자는 화기火氣가 부족해서라는 왕해장王海藏(왕호고王好古, 원나라 사람)의 설, 음기가 안에서 밝을 경우 가까운 것을 보는 데 유리하고, 양기가 안에서 어두울 경우 먼 것을 보는 데 유리하다는 유종후劉宗厚(명나라 사람)의 설, 가까운 것을 볼 수 없는 경우 음기가 부족한 것이고 멀리 있는 것을 볼 수 없는 경우 양기가 부족한 것이라는 장개빈張介賓(1552~1639)의 설명이 모두 두루뭉술하여 실제에 어긋난 것이라고 비판한다.

정약용은 근시와 원시는 오로지 눈동자가 평평한가 볼록한가에 달려 있다고 설명한다. 즉 눈동자가 평평하면 시심視心이 먼 곳에 모여 원시가 되고, 눈동자가 볼록하면 시심이 가까이(즉 앞에) 모여 단시短視가 된다는 것이다. 이 말은 전자는 수정체를 통과한 빛(곧 물체의 상)이 망막 뒤에 맺히는 것이 원시고, 그 반대가 근시라는 것이다. 정약용은 원시경과 근시경의 원리도 동일하게 설명한다. 안경이 평평하면 글자는 눈에서 조금 멀리 그 상이 맺힐 것이다. 즉 망막 앞에 맺히던 상을 뒤로 물릴 것이니, 근시인 사람은 더 잘 볼 수 있을 것이다. 만약 안경이 볼록하다면 망막 뒤에 맺히던 상을 앞으로 당겨 맺히게 할 것이니, 원시인 사람이 더 잘 볼 수 있을 것이다. 끝으로 그는 젊은이가 왜 근시이고 노인이 왜 원시인지를 설명한다. 젊은이는 혈기가 한창 날카롭기 때문에 눈동자가 볼록하다. 그러므로 가까운 것을 잘 본다. 하지만 노인은 혈기가 쇠하여 위축되기에 눈동자도 평평하고 느슨하다. 그러므로 물건을 눈에서 조금 멀리 떼어놓고 보려고 한다는 것이다. 요컨대 근시와 원시는 눈앞에서 확연히 드러나는 이치인데, 도대체 무슨 음이니 양이니 하며 시끄럽게 말도 안 되는 소리를 지껄이느냐는 것이다.

눈의 수정체가 렌즈의 역할을 한다는 정약용의 설명은 정확한 것이다. 렌즈와 광학에 대한 정약용의 이해는 확실히 남다른 것이다. 그는 렌즈의 성질에 대해 잘 알고 있었다. 〈애체출화도설靉靆出火圖說〉[128]에서 햇빛을 굴절시키는 볼록렌즈가 빛을 모으는 현상에 대해 충분히 인지하고 있었다. 또 〈칠실관화설漆室觀畵說〉[129]에서는 볼록렌즈를 사용한 카메라 오브스쿠라(camera obscura)에 대해 소상하게 언급하고 있다. 그리고 중형 정약전丁若銓(1758~1816)의 집에서 카메라 오브스쿠라를 이용하여 이기양李基讓(1744~1802)이 초상화를 그리게 한 것을 떠올리고 있으니, 정약용이야말로 확실하게 렌즈의 성질을 알았던 것이다.[130] 그러나 그가 알았던 것은 굴절이란 현상이지 굴절의 원리가 아니었다. 또한 수정체가 렌즈의 역할을 한다는 지식을 그 스스로 깨달았는지 아니면 출처가 있는 것인지도 지금으로서는 확언할 수 없다. 왜냐하면 이미 앞에서 언급했듯 수정체가 렌즈와 같다는 설명은 《원경설》에 실려 있고, 카메라 오브스쿠라도 《원경설》에 실려 있기 때문이다.[131] 물론 《원경설》은 수정체-렌즈로 인한 빛의 굴절과 망막과의 관계에 대해서는 전혀 언급하지 않았다. 그 관계에 대해 몰랐던 것이다. 그렇다면 정약용은 《원경설》의 두 지식을 조합해서 《원경설》이 미처 알지 못한 새로운 지식을 창출해 내었던 것인가? 어쨌든 조선에서 근시와 원시에 대한 가장 타당한 견해를 제출한 사람은 정약용이 유일하다. 정약용 외에 1876년 개항으로 근대 지식이 들어오기 이전에 동일한 견해가 제출된 경우는 없다.

개인의 시력에 맞춘 안경을 만들자면 그 이치를 알아야만 하지만 근시와 원시의 이유, 볼록렌즈와 오목렌즈의 굴절에 대한 정확한 이해 없이도 안경은 제작되고 사용되었다. 정약용을 제외한다면 안경에 관한 지식을 갖고 있는 사람도 없었고, 정약용조차 굴절의 원리를 정확하게 이해할 수 없었다. 이런 이유로 북경에서 수입되는 안경이건 국내에서 만든 안경이건 눈이 나쁜 수요자 개인의 시력에 맞추어 제작된 것은 아니었다. 만들어둔 여러 개의 안경 중에서 자신에게 맞는 안경을 선택할 수밖에 없었을 것이다. 조선에서는 이 모든 것이 20세기에 들어서야 비로소 가능했다. 그런데도 안경의 사용은 날이 갈수록 확산되었다.

안경은 있으나 유리는 없다

17세기 초 양반 사족들만 쓰던 안경은 19세기에 들어서 일반 서민들까지 사용하는 물건이 되었다. 서울 시내 여러 곳에 있었던 안경방은 그로 인해 생긴 것일 터이다. 서울의 안경방에서는 무엇으로 안경을 만들었을까? 안경은 렌즈와 테, 그리고 다리로 구성되는데, 보통 테와 다리는 대모나 쇠뿔, 놋쇠, 그리고 드물게 옥을 사용했다. 그렇다면 렌즈는 무엇을 사용했을까? 강세황은 자신의 시대까지는 조선에서 유리를 만들지 않았다고 말한다. "우리나라는 유리를 만드는 법을 모른다. 중국인 역시 유리 만드는 법을 서양인에게 배웠고, 지금은 유리 값이 매우 싸다. 그러나 우리나라 사람은 아직도 그 제조법을 모른다. 약물로 녹여서 만드는 것인데, 아직 배울 수가 없다니, 어찌 된 일인지 알 수가 없다."[132]

강세황은 1785년(정조 9)에 건륭제의 즉위 50주년을 축하하는 조선 사신단의 부사로서 북경에 갔다. 중국의 유리 제조 운운은 그때의 경험을 반영한 것일 터이다. 따라서 강세황의 발언을 근거로 조선이 1785년까지 유리의 화학적 구성물과 그 제조법을 전혀 알지 못하고 있었던 것이 확인된다. 이규경이 〈애체변증설〉에서 조선은 유리로 만든 안경이 없다고 말한 것도 이런 이유 때문이다. 이 책의 제3장에서 본격적으로 거론하겠지만, 조선에서 유리의 화학적 구성물과 그 제조법에 대해 조금이라도 알게 된 것은 19세기 전반에 와서이며, 그것도 극소수의 지식인만 알았을 뿐이다. 조선에서 유리는 20세기에 들어서야 만들어질 수 있었다.

따라서 19세기 서울 안경방의 렌즈는 수정으로 만들었을 가능성이 높고, 19세기 전반에 북경에서 유리가 수입되고 있었으니 그 수입 유리로 안경을 만들었을 가능성도 없지는 않다. 어느 쪽이라고 단정할 수 없을 뿐이다.

2장

망원경으로 무엇을 보았을까

세계사를 바꾼 망원경

———

1712년(숙종 38) 조선과 청은 국경을 정했다. 청에서는 목극등穆克登이, 조선에서는 함경도 관찰사 이선부李善溥와 접반사 박권朴權이 대표로 나갔다. 목극등은 망원경과 여러 측량 도구를 사용했다. 이선부 역시 조정에 망원경을 보내달라고 요청했다. 하지만 조정에서는 망원경 따위는 믿을 수 없다고 거절했다. 청은 사용하는 망원경을 조선은 왜 믿지 않았던가? 이상한 일이 아닌가?

여러 설이 있지만, 1608년 네덜란드 미델뷔르흐의 안경장眼鏡匠 한스 리페르세이(Hans Lippershey)가 망원경의 발명자 중 가장 앞선 사람이란 것은 부동의 사실이다. 다만 우리는 망원경이라는 명사를 들을 때 리페르세이란 이름보다 갈릴레이를 떠올린다. 갈릴레이는 망원경이 발명되었다는 소식을 듣고 그를 찾아가 제작 원리를 배운 뒤, 1609년 직접 세 배 배율의 망원경을 제작하여 천체를 관측했다. 하늘의 비밀이 밝혀지는 순간이었다. 그는 1610년 목성 주위에 있는 위성, 태양 표면의 흑점 등을 관찰해내었다. 그 관찰의 결과는 천동설을 부정하는 강력한 물리적 증거가 되었다. 망원경으로 인해 17세기 초반 과학사의 일대 전환이 이루어지려던 참이었다.

망원경은 원거리 항해에도 사용되었다. 향신료에 끌린 서양의 배가 희망봉을 돌아 인도에 도착하고, 그곳을 기점으로 삼아 동남아시아를 거쳐 중국 광동으로, 일본으로 갔을 때, 콜럼버스가 아메리카 대륙을 발견했을 때, 나아가 마젤란이 지구를 한 바퀴 돌았을 때, 남아메리카를 착취하여 금과 은을 실어 날랐을 때 망원경은 없어서는 안 될 기기였다. 나아가 서구의 제국주의 국가들이 식민지를 두고 바다에서 육지에서 전쟁을 벌일 때도 당연히 사용

그림 9 망원경의 발명자 한스 리페르세이.

되었다. 망원경은 역사를 바꾸는 데 있어 중요한 계기를 제공했던 것이다.

  망원경은 인도와 동남아시아를 거쳐 중국에 상륙했고 급기야 조선에 전해졌다. 조선에 전해진 망원경은 과연 어떤 역할을 수행했던가? 그 길을 따라가 보자.

1

조선이 이해한 서양 천문학

정두원이 가져온 망원경과 서양 과학서

1630년(인조 8) 8월 정두원은 진주사進奏使로 북경에 파견된다. 정두원이 왕래한 길은 원래 조선 사신단이 북경으로 갈 때 이용하던 길이 아니었다. 원래 서울에서 출발한 사신단은 평안도 의주를 지나 압록강을 건너고 심양瀋陽과 산해관山海關을 거쳐 북경으로 가지만, 이때는 후금後金, 곧 뒷날의 청나라가 요동 지방을 점령하고 있었기에 부득이 황해를 건너 산동 반도의 등주登州에 상륙해 북경으로 북상하는 길을 잡았던 것이다.

《인조실록》에 의하면, 정두원이 중국에서 돌아온 날은 1631년 6월 24일이고, 약 스무 날쯤 지나서 중국에서 가져온 천리경, 서양 대포, 자명종, 염초화焰硝花, 자목화紫木花 등의 물건과 서양 천문학 서적, 지리서, 천주교 서적 등을 인조에게 바쳤다.[1] 이어 정두원은 물건과 책을 선물한 서양 사람 육약한陸若漢(Jean Rodriguez, 1561~1633)에 대해 보고한다.[2] 그 내용을 요약하면 이렇다. 서양은 중국과 9만 리나 떨어져 있고, 북경까지 오는 데 3년이나 걸리는 먼 곳이다. 육약한, 곧 로드리게스는 이마두, 즉 마테오 리치의 친구로서 자기 나라에 있을 때 화포를 만들어 홍이紅夷·모이毛夷의 난을 평정했고, 거기에 더하여 천문天文과 역법曆法에도 정통한 인물이다. 로드리게스가 광동에 와서 화포로 오랑캐를 토벌하자고 청하자, 황제(곧 의종毅宗이다)는 그를 교관敎官으로 임명해 등주의 군문에 보냈고, 빈사賓師로 예우하고 있다고 한다.

로드리게스는 스페인 출신의 예수회 신부로 일본에서 선교하다가 1614년 추방되어 마카오로 왔고, 거기서 다시 중국 선교에 뛰어들었다. 마카오에 있던 그가 등주까지 올라오게 된 데는 나름의 이유가 있다. 마테오 리치의 포교로 인해 중국의 관료와 지식인 사이에 천주교 신자가 더러 나타났는데,《기하원본幾何原本》,《농정전서農政全書》등을 한문으로 번역한 서광계徐光啓 역시 그중 한 명이었다. 서광계의 제자이자 천주교 신자였던 손원화孫元化는 당시 산동성 등래순무等萊巡撫로 있으면서 1630년 코레아(Texeria Correa)가 이끌던 마카오의 포르투갈 포병대를 불러들였다. 로드리게스는 이때 통역으로 손원화 진영에 참가했던 것이다.[3] 이것이 로드리게스가 등주에 있었던 이유다.

정두원이 등주에 머무르고 있던 어느 날 로드리게스가 찾아왔고, 정두원은 로드리게스에게 서양 화포 1문을 얻어가고 싶다고 청했다. 로드리게스는 즉석에서 허락한다. 1627년 정묘호란 때 후금에 일방적으로 밀린 조선의 입장에서는 신무기가 간절히 필요했을 것이다. 로드리게스는 화포만이 아니라 천주교 서적과 서양 과학서, 그 외 여러 가지 물건을 증정했고, 정두원은 그 물건들을 가져와 인조에게 바쳤던 것이다.

정두원이 로드리게스에게서 받아온 서적과 물건은 조선 후기 사회에 큰 충격을 끼친다. 성리학이란 국가 이데올로기를 위협하는 천주교는 뒷날 거대한 사회문제가 되었고, 디아스가 지은《천문략》과 서광계·롱

고바르디(Nicholas Longobardi, 龍華民) 공저의 《치력연기治曆緣起》와 같은 저 작물은 서양 천문학을 알리는 데 중요한 구실을 한다. 정두원은 귀국할 때 서양 천문학을 배워오라면서 역관 이영후李榮後를 남겨두고 온다. 개 천설蓋天說과 혼천설渾天說만 알고 있던 이영후는 《천문략》에 실려 있는, 프톨레마이오스 천문학의 우주관인 십이중천설十二重天說을 보고 큰 충 격을 받는다.[4] 즉 로드리게스와의 접촉이 프톨레마이오스 천문학을 처 음 인지하는 계기가 되었던 것이다.

물론 여기서 정두원이 받아온 모든 물건과 서양 서적 전체에 대해서 말할 계제는 아니다. 다만 이 글이 망원경을 주제로 삼고 있는 만큼 망 원경에 집중해보자. 정두원이 가져온 천리경은 '원경遠鏡'이라 불리기도 하였고, 드물게 만리경萬里鏡이라 불리기도 하였다. 또한 천체를 관측하 는 대형의 망원경은 특별히 '대천리경大千里鏡'이라고 불렀다. 정두원은 자신이 가져온 천리경에 대해 '천체를 관측할 수 있고, 또 100리 밖의 적진에 있는 미세한 물건까지 멀리서 살펴볼 수 있는 물건으로, 값이 은 화 300~400냥이 나가는 것'이라고 소개하고 있다. 곧 이 천리경은 천체 를 관측할 수 있는 갈릴레이식 굴절망원경이었을 것이다.

망원경은 앞으로 계속해서 언급할 터이니 여기서는 줄이고, 망원경에 대한 언급이 담긴 책인 《천문략》과 망원경의 원리를 소개하고 있는 《망 원서望遠書》에 대해서 약간 살펴볼 필요가 있을 것이다. 《망원서》는 앞에 서 언급한 《원경설》이다. 먼저 이 책들의 행방에 대해 간단히 언급해두 자. 정두원이 가지고 왔던 망원경과 책들, 특히 《천문략》과 《망원서》가 뒷날 어떻게 되었는지는 전혀 알 수가 없다. 궁중의 도서관, 곧 홍문관 도서관에 소장되었을 것이지만, 그 책을 누가 보았는지, 이후 그 책이 어디로 갔는지 전혀 알 수 없는 것이다. 곧이어 있었던 병자호란 등 전 란으로 인해 망실된 것이 아닌가 한다.

먼저《천문략》쪽을 검토해보자. 지금으로써는 이 책을 실제 읽고 그 내용을 언급하고 있는 문헌으로 18세기 중반 이익의《성호사설》과 19세기 전반 이규경의《오주연문장전산고》만을 살펴볼 수밖에 없다. 물론 이 책은《천학초함天學初函》에도 실려 있으나 조선 후기에는《천학초함》이 극히 희귀한 책이었고《천학초함》에 포함된《천문략》은 망원경과 관련하여 중요한 부분이 빠져 있기 때문에 굳이 거론할 필요가 없다.《성호사설》이후《천문략》이 언급되는 것은 19세기의 이규경에 의해서이다. 앞서 이 책의 제1장에서 언급한 바와 같이 이규경은 홍현주洪顯周가 소장하고 있던《예해주진》을 읽었는데, 바로 이 책에《천문략》과《원경설》이 실려 있었다.《예해주진》은 박제가가 1801년 북경에 갔을 때 사귄 청나라 문인 오성란吳省蘭이 편집한 책이다. 그로므로 이 책은 19세기에 서울에 들어왔을 것이다.

모두 64책의《예해주진》중 9책에《천문략》이, 60책에《원경설》이 실려 있다. 19세기 문헌에 인용되는《원경설》이 있다면 모두《예해주진》에 실린 것일 터이다.《오주연문장전산고》에 인용되는《원경설》역시 사정이 같을 것이다. 그런데 약간의 문제가 있는 것은《천문략》쪽이다. 정두원이 가져온《천문략》은 이익도 읽었던 책이다. 또 이 책은《천학초함》에도 실려 있었다.《천학초함》을 소장한 사람은 드물었지만, 그래도 최석정崔錫鼎이라든가 홍대용은 이 책을 소장하였다. 그런데 이《천문략》에는 망원경에 대한 언급이 전혀 없다. 오직《예해주진》에 실린《천문략》의 끝에 다음 문장이 부기되어 있는 것이다.

위에서 논한 것들은 대개 육안으로 한 관측에 의거한 것일 뿐이다. 육안의 힘은 열등하고 짧으니 어찌 천상의 미묘한 이치를 만 분의 일이라도 밝혀낼 수 있겠는가?

근세에 서양의 역법曆法에 정통한 한 명사가 일월성신의 오묘한 이치를 관측하기에 힘쓰다가 눈의 힘이 너무나 부족한 것을 슬프게 여겨 하나의 교묘한 기기를 만들어서 눈의 힘을 도왔다.

이 기기를 가지고 60리 떨어진 곳의 한 자가 되는 물체를 관찰하면 똑똑하게 보이는 것이 눈앞에 있는 것과 다름이 없다.

이 기기를 가지고 달을 보면 달이 평상시 보는 것보다 천 배나 크게 보인다.

금성을 보면 크기가 달만 하고, 그 빛이 혹은 사그라지고 혹은 커져서 달과 다름이 없다.

토성을 보면 그 형태가 앞서 제시한 그림처럼 계란처럼 둥글다. 양 옆에 두 개의 별이 있는데 그것이 토성의 본체와 연결되어 있는지의 여부는 뚜렷이 볼 수 없다.

목성을 보면 사방 주위에 작은 별이 매우 빠른 속도로 돌고 있다. 이 별이 동쪽에 있으면 저 별은 서쪽에 있고, 이 별이 서쪽에 있으면 저 별은 동쪽에 있다. 혹은 모두 동쪽에 있기도 하고 모두 서쪽에 있기도 한다. 다만 그 움직임은 이십팔수와 아주 다르다. 이 별은 반드시 칠정七政 안에 속하는 것이지만, 다른 하나의 별인 것이다.

열수列宿가 있는 하늘을 보면, 그중에 작은 별이 더욱 조밀하게 모인 곳이 있다. 그러므로 그 광채는 드러나 마치 흰 비단처럼 이어져 보인다. 곧 오늘날 이른바 '천하天河'란 것이다. 이 기기가 중국에 오는 날을 기다린 뒤에야 그 오묘한 용법을 상세히 말할 수 있을 것이다.[5]

끝부분을 보면 디아스가 《천문략》을 지은 1615년까지 망원경이 중국에 전해지지 않았음을 알 수 있다. 또 갈릴레이가 망원경을 제작해 천체를 관측한 것이 1609년이므로 디아스는 당시로서는 최신의 천문학 정보를 제공했던 것이다. 그런데 앞에서 인용한 문장은 《천학초함》에 실린 《천문략》에는 없다(사고전서본 《천문략》에도 없다). 따라서 《천문략》을 통해서 망원경에 대한 정보를 얻을 수는 없었을 것이다. 물론 요하네스 테렌츠(Joannes Terrenz, 鄧玉函)의 《측천약설測天約說》에서도 서양에서 근세 천문학의 명가가 망원경을 만들어 금성을 관찰한 결과 금성에 삭朔·망望이 있고 상현·하현이 있음을 알아내었고,[6] 또 흑점을 망원경으로 관찰했다고 하였다.[7] 은하가 별의 집합이라는 것은 대단한 발견으로 여겨져 서양 천문학서에서 특서되고 있다.[8] 이것은 유예游藝의 《천경혹문天經或問》에서도 반복되고 있다.[9] 《측천약설》은 《서양신법역서西洋新法曆書》에 실린 것이니, 극히 드물지만 이 책에 실린 망원경에 대한 정보를 습득한 사람이 있었을 수도 있다. 다만 《천경혹문》은 홍대용이 본 것으로 추정할 수도 있지만, 확실한 것은 아니다. 요컨대 망원경에 대한 정보를 서양 천문학서를 통해서 얻는 것은 매우 제한적이었던 것이다.

아담 샬의 《원경설》

이런 사정은 《망원서》 쪽도 마찬가지다. 《망원서》는 아담 샬이 1626년에 망원경의 원리와 사용 방법을 밝힌 책이다. 원제목은 《원경설》이다.[10] 《원경설》의 서문에서 아담 샬은 오관五官 중 가장 중요한 감각기관이 눈이며, 망원경은 그 눈의 기능을 확장시키는 도구라고 정의한다. 그리고 망원경의 사용 영역을 '앙관仰觀'과 '직시直視'로 나누어 개괄한다. '앙관'은 우러러보는 것, 곧 천체의 관찰을 의미한다. 그는 망원경으로 관찰할 수 있는 천체를 여섯 가지로 정리하고 있다. 요약하면 다음과 같다. (1) 달 표면의 명암은 지형의 높낮이에 따른, 햇빛을 받고 받지 않음에 의해 결정되는 것임을 망원경으로 관찰할 수 있다. (2)금성에도 삭망, 곧 위상 변화가 있음을 관찰할 수 있다. (3)태양 흑점 수의 변화를 관찰할 수 있다.[11] (4)목성의 위성을 관찰할 수 있다. (5)토성의 고리를 관찰할 수 있다. (6)망원경을 통해 육안으로 파악된 별의 수보다 훨씬 더 많은 별을 관찰할 수 있고, 별과 별 사이의 거리가 대단히 멀다는 것을 알 수 있다. (6)에 해당하는 자료를 직접 인용해보자.

> 망원경을 사용해 하늘의 여러 별을 관찰하되 평상시와 비교해보면 수십 배나 많이 보일 것이고, 그 경계선도 아주 분명할 것이다. 예컨대 묘수昴宿의 별의 수는 일곱 개에 그치는 것이 아니라 30개란 많은 수이며, 귀수鬼宿의 적시기積尸氣, 자수觜宿의 북쪽 별, 은하의 여러 작은 별로서 모두 보기 어렵던 것들은 망원경을 쓰면 또렷하게 보인다.
> 또 미수尾宿의 거성距星과 신궁북두神宮北斗의 개양開陽 및 보성輔星은 모두 구분하기 어려운 것이지만, 망원경을 사용하면 서로 거리가 아주 멀다는 것을 확인할 수 있다.[12]

망원경으로 보면 육안으로 보는 별의 수십 배나 되는 별을 볼 수 있을 것이다. 붙어 있는 것으로 알았던 별들은 경계가 뚜렷이 나뉘는 각각의 별들이다. 따라서 육안으로는 일곱 개로 보이던 묘수는 30개의 별이 모인 것이고, 그 외의 작은 별도 모두 뚜렷이 볼 수 있다. 요컨대 망원경은 천체에 대한 인식의 범위를 육안의 능력 너머로 확장하는 중요한 도구였다. 그것은 우주에 대한 물리적 인식을 가능케 한 결정적인 도구였던 것이다.[13] 홍대용이 무한우주론無限宇宙論을 구상했을 때 망원경으로 얻은 정보들이 결정적인 역할을 했을 것이다. 자료의 범위를 약간 넓혀 말하자면, 망원경을 이용한 관찰의 결과는 서양 천문학서에 특별하게 기술

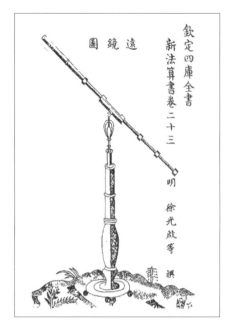

그림 10 《원경설》에 실린 망원경 그림.

되었다. 예컨대《항성역지恒星曆指》에 의하면, 과거에는 은하를 맑은 기氣로 보았으나, 망원경으로 관찰한 결과 무수한 작은 별들의 집합임이 밝혀졌다는 것이다.[14]

망원경의 또 다른 사용 영역인 '직시'는 다음과 같은 용도에 쓰인다. (1) 전쟁 때 멀리 있는 적의 동태를 살펴 대비할 수 있다. (2) 바다에서 멀리 있는 것을 상세히 볼 수 있어 배의 종류를 판별하고 같은 편의 배인지 강도인지 구분할 수 있고, 그 인원의 다과까지 알 수 있다. (3) 그림을 그릴 때 망원경을 쓰면 사물을 살아 있는 듯 그려낼 수 있다.

이렇게 망원경의 용도를 설명한 후 〈원유原繇〉에서는 망원경의 원리 셋을 설명한다. 첫째, 모든 형태를 갖는 물체는 자신의 상[本象]의 빛을 허공에 발하고, 눈과 본상 사이에 장애물이 없다면 본상의 빛은 곧장 눈으로 들어온다. 이것이 우리가 물체를 볼 수 있는 근거다. 하지만 본상과 눈 사이에 사물이 있다면, 본상은 그 빛을 사투斜透(비스듬히 비치는 것)하여 바뀌거나, 반영反映하여 바뀌는 경우가 있다. 망원경은 본상이 '사투'하는 경우다. 그렇다면 '사투'와 '반영'은 어떻게 다른가.

본상과 눈 사이의 사물은 투명체일 수도 있고 비투명체일 수도 있다. 《원경설》은 비투명체의 예로 거울을 들고 있다. 거울에는 볼록거울·평면거울·오목거울이 있으며, 불투명하기에 그 사물의 상상象을 '반영'하지 않을 수 없다는 것이다. 하지만 반영된 상은 본상의 광명光明과 같을 수 없다고 한다. 거울에 비친 상은 본상처럼 빛나지 않는다는 것이다. 모든 비투명체가 상을 맺는 것은 아니므로 거울을 비투명체의 예로 제시한 것이나, 거울은 빛을 반사하여 상을 맺는 것이므로 불투명하기에 상을 반영한다는 말은 사실 적절하지 않다.

이상에서 《원경설》은 '반영'을 비투명체의 경우로 한정한다. 망원경은 사물의 상이 투명체를 통과하는 경우로서 이것이 곧 '사투'다. 《원경설》은 다시 투명체를 둘로 나눈다. 하나는 사물의 상이 대광명大光明을 만나 쉽게 통과하는 경우로 본래의 상보다 더욱 빛나고 형태는 확대되어 보인다. 다른 한 경우는 사물의 상이 차광명次光明을 만나 통과하기 어려운 경우다. 이 경우는 본래의 상에 비해 조금 어둡고 형태는 줄어들어 보인다.

이하 바닥에 어떤 물체가 있는 그릇의 경우, 비어 있을 때와 물을 부었을 때 그 물체가 보이지 않거나 보이는 현상을 통해 대광명과 차광명을 설명한다. 예컨대 그릇이 비어 있는 경우, 그림 11처럼 '乙'에서는 그릇 바닥의 물체 '甲'이 보이지만, 그릇 외부의 특정 지점인 편동偏東에서는 보이지 않는다. 하지만 여기에 물을 채우면 '甲'은 위쪽으로 떠서 보인다. 반대로 그릇이 비어 있을 때 그림 12처럼 바닥의 특정 지점 '乙'에서 그릇 외부(공기 중)의 물체 '甲'을 바라볼 수 있다 하자. 이 경우 다른

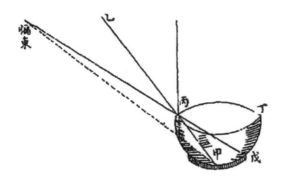

그림 11 굴절에 관한 《원경설》의 설명 그림 ①

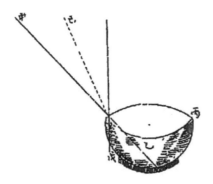

그림 12 굴절에 관한 《원경설》의 설명 그림 ②

지점(예컨대 그릇 바닥의 가장자리) 戊에서는 그릇의 변에 가려 甲을 볼 수 없다. 그런데 물을 부으면 戊에서도 甲을 볼 수 있다. 이것은 당연히 파동의 성질을 가진 빛이 매질媒質을 통과할 때 일어나는 굴절 때문이다. 하지만 《원경설》은 '매질'과 '굴절'을 말하지 않고, 다음과 같이 정리한다.

이른바 중간에 있는 물체가 대광명大光明이면 능히 물체의 상象을 넓게 확산시키고, 차광명次光名이면 물체의 상을 거두어 모은다.[15]

실제 대광명은 오목렌즈, 차광명은 볼록렌즈를 의미하는 것이고, 그 것이 빛을 확산시키거나 수렴하는 것은 렌즈의 가운데가 두꺼운가 주변이 두꺼운가에 따라 결정된다. 하지만《원경설》은 그것이 매질의 밀도에 따라 결정된다고 주장한다. 공기처럼 가벼운, 즉 밀도가 낮은 것은 대광명, 물처럼 무거운, 즉 밀도가 높은 것은 차광명으로, 전자는 물체의 상을 확대하고 후자는 물체의 상을 수렴한다고 말한다. 이런 차이가 나는 것은 대광명과 차광명의 체體가 다르기 때문이라고 한다. '체'는 물질적 속성, 곧 매질의 밀도를 지적하는 것일 터이다. 물론 매질과 밀도라는 개념은 전혀 사용하지 않고 있지만 말이다. 이 주장은 받아들일 수 없지만,《원경설》이 굴절 현상을 '사투斜透'라고 표현하고 있는 것은 분명하다. 하지만 밀도와 빛의 사투 사이의 관계에 대한 언급은 전혀 없다.

이어 망원경의 두 렌즈, 곧 전경前鏡과 후경後鏡에 대해 설명한다. 오목렌즈와 볼록렌즈는 물질적 성질이 같다. 그런데도 전자가 빛의 확산을, 후자가 빛의 수렴이란 각각 다른 성능을 가지는 이유는 무엇인가? 그것은 체體는 같지만 형形이 다르기 때문이다. 곧 볼록렌즈는 렌즈의 중간 부분이 가장자리에 비해 두껍고, 오목렌즈는 중간 부분이 가장자리에 비해 얇다. 그 형태가 다른 것이다. 이어지는 서술은 볼록렌즈와 오목렌즈의 성질이다. 전자는 차광명으로 빛을 한 점으로 수렴할 수 있고 불을 일으킬 수 있다. 후자는 대광명으로 빛을 발산시킬 수는 있으나 불을 일으킬 수는 없다. 하지만 얻는 상은 매우 명료하다.

눈과 사물 사이에 있는 렌즈('光明의 體'라고 표현하고 있다)에는 '정正'과 '사邪'가 있다. '정'은 렌즈의 표면이 평면인 것을, '사'는 곡면인 것을 의미한다. 한편 렌즈에 입사入射하는 물체의 빛에도 '직直'과 '편偏'이 있다. '직'은 평행광선을, '편'은 사행광선斜行光線을 의미한다. 오늘날의 용어와는 아주 다르지만 렌즈의 '정·사', 입사하는 빛의 '직·편'의 상호 관계에서 굴절이 일어난다는 것을 거칠게 말하고 있는 것이다. 간단히 요약하자면, 오늘날의 상식, 곧 빛이 구형球形으로 가공된 렌즈의 표면에 도달하면 반드시 굴절이 일어남을 설명하고 있는 것이다. 물론 빛이 평행으로 중심에 도달할 경우 굴절이 일어나지 않는다는 것도 밝히고 있다.

전경-볼록렌즈와 후경-오목렌즈가 빛을 굴절시킨다는 것을 말한 뒤 본론이라 할 망원경의 원리를 설명한다. 그 원리를 이렇게 요약할 수 있다. 멀리 있는 물체의 상像의 빛은 평행선으로 눈에 들어오고, 반대로 눈으로 멀리 있는 물체를 보아도 반드시 평행선으로 본다고 말할 수 있다.[16] 그런데 전경-볼록렌즈는 평행으로 들어오는 상像의 빛을 모아 한 지점에 수렴한다. 초점을 통과한 빛은 다시 사선으로 퍼져나간다.[17] 후경-오목렌즈는 평행으로 들어오는 상像을 분산한다. 빛은 사선으로 퍼져나간다.[18]

(1) 그러므로 두 렌즈를 합쳐서 사용하면, 전경-볼록렌즈는 후경-오목렌즈가 있음에 의지하여 스스로 분산시킬 수 있고, 그 평행하는 빛의 중간을 볼 수 있게 되어 물체를 보는 것이 저절로 밝아질 것이다.

(2) 후경-오목렌즈는 전경-볼록렌즈가 있음에 의지하여 스스로 합쳐 모을 수 있고, 그 평행하는 빛의 중간을 볼 수 있게 되어 물건을 보는 것이 밝고도 클 것이다.[19]

(1)은 볼록렌즈를 통과한 빛이 초점에서 맺는 상이 다시 오목렌즈를 통과하면서 확대되어 평행으로 진행한다는 것, 또 그 빛을 눈이 볼 수 있다는 것을 말한다. (2)는 빛을 분산시키는 기능을 하는 오목렌즈가 볼록렌즈에 의해 수렴된 상을 볼 수 있다는 것을 의미한다. 결국 볼록렌즈로 물체의 상에서 나온 빛을 초점에 수렴하고, 초점을 지난 빛이 확산되

어 오목렌즈에 도달하면 다시 평행하는 직선이 되어 사람의 눈이 인지할 수 있다는 것이다.

전경-볼록렌즈로서 멀리 있는 것을 보되 눈에서 적절하게 떨어져서 보면 물체의 상象은 언제나 크게 보인다. 대개 전체 렌즈의 체體로 물체의 부분을 비추는 것이니, 나누면 크게 보이는 것이다.

후경-오목렌즈로 멀리 있는 것을 보되 적절하게 눈에 가까이 해서 보면 물체는 언제나 크게 보인다. 대개 전체의 상象으로 물체의 체를 보되, 만약 렌즈와 눈이 서로 멀다면 상象의 한 부분으로 물체의 체를 볼 뿐이다.

결론적으로 두 렌즈를 나누어 사용한다면 컴컴한 통에 지나지 않는다.[20]

결국 렌즈를 하나만 사용한다면 망원경이 될 수 없다는 것이다.

이어 아홉 개 조목으로 이루어진 〈조법·용법〉은 문자 그대로 망원경의 제작법과 사용법을 간단히 설명한 것이다. 다만 조법 2조는 매우 간단하여 실제 이 글만으로는 제작이 불가능할 것이다. 예컨대 렌즈는 볼록렌즈와 오목렌즈를 만들되 굴절률과 크기, 상호 간 비례를 적절하게 안배해야 한다고 말할 뿐 구체적인 제작법은 전혀 밝히지 않고 있다. 경통 역시 신축이 가능한 것이어야 한다고 말할 뿐이다.

용법 역시 간단하다. 중요한 것을 요약하면 다음과 같다. (1)보려고 하는 물체와의 거리에 따라 경통을 적절히 신축시켜야 한다. (2)태양과 금성을 볼 때 눈이 상하는 것을 막기 위해 근경近鏡(접안렌즈)에 청록색 렌즈(靑綠鏡)를 부착한다. (3)망원경이 함부로 움직이지 않게 설치하는 것은 물론, 상하, 좌우로 조정할 수 있는 견고한 틀을 만들어 설치해야 할 것이다. (4)눈이 나쁜 사람도 경통을 신축시켜서 망원경을 이용할 수 있다. 안경을 사용하던 사람은 안경을 쓰고 망원경을 보면 된다. (5)망원경의 렌즈를 이용하여 그림을 그릴 수도 있다. (6) 수십 보 밖에 책을 두고 망원경으로 글자를 확인하는 등 평상시에 망원경을 사용하여 익숙해질 것. (7) 망원경의 렌즈에 때가 끼면 손으로 문지르지 말고 깨끗한 비단으로 가볍게 닦을 것. 이어 따로 망원경으로 별을 관찰하는 법, 일식과 월식을 관찰하는 법이 실려 있다.

《원경설》의 망원경은 갈릴레이식 굴절망원경이다. 갈릴레이 망원경은 가장 간단한 초기의 망원경이지만,《원경설》의 설명은 요령부득인 부분이 너무나 많다. 굴절과 굴절률, 매질, 초점 등에 대한 이해 없이 앞의 내용을 이해하기는 결코 쉽지 않다. 또한 설명이 정확한 것도 아니다. 따라서 《원경설》을 읽은 사람이 있어도 그 내용을 이해하기 어려웠을 것이다. 하지만 더 근본적인 이유도 있을 것이다. 조선 시대의 주류 학문인 성리학에서는 자연학이 부차적인 영역에 속하였기에 지식인들의 자연학에 대한 관심이 희박했으며, 그 자연학마저 이기론과 음양오행론으로 이루어져 있었으니 성리학의 자연학과는 완전히 다른《원경설》의 설명을 이해하기 어려웠을 것이고, 망원경의 원리에 관심을 둘 필요도 없었을 것이다.

윤휴의 기록에 보이는 서양 천문학

1630년 정두원이 들여온 망원경은 이후 행방이 묘연하다. 그로부터 30년을 넘겨 '망원경'은 현종 때 문헌에 얼핏 그 모습을 나타낸다. 숙종 때 노론 송시열과 대립한 남인의 거두 윤휴尹鑴(1617~1680)의 문집《백호전서白湖全書》에 망원경이란 명사가 등장하는 것이다.《백호전서》에 〈신사년 맹동孟冬에 쓰다〉[21]라는 글이 실려 있는데, 주로 자신이 겪거나 전해

들은 사건에 대한 이야기를 모은 것이다. 이 글의 제목은 '신사년(1641)에 쓴 것'이라고 하지만, 맨 마지막 글은 '갑진년(1664) 일기에서 나온 것'이라고 끝에 작은 주를 달고 있다. 마지막 글만 1664년에 쓴 것으로 보인다.

희한한 것은 이 글의 끝부분에 서양 학문에 대한 이야기가 나온다는 것이다. 윤휴는 서양 학문이 크게 도과道科·치과治科·이과·의과·문과로 나뉘고, 이과는 다시 수학가·기하가·시학가視學家·음률가·경중가輕重家·역학가曆學家·지리가 등 7과로 나뉜다고 한다. 그리고 이어서 서양 과학자들을 소개하는데, 서양 천문학의 '유명한 스승' 다록모多錄某는 곽수경郭守敬보다 1100여 년 전인 한나라 순제順帝 영건永建 때 사람이고, 그 뒤 아이봉소내극서亞而封所乃極西는 보우寶祐(송宋 이종理宗의 연호) 때 사람으로 왕위에 있으면서 천문학을 스스로 터득했고, 그로부터 400년 뒤에는 가백니歌百尼가 있었고, 그 뒤 서만西滿과 마마낙麻麻諾이 있어 다록모와 가백니의 법을 더 발전시켰다고 한다. 윤휴의 말을 더 들어보자.

근래 60년 전에는 또 말엽대제곡末葉大第谷이 기구를 처음으로 만들어 천체를 관측했고, 그 뒤 가리근아加利勤阿는 유신도有新圖를 창안하여 천고 이래 밝히지 못한 성학星學을 발명했다. 이에 망원경이 나와 천상의 미묘한 것이 남김없이 드러나게 되었다.

이 글에서 한자로 표기된 서양 천문학자를 밝혀보자.

- 다록모多錄某: 클로디어스 톨레미(Claudius Ptolemy, 약 85~약 165)
- 아이봉소내극서亞而封所乃極西: 알폰소 10세 엘 사비오(Alfonso X, el Sabio, 1221~1284)

- 가백니歌百尼: 니콜라우스 코페르니쿠스(Nicolaus Copernicus, 1472~1543)
- 서만西滿: 시몬 스테빈(Simon Stevin, 1548~1620)
- 마마낙麻麻諾: 조반니 안토니오 마지니(Giovanni Antonio Magini, 1555~ 1617)
- 말엽대제곡末葉大第谷: 튀코 브라헤(Tycho Brahe, 1546~1601)
- 가리근아加利勤阿: 갈릴레오 갈릴레이(Galileo Galilei, 1564~1642)

톨레미는 《알마게스트》로 유명한 프톨레마이오스이고, 그 외 코페르니쿠스, 튀코 브라헤, 갈릴레이 갈릴레오는 따로 설명이 없어도 알 터이다. 알폰소 10세는 레온-카스티야 왕국의 왕(재위 1252~1284)으로 천문학 연구를 적극 지원하여 해와 달, 행성의 운행추정표인 알폰소표를 만들게 하였다고 한다. 조반니 안토니오 마지니 역시 이탈리아의 천문학자다. 서만西滿은 네덜란드의 수학자이자 물리학자인 시몬 스테빈으로 추정된다.

여기서 귀찮지만 이들의 이름에 대해서 약간 더 언급할 필요가 있다. '아이봉소내극서亞而封所乃極西'는 '아이봉소'까지가 정확한 이름이다. 곧 "뒤에 알퐁소가 있었는데, 곧 극서極西(서양)의 보우寶祐 때 사람이다(後又有亞而封所, 乃極西寶祐時人)."라는 문장을 잘못 끊어 읽은 것이다. 말엽대제곡末葉大第谷은 '말엽대末葉大'와 '제곡第谷' 두 사람으로 나뉘어야 한다. 말엽대는 원문에 '末葉大因悟不同心規與小輪難于推算'이라고 되어 있다. 따라서 말엽대는 '미엽대未葉大'가 되어야 마땅하다. 다만 미엽대가 누구인지는 미상이다.

1664년 윤휴는 어디서 이 희한한 서양인의 이름을 가져온 것인가? 《서양신법역서》에 실린 《역법서전曆法西傳》이 그 근거다. 《역법서전》은 프톨레마이오스 이래 서양의 천문학사를 요약하고 있는 책이다. 《서양신법역서》는 1631년에서 1634까지 아담 샬, 테렌츠, 로(J. Rho, 1593~1638, 羅雅谷), 롱고바르디 등이 편찬하여 숭정제에게 봉정한 《숭정역서崇禎曆書》 136권이 그 원형이다. 《숭정역서》가 봉정되고 나서 2년 뒤인 1645년 명이 망하고 청이 대륙을 지배하게 된다. 하지만 중국의 천문학을 관장하고 있던 아담 샬을 위시한 서양인 선교사는 축출되지 않았다. 아담 샬은 흠천감欽天監 감정의 지위를 얻어 《숭정역서》를 개편하여 1646년 《서양신법역서》 100권으로 출판하였다.[22] 1673년 페르비스트(Ferdinand Verbiest, 1623~1688, 南懷仁)가 다시 《신법역서新法曆書》로 이름을 바꾸었고, 건륭제 때 《사고전서四庫全書》에 수록되면서 다시 《신법산서新法算書》로 이름이 달라진다.[23] 다만 기본적인 책의 구성은 동일하다. 약간 귀찮겠지만 《사고전서》에 실린 《신법산서》가 포함하고 있는 저작을 훑어볼 필요가 있다. 《신법산서》는 천문학 일반(《측천약설》), 수학·기하학·측량학(《대측大測》, 《비례규해比例規解》, 《주산籌算》, 《기하요법幾何要法》, 《측량전의測量全義》), 일식과 월식(《측식략測食畧》), 태양과 달, 오성의 운행(《일전역지日躔曆指》, 《월리역지月離曆指》, 《월리표月離表》, 《오위역지五緯曆指》, 《오위표五緯表》), 항성(《항성표恒星表》, 《항성역지》, 《항성출몰표恒星出沒表》), 망원경의 제작과 사용법(《원경설》), 서양 천문학의 개요와 역사(《신역무인新曆歷引》, 《역법서전》) 등으로 구성되어 있다. 곧 천문학의 개요와 서양 천문학을 이해하기 위한 수학과 기하학, 측량학, 칠정七政과 항성의 운동에 관한 정보, 서양 천문학의 역사 등이 그 줄기를 이루고 있는 것이다.

윤휴가 본 《역법서전》은 《숭정역서》에는 실리지 않은 것이다. 또 윤휴가 《역법서전》을 보았던 1644년은 《서양신법역서》를 《신법역서》로 바꾸기 전이다. 따라서 윤휴가 본 책은 《서양신법역서》가 분명하다. 조선에서 《서양신법역서》는 1648년(인조 26) 2월 사은사 홍주원洪柱元이 구입한 것이 최초의 기록이고, 이후 이 책은 문헌에 거의 보이지 않는다. 위낙 전문적인 영역의 책이라 북경을 방문하는 보통의 사대부들에게는 관심의 대상이 아니었을 것이다. 지전설을 주장한 김석문金錫文(1658~1735)도 《오위역지》를 인용하고 있으니 역시 서양 천문학서를 보았겠지만, 그것이 《숭정역서》, 《서양신법역서》, 《신법역서》 중 어떤 것이었는지는 분명하지 않다. 김석문은 시헌력時憲曆을 수용하는 데 있어 결정적인 역할을 한 김육金堉과 같은 집안이니, 그가 이 책을 볼 수 있었던 데는 김육의 도움이 있었을 것이다.[24]

약간 우회했지만 윤휴의 망원경에 대한 언급은 1630년 정두원 이후 최초의 것이다. 윤휴는 《역법서전》의 다음 기록을 읽었던 것으로 보인다.

제곡第谷(튀코 브라헤)이 죽은 뒤 망원경이 나와서 천상天象의 미묘한 것들이 여기서 모두 드러나게 되었다. 가리근아加利勒阿(갈릴레오 갈릴레이)가 30년 전에 새롭게 시도함이 있어 천고 이래 성학星學이 발견하지 못했던 바를 발견하여 한 부의 책을 썼다. 그 이후로 명현名賢이 계속 나와서 저작이 갈수록 많아졌다. 그리하여 목성의 옆에 작은 별이 넷 있고, 그것이 매우 빨리 운행한다는 것, 토성의 옆에 또한 작은 별이 둘 있다는 것, 금성에 상현·하현 등의 현상이 있다는 것을 알게 되었으니, 모두 전에 듣지 못했던 바이다.[25]

여기에 등장하는 '가리근아', 곧 갈릴레이는 《서양신법역서》에만 유일하게 한 번 등장할 뿐이고 이후의 서양 천문학서에는 보이지 않는다. 또 조선의 문헌에 갈릴레이란 이름이 등장하는 것도 현재 윤휴의 기록이 유일하다. 물론 갈릴레이라는 이름은 들지 않았지만, 이후 한역 서양 천문학서에 망원경으로 이룩한 천문학적 업적은 두루 소개되고 있다.

2

조선에 들어온 망원경의 운명

국가가 수입한 최초의 망원경

17세기 중반 여느 사람은 볼 수 없는 《서양신법역서》를 보고 망원경의 존재를 깊이 인지한 윤휴지만, 그가 직접 망원경을 보았는지는 알 수 없다. 윤휴를 제외하면 정두원으로부터 약 80년 뒤에야 망원경에 관한 이야기가 나온다. 1709년(숙종 35) 3월 23일 동지사로 북경에 갔다가 돌아온 민진후閔鎭厚(1659~1720)의 보고에 망원경에 관한 이야기가 나온다.[26] 민진후가 북경으로 갈 때 관상감에서는 금성과 수성의 연근年根[27]이 확실하지 않은 곳과 일식과 월식을 계산하는 법에 참고할 책자, 천문 관측 기기의 구입을 위해 관상감 관원 허원許遠을 파견했다. 허원이 파견된 데에는 상당히 복잡한 배경이 있다.

앞에서 설명한 대로 명나라가 망하자 아담 샬은 청나라 정부를 설득해 《숭정역서》를 재편하는 작업에 착수하여 이내 100권의 《서양신법역서》를 완성했고, 청나라 정부는 1645년 시헌력이란 이름으로 이 새로운 역서曆書의 역법을 국가의 공식 역법으로 선언한다. 시헌력은 튀코 브라헤의 천문학을 채택하고 있었으므로 조선 정부는 그것을 배워 새 역법을 만들어야만 하였다. 이에 시헌력을 정확하게 이해하고자 하는 노력이 줄기차게 이어졌다. 1648년 2월 사은사 홍주원이 《서양신법역서》를 구입해오는 것을 시작으로 서양 역법을 배우기 위해 북경 천주당에 사람을 파견하는 등 여러 곡절을 거쳐 1653년(효종 4)에야 비로소 서양 역법을 따른 역서를 작성해 사용하기 시작했지만, 1705년(숙종 31) 6월 역산曆算에 착오가 생긴 것을 발견하여 그해 겨울 관상감원 허원을 북경에 보내어 서양 역법을 배우게 한다. 허원은 미진한 부분을 완전히 익히기 위해 1708년(숙종 34) 겨울 다시 북경에 파견되었고, 문제가 된 천문학 지식을 습득하고 천문학 서적과 기구 들을 구입해 귀국했던 것이다. 허원은 3년 뒤인 1711년(숙종 37)에 《현상신법세초류휘玄象新法世草類彙》를 작성하는데, 이 책자로 인해 조선은 튀코 브라헤의 천문학을 받아들인 시헌력을 완벽하게 이해할 수 있었고, 앞으로 200년 동안은 고칠 것이 없을 것이라면서 자부심을 드러내기도 하였다.

이 과정에서 망원경이 등장한다. 1708년 공금으로 은 200냥을 가져간 허원은 원하던 책은 물론 그 밖의 중요한 책도 구입할 수 있었고, 일성정구日星定晷·일영운도日影輪圖 등 조선에 없는 천문 기기도 구입했다. 이 천문 기기에 망원경이 포함되어 있었다. 망원경 구입의 이유를 들어보자. "또 일식과 월식을 관측할 때 사용하는 망원경은 늘 민간에서 빌려서 쓰기 때문에 또한 모두 사가지고 왔습니다."[28] 이 자료를 통해 언제부터인지는 확정할 수 없지만, 관상감에서 일식과 월식을 관찰할 때 망원경을 사용했다는 것을 알 수 있다. 아울러 그 망원경을 민간에서 빌려쓰고 있었다는 데서 민간에(북경에 드나들 수 있는 양반가이겠지만) 망원경이 있었다는 것도 알 수 있다. 나아가 이때까지 국가에서 정식으로 망원경을 구입한 적은 없었던 것도 추측할 수 있다. 하지만 어떤 망원경이 누구의 소유였으며 몇 개나 있었는지는 알 수 없다. 또 1744년(영조 20) 관상감 관원 김태서金兌瑞가 북경에서 다시 대천리경을 구입해온 공으로 상을 받는 것을 보면, 허원의 망원경 역시 곧 사라져버린 것으로 보인다.

망원경이 천체 관측에 쓰이는 것은 너무나 당연하지만, 그것만이 망원경의 용도는 아니다. 관상감이 망원경을 민간에서 빌려 쓴다고 했을 때 그 민간인은 망원경을 어디에 사용했던가? 천문을 관측했던 것인가? 어떤 것도 알려져 있지 않다. 망원경은 원래 먼 곳에 있는 것을 가까이 보기 위한 것이다. 굳이 천문 관측이 아니더라도 그 용도는 많다. 앞서 검토한《원경설》에서 들었던 전쟁과 항해 등이 그것이다. 조선의 경우도 유사한 사례가 한 번 기록에 등장한다. 예컨대 이 글의 서두에서 언급했던 국경 확정과 관계된 경우다. 1712년 조선과 청이 국경을 정할 때 양국 관계자들은 함께 백두산에 오른다. 함경도 관찰사 이선부는 4월 13일 수라덕水羅德에서 백두산까지는 길이 험하여 통과하는 데 무척 어렵고 맨눈으로 보기에는 한계가 있다는 이유로 천리경, 곧 망원경이 있으면 보기에 아주 편할 것이라면서 조정에 망원경을 보내달라고 요청한다.[29] 이선부는 망원경의 용도를 제대로 알고 있었던 것이다. 하지만 조정의 답은 전혀 달랐다. 비변사는 이선부의 장계 내용을 숙종에게 보고하고 망원경을 보내주지 말 것을 요청했다. 이유가 뭐냐고? "국경을 살펴 정하는 것이 얼마나 중대한 일입니까? 어떻게 천리경을 믿고 판단할 수 있단 말입니까? 아주 마땅치 않으니 천리경을 내려보내지 마소서."[30] 망원경의 용도를 제대로 활용할 기회가 있었지만 걷어차 버린 것이다.

하지만 청나라 쪽은 망원경을 사용했다. 한 달 뒤인 5월 13일 이선부와 접반사 박권은 청나라 대표 목극등과 함께 백두산 쪽으로 이동했던 상황을 보고한다. 다른 것은 접어두고 망원경 쪽만 말한다면 목극등은 망원경을 충분히 활용하고 있었다.

총관總管(목극등穆克登)이 압록강 상류에 도착하자 길이 험하여 더는 갈 수가 없었습니다. 그러자 강을 건너 그들 땅으로 갔고, 늘 천리경으로 산과 강을 관찰했습니다. 또 양천척量天尺이 있었는데, 길이가 한 자 남짓, 넓이가 몇 치 되는 나무판이었습니다. 뒤에는 상아를 박아 푼수와 치수를 새겼는데, 한 치는 12금이었고, 한 푼은 10금이었습니다. 위에는 나침반을 설치하고 중간에는 작은 판자를 하나 세웠는데, 측량하는 기구인 듯했습니다.[31]

저쪽은 망원경에다 양천척, 곧 육분의六分儀까지 가지고 와서 땅을 측정하고 그림으로 그린다. 육분의는 측정 지점의 위도와 경도를 알기 위해 천체(해·달·별)의 고도를 측정하는 기구다. 그런데 이쪽은 망원경은 가져가지 못하게 하고 육분의가 무슨 물건인지도 모른다. 더욱 가관인 것은 목극등 쪽이 백두산을 측량한 것을 그림으로 그리자, 조선 쪽 역관이 백두산 지도 한 장만 달라고 청한 것이다 목극등은 "대국의 산천은 그려줄 수 없지만, 백두산은 그대 나라니 어찌 그려주기 어렵겠는가?"라고 답했다는 것이다. 이 말을 듣고 박권과 이선부는 "이로써 보건대 백두산 이남은 땅을 다툴 우려가 없을 듯합니다."라고 보고한다. 자기 땅을 측량하고 도면으로 그려서 주장하지는 못할망정 남이 그린 도면을 달라고 하고, 또 남이 측량한 결과에 의지해 국경을 정하는 한심한 일이 벌어졌던 것이다. 목극등과 국경을 확정하는 일이 있기 3년 전인 1709년 허원이 북경에서 망원경을 사왔으니, 망원경을 이선부에게 보내는 것은 어렵지 않은 일이었을 것이다. 하지만 망원경은 이토록 중요한 일에도 사용되지 않았다.

　1712년 망원경을 요청한 이선부의 청을 비변사에서 한 마디로 거절한 데서 볼 수 있듯, 당시 조선의 지배층은 망원경의 가치와 용도를 정확히 이해하지 못하고 있었던 것으로 보인다. 또 망원경이 수입되어 있기는 했지만, 널리 활용된 것으로도 보이지 않는다.

영조가 부수어버린 망원경

그렇다면 《원경설》이 가장 중요한 용도로 꼽은 천체 관측과 관련하여 망원경은 얼마나 활용되었을까? 이제 문헌에 등장하는 사례를 하나씩 살펴보자. 1735년(영조 11) 9월 1일 일식을 관찰하는 의식, 곧 '구일식의救日食儀'가 있었다.[32] 《국조오례의國朝五禮儀》의 '군례軍禮'에 의하면, 임금의 자리를 근정전 앞 계단 위에 설치하고, 일식이 시작되면 향을 피우고 북을 치며, 일식이 끝난 뒤에 그치는 것이 구일식의의 큰 줄기다. 영조가 거행한 구일식의를 잠시 보도록 하자. 도승지 김시형金始炯이 시간이 되었으니 북을 치게 하는 것이 어떠하겠느냐고 묻자, 영조는 북을 치라고 명한다. 다음은 신하들과 영조의 대화다.

　김시형: "해가 처음 이지러진 시각에 관상감 관원이 와서 즉시 보고하게 하는 것이 어떻겠습니까?"
　영조: "물어보는 것이 옳다."
　좌승지 이광보李匡輔: "일식은 월식과 달라 물을 담아서 비추어 보아야 합니다."
　우승지 홍상빈洪尙賓: "구식救食할 때는 으레 물을 담아서 보는 법입니다."

영조: "상탁牀卓에 그릇을 두고 물을 담는 것은 무슨 뜻이냐?"

김시형: "대개 정결한 뜻을 취한 것이고, 일영日影을 보기 위한 것이 아닙니다."

영조: "월식 때도 또한 상탁에 물그릇을 두느냐?"

김시형: "월식 때도 똑같습니다."

이광보: "월식 때도 상탁에 물그릇을 두는 것은 감히 달빛을 직접 보지 않으려는 뜻 같습니다."

동부승지 홍경보洪景輔: "정결 운운하는 말은 근거가 없어 믿을 수가 없습니다. 이 물을 이제 상탁 아래에 두고 근시近侍의 여러 신하에게 해가 이지러졌다가 다시 둥글어지는 것을 관찰하게 하는 것이 어떻겠습니까?"

영조: "아뢴 대로 하라."

이광보: "이제 벌써 이지러져 손바닥 반만 합니다."

영조: "촛불을 어찌 밝히지 않는가?"

김시형: "월식 때는 촛불을 밝히지만, 일식 때는 그렇게 하지 않는다 합니다."

이광보: "관상감에 최근 북경에서 사온 안경처럼 생긴 오석烏石이 있는데, 일색日色을 비추어 볼 수 있다고 합니다. 가져오게 하는 것이 어떻겠습니까?"

임금이 가져오게 하라고 명하였다.

홍상빈이 눈에 착용하고 해를 관찰하고는 말했다.[33] "일식이 완전하지 않아 마치 여자들의 빗梳처럼 생겼습니다."

위의 인용에 나오는 오석, 곧 검은 돌이란 무엇인가? 태양은 맨눈으로 관찰할 수 없기에 일식을 구제하는 의식 때는 그릇에 물을 담아 거기에 비친 태양을 관찰한다. 그런데 바람이 불어 물의 표면이 흔들리면 관찰이 불가능해진다. 이 때문에 관상감이 북경에서 구입해온 '꼴이 안경과 같은(形如眼鏡)' 검은 오석을 가져오게 한 것이다.

13일 뒤 영조는 "며칠 전 해조該曹에서 안경을 올렸는데, 중간에 검은 칠을 한 것이 있었으니, 대개 태양 안에 구름이 있는 것 같았다. 그런 뒤에야 쉽게 살펴볼 수 있었기 때문이다."[34]라고 말하고 있다. 문장의 의미가 명료하지는 않지만, 대개 9월 1일 구식救蝕 때 올린 오석처럼 생긴 안경은 '검은 돌'이라는 표현이나 '검은 칠을 한 안경'이라는 표현 등으로 보아 지금의 선글라스와 같은 것일 터이다. 뒤에 살펴겠지만, 이것은 안쪽에 검은 칠을 하고 검은 수정을 붙인 안경이었다. 1742년(영조 18) 5월 1일에도 일식을 구제하는 일이 있었는데, 이때도 물이 흔들리자 관상감에서는 '규일경窺日鏡'을 가져와 관찰할 것을 요청했고, 허락을 받았다.[35] '해를 보는 안경'이란 뜻의 '규일경'은 '안경처럼 생긴 오석'일 것이다. 비록 망원경은 아니지만 새로운 기기, 즉 검은 안경이 태양을 관찰할 때 사용되고 있다는 점은 대단히 흥미로운 것이다.

1744년 6월 2일 중국에 파견한 사신단이 먼저 보내온 별단別單을 읽던 중《황조세법록皇朝世法錄》이란 책을 구입해오는 건에 이르러 영조는 "경 등은 이 책을 본 적이 있는가?"라고 묻는다. 김재로金在魯와 조현명이 본 적이 없다고 답한다. 별단을 읽는 것이 끝나자 영조는 "천리경은 군대에서 없어서는 안 될 것이다. 산성에서는 더욱 긴요하게 쓸 곳이 있다."라고 하였고, 이종성李宗城은 "군대에 이미 있습니다."라고 답한다.[36] 망원경이 군문에는 있다는 것인데, 그렇다면 그 군문이란 어딘가? 6월 10일 영조가 경군문京軍門은 모두 천리경을 보유하고 있는지 묻자, 내의원 부제조 이춘제李春躋는 경군문에는 없고 남한산성에는 있다고 말한다. 영조는 "산성에서 가지고 있을 만한 물건이라 할지라도 경군문에서도 가지고 있어야 마땅하다."라고 말한다. 즉 이때까지 서울의 주요한 부대(금군청·어영청·훈련도감 등)에는 망원경이 없었고, 남한산성을 지키는 수어청에만 있었던 것이다. 훨씬 뒤의 기록이지만, 순조 초기에 편찬된《만기요람》군정 편을 보면 금위영과 총융청에 천리경이 각각 하나씩 있었으니[37] 실제 경군문도 보급되었던 것은 분명하다. 그런데 왜 갑자기 망원경 이야기가 나왔던 것인가.

영조가 여러 신하가 입시한 김에 앞의 별단에 든 사람 중 상을 줄 만한 사람을 모두 아뢰라고 하자 이일제李日躋가 주저하다가 책의 구입에 수고를 한 사람을 아뢴다. 그중 관상감의 일관日官(관상감 소속의 천문학관) 김태서는《도금가淘金歌》와《태을통종太乙統宗》이란 책과 천리경을 구입해왔던 것이다.[38] 이것이 천리경에 관한 이야기가 나온 근거다. 그런데 만약 김태서가 공금으로 천리경을 구입해왔다면 상을 받을 이유가 전혀 없다. 김태서는 개인의 돈으로 천리경을 구입했던 바, 그럴 만한 이유가 있었다. 1709년 망원경을 구입해온 허원이 시헌력의 완벽한 이해를 위해 북경에 파견되었던 것처럼 김태서 역시 상당히 복잡한 이유로 북경에 파견되었다. 잠시 그 이유를 살펴보자.

1732년(영조 8) 2월 관상감 관리 이세징李世澄이 청에서 새로 제작된 만세력萬歲曆을 구입해왔다. 그런데 24절기와 합삭合朔(일식), 현망弦望(초승달과 보름달) 등이 조선에서 만든 역曆과 차이가 났다. 이것은 1711년에 작성된《현상신법세초류휘》의 '200년 동안 오차가 없을 것'이라는 예측을 뒤엎는 난처한 것이었다. 조정에서는 오차를 교정하기 위해 다시 북경에 관상감 관원을 파견한다. 관상감 관원은 튀코 브라헤의 관측 결과보다 정확한 카시니(Jean Dominique Cassini, 1625~1712)의 관측 결과와 케플러의 법칙을 수용한 쾨글러(Ignatius Kögler, 戴進賢)에게 직접 새로운 역법을 배우고, 그가 편찬한《역상고성후편曆象考成後編》등을 수입해온다. 그 결과 1745년(영조 21)에 와서야 비로소 정확한 역법을 완성한다. 이

과업을 최종적으로 수행한 사람이 바로 김태서다. 그리고 돌아오는 길에 천체망원경인 대천리경을 구입해왔던 것이다. 관상감의 보고에 의하면 앞의 두 책과 함께 모두 '역상가曆象家에게 긴요한 것'이기 때문에 늘 구하려 하였으나 쉽지 않았는데, 김태서가 사재를 털어 간신히 구해왔다는 것이다. 그래서 전례에 따라 가자加資해달라는 요청이었다. 이 자료를 보면 1708년 허원이 구입한 망원경이 망실되었음을 짐작할 수 있다. 영조는 이일제의 요청을 허락하고 김태서에게 상을 내린다.[39] 김태서가 구입해온 대천리경 역시 관상감에 간직되었을 것이다.

1년 뒤인 1745년 5월 21일 북경에서 구입해온 천리경이 논란이 된다. 영의정 김재로는 영조에게 지난날 관상감이 북경에서 구입해온 책자와 측후기測候器, 그리고 천리경 및 그림에 대해 조심스럽게 말을 꺼낸다. 요지는 이렇다. 영조의 명령을 따라 이상의 책과 물건을 올렸지만, 책은 반만 돌려받았고 반은 아직 돌려받지 못하여 관상감의 천문학관들이 강습講習을 할 수가 없다. 그리고 그림과 측후기는 각각 사용처가 있고, 천리경은 성체星體를 관찰하는 데 사용하고자 하니 책과 함께 돌려달라는 것이다. 여기서 천리경이 성체를 관찰하는 데 사용된다는 점을 주목할 필요가 있다. 곧 천리경을 원래의 목적대로 천체의 관측에 사용하려고 했던 것이다. 하지만 영조의 답은 엉뚱했다. 그는 하교하려고 했지만 미처 그러지 못했다면서 희한한 답을 했던 것이다. 영조는 먼저 '규일영窺日影'이란 기구에 대해 아주 부정적인 어조로 말한다.

'규일영'이란 것이 비록 일식을 곧바로 관찰하는 데 긴요한 것이라고는 하지만, 햇빛을 곧바로 보는 것은 좋은 도리가 아니다. 채경蔡京은 태양을 보고도 눈을 깜빡이지 않아 그가 소인인 줄 알았다고 한다. 대개 불령한 무리가 윗사람을 엿보는 상象인 것이다. '해를 엿본다(窺日)'는 이름 자체가 올바르지 않기에 내 이미 부수어버렸다. 저들(관상감 관원)이 이따위 물건을 가지고 와서 공을 바라는 계책으로 삼고 있지만, 나는 아주 가소롭게 여긴다. 그 책자와 그림은 이미 세초洗草해버렸다.[40]

먼저 관상감 관원들이 이따위 물건을 가지고 와서 공을 바랐다고 말하는 부분에 주목할 필요가 있다. 이것은 김태서 등이 책자와 천리경을 사오는 데 공을 세웠다고 하여 상을 받은 일을 말한다.

영조는 태양을 곧바로 쳐다보는 것이 매우 불경한 일이라고 말한다. 왜냐? 태양은 곧 임금을 상징하는 것이 아닌가. 또 '규일窺日'의 '규窺' 자는 원래 '엿본다'는 의미가 있다. 즉 규일이란 말에는 임금의 의도를 엿본다는 뜻이 있다는 것이다. 관상감 관원들이 규일영을 구입해와 바친 것이 임금에게 상을 바라는 마음, 즉 임금의 의도를 엿본 것이기에 불쾌한 나머지 그것을 부수어버렸다는 것이다.

임금의 뜻을 엿본다는 식의 해석을 망원경에 붙인 것은 그야말로 황당한 일이지만, 이 자료에서 규일영에 대한 중요한 정보를 얻을 수 있다. 즉 규일영은 일식을 관찰하는 데 긴요한 것으로, 태양을 곧바로 쳐다볼 수 있는 것이다. 이것은 색 처리를 한 망원경이 틀림없다. 하지만 여전히 어떻게 생긴 물건인지는 명확하지 않다. 영조의 말을 더 들어보자. "군문軍門의 천리경을 일찍이 북한산성에서 보았는데, 과연 기이하였다. 그러므로 군문에 신칙한 바가 있었던 것이니, 대개 멀리 보는 것을 귀하게 여겼기 때문이다. 하지만 이 천리경은 여기서(창덕궁에서) 보아도 남산도 안 보이고, 해를 보면 광채를 보기 어렵고, 게다가 탁하기까지 하다. 그래서 내가 또한 부수어버린 것이다." 이 말로 보건대, 규일영이란 곧 태양을 관측할 수 있도록 제작한 천리경, 곧 망원경이었던 것이다. 이것은 1735년 9월 1일 일식을 관찰할 때 사용한 '안경처럼 생긴 오석'과는 확실히 다른, 온전한 망원경의 모습을 한 것이었다. 다만 영조의 말에 따르면 품질이 썩 좋지는 않았던 것으로 보인다.

영조는 이어 의미심장한 말을 덧붙인다.

> 대저 이런 물건은 기교技巧한 것을 만들지 않아야 한다는 도리에 비추어 볼 때 쓰지 않는 것이 옳다.[41]

김재로는 이 말에 "이미 세초하고 부수어버렸다고 하니 달리 논할 것이 없습니다. 성상의 뜻이 아주 좋습니다." 하고 맞장구를 쳤다.

다른 이야기가 조금 있고 난 뒤 김재로는 다시 한마디를 덧붙인다. "조금 전에 성상께서 하교하신 바가 좋습니다. 근래 기이함을 좋아하는 폐단이 더욱 성하기 때문에 세도世道가 날로 어그러지고 있습니다. 북경에서 구해온 물건에 어찌 유익한 물건이 없겠습니까만, 무익한 물건을 또한 많이 진헌進獻하니, 신이 일찍이 고민거리로 삼아왔습니다." 요컨대 영조의 말로 인해 기교한 물건을 진헌하는 길이 막힐 터이니 다행이라는 것이다.[42]

1744년 김태서가 구입해온 망원경은 이렇게 해서 없어진 것으로 보인다. '규일영'이란 이름이 어떻게 해서 붙은 것인지는 알 수 없지만, 그 이름은 괴팍한 성격을 가진 군주의 성질을 건드렸고, 마침내 파손되고 말았다. 따라서 김태서가 구입해온 망원경은 실제 천체 관측에 사용되지 않고 없어졌던 것이다.

이로부터 6년 뒤인 1751년(영조 27) 5월 1일에도 일식을 구제하는 일이 있었다.[43] 이날도 물에 비친 태양으로는 일식이 확인되지 않아 규일경으로 관찰하라고 명한다. 이것은 1735년 9월 1일 구식례에서 사용한 검은 렌즈의 안경일 것이다. 예조판서 신만申晚이 규일경으로 본 결과를 보고했다. 영조가 "규일경의 검은 바탕은 어떤 물건인가?" 하고 묻자, 신만은 "안은 검게 칠을 하고 수정을 붙여서 만들었습니다."라고 하였다. 실물이 전하지 않아 정확하게 알 수는 없지만 렌즈의 안쪽에 검은 칠을 하고 바깥쪽에 수정을 붙인 안경이 분명하다. 천체망원경이 결코 아니다.

《승정원일기》에 천체망원경이 다시 모습을 드러내는 것은 그로부터 20년이 지난 뒤다. 1770년(영조 46) 4월 5일 영조는 관상감 관원을 불러 태양의 흑점에 대해서 묻는다.

> "태양의 흑자黑子(흑점黑點)는 어떠한가?"
>
> "원경遠鏡으로 보았더니, 처음에는 태양의 위쪽 면에 다섯 개의 흑자를 보았고, 끝에는 태양의 아래쪽에 일곱 개의 흑자가 있었습니다. 그 본 방향이 이와 같습니다."
>
> "규일안경圭日眼鏡은 어찌하여 검은 칠을 한 것인가?"
>
> "만 리를 보기 때문입니다."
>
> "그 조작은 어떻게 하는 것인가?"
>
> "거의 한 칸이 되는데, 처음과 끝에 모두 유리를 끼웠고, 중간에 또 유리가 있습니다. 홍경紅鏡은 반 칸이고, 백경白鏡은 한 칸입니다. 대경大鏡으로 보면 색이 황색이고, 소경小鏡으로 보면 색이 적색입니다."[44]

흑점이 처음에 윗면에 다섯 개 있었고, 마지막에 아랫면에 일곱 개 있었다는 것은 관찰의 결과 작은 흑점을 더 발견했다는 것으로 보인다.

먼저 원경遠鏡으로 태양의 흑점을 관측했다고 하였으니, 이것은 천체망원경이 분명하다. 문제는 이 망원경의 실물이 전하지 않아 그 구조를 쉽게 추측할 수 없다는 것이다. 일단 이 점을 전제해두자. 확언할 수는 없지만, '규일안경圭日眼鏡'은 원래 '규일안경窺日眼鏡'이 아닌가 한다. '규일圭日'이란 문자는 한문에서 사용되지 않는 문자고, 《승정원일기》에서도 여기서만 쓰이고 있기 때문이다. 이것은 앞서 언급한 바 있는 규일경窺日鏡의 '규일窺日'로 보는 것이 타당할 것이다. 다만 '규일경'이라고 했을 때는 안경의 형태였다. 하지만 '규일안경'은 눈에 대고 본다는 점에서는 안경이라고 할 수 있지만, 망원경이 분명하다. 먼저 '원경'으로 흑점을 관찰했다는 말이 나오고, 이어 '규일안경은 왜 검은 칠을 했는가'라는 영조의 물음에 '만 리를 보기 때문'이라고 대답한 것이 그 근거다. 또 만약 안경이라면 결코 묻지 않았을 '그것의 조작법(其造作)'을 묻고 있는 것을 보면, 규일안경은 망원경을 지시한다고 보아야 할 것이다.

그런데 이어지는 말을 보면 이 망원경이 실제로 어떤 것이었는지 이해하기 어렵다. 먼저 '한 칸에 가깝고, 처음과 끝에 모두 유리를 끼웠다'는 진술은 가장 기초적인 망원경의 경통鏡筒 구조다. 그런데 이어지는 '중간에 또 유리가 있다'는 진술은 이 경통의 중간에 다시 유리 렌즈를 설치했다는 말로 여겨진다. 이다음 '홍경紅鏡이 반 칸, 백경白鏡이 한 칸인데, 대경大鏡으로 보면 황색이고, 소경小鏡으로 보면 적색'이라는 말이 이어진다. 반 칸의 홍경, 한 칸의 백경은 분명 앞의 한 칸의 렌즈 셋이 장착된 경통과는 구분되는 것이다. 홍경은 붉은색 처리가 되어 있는 렌즈를, 백경은 색 처리가 되어 있지 않은 렌즈일 것이다. 여기서 홍경과 백경은 경통에 부착하는 접안렌즈가 아닌가 한다. 왜냐하면 홍경과 백경은 각각 하나의 렌즈로만 이루어져 있기 때문이다. 홍경과 백경 뒤의 대경과 소경이란 한 칸의 백경과 반 칸의 홍경을 가리키는 것으로 보아야 할 것이다. 이 망원경은 렌즈 셋을 장착한 경통에 다시 반 칸의 홍경과 한 칸의 백경, 곧 접안렌즈를 대고 그것을 통해 사물의 상을 보는 굴절식 망원경이 아닌가 한다. 대경-후자로 태양을 보면 태양의 색이 누

렇고, 소경-전자로 보면 태양의 색이 붉게 보인다는 것으로 이해된다. 다만 이 역시 실물이 없기에 추정하는 것일 뿐이다.

달라지지 않는 천체 인식

이제까지 언급한 바를 다시 정리해보자. 1708년 관상감 관원 허원이 일식·월식을 관찰할 때 민간에서 망원경을 빌려 쓰는 불편을 덜기 위해 망원경을 구입해왔다. 하지만 이 망원경이 망실되었던 것 같다. 1735년 구일식의에서는 망원경이 사용되지 않았고 색 처리를 한 안경, 곧 규일경이 사용되었다. 1744년 관상감 관원 김태서가 다시 망원경을 구입해왔다. 당시 망원경을 소유할 만한 곳으로는 군영이 있는데, 경군문에는 없고 오직 남한산성의 수어청에만 있었다. 김태서가 구입한 망원경은 영조에게 일단 진상되었는데, 이듬해인 1745년 성체星體의 관측을 위해 망원경을 내려달라는 관상감의 요청에 영조는 태양을 엿본다는 말이 불경스럽기에 부수어버렸다고 답한다. 이 말 끝에 영조는 아울러 자신이 북한산성의 망원경을 본 적이 있는데 성능이 우수했다고 말하고 있다. 이런 기록으로 보아 1745년 현재 관상감에는 망원경이 없고, 남한산성과 북한산성에 망원경이 있었던 것으로 추정할 수 있다. 김태서의 망원경을 부수어버린 그 이듬해인 1746년 영조는 어떤 말끝에 자신이 천리경으로 달을 관찰한 적이 있다고 말한다. 이것은 자신이 과거 망원경으로 달을 관찰한 경험을 말한 것일 뿐이고, 그 망원경에 대한 구체적인 사항은 전혀 알 수가 없다. 망원경은 1770년 구일식의에서 다시 등장한다. 관상감이 보유한 것으로 보이는 규일안경이 그것이다. 규일안경에 와서 망원경의 구조가 유일하게 묘사되고 있다. 관상감이 제대로 천체를 관측하는 데 사용한 망원경은 1770년 구일식의에 등장한 규일안경이 유일한 것이다.

이상에서 언급한 바를 음미해보면, 망원경이 천체 관측에 사용될 수 있다는 것은 인지하고 있지만 천문학 연구에 대단히 중요한 기구라고 받아들인 느낌은 거의 없다. 허원이 구입해온 망원경을 분실한 것이나, 영조가 1745년 김태서의 망원경을 부수어버린 것 등은 망원경이란 기기가 천문학 연구에서 갖는 혁명적인 의의를 몰랐기 때문으로 생각된다. 사실 망원경의 천체 관측은 구일식의에서만 나타날 뿐, 천체를 관측하여 새로운 천문학적 지식을 획득하는 데 사용되지는 않았던 것으로 보인다. 다음 사례를 보자.

앞서 말한 대로 1746년 5월 28일 영조는 신하들과 감여술堪輿術에 관한 대화를 나누던 끝에 자신이 천리경으로 달을 본 적이 있는데, '달 속에 산과 강의 그림자가 있다(月中山河影)'는 설이 옳은 것 같다고 말한다. 천리경, 곧 망원경으로 봤더니 완연히 볼 수 있었다는 것이다. 이 말에 동부승지 박보춘朴普春이 "산과 강의 그림자가 있다는 말은 이치에 가깝지만, 계수나무가 있다는 말은 불가의 말입니다."라고 답했다. 망원경으로 달을 관찰하기는 했지만, 거기서 얻은 지식이라고는 계수나무가 없고 산과 강의 그림자가 있다는 보잘것없는 말뿐이다.

망원경으로 달을 관측하여 산과 강의 흔적을 발견한 결과 오래된 전설을 부정한 것은 어찌 보면 괜찮은 결론이다. 하지만 이어지는 대화를 보면 망원경으로 인해 천문 인식에 근본적인 변화가 온 것 같지는 않다. 영조의 말을 들어보자. "우리나라의 바닷가에서 일출을 볼 수 있다고 하는데, 이 말은 괴이한 말이다. 이 말은 어사의 소관이 아니지만, 또한 궁리하는 데 관계되니, 어사는 아는 것이 있다면 말하는 것이 옳겠다." 어사란 그 자리에 참석해 있었던 관서어사關西御史 구윤명具允明이다. 구윤명은 이렇게 말한다.

고서를 보니 해는 부상扶桑에서 뜬다고 하는데, 부상이 어느 곳에 있는 지는 모릅니다. 하지만 해는 하나의 해이니, 이미 부상에서 떴다면 어찌 또 다른 바다에서 뜰 리가 있겠습니까? 우리나라의 동해, 남해에서 모두 일출을 볼 수 있다고 하는 것은 반드시 일영日影이 비추어 나타난 소치일 것입니다.

어떤 책인지 모르지만, 고서에서는 태양이 '부상'이란 곳에서 뜬다고 한다. 그러니 부상에서 뜬 해가 동해나 남해에서 뜰 리가 없다. 그것은 해의 그림자일 것이다. 이렇게 한심한 소리를 지껄이자, 영조 역시 한심 한 질문을 하나 더 던진다.

해가 처음 뜰 때는 큰데, 중천에 오면 작아지는 것은 어떤 이치인가?

구윤명은 다시 답한다.

해가 바야흐로 떠오를 때는 땅에서 가깝고 광염이 성하지만, 중천에 이 르면 땅에서 더욱 멀어지기에 이런 크고 작은 구별이 생기는 것이겠지요? 억견이 이와 같지만, 상세히 알지는 못하겠습니다.

영조는 "입시한 여러 신하가 모두 그 이치를 모르니, 과연 알기 어렵 다."라고 답한다.[45] 태양의 크기가 달라지기는 뭐가 달라진다는 것인가? 지평선 가까이에 있으면 주위에 비교되는 대상이 있기 때문에 크게 보 일 뿐이다. 망원경의 존재를 알았던 이익 역시 〈천송판天訟判〉[46]에서 동일한 이야기를 하고 있으니, 망원경으로 달을 관찰하고 해를 관찰해도 천체에 대한 인식이 달라지지는 않았던 것이다.

망원경을 통한 천체 관측은 이제까지 언급한 일식과 월식 관측의 사례가 유일할 것이다. 물론 앞서 허원이 망원경을 구입해왔을 때 관상감에서 일식과 월식, 그리고 성체星體의 관측에 망원경을 사용한다고 했으니, 일식과 월식만이 아니라 다른 별도 관측했을 것이다. 하지만 그것이 새로운 천문학적 발견을 의미하는 것은 아니었을 것이다. 조심스런 추측이지만, 그것은 오행성五行星의 관찰에 지나지 않았을 것으로 보인다. 관상감에서 망원경으로 실행한 관측의 범위와 정도, 그 결과가 전혀 알려져 있지 않기 때문이다. 1818년(순조 18) 편찬된 관상감의 관서지官署志인 《서운관지書雲觀志》 역시 정두원이 서양 천문학서와 천리경을 가져왔다는 사실만 간단히 옮겨놓고 있을 뿐, 망원경을 이용해 관측을 했다는 어떤 기록도 남기고 있지 않다.

영조와 구윤명의 대화가 있었던 1746년으로부터 100년 뒤인 1845년(헌종 11) 북경에 간 이유원은 숙소에서 망원경을 빌려 달을 보았던 이야기를 하고 있다.

> 망원경으로 달을 보았더니, 달이 바로 앞에 보였고, 달 속의 산과 강의 모습은 정해진 형상이 있지 않았다. 형태는 접시나 사발을 뒤집어놓은 것 같았고, 겉모습은 울퉁불퉁하였다. 낮은 지대는 밝았고, 깊은 곳은 어두웠다.[47]

이유원은 1세기 전 영조의 이야기를 반복하고 있다. 결국 망원경을 통한 천체의 관측과 새로운 천문학적 발견은 이루어지지 않았던 것이다. 요약하건대, 구식례救食禮에서 일식이나 월식을 관찰하는 것 외에 망원경으로 천체를 관측하고 관측 결과를 토대로 새로운 천문학적 지식을 발견하는 일은 문헌에 보이지 않는다. 따라서《승정원일기》등에 나타나는 일식·월식의 관측에 망원경이 사용된 예를 확대하여 조선 후기에 망원경을 통한 천체 관측과 천문학 연구가 있었다고 판단할 수는 없다.

3

―

천체 관측 기능을 잃어버리다

북경에서 홍대용이 본 천체망원경

앞서 이 책의 제1장에서 언급한 바와 같이 홍대용은 1765년(영조 41) 겨울 숙부 홍억이 서장관으로 중국에 파견될 때 자제군관으로 수행하여 꿈에도 그리던 북경 땅을 밟고, 1766년 1월에는 북경의 천주교당(동당·서당·남당·북당 중 남당)을 방문하여 독일인 선교사 할러슈타인과 고가이슬을 처음 만난다. 그때 그 이야기 중에서 망원경에만 초점을 맞추어 보자.[48]

홍대용이 1월 7일 마두馬頭 세필을 시켜 두 사람에게 만나고자 하는 뜻을 전하자, 공무로 어렵다며 20일 후에나 만나자는 답이 왔다. 만나기 싫어 날짜를 늦춘 것이다. 원래 서양 신부들은 천주당을 찾는 조선 사람들에게 호의적이어서 천주당을 구경시키고 서양 물건을 선물로 주기도 했다. 그런데 조선 사람들이 답례도 않고 천주당 안에서 담배를 피우고 침을 뱉는 등 무례하게 굴어 이후 조선 사람을 기피하게 된 것이다. 이에 홍대용은 천문학과 수학 등을 배우고 싶다는 내용의 정중한 편지를 쓴다. 그리고 장지 두 묶음, 부채 세 자루, 먹 세 갑, 청심원淸心元 세 알을 선물로 보낸다. 과연 허락을 얻어 홍대용은 1월 8일 관상감 관원 이덕성李德星과 통역관 홍명복洪命福을 대동해 천주당을 방문하고 할러슈타인과 고가이슬을 만난다. 이날 홍대용은 파이프오르간을 보고 그 원리를 깨달아 시험 삼아 연주를 해보고, 자명종도 구경한다. 천문학에 대한 대화는 없었다. 망원경도 물론 보지 못했다. 다만 다시 만날 약속만 하고 천주당을 떠났다.

13일 홍대용은 천주당을 다시 찾았다. 하지만 고가이슬은 공무로 출장을 갔고, 할러슈타인은 찾아오는 손님이 많아 만날 수 없으니 19일경에 다시 오라는 말을 문지기에게 전해 듣는다. 19일에 다시 찾아갔더니, 두 신부는 지난 밤 천체 관측을 하느라 피곤한 나머지 잠을 자고 있었다. 홍대용은 세면포細綿布 두 필, 장지 두 묶음, 부채 여섯 자루, 시전詩箋 두 묶음, 청심환 세 알을 선물로 건네고 하회를 기다렸으나, 두 사람은 선물을 받지도 않고 만나지도 않겠단다. 다시 편지를 썼다.

"거듭 찾아와 가르침을 청하였으나 만나주지 않으시니, 제가 무슨 잘못이라도 저질렀는지요? 부끄럽고 두렵기 그지없습니다. 이제 삼가 하직 인사를 올립니다. 다시는 문 앞을 더럽히지 않겠사오니, 부디 용서하시기 바라옵니다."

간곡한 편지는 사람을 움직이는 법이다. 편지를 받고 할러슈타인과 고가이슬이 나왔다. 필담이 시작되었다. 서양의 윤리와 학문에 대한 홍대용의 물음으로부터 대화가 시작되었다. 이어 천문학에 대한 대화가 오갔다. 그 복잡한 이야기를 여기서 모두 할 필요는 없을 것이다. 중요한 것은 망원경이니까. 홍대용은 망원경을 보여달라고 청한다. 망원경은 옥외에 설치되어 있었다. 홍대용은 "이곳에 원경遠鏡이란 것이 있으니 서양국에서 만든 것이요, 우리나라 천리경 제도와 같았다."⁴⁹라고 말한다. 홍대용은 천주당의 망원경이 조선의 천리경 제도와 같다고 하는데, 사실 그것은 말할 필요조차 없는 것이다. 다만 이 자료를 통해 홍대용이 북경에 가기 전 망원경을 본 적이 있음을 알 수 있다. 이어 망원경에 대한 서술이 이어지는데, 이것은 현재 남아 있는 문헌에서 망원경에 대한 가장 상세한 기록이다. 홍대용은 망원경이 '먼 데를 보는 안경'으로 '천 리 바깥의 터럭 끝을 능히 살필 수 있는' 것이며, '일월의 형태와 성신의 빛을 분명하게 측량하니 천하의 이상한 도구'라고 말한다.⁵⁰ 홍대용은 조선 사람 중에서 망원경에 가장 경도한 사람이었을 것이다.

(1) 망원경은 청동으로 통筒(경통鏡筒)을 만들었다. 경통의 크기는 조총의 통만 하고, 길이는 주척周尺으로 세 자 남짓하였으며, 양쪽 끝에 모두 유리를 끼워놓았다. 아래에 외다리 셋을 세우고, 그 위에 망원경 틀을 설치하여 형태를 이루고 있었다. 그리고 하나의 직각 구조에만 망원경의 경통을 얹어놓았다. 그 기둥들이 망원경을 받친 곳에 두 개의 움직이는 지도리를 두었다. 그래서 다리는 항상 한 자리에 서 있지만, 사람이 마음대로 망원경을 낮추고 높이고 돌릴 수가 있었다. 다리 앞에는 줄을 내리 그어놓았는데, 지평地平을 정하기 위한 것이었다.

(2) 따로 종이를 바른 길이 한 치 남짓한 짧은 망원경은 한쪽 끝에 유리를 두 층으로 붙여놓았다. 이것을 가지고 하늘을 보면 한밤중처럼 캄캄한데, 망원경의 망통에다 이것을 대고 걸상에 앉아 이리저리 올렸다 낮추었다 하면서 해를 향해 한쪽 눈을 감고서 보면, 둥근 햇빛이 경통 안에 가득 차서, 마치 옅은 구름 속에 있는 것 같았다. 해를 바로 바라보아도 눈을 깜박이지 않았고, 털끝만 한 물건도 살필 수가 있었으니, 대개 기이한 도구인 것이다.⁵¹

(1)에서 설명하는 망원경은《원경설》에 나오는 굴절망원경으로, 곧 삼각대 위에 설치한 천체망원경이다. 경통이 조총의 통筒만 하다고 하는데, 조총의 통의 크기가 얼마나 되는지 알 수 없으니 망원경 렌즈의 직경은 짐작할 수 없지만, 길이는 주척으로 석 자라고 하니 약 70센티미터쯤 된다(주척은 한 자가 약 23센티미터라고 한다). 이 망원경을 삼각대 위에 설치해서 천체 관측을 위해 높낮이를 조절하고 회전이 가능하게 한 것이다.

(2)는 한 치, 곧 길이 약 3센티미터쯤 되는 원통에 렌즈 둘을 붙인 것이다. 이것은《원경설》에 나오지 않은 것이다. 이것을 사용하는 자세한 방법은《을병연행록》에 나와 있다. 그것은 "한쪽 머리에 두 층으로 유리를 붙인 것"이었으니, 망원경처럼 긴 통 양쪽에 대물, 대안 렌즈를 붙인 것과는 같지 않다. 한쪽에만 렌즈 둘을 겹쳐 붙인 것이다. 홍대용은 그것을 "눈에 대어 한 군데를 바라보니, 침침히 어두워 겨우 희미하게 밝은 빛이 있었다."라고 한다.[52] 이 통을 들고 사물을 보았지만 희미하게 밝은 빛만 보았을 뿐이고 특정한 사물이 보이지는 않았던 것이다. 할러슈타인이 그 통을 큰 통의 동쪽 부리에 '세우고' 서쪽 부리가 해를 향하도록 고동을 틀어놓은 뒤 홍대용에게 보라고 하였다. 곧 대물렌즈를 태양 쪽으로 향하게 하고, 그 반대편 쪽 경통에 작은 통을 '세우고' 그 통을 보게 한 것이다. 렌즈 둘이 겹쳐 있는 한 치의 작은 통을 경통의 대안렌즈 근처에 직각으로 세운 것이다.

이런 구조의 망원경이 어떤 천체망원경인지 확인하기가 쉽지 않다. 1615년에 갈릴레이식 굴절망원경의 결점(곧 시야가 좁은 것)을 해결하기 위해 대안·대물 렌즈를 모두 볼록렌즈로 설치하는 케플러식 망원경이 만들어졌고(케플러의 이론 제출은 1611년, 독일 예수회의 성직자 C. 샤이너가 1615년 제작), 1668년에는 반사경을 이용한 반사망원경이 제작되었으니 1766년

그림 13 1674년 당시의 최첨단 망원경.

홍대용이 본 천주당의 망원경이 갈릴레이식을 고수하고 있었던 것은 아
닐 터이다. 다만 홍대용의 설명에 의하면, 경통에 설치된 것은 두 개의
렌즈이고 반사경은 아니므로 당연히 뉴턴식 반사망원경은 아니다. 만약
케플러식이라면 경통에 설치된 렌즈는 둘 다 볼록렌즈라야 할 것인데,
여기에 대해서 그는 아무런 언급도 하지 않고 있다. 작은 통을 대안렌즈
부근에 직각으로 세운다는 것은 경통 내부에 반사경이 있는 것을 의미
하지만, 역시 홍대용의 언급에는 반사경에 대한 것이 없다. 또 반사경이
있다면 그것은 뉴턴식 망원경의 구조다. 요컨대 홍대용이 본 천주당의

망원경이 어떤 것인지 현재로서는 확인할 도리가 없는 것이다.

홍대용은 낮에 방문했기에 이 망원경으로 별을 관찰할 수는 없었다. 하지만 태양은 관찰했다. 홍대용은 태양을 관찰하다가 태양 중간에 수평으로 선이 한 줄기 놓여 있는 것을 보고 깜짝 놀라 무엇이냐고 물었고, 할러슈타인은 원래 태양에 있는 것이 아니라 지평地平, 곧 수평을 유지하기 위해 그은 것이라고 답한다. 이어 홍대용은 태양의 흑점에 대해 묻는다.

"일찍이 태양 가운데 흑점 셋이 있다 했는데, 지금은 없으니 어찌 된 것인지요?"[53]

할러슈타인의 답이다.

"흑점은 셋만 있는 것이 아니지요. 많을 때는 여덟 개까지 됩니다. 다만 어떤 때는 있고 어떤 때는 없습니다. 이것은 태양이 마치 공처럼 뒤집히며 구르기 때문입니다. 지금은 마침 흑점이 없을 때입니다."[54]

《을병연행록》은 태양이 '주야로 돌아간다'고 추가하고 있다. 곧 태양의 자전을 말하고 있는 것이다. 관상감이 흑점의 수에 대해 영조에게 보고하던 장면과 판이하게 다르다. 할러슈타인은 왜 흑점의 숫자가 변화하는가에 대해 태양의 자전이란 원인을 제시하고 있는 것이다. 태양의 자전과 흑점의 변화는 갈릴레이가 망원경으로 밝혀낸 것이다. 홍대용은 여기서 태양이 자전한다는 사실을 처음 알았던 것이고, 그것은 뒷날 지전설地轉說을 주장하는 여러 근거 중 하나가 되었을 것이다.

천체망원경을 직접 조작하며 흑점을 관찰하고, 망원경의 구조에 대한 구체적인 기록을 남긴 사람은 홍대용이 거의 유일할 것이다. 홍대용의 영향으로 박제가와 이덕무가 1778년(정조 2)에, 박지원이 1780년에 북경에 갔지만 그들은 망원경을 볼 수 없었다. 1769년 천주당이 헐렸기 때문이다. 이 때문에 박지원은 "누각에 있던 망원경과 여러 관측 기기는 창졸간에 연구할 수 없어 기록하지 않는다."라고 밝히고 있다.[55] 박지원은 실제 천주당에서 망원경을 보지 못했던 것이다. 박지원은 또 홍대용과 마찬가지로 관상대를 찾아갔으나, 문지기가 제지하여 멀리서 천문 기기들이 있다는 것만 확인했을 뿐이다. 망원경에 대한 언급도 없다. 박지원은 열하에서 만난 왕민호王民皥에게 지전설 등 자신의 독특한 천체관天體觀을 한바탕 늘어놓은 뒤 자신이 천주당을 구경하지 못했다면서 서양 사람만은 한번 만나보기를 간절히 원한다고 소개를 요청하였으나 거절당하고 말았다.[56] 박지원이 귀국한 뒤 조정에서는 사신단이 북경에서 사사로이 중국인을 만나는 것을 금지했고, 1791년 진산사건珍山事件과 1801년 신유사옥으로 인해 천주교가 사교邪敎로 낙인이 찍힌 뒤 북경의 천주당 방문은 완전히 금지되었다. 사정이 이러하니 오직 홍대용만이 천주당을 방문하여 진지하게 망원경을 조작하고 관찰 기록을 남긴 유일한 예일 것이다.

홍대용은 2월 2일 다시 천주당을 방문한다. 그때 나눈 이야기에도 중요한 내용이 있기는 하지만, 망원경과는 상관없는 것이라 생략한다. 홍대용은 천주당 외의 다른 곳에서도 망원경을 본다. 북경에는 흠천欽天·관상觀象·관성觀星·천상天象 등 네 곳의 천문 관측대가 있었고, 거기에는 망원경을 비롯한 각종 천문 관측 기기들이 있었다. 홍대용은 1월 24일 관상대를 찾아가서 창구멍을 뚫고 망원경을 멀리서 희미하게 바라보았던 것이다.[57]

망원경의 구입, 증여, 소유

망원경에 대해 감탄해 마지않던 홍대용이니 혹 그것을 구입하지 않았을까? 또 민간에서 망원경을 구입하는 사례는 얼마나 있었을까? 앞서 이 책의 제1장에서 말한 바와 같이, 안경의 경우 안경만 취급하는 전문점이 유리창에 있었다. 그런데 망원경은 안경보다 수요자가 훨씬 적었다. 수많은 연행록에도 망원경을 파는 점포는 나오지 않는다. 다만 망원경이 북경에서 팔리고 있었던 것을 증언하는 자료가 있다. 역시 망원경에 비상한 흥미를 보인 홍대용의《연기燕記》가 그것이다.

1766년 1월 29일 홍대용은 융복사에서 별별 물건을 다 구경한다. 융복사 시장은 열흘마다 사흘 동안 시장이 열렸다. 예컨대 8·9·10일 사흘에 열리는 식이다. 융복사 시장에는 책을 파는 책시冊市와 서화書畵 골동을 파는 곳이 따로 있었고, 담배통, 코담뱃갑, 안구鞍具, 금은으로 장식한 고삐, 옷, 무기, 기타 서양 물건이 팔리고 있었다. 그중 망원경이 있었다.

> 문을 나서 남쪽으로 갔더니 탁자 위에 천리경 몇 가지가 놓여 있었다. 모두 짧고 가는 것이 통소 대롱만 하였다. 통을 빼 한 마디로 접으면 주머니 속에 넣을 수 있었다. 50보 밖에 건물의 편액을 보니 글자 획이 또렷하였다. 누런 가죽옷을 입은 라마승 몇 명이 한참 흥정을 하다 값이 맞지 않아 자리를 뜨기에 내가 가서 값을 물었다. 라마승들은 내가 가로채어 사갈까 봐 고개를 돌려 눈으로 겁을 주었다. 낯빛이 몹시도 사나운지라 달단韃靼의 사나운 풍속을 짐작할 만하였다. 나 역시 피해 자리를 떴고 감히 값을 더 묻지 못했다.[58]

융복사의 시장은 상설시장이 아니므로 망원경을 전문적으로 파는 상점이 아니었을 것이다. 또 팔리는 망원경이라고는 '퉁소 대롱만 한 짧고 가는 것'으로, 접으면 주머니 속에 넣을 수 있을 정도로 작은 것이었다. 망원경으로서의 성능이 없는 것은 아니지만 천체망원경처럼 고도의 성능을 가진 것은 아니었다. 상황이 이러했으니 당연히 천체를 관측할 수 있는 대형 망원경이 팔리지 않았던 것은 쉽게 추리할 수 있다. 한편 융복사 시장의 망원경이 북경에서 제조한 것인지, 아니면 유럽에서 제조한 것을 수입한 것인지 현재로서는 알 수 없다.

홍대용은 라마승 때문에 망원경을 사지 못했고, 그 뒤 망원경을 구입했다는 말이 《연기》와 《을병연행록》, 그리고 《담헌서》에 전혀 나오지 않은 것으로 보아 구입하지 않았던 것으로 보인다. 사실 북경에서 망원경을 구입한 사람이 그리 많지는 않았을 것이다. 예컨대 이유원은 1845년 북경에 갔을 때 '길고 큰 망원경', 즉 경통의 직경이 크고 길이가 긴 천체망원경에 비할 바는 아니지만, '10리 안의 미세한 물건까지 구별할 수 있는' '원시遠視'를 발견했지만, 값을 700금이나 불러 구입할 수 없었다고 한다.[59] 이유원은 이것을 '먼 곳이 보이는 애체'라고 설명하는 바, 아마도 안경처럼 렌즈가 양쪽으로 펼쳐져 있는 간단한 쌍안경으로 보인다.

또 하나의 예는 서명응徐命膺의 경우다. 홍대용이 북경에서 돌아오고 3년 뒤인 1769년(영조 45) 동지사로 북경에 간 서명응은 할러슈타인과 고가이슬을 찾아가 천문학에 관련한 대화를 나누고 대천리경을 본 뒤 구입할 의사를 표한다. 하지만 할러슈타인은 여벌이 없어 줄 수 없다고 거절하고, 제작 방법을 일러주면서 만들어가라고 했지만, 제작에 필요한 유리가 서양에서 도착하기 훨씬 전이라 만들어올 수가 없었다.[60] 서명응도 홍대용처럼 북경에서 비교적 적극적으로 망원경을 구입하고자 했던 경우다. 서명응 역시 서양 천문학에 꽤나 깊은 이해가 있는 사람이었던 것이다.

지금 남아 있는 자료로 살피건대, 관상감 관원인 허원과 김태서가 망원경을 구입한 예를 제외하고는 망원경을 직접 구입한 사람은 확인되지 않는다. 망원경 구입의 현장에 가장 가까이 간 사람은 홍대용과 서명응이 유일하다. 이런 이유로 관상감의 관원이 아닌 민간인이 어떤 동기에서 어떤 망원경을 어떤 가격에 어디서 구입했는지는 알려진 바 없다. 이외에 망원경을 입수하는 통로로 생각할 수 있는 것이 중국인들의 증여다. 예컨대 1724년(경종 4) 윤4월 18일에 권이진權以鎭은 사은사의 부사로 북경에 도착한다.[61] 정해진 일을 수행하는 도중 김상명金尙明이 정사·부사·서장관에게 비단과 서화, 그리고 천리경을 선물한다. 김상명은 원래 조선 사람이다. 정묘호란 때 포로로 잡혀간 김계량金季良의 손자로서 옹정제 때 예부상서를 지낸 청나라 조정의 거물이었다. 그의 아들 김간金簡은 호부시랑, 김간의 누이는 건륭제의 귀비였으니, 청에서 최고로 출세한 조선 사람이었던 것이다.

　같은 핏줄이란 이유 때문이었는지는 몰라도 김상명과 김간은 조선의 방물方物을 견감시켜주는 등 조선과 청의 외교 관계에서 조선에 극히 호의적이었다. 권이진 등 사신에게 천리경과 비단, 서화를 선물한 것도 그와 같은 맥락일 것이다. 하지만 여전히 명에 대한 의리를 지켜야 하고, 청淸을 이적夷狄으로 보는 것이 조선의 국시였다. 사사로이 오랑캐의 선물을 받았다면서 대간臺諫들이 탄핵한다면 문제가 시끄러워질 수 있었다. 권이진은 사사로이 받을 수 없다고 '준열하게' 물리쳤고 김상명도 완강하기는 마찬가지였다. 결국 권이진 등은 어쩔 수 없이 받기는 했지만, 연전에 국경을 확정하러 갔을 때 이선부와 박권이 목극등이 선물한 서화를 임금에게 올린 예를 들어 수역首譯 유재창劉再昌에게 맡겨두고 임금의 처분을 바랐다.

　다른 사례도 있다. 1783년(정조 7) 겨울 이승훈李承薰은 동지사의 서장관이던 아버지 이동욱李東旭을 따라 북경에 가서 천주당에서 교리를 배우고 최초의 세례교인이 된다. 그에게 세례를 준 사람은 그라몽(Jean-Joseph de Grammont) 신부였다. 그라몽은 이승훈에게 《천주실의》와 《기하원본》, 《수리정온數理精蘊》 등 수학 책과 망원경 등을 선물한다.[62] 대체로 천주교에 대해 호의를 가지고 접근하는 조선 사람들에게 북경 천주당의 신부들은 망원경 등의 기구를 선물로 주었던 것이다. 홍대용이 《연기》에서 천주당의 서양인들이 조선 사람들에게 '서양에서 생산된 진이珍異한 물품'을 선물로 주었다는 것은 바로 이런 사정을 말하는 것일 터이다. 하지만 이상의 사례에서 보이는 망원경은 궁중으로 들어가거나 파손되고 만다. 따라서 증여의 형식이 망원경의 수입에 어느 정도 영향을 미쳤는지는 알 길이 없다. 이승훈이 받은 망원경도 그의 천주교 신앙이 문제가 되자 1785년(정조 9) 봄 아버지 이동욱이 친척을 모아놓고 천주교 서적과 함께 태워버렸으니까 말이다.

증여의 사례는 물론 희소하다. 당연히 망원경은 대부분 돈을 치르고 구입한 것이었을 터이다. 그 경우가 안경처럼 흔한 것은 아니겠지만, 소유한 사람 몇을 확인할 수는 있다. 또 소유는 하지 않았지만 다른 사람이 소유한 것을 보고 그것의 존재와 성능을 확인한 경우도 적지 않았을 것이다. 서양학에 대해 상당한 지식을 갖고 있던 이익의 경우 정두원과 로드리게스의 만남에 대해 《성호사설》에서 특서하면서 "원경遠鏡은 백리 밖에서 적진敵陣을 바라볼 수 있고, 미세한 물건까지 관찰할 수 있다."라고 하면서 망원경이 특별히 중요한 것이라 주장하였다.[63]

이익은 은하수란 뭇별이 모인 것이라는 《천문략》의 설에 대해 서양에는 망원경이 있기 때문에 그렇게 살필 수 있을 것이지만 정말 그런지는 알 수 없다고 하는가 하면,[64] 서양에서 나온 방성도方星圖가 중국의 것과 다른 것은 망원경으로 관측한 결과이며, 금성이 달보다, 태양이 지구보다 크다는 설, 은하수가 별의 빛이라는 설, 금성과 목성에 고리가 있다는 설 등은 육안으로 알아낸 것이 아니라고 하면서 이 설들은 결단코 근거 없는 말이 아니니 마땅히 믿어야 할 것이라고 주장했다. 곧 그가 접한 새로운 서양의 천문학설이 망원경을 통한 관측으로 이루어진 것이기에 신빙성이 있는 것이라고 주장했던 것이다.[65]

다만 이익이 망원경을 구해 천체를 직접 관찰할 수 없는 것을 한탄하는 것[66]을 보면 망원경을 소유하고 있지는 않았던 것 같다. 하지만《성호사설》〈천송판〉에서 태양이 하늘 한복판에 떠올랐을 때 작게 보이는 것은 쌓인 기운이 두텁지 않아서 그런 것이라고 하면서, 천리경의 관, 곧 경통이 길수록 사물이 더욱 크게 보이는 것이 그 증거라고 말했다.[67] 납득하기 어려운 주장이지만, 그가 망원경을 조작해보았던 것은 분명하다. 이익의 형 이서李漵(1662~1723)는 "천리경으로 눈을 가리고 물체를 보면 물건이 크게 보이고, 눈을 가리지 않고 보면 물건이 작게 보인다."[68]는 말을 남기고 있는데, 이 역시 망원경을 조작한 경험을 바탕으로 한 것이다. 요컨대 이익 형제의 경우 망원경의 소유 여부는 확인할 수 없지만, 망원경을 조작해보았던 것은 확실하다고 하겠다.

망원경을 직접 사용한 사례도 두루 발견된다. 강세황은 망원경이 볼록렌즈와 오목렌즈를 경통의 양쪽에 장착한 구조라는 것, 경통의 길이를 조절하여 물체를 보는 조작 방법, 수십 리 밖에 있는 사람의 얼굴을 볼 수 있는 성능을 지적하고 있다.[69] 그뿐만 아니라 망원경으로 천상天象을 보면 일월성신의 형태를 뚜렷이 구분할 수 있고, 오성五星의 모습 역시 각각 다르다는 것을 알 수 있다고 말하고 있다.[70] 강세황은 망원경을 소유했을 것이다. 그는 1785년 건륭제의 즉위 50주년을 축하하는 사신단의 부사로 북경에 갔는데, 그때 망원경을 구입한 것이 아닐까? 조병현趙秉鉉(1791~1849)은 1819년(순조 19) 금강산을 유람할 때 망원경을 가지고 가서 사용했다.[71] 유명한 여항 시인 박윤묵朴允默(1771~1849)은 망원경을 써본 뒤 천 리가 바로 눈앞에 있는 것 같다고 충격을 감추지 못했는데,[72] 그는 병조 서리 출신으로 매우 부유한 사람이었으니 망원경을 구입해 소유했을 가능성이 있다.

이상에서 살핀 바와 같이 망원경을 소유하거나 조작해본 경험이 있는 사람이 더러 확인되는 것으로 보아, 망원경의 소유자는 소수나마 있었던 것으로 보인다. 물론 그들 대부분은 북경에서 망원경을 구입했을 것이다. 다만 그 구입의 구체적 과정이 발견되지 않았을 뿐이다. 또한 중국 쪽 인사로부터 기증받은 사례도 발견된다. 물론 그 수는 많지 않았을 것이다. 이런 모든 사례를 합해도 망원경을 소유한 사람은 그리 많지 않았을 것이다. 그것도 실제 천문학과 전쟁, 항해에 사용하는 것이라기보다는 완호물로서의 성격이 컸다고 보아야 할 것이다.

19세기 이규경·최한기와 망원경

이제까지 살핀 바와 같이 조선에서 망원경은 완호품의 수준에 머물렀다. 관상감에서 천체망원경을 두 차례에 걸쳐 수입했지만, 그것으로 천문을 실제 관측하고 자료를 축적하거나 그로부터 새로운 천문학적 발견이 이루어지는 경우는 없었던 것이다. 이규경은 19세기의 상황을 이렇게 전하고 있다.

> 우리나라에는 주인疇人의 자제子弟라 할지라도 측량에 소홀하고, 또 간평簡平·무진撫辰·혼천渾天·혼개통헌渾蓋通憲·대환大環·미륜彌綸·원경遠鏡·적도의赤道儀와 같은 의기儀器들이 없다. 따라서 단지 중국과 서양이 이미

측량한 유적遺蹟만 의지하고, 실제로는 한 가지도 측량한 적이 없으니, 참으로 한탄스러운 일이다.[73]

'주인의 자제'란 천문학관을 말한다. 즉 천문학을 연구하는 전문가조차 천문 관측에 소홀하고, 관상감에 각종 관측 기기가 없다는 것이다. 여러 번 지적한 바이지만 조선은 중국과 서양의 관측 자료만 이용할 뿐, 실제 그것을 검증한 적도 없다는 것이다. 여기서 관측 기기가 없다는 것, 특히 망원경이 없다는 데 주목할 필요가 있다. 허원이 구입한 천리경과 김태서가 구입한 대천리경도 이미 어디론가 사라지고 말았던 것이다. 19세기는 이미 조선의 사족 체제가 역동성과 창조성을 잃고 다양한 모순을 드러내며 본격적으로 해체되기 시작한 시기다. 그 해체는 관상감과 천문학 연구에도 그대로 작용했던 것이다. 이런 상황을 염두에 두고 19세기 망원경에 대한 지식인들의 언술을 검토해보자. 물론 지식인이라고 해봐야 이규경과 최한기崔漢綺(1803~1877) 두 사람일 뿐이다. 이 두 사람의 망원경에 대한 언술을 검토하여 조선 지식인의 망원경에 대한 인식의 수준, 그것도 최후의 수준을 측정할 수 있을 것이다.

앞에서 아담 샬의 《원경설》에 실린 망원경의 원리에 대해 검토한 바 있다. 그런데 이익은 정두원이 가져온 책 중에서 《천문략》과 《직방외기》 등 몇 종의 책은 '얻어 보았으나' '그 나머지는 보존된 것이 없다'고 말한다.[74] 그는 정두원이 《원경설》이란 책을 가지고 온 것은 알았지만, 그것을 접한 적은 없었던 것이다. 《원경설》이 천리경의 원리를 해설하고 있는 것도 몰랐을 것이다. 홍대용의 경우도 망원경의 광학적 원리에 대한 이해는 전혀 갖추고 있지 않았던 것으로 보인다. 현재 규장각에 소장되어 있는 《서양신법역서》(사실은 《숭정역서》)에는 《원경설》이 실려 있다. 하지만 궁중의 도서관에서 《원경설》의 존재를 알고 읽을 수 있는 사람은 거의 없었을 것이다.[75] 《숭정역서》든 《서양신법역서》든 모두 국가 도서관이 소장하고 있는 극히 희귀한 책이었고, 아무나 접근할 수 없었을 것이다. 정말 기이한 일이라고 할 수밖에 없지만, 1630년 정두원이 《원경설》을 가지고 온 이래 망원경은 북경에서 구입해 소유하기도 하고, 그것으로 천문을 관측하기도 했지만, 망원경의 광학적 원리에 대해서는 아무런 언급도 하지 않았던 것이다.

이익 외에 《원경설》을 다시 언급하고 있는 사람은 이규경이 유일하다. 그는 앞서 검토한 바와 같이 망원경에 대한 소개가 실린 《천문략》과 《원경설》을 동시에 언급한 바 있었다. 하지만 그는 《원경설》에 실린 망원경의 원리, 곧 굴절[斜透] 개념에 대해서는 전혀 언급하지 않고 있다. 그 역시 망원경의 광학적 원리를 이해하지 못했던 것으로 생각된다. 그렇더라도 19세기 조선 학계가 도달한 망원경에 대한 이해의 수준을 알기 위해 이규경을 좀 더 다룰 필요가 있다.

이규경은 《오주연문장전산고》 외에 《오주서종박물고변》의 〈안경류〉에서 망원경에 대해 소상하게 언급한다. 곧 〈안경류〉에서 노안경에서 서안경에 이르는 열거 속에 원안경·서양모서화망원경·원경이 망원경과 관련이 있는 것이다. 그리고 서광경 뒤에 다시 '원안경'이 있고, 거기에는 "바깥쪽은 약간 볼록하고 안쪽은 약간 오목하다."[76]란 설명이 붙어 있는데, 이것이 어떤 렌즈를 지칭하는지 알 수가 없을뿐더러 앞의 '원안경'과 어떻게 다른지 알 수도 없다. 이규경은 원고를 작성하고 미처 정리하지 못한 것으로 보인다.

망원경에 대한 언급은 〈잡고〉에도 나온다. 〈잡고〉는 먼저 아무런 제목 없이 "여러 경鏡을 제작하는 법(製諸鏡法)"이라는 말 아래에 "서양에는 여러 경鏡을 만드는 방법이 있다."[77]라고 말한 뒤 대천리경에 대한 설명이 한참 이어진다. 이것은 천체망원경인데, 이규경의 말이 아니라 《명사明

史》〈천문지天文志〉의 일부를 잘라서 인용하고 있는 것이다. '대천리경'에 이어서 동그라미 표시를 하고, "천상을 측량하는 원경의 끝에 붙이는 파리玻璃를 오수정烏水晶으로 쓰면 태양을 볼 수 있다."[78]라고 말하고 있는데, 이것은 색 처리를 한 렌즈를 사용하면 망원경으로 태양을 관측할 수 있다는 뜻이다. 다만 '측상원경' 이하의 자료는 어떤 텍스트에서 인용되었는지 알 수 없다. 이 자료 뒤에는 앞서 이 책의 제1장에서 언급한 '상회수'로 안경 렌즈에 윤을 내는 법, 우리나라 수정안경이 서양의 유리안경만 못하다는 지적이 있고, 다시 '소망원경小望遠鏡'이란 제목으로 망원경에 대한 언급이 이어진다. 그리고 최후로 '협경'에 대한 언급이 있다.

요컨대 이규경의 망원경에 대한 언급은 대단히 혼란스럽다. 만약 그의 망원경에 대한 인식이 정확하고 체계적이었다면 이런 식의 구성은 취하지 않았을 것이다. 또한 앞으로 검토하겠지만 망원경에 대한 정보는 여러 문헌에서 발췌한 것이다. 곧 '원경'은 방이지의 《물리소지》에서, '서양모서화망원경'은 《원경설》에서, 또 〈잡고〉의 '대망원경'은 앞서 언급한 바와 같이 《명사》〈천문지〉에서 각각 인용된 것이다.

이제 그 망원경을 하나씩 검토해보자. 원안경은 이미 제1장에서 간략하게 설명한 바 있다. 이것은 《화한삼재도회》의 기록을 그대로 옮긴 것일 뿐이고, 그 원리상 정말 망원경인지도 의심스럽다. 이규경은 원안경 외에 다시 서양모서화망원경, 곧 '서양의 서화를 본떠 그리는 망원경'이란 뜻의 망원경을 소개하고 있는데, 번역하면 "파리玻璃를 이용하여 평평한 것 같으면서도 평평하지 않은 하나의 원경圓鏡을 만드는데, 통구경筒口鏡이라 한다. 곧 이른바 중고경中高鏡이고, 전경前鏡이다."[79]이다. 이것은 앞서 검토한 《원경설》에서 경통에 전경을 설치하는 방법이다. 그런데 이 인용문을 '서양의 서화를 본떠 그리는 망원경'이란 제목으로 요약한 것은 오류다. 《원경설》에는 앞서 말한 바와 같이 카메라 오브스쿠라의 방법으로 그림을 그리는 법을 소개하고 있는데, 그것은 암실에 구멍을 뚫되 그 구멍에 렌즈 하나를 설치하는 방법이었다. 하지만 이규경의 인용만으로는 그림을 그리는 것과 아무런 상관이 없다. 따라서 '서양의 그림 그리는 망원경'이라고 말할 수는 없는 것이다.

이어 원경遠鏡에 대한 언급이 있다. 원경은 다른 말로는 망원경이라 부른다 하고, 《물리소지》권1 '역류'의 이른바 '광비영수론光肥影瘦論'의 일부를 인용한다. "4층이 모두 바깥쪽은 볼록하고 안쪽은 오목하다. 볼록한 쪽을 눈 가까이 대면 그림자의 크고 작은 것을 거둘 수 있고, 오목한 쪽을 눈 가까이 대면 작은 그림자를 확대할 수 있다. 층을 거듭할수록 배를 취하니, 반드시 포개는 것이다." 망원경을 사용해서 물체를 확대해 볼 수 있다는 망원경에 관한 상식을 되풀이하고 있을 뿐 다른 정보는 없다. 이어서 "그러므로 원경으로 100장丈 밖을 보면, 주먹이 말[斗]보다 크게 보인다. 곧 천리경은 대소가 같지 않은 것이다."[80]라는 말이 덧붙여져 있는데, 이것이 이규경의 것인지도 의심스럽다.

앞서 언급한 바와 같이 〈잡고〉에는 《명사》〈천문지〉에서 인용된 천체 망원경에 대한 서술이 이어진다. "대망원경은 또한 규통窺筒이라고 한다. 그 제도는 이렇다. 빈 관管을 층층이 겹치게 만들고 두 끝을 늘리거나 줄일 수 있게 만든다. 모두 파리玻璃를 쓰고, 보고자 하는 물건의 멀고 가까움에 따라 길게 하기도 하고 짧게 하기도 한다. 천상天象을 살필 수 있을 뿐만 아니라 몇 리 밖의 물건을 눈앞에 있는 것처럼 당겨볼 수 있다. 적을 보고서 대포를 쏠 수도 있으니 아주 큰 용도가 있는 것이다."[81] 역시 망원경의 기본적인 성능에 대한 진술일 뿐이다. 이어서 '천지와 만상萬象을 측량하는 보기寶器'[82]라는 모호한 말과 "천상을 측량하는 원경의 끝에 붙이는 파리玻璃는 오수정烏水晶을 쓰면 태양을 볼 수 있다."라는 말이 붙어 있다. '소망원안경小望遠眼鏡'에 대한 설명은 다음과 같다. "대망원경을 본떠 만든 것으로서 바깥쪽은 볼록하고 안쪽은 오목한 렌즈 몇 첩疊을 만들면 멀리 볼 수 있다. 지금 아란타인이 쓰고 있는 안경은 모두 볼록하게 바깥으로 돌출된 것이 마치 게나 벌의 눈과 같은데, 이렇게 만든 것이다."[83] 아란타란 명사를 쓰고 있는 것으로 보아 일본에서 제작된 것을 직접 봤거나 일본 쪽 문헌을 인용한 것이 아닌가 한다. 이상에서 살핀 바와 같이 19세기의 가장 해박한 자연학자 이규경 역시 망원경에 대해 큰 관심을 보이고 여러 문헌에서 정보를 수집했지만, 그 역시 망원경의 원리를 정확하게 알 수 없었고, 그 정보조차 매우 혼란스러운 상태였다고 말할 수 있다.

이규경 외에 망원경에 관심을 둔 사람은 최한기였다. 최한기는《추측록推測錄》추물측사推物測事의〈성명재상지비星名災祥之非〉,[84] 곧 '성명과 재상의 잘못된 관계'라는 뜻의 글에서 서양 사람이 대천리경을 가지고 정밀하게 관측한 결과〈남북극항성도南北極恒性圖〉를 그리고, 태양이 28일 만에 자전한다는 사실, 토성에 고리와 다섯 개의 위성이 있다는 것, 그리고 그 위성에 공전 주기가 있으며 대천리경이 아니면 그것을 관찰할 수 없다는 것, 목성의 네 개의 위성과 공전 주기, 화성의 내부에 고정되지 않는 검은 그림자가 있다는 것, 금성과 수성이 태양빛을 반사하는 정도와 시기 등을 밝혔다는 것을 전하고 있다. 최한기는 망원경에 의한 관측의 결과를 가장 정확하게 인지했던 사람일 것이다. 그는 이렇게 말한다. "대저 이 이치는 실로 대천리경에 의해서 발견된 것이니, 기계의 정밀함은 사람의 제작을 통해서 더욱 정밀해지고, 사람의 식견은 혹 기계를 통해 더욱 넓어지는 것이다."[85]

최한기는 망원경이 제한된 인간의 감각을 확장하는 도구라는 사실을 알고 있었다. 그는《추측록》추물측사의〈좌이좌목佐耳佐目〉,[86] 곧 '귀를 돕고 눈을 돕는다'는 뜻의 글에서 망원경이 시각을 확장하는 중요한 도구라고 지적한다.

눈을 돕는 방법은 매우 복잡하다. 대통을 눈자위로 삼고 렌즈를 눈동자로 삼으니, 이것이 곧 망원경이다. 망원경의 제작 방법은 다음과 같다. 빈 대통을 4층으로 차례로 덮어씌워 늘리거나 줄일 수 있게 한 뒤 양쪽 끝에는 모두 수정 렌즈[水晶鏡]를 붙인다. 앞의 렌즈는 가운데가 볼록한 모양이 볼록거울과 같아 물건의 형태를 거두어 모은다. 뒤의 렌즈는 가운데가 오목한 모양이 오목거울과 같아 물건의 형태를 널리 퍼지게 한다. 각 경통을 돌려서 멀리 있는 상을 가까이 당기면 천상天象을 살펴볼 수 있다. 또 수십 리 밖에 있는 물건도 당겨서 볼 수 있다.[87]

최한기가 망원경의 조작에 대해 자세히 언급하고 있는 것으로 보아, 실제 망원경을 조작해본 경험이 있었던 것이 분명하다. 또한 그가 망원경 제작법을 구체적으로 언급하고 있는 것도 비상하게 흥미롭다. 그는 망원경을 늘리거나 줄일 수 있도록 경통을 4층으로 차례로 연결시키고, 수정 렌즈를 경통의 양쪽에 붙여서 제작한다고 말하고 있는데, 이것은 《원경설》에는 보이지 않는 것이다. 《원경설》에는 렌즈가 둘에 그치지만, 경통은 두 개에 그치지 않는다고 말하고 있기 때문이다.[88] 최한기는 다른 문헌에서 망원경 제작법을 보았던 것인가? 또 하나 주목해야 할 것은 그가 렌즈의 재질을 유리가 아닌 수정으로 말하고 있다는 것이다. 이것은 조선의 안경이 수정으로 만들어진 것과 관련이 있을 것이다. 《원경설》에 의하면 렌즈는 유리였다. 최한기의 수정 렌즈는 추측컨대 그가 수정을 이용해 만든 것은 아닐까?

최한기는 전경-볼록렌즈는 빛을 모으고, 후경-오목렌즈는 상을 확대한다고 망원경의 원리를 간단히 언급한다. 《원경설》에 있는 설과 같다.

하지만 그 역시 렌즈를 통과하는 빛의 굴절에 대해서는 전혀 언급이 없다. 그도 망원경의 광학적 원리는 이해하지 못했던 것이 아닐까? 북경에서 망원경으로 달을 관찰한 이유원 역시 '천리경의 이치는 실로 이해하기 어려운 노릇'이라고 고백하지 않았던가.[89]

그저 별난 물건으로 머물다

조선에서 망원경은 결국 어떤 역할을 했던가? 1709년 허원이 북경에서 천체망원경을 구입해온 것은 일식과 월식의 관측을 위해서였다. 일식·월식의 관측이 갖는 구체성은 앞에서 살핀 영조대의 일식·월식 관측을 넘어서지 않는다. 즉 천문학적 연구의 차원에서 일식과 월식을, 태양과 달을 관측하는 것이 아니라, 구식救蝕의식의 일환으로 일식에서 태양의 위상 변화를 좀 더 명료하게 관찰하는 데 사용되었을 뿐이다. 흑점의 관측 역시 과거에 이미 알려진 사실을 확인하는 차원에 지나지 않았다. 흑점이 다섯 개에서 일곱 개로 변하는 현상은 현상 그대로 기술되었을 뿐이고 이면의 원인을 따지지 않았던 것이다. 관상감에서는 천체망원경을 수입했지만 그것으로 천체를 적극적으로 관찰한 것은 결코 아니었던 것이다. 그렇다면 민간의 학자들은 어떠했던가?

김석문은 조선 최초로 지구가 돈다는 지전설을 주장한 사람이다. 그는 1697년(숙종 23)경에 저술한《역학도해易學圖解》에서 튀코 브라헤의 천체관을 전제로 삼았다. 다만 김석문은 지구가 움직이지 않는다는 브라헤와는 달리 지구가 회전한다는 지동설을 주장한다. 하지만 김석문의 지동설은 정밀한 관측과 수학적 계산에서 나온 것이 아니다. 그의 천문학은 여전히 음양오행론과 소옹邵雍(1011~1077)의 상수학象數學의 차원을 벗어나지 못했고,《역학도해》란 책 이름에서 보듯 자연과학으로서의 천문학 연구가 아닌 역학易學을 이해하는 데 관심을 두었을 뿐이다.

홍대용 역시 김석문을 이어 지전설을 주장한다. 하지만 그의 지전설은 '지전' 그 자체를 주장하는 데 목적을 둔 것이 아니라, 지구가 원형임을 입증하는 증거로 제시된 것이었다. 또한 그것은 관측과 수학에 의한 것이 아니라 선언적인 주장일 뿐이었다. 홍대용은 북경에서 천체망원경을 보았지만 그것으로 끝이었다. 귀국 후 그의 천문학 연구 어디에도 망원경을 사용했다는 증거는 없다. 홍대용 역시 조선 땅에서 망원경으로 천체를 관측한 적은 없었던 것이다. 한마디로 조선 후기에 한반도에 들어온 망원경은 천문학의 발전과는 아무런 상관이 없는 물건으로 존재했던 것이다.

그렇다면《원경설》에서 천체 관측 외에 망원경의 용도로 제시했던 전쟁과 항해 쪽은 어떤가? 이 부분을 잠시 살펴보자. 1752년 영조는 주서注書에게 어영청 서리를 불러 천리경을 사두었는가 여부를 상세히 물어보고 오라고 명한다. 이날 입시한 가주서假注書 이흥종李興宗이 명을 받들고 갔다가 왔다. "천리경은 바야흐로 구입하려고 이미 어영청 장교의 집에다가 찾아두었기에 가지고 오라고 분부했다."는 것이다. 영조는 "천리경은 군문에서 없어서는 안 될 것이므로 일찍이 어영대장에게 군문에 사두라고 했는데, 벌써 찾아두었구나."라고 말한다.[90] 이튿날 영조는 다시 망원경 이야기를 꺼낸다. "어제 승지의 말을 들었더니, 남산에 올라가면 멀리 보인다고 하기에 서극제徐克悌를 시켜 천리경을 가지고 남산에 올라가 바라보게 했더니 묘상각墓上閣과 포장鋪帳 등의 물건이 모두 역력히 보였다고 하였고, 천리경이 없어도 또한 볼 수 있었다고 하였다." 무슨 말인가. 이때 영조의 첫 손자이자 사도세자의 아들(그리고 정조의 친형)인 의소세손懿昭世孫이 죽어 묘를 만들고 있었다. 그래서 망원경을 가지고 남산에 올라가 의소세손의 묘를 보게 했더니, 환히 보이더라고 보고했다는 말이다.

영조는 어영대장 홍봉한을 돌아보며 천리경을 영문營門에 사두었는지 묻고 천리경의 놀라운 성능에 대해 말한다.

> 이것은 군문에서는 없어서는 안 될 물건이다. 적진의 동정을 탐색하는데 이보다 더 나은 것이 없다. 내가 창의궁彰義宮에서 천리경을 시험해보았더니 용산龍山의 기청제祈晴祭를 지내는 곳의 유차일油遮日이 또렷이 보였고, 또 궐내에서 시험해보았더니 반중泮中(성균관)의 '명륜당明倫堂' 세 글자가 또한 완연히 보였다.[91]

영조는 망원경의 놀라운 효과에 감탄을 금치 못했던 것이다. 이 말에 홍봉한은 "지금 사서 두려고 합니다."라고 답했다. 과연 그렇게 했는지는 알 수 없다.[92]

《원경설》은 망원경이 천체 관측과 아울러 군사적 목적과 원거리 항해 등에 사용될 수 있다고 했는데, 영조가 망원경이 군대에서 정말 필요한 것이라고 말한 것은 바로 망원경의 군사적 목적을 의식한 것이었다. 하지만 조선에서 군사적 목적으로 망원경이 사용된 예는 찾을 수 없다. 무엇보다 19세기 말까지 전쟁이 없었다. 그렇다고 해도 평소 군사훈련에서 망원경을 사용했을 가능성이 있지만, 그에 대한 정보 역시 전혀 남아 있지 않다. 조선 후기 군대는 망원경을 거의 보유하지 않았을 것이고, 그것을 훈련이나 전투에서 사용한 적도 없었을 것이다.

요컨대 망원경은 전래되기는 했지만 조선 사회에 미치는 영향력이 극히 적었다. 무엇보다 망원경을 보유한 사람이 더러 있기는 했지만, 북경에 드나들 수 있는 극히 일부의 경화세족일 뿐이었다. 또 다른 이유도 있었다. 망원경과 같은 물건을 실용성이 없는 교묘한 물건에 불과한 것으로 보는 문화적 관례가 있었다. 처음 정두원이 망원경과 작은 포砲를 가지고 왔을 때다. 인조는 정두원의 공로를 높이 평가해서 한 자급을 높여주라고 명한다. 그러자 사간원에서 발끈했다. 그가 바친 물건들은 한갓 교묘한 것일 뿐 실용성이 없는 것이 많아서, 처벌을 해야지 상을 줄 수는 없다는 논리였다. 더욱이 작은 포를 찾아온 것을 공으로 여겨 자급을 올려준다면 여론이 비난을 할 것이라고 주장하기까지 하였다. 인조는 정두원을 옹호한다. "정두원이 찾아온 화기火器는 제도가 정교하니 우리나라 사람이 배우면 반드시 그 힘에 도움을 받게 될 것이다. 수의 많고 적음은 논할 것이 아니다. 바닷길을 고생스럽게 다녀왔고, 거기다 공을 세운 것이 있으니, 한번 그 수고를 위로하는 것도 불가할 것이 없다."[93] 하지만 결국 사간원에 밀려 인조는 자급을 높여주라는 명을 거둔다.

영조가 망원경을 부수면서 했던 말도 주목할 필요가 있다. "대저 이런 물건은 기교奇巧한 것을 만들지 않아야 한다는 도리에 비추어볼 때 쓰지 않는 것이 옳다."《서경》에 '완물상지玩物喪志'란 말이 있다. 곧 희한한 완호물에 빠지면 도덕적 심성을 잃는다는 말이다. 이것이 바로 기술에 대한 조선 지식인의 기본적인 생각이었다. 완물상지의 경계가 지식인이 인격의 수양과 그에 바탕을 두는 정치학, 그리고 자신들의 표현 도구로서의 문학 이외의 영역에 대한 관심을 포기하게 만들었던 것이다.

한편 학문의 성격 자체가 달랐던 것도 중요한 이유가 되었다.《원경설》에서 망원경의 용도로 제시한 것은 천체 관측과 전쟁, 항해, 회화였다. 하지만 조선의 천문학은 정확한 역산曆算을 목적으로 한 것이었고, 망원경을 통해 실제 존재하는 천체를 구조적으로 이해하는 것은 관심의 대상이 아니었다. 앞에서 지적한 바와 같이 1745년 카시니의 관측 결과를 이용해서 이전 역법의 오류를 바로잡자 이후 조정은 천문학에 대해 더는 관심을 쏟지 않았다. 이것이 망원경이 조선의 천문학에 별반 필요가 없었던 이유다. 아울러 전쟁과 항해 역시 조선과는 별로 관계가 없었다. 조선은 임병양란 이후 19세기 말까지 외국과 전쟁이 없었다. 전쟁이 끊이지 않았던 유럽에서 망원경이 요긴하게 사용된 것과는 완전히 다른 상황이었던 것이다. 아울러 유럽은 인도 항로를 발견하기 위해 끊임없이 원거리 항해를 시도했고, 결국 인도와 아시아 항로를 발견하고 아메리카를 발견했지만, 조선의 경우 그런 원거리 항해란 것이 있을 수 없었다. 그림 쪽 역시 일부 서양화풍이 도입되었지만, 그것이 주류적 화풍을 바꿀 수 없었다. 요컨대 망원경은 조선의 문화적 맥락에서는 사용될 가능성이 애초 매우 희박했던 것이다.

3장

유리거울에 비추어 본 조선

날마다 보는 거울

─────

거의 모든 사람은 날마다 거울을 본다. 이 일상적 행위에서 가장 중요한 것은 유리거울이다. 하지만 유리거울에 각별히 주목하는 일은 거의 없다. 어디서나 볼 수 있는, 값싸게 구입할 수 있는 흔한 물건일 뿐이다. 하지만 만약 유리거울이 어떤 방법으로, 언제부터 제작되었는가, 또 한반도에서는 언제부터 유리거울을 사용하게 되었는가 하는 의문을 품는다면, 문제는 복잡해지기 시작한다.

이뿐만이 아니다. 물체의 상像을 그대로 비추는 거울의 특성은 엄청나게 풍부한 상상력의 근거다. 거울로 인간은 자신을 인식한다. 거울은 자기 성찰을 의미했고, 나아가 지금의 일을 비추어볼 수 있는 '역사'가 되었다. 이상의 거울은 분열된 자아를 보여주었고, 윤동주의 청동거울은 예민한 자의식을 반영하고 있었다.

거울은 한자로 '감鑑'이라고도 쓰고 '경鏡'이라고도 쓴다. '감'은 구리로 만든 동이다. 거기에 물을 담아 물의 표면에 얼굴을 비추어 보았다. 하지만 언젠가부터 구리동이에 비치는 얼굴이 더 정확할 수 있음을 알고 구리를 연마해 동경銅鏡을 만들었다. 거울의 역사는 구리로부터 시작된 것이다. 물론 구리만이 거울의 재료가 된 것은 아니다. 서양에서는 강철로도 거울을 만들었다.

한반도에서 거울은 청동거울, 곧 동경으로부터 시작했다. 저 고조선부터 시작하여 삼국시대, 남북국시대, 고려 시대를 거쳐 조선의 17세기 말까지 오로지 청동거울이 거울의 역사였다. 그러다가 아주 빠르면 17세기의 끝, 늦으면 18세기의 초반 어느 때부터 유리거울이 사용되었다. 이 글은 바로 한반도에 도입된 이후 유리거울의 역사를 다룬다.

　19세기 말까지 조선은 유리거울을 만들 수 없었다. 모든 유리거울은 서구에서 제작된 것을 수입한 것이었다. 따라서 이 글은 먼저 조선 시대의 청동거울과 서구의 유리거울 제작에 대해 간단히 살핀 뒤, 유리거울의 수입에 대해 서술하기로 한다.

1
—

청동거울에서 유리거울로

조선의 청동거울

《경국대전》〈공전工典〉'경공장京工匠' 조에 의하면, 공조에 경장鏡匠 두 명, 상의원尚衣院에 경장 두 명이 소속되어 있었다. 다른 장인에 비해 수가 많지 않은 것을 보면 거울의 수요가 그리 많지는 않았던 것으로 보인다. 그런데 경장은 거울의 주조를 맡은 장인이고, 거울을 연마하는 장인인 마경장磨鏡匠이 따로 있었던 것 같다. 물론《경국대전》이 완성·반포된 것은 1471년(성종 2)이지만, 사실상 6전 전체가 완결된 형태를 갖춘 것은 1466년(세조 12)이다. 이로부터 6년 전인 1460년(세조 6) 8월 1일 병조에서는 없애야 할 장인을 열거하는데, 거기에 마경장 15명이 들어 있다.[1] 마경장은《경국대전》에는 그 이름이 보이지 않는데, 1460년에 경공장에서 배제된 것으로 보인다. 그렇다고 해서 마경장이 아예 없어진 것은 아니다. 1504년(연산군 10) 1월 14일 연산군은 마경장 15명을 데려오라고 했는데 즉각 데려오지 않았다면서 공조와 상의원의 담당 관원을 국문하라고 명한다.[2] 같은 해 5월 14일에는 상의원에서 거울 20개를 만들라는 명을 수행하기에는 장인이 적으므로 사사 공장도 함께 부릴 것을 청하여 허락을 받는다.[3] 이것을 보면 민간에도 거울을 만드는 장인이 있었던 것이다.

마경장은 조선 후기에도 여전히 있었다. 청동거울이 제작되는 이상 없어질 수 없었다. 1759년(영조 35) 영조가 계비 정순왕후定順王后와 결혼식을 올릴 때의 의식 절차를 담은 《가례도감의궤嘉禮都監儀軌》에 마경장 다섯 명이 보이고, 1766년 정조 즉위 직후 장헌세자莊獻世子(곧 사도세자)의 사당인 경모궁景慕宮에 사용할 악기를 조성할 때 동원된 장인 중에 마경장 여섯 명의 이름이 보이는 것으로 보아, 18세기에도 여전히 마경장은 존재했다. 다만 이 마경장이 관에 소속된 사람인 것 같지는 않다. 민간의 거울 수요에 응하면서 국가의 필요에 따라 한시적으로 고용된 사장이 아니었을까?

조선 시대 거울의 주요 용도는 몸을 비추어 보는 것, 특히 얼굴을 비추어 보는 것이었다. 영의정 박원형朴元亨은 깔끔한 것을 좋아해서 조정에 나갈 때면 늘 거울로 옷을 비추어 보고 먼지나 더러운 것을 털고 나갔다고 한다.[4] 그에게 거울은 몸을 비추어 보고 단정히 하는 수단이었던 것이다. 하지만 거울은 주로 여성의 화장 도구로 사용되었다. 그 적실한 예를 바로 앞서 인용한 《연산군일기》에서 찾을 수 있다. 1505년(연산군 11) 1월 19일 연산군은 흥청興淸에 들 만한 여성으로 남편의 유무를 물어본 자는 모두 창경궁에 불러 모으라고 명한다. 특히 이 사실을 아는 사람에게 누설하지 말라면서 흥청의 화장을 단속한다.

흥청으로 미리 선발된 사람의 화장을 대충해서는 안 될 것이다. 군사軍士도 각자 군장軍裝을 갖추니, 이 무리의 화장 도구 또한 많이 갖추도록 독촉

해야 할 것이다. 또 각자가 거울을 가지고 오게 하라. 바르는 분은 쉽게 갖추지 못할 것이니, 많이 사서 주도록 하라.[5]

자신의 향락을 위해 여성을 강제로 동원하면서 화장을 곱게 하고, 화장 도구는 스스로 마련하라고 명령한다. 이 자료는 흥청에게 거울을 각자 만들어 오라고 했지만, 앞서 자신의 명으로 제작한 거울은 그가 특별히 총애하는 흥청에게, 혹은 흥청에게 화장을 시키는 장소에 지급되었을 것이다. 하지만 여자들은 거울을 지참할 수 없었던 것 같다. 열흘이 지나 큰 거울 400개를 만들어 들이라고 명령을 하고 있으니 말이다.[6] 여기서 대경이라 말했지만, 특별히 더 큰 거울도 있었다. 같은 해 7월 18일에는 용진龍津 강변에서 거울을 만들라 명했는데, 그중 큰 것은 수레바퀴만 하였다고 한다. 청동거울의 크기가 수레바퀴 정도라니 엄청난 규모다. 이것은 전신을 비추는 용도로 만든 것이 아닌가 한다. 이런 청동체경青銅體鏡은 이때 처음 만들어졌을 것이고, 이후에는 그런 사례가 없다. 다만 거울 만드는 노동에 시달리다가 여주驪州·양근陽根·지평砥平의 백성이 모두 흩어져 도망갔다고 한다.[7]

청동거울은 주로 화장이나 몸치장을 위한 도구로 사용되었지만, 용도가 꼭 그에 국한되지는 않았다. 1407년(태종 7) 삼군三軍의 방패를 만들었는데, 머리 쪽에 동경을 장치했던 것이다. 빛을 반사시키려 한 것으로 보인다.[8] 거울은 왕의 장례식 때 명기明器로 무덤에 넣기도 하였다. 명기는 평시와 같이 만드는데, 약간 거칠고 작게 만든다. 태조의 장례에는 크고 둥근 거울[大圓鏡]과 손거울[手鏡]이 부장품으로 들어갔지만 정종의 장례에는 쓰지 않았다.[9] 경갑鏡匣에는 이금泥金을 사용하여 그림을 그렸다.[10] 물론 이런 용례들은 고려 때에도 있었을 것이다. 다만 조선으로 넘어오면서 상대적으로 문헌이 많아지기에 그 용례가 더 확인된 것일 뿐이다.

처음 만들어지기 시작한 청동기 시대부터 종교적 제의에 사용된 청동 거울은 조선 시대에 들어와서도 여전히 무속에서 사용되었다. 1503년 (연산 9) 연산군은 무당이 굿을 하는 것은 예전부터 있어온 것인데, 대간 이 굿을 하는 것을 이유로 무당을 국문하려는 이유가 무엇이냐고 묻는 다. 사헌부 지평 권헌權憲이 무당에게는 여러 술수가 있는데, 그중 하나 가 방 안에 거울을 걸고 '신이 이 안에 계시지만, 사람들은 볼 수 없다.' 하고, 또 놋그릇을 부처에게 공양하는 그릇이라 하며, 부적으로 백성을 미혹시키기 때문이라고 아뢴다.[11] 이 무당은 황당무계하기가 허웅虛雄보 다 심하다고 했는데, 허웅은 이 시기 생불이라 자칭하며 병을 고친다고 하여, 충청도 일대의 수령들까지 혹신하는 인물이었다. 어쨌든 조선 시 대에도 여전히 민중은 거울의 신통력을 믿고 있었던 것이다. 이익은 《성 호사설》에서 우리나라 사람들이 귀신을 섬기기 좋아해서 "꽃장대에 지 전紙錢을 어지럽게 거는데, 마을마다 무당이 성황신이라고 한다."라 하 고, 마을 무당들은 김유신 장군의 어머니인 만명萬明을 섬기는데, 이를 받드는 자는 반드시 큰 거울을 비축하여 거울이 꼭 온 모습을 보이게 한 다는 것이다.[12] 이렇게 하는 이유는, 사특한 존재는 거울에 몸 전체가 비 치면 그 본질을 드러내기 때문이다. 중국의 설화에 의하면, 산에서 산정 山精(여우)과 노매老魅(도깨비)가 사람으로 둔갑해서 사람을 홀리는 경우가 있으니, 9촌이 되는 거울을 등 뒤에 달아 그것들의 모습이 거울 속에 비 치게 하면 둔갑을 하지 못하여 사라지거나 뒤로 물러난다고 하였으니[13] 대체로 같은 이유에서일 것이다.

조선 시대에도 거울은 여전히 귀중한 물건이었다. 연산군이 거울의 제작을 자주 지시하고 있다는 사실 역시 평소 거울이 누구나 손쉽게 구 할 수 있는 값싼 물건이 아님을 의미한다. 세종 때와 세조 때 중국 사신이 큰 청동거울을 달라고 하거나 그를 따라온 숙수들도 청동거울을 요구하였다. 섭경鑷鏡(이발거울)을 달라고 하는 경우도 있었다.[14] 이럴 경우 대개 공조에 명하여 제작해주게 하였다. 이 역시 거울이 귀중한 물건이었기 때문이다. 성종 때에는 일본의 방장섭천 4주 태수防長攝泉 四州太守 대내 별가大內別駕 다다량정홍多多良政弘이 원주덕源周德을 파견하여 절을 짓는 자금으로 동전이나 면주綿紬, 면포綿布를 하사해줄 것을 요청하면서 토산물을 바치고 있는데, 거기에는 거울[鏡奩] 10개가 포함되어 있다.[15] 대개 거울을 귀한 물건으로 여겼기에 외교 관계에서 요청하고 선사하는 일이 잦았던 것이다.

유리거울의 탄생

현재 우리가 사용하는 유리거울은 유리의 한쪽 면에 습기를 막기 위해 연단鉛丹을 도포한 것이다. 하지만 과거에는 수은이 아니라 주석을 부착시켰다. 이 점에 대해서는 뒤에 다시 언급하기로 하자. 유리거울에서 가장 중요한 것은 두말할 것도 없이 유리다. 고대 유리의 제작은 메소포타미아와 이집트까지, 또 중국의 은殷·주周까지 거슬러 올라가지만, 그 유리가 곧 유리거울이 된 것은 아니다.

유리거울이 처음 만들어진 것은 로마 시대였다. 지금까지 유리공예에서 사용하고 있는 핸드 블로잉 방식(Hand blowing Method)이 개발된 것은 로마에서였다. 또 로마에서는 1세기에 착색유리와 투명유리를 만들 수 있었다.[16] 유리거울 역시 그때 만들어졌다. 다만 그것은 작고 둥근 유리의 안쪽에 납을 바른 것이었기에 맺히는 상이 둥글게 보였다. 그래서 평평한 금속거울과의 경쟁에서 이길 수 없었다. 로마의 유리거울은 현재의 유리거울과는 사뭇 달랐던 것이다.

지금 우리가 보는 형태의 거울이 만들어지기 위해서는 세 가지 조건이 충족되어야만 하였다. (1) 투명한 유리, (2) 평평하고 면이 고른 유리, (3) 유리 안쪽에 주석 합금을 붙이는 기술이 그것이다. 세 조건이 충족되기 전 유리거울은 작은 찻잔 받침의 크기를 넘을 수 없었다.[17] 이 세 조건을 충족시킨 곳이 이탈리아 베네치아의 무라노(Murano) 섬이었다. 1268년 베네치아에 유리 공업조합이 설립되고, 이어 1291년 무라노 섬에 집단적 유리 공업단지가 형성되었던 것이다.[18] 이후 거울을 만드는 기술이 발달하기 시작했다. 베네치아는 다양한 시도를 통해 알칼리 규산염 유리(수산화칼륨 규산염과 석회)를 만드는 공식을 찾아내고, 19세기에 가성칼륨과 납 규산염으로 유리를 만들게 될 때까지, 곧 현대적 의미의 크리스털을 만들게 될 때까지 독보적인 기술을 보유했다.

중세 때 평면 유리를 제조하는 방법은 앞에서 말한 핸드 블로잉 방식이었다. 크라운 방식(Crown Method)이라고도 불리는 이 제조법은 블로 파이프(Blow Pipe) 끝에 녹은 유리를 묻혀 감은 뒤, 불어서 공 모양으로 만들어 적당한 크기가 되었을 때 반대편에 펀티(Punty)라는 쇠막대를 붙이고 유리구를 떼어내 가열한 뒤 펀티를 고속으로 회전시켜 평면유리를 만드는 방법으로, 직경 10~12센티미터 정도의 원판을 만들 수 있었다. 뒤에 이 방법이 개량되어 직경 1미터의 원판을 만들 수 있었지만 유리의 중심에 펀티 자국이 남았고, 두께가 균일하지도 면이 고르지도 않았다.[19] 크라운 방식을 개량한 것이 핸드 실린더 방식이었다. 크라운 방식처럼 유리구를 만든 뒤 작업대 밑에 있는 원통 속에 넣고 흔들면서 계속 불어 원통을 만든다. 그리고 양쪽 끝부분을 잘라낸다. 잘려진 원통은 직경이 30~50센티미터, 길이가 120~180센티미터 정도다. 이것을 길이 방향으로 절단하여 가마 속에서 다시 가열하면 평평한 판이 된다. 크라운 방식보다 큰 유리를 만들 수 있었고, 중앙의 펀티 자국도 없었으며, 제조 원가도 낮았다.[20] 베네치아는 바로 이 기술을 가지고 있었다. 곧 원통에 넣고 부는 완벽한 기술이 있었던 것이다.[21]

유리거울 이면에 반사를 위한 금속을 붙이는 기술 역시 무라노 섬이 보유하고 있었다. 앞서 말한 바와 같이 로마 시대에는 거울 이면에 납을 녹여 붙였지만, 이어 주석을 붙이는 기술이 점차 개발되었고, 베네치아는 주석과 수은을 혼합하여 거울의 빛을 반사시키는 과정 역시 개선했던 것이다.[22] 18세기 중반의 자료에 의하면 그 방법은 다음과 같다. 주석판을 롤러로 두들겨가며 몇 밀리미터 정도로 얇게 만든 뒤 석회석 위에 평평하게 펼치고 수은에 담근 가죽으로 문지른다. 그다음 그것을 전부 수은에 적시고 그 위에 거울 유리를 얹어 기포가 생기지 않도록 세게 누른다. 24시간 동안 무거운 것을 얹어놓은 후 조금씩 세운다. 마지막으로 수직으로 세워 며칠간 수은 기운이 빠지게 한다. 15~20일간 아말감이 고정되기를 기다리면 내다 팔 수 있는 거울이 되었다.[23]

베네치아의 무라노 섬은 이런 기술로 거울을 생산하여 유럽 각지로 수출하였다.[24] 베네치아 공국은 2세기 동안 이 기술로 부를 누렸다.[25] 만들어낸 거울의 크기는 큰 쟁반 정도를 넘지 못했고, 18세기에도 1.2미터를 넘지 못했지만,[26] 과거에 찻잔 받침만 한 것에 비하면 엄청난 크기였다. 당연히 그들은 기술을 독점하고 기술의 유출을 엄격히 금했다.

베네치아의 유리거울을 수입하던 나라들에서는 곧 유리거울 제작에 착수했다. 가장 먼저 뛰어든 나라는 프랑스였다. 1665년 무라노 섬에서 데려온 유리공을 고용하여 파리의 생앙투안(Saint-Antoine) 수도원 곁에 왕립 거울제조소를 설립한다. 그 뒤 왕립 거울제조소는 베네치아 무라노 섬의 제경업과 치열한 경쟁을 벌이는 등 복잡한 과정을 거쳐 마침내 1695년 생고뱅(Saint-Gobain)에 프랑스 왕립 거울제조소를 설립했다.[27]

1700년 생고뱅 왕립 거울제조소는 녹인 유리를 흘리는 기법을 사용하여 가로 1미터×세로 2.7미터의 거울을 만들어내었다. 이 기법은 1680년 베르나르 페로(Bernard Perrot)가 고안한 것이다. 그는 평평한 탁자 위에 녹인 유리를 흐르게 하는 방법을 생각해냈고, 1687년 과학학술원에서 발표한다.[28] 1700년 이후 프랑스 왕립 거울제조소는 큰 거울을 생산하기 시작했고, 결국은 경쟁자인 베네치아를 이길 수 있었다. 그리고 이내 유럽 제일의 마판磨板유리, 거울의 생산국이 되었다.[29] 프랑스는 페로의 기술을 지키려 했지만, 그 기술은 영국, 브란덴부르크, 삭스 등 외국으로 유출되었다.[30]

프랑스가 베네치아를 제칠 정도로 품질 좋은 유리거울을 생산할 수 있었던 것은 페로의 기술 등 새로운 기술을 개발했기 때문이다. 규토, 수산화나트륨, 석회 등 유리 원료의 성분 함량을 변화시키면서 유리의 질이 조금씩 향상되었고,[31] 롤러를 이용해서 유리의 두께를 일정하게 하는 방법, 유리의 표면을 연마하여 윤을 내는 방법도 17세기 말에서 18세기에 도입되었다.[32] 이런 방법으로 1830년대까지 거울은 생산되었다. 큰 변화가 일어난 것은 1850년대 이후다. 특히 수은을 사용하여 주석판을 대는 방법에 변화가 일어났다. 원래 주석을 거울에 대는 방법은 유해한 증기(아마도 수은 증기)를 배출했고, 주석판 역시 튼튼하지 않았다. 습기도 이기지 못했고 내구성도 약했다. 더구나 주석판이 어두워서 오늘날처럼 밝게 반사될 수도 없었다.[33] 1850년 영국의 드레이튼(Drayton)이 수은을 대신할 은도금술을 알아내어 프랑스에 그 특허를 수출했다. 그로부터 20년이 지나 은도금 기술은 보편화되었고 거울의 반사를 어둡게 하던 회색빛이 사라졌다.[34] 한편 작업 과정에서도 변화가 일어났다. 1860년경부터 그동안 손으로 하던 작업들, 화로에서 유리물이 들어 있는 단지를 꺼내고 탁자 위에 붓고 롤러로 밀고 압연하는 과정을 크레인 기계가 대신하게 되었던 것이다. 시간은 절약되고 유리의 품질은 좋아졌다.

거울 제조 기술은 영국과 독일 등으로 확산되었다. 기술의 발전과 제조소의 확산으로 유리거울의 값이 떨어지기 시작했고, 더 많은 사람이 유리거울을 가질 수 있었다. 예컨대 루이 14세(1638~1715) 때에는 아주 비싸고 귀한 물건으로 극소수 지배 계층의 전유물이었던 거울을 100년 후에는 파리 지역 가정의 70퍼센트가 보유하게 되었으며, 지방에서도 많은 가정에서 보유하게 되었던 것이다. 여인들은 거실, 알코브 방(침실 벽을 파서 침대를 들여놓은 곳), 천장, 층계, 드레스룸, 가구 등 어디에나 거울을 달았고, 18세기 말에는 체경體鏡이 여인들의 내실을 점령하며 시대의 상징이 되었다.[35] 그리고 이 거울은 마침내 조선에도 전해지게 된다.

2

맑아서 눈이 어지러운 서양 거울

러시아산 유리거울의 수입

1680년 사은사 겸 진주부사陳奏副使로 북경에 간 신정申晸은 자기가 가지고 있던 거울이 검고 흐려 광택이 없는 것을 보고는 역관에게 거울을 구입하라고 하지만, 끝내 구입하지 못한다. 통주通州에 왔을 때 여관에 누워 있는데, 한 사내가 작은 거울을 가지고 와서 판다. 보니 그 등에 '五子登科' 넉 자가 있어 그는 즉시 구입했다가 새 며느리에게 선물한다. 이것은 당연히 청동거울이다.[36] 적어도 이 시기까지 조선의 거울은 청동거울이었다. 그런데 1689년 이후의 어느 시점부터 북경에서 수입하는 거울은 청동거울에서 유리거울로 바뀌기 시작했다.

1765년 겨울 북경에 가서 1766년 1월과 2월을 보내고 돌아온 홍대용의 기록을 보자. 홍대용은 그의 연행기《연기》에서 러시아인에 대한 언급을 남기고 있는데, 그들은 몽골의 별종인 악라사鄂羅斯라면서, '코가 크며 흉악하고 사납기' 때문에 조선에서 '대비大鼻달자'라고 부른다고

그림 14 조선시대의 청동거울, 국립민속박물관 소장.

말한다. 악라사는 '사막 밖의 먼 지역'에 있으며, '쥐가죽'과 '돌거울'이
나는데, 조선이 북경에서 사오는 것은 모두 이런 것들이라고 하였다.[37]
이 기록에서 수은을 바른 평면 유리거울이 러시아의 생산품임을 알 수
가 있는데, 1680년 신정이 청동거울을 사왔던 것을 떠올린다면 80년 뒤
홍대용의 언급을 통해 그사이 어느 시점부터 평면 유리거울이 수입되고
있음을 확인할 수 있을 것이다. 또 홍대용이 평면 유리거울을 대수롭지
않게 말하는 것으로 보아 그것이 수입된 지 상당한 시간이 흘렀던 것으
로 보인다.

러시아산 유리거울이 왜 북경에서 팔리고 있었던가. 러시아는 16세기
말부터 시베리아로 진출하기 시작하여 17세기 중반에 흑룡강 일대까지
이르러 청과 충돌하게 되었다. 그 충돌의 결과 맺어진 조약이 곧 1689년
의 네르친스크 조약(Treaty of Nerchinsk)이다. 이 조약의 내용은 복잡하지
만, 주목할 것은 이 조약으로 인해 두 나라 간에 통상이 공식적으로 허

용되었다는 것이다. 정확히 언제부터 정식으로 통상이 이루어졌는지는 알 수 없다. 남아 있는 기록으로는 1718년(강희 44) 태학사 등이 무역을 하기 위해 북경에 온 러시아인들이 가져온 문서를 번역해 올리고 있는 것으로 보아[38] 대개 그 이후부터 무역이 시작된 것으로 추정할 수 있다. 평면 유리거울 역시 무역품에 포함되어 있었을 것이다.

북경의 유리거울에 대한 기록은 홍대용의 것이 최초일 터이다. 그리고 유리거울이 팔리는 곳은 처음에는 러시아인이 머무르는 옥하관이었던 것이 분명하다. 홍대용의 《을병연행록》 1766년 1월 15일조를 보면, 한 역관이 옥하관에 대해 이렇게 말하고 있다. "이곳 옥하관은 예로부터 조선 사신이 머물던 곳인데 근년에 아라사에게 앗겼습니다. 몇 해 전에 '석경'을 사고자 하여 관으로 들어가니 그중 아라사 수십 인이 있었는데, 다 생김새가 사나웠습니다."[39] 역관이 러시아인들이 머무르는 옥하관을 찾아가 '석경'을 구입하려 했다는 것이다.

실제 1712~1713년에 연행한 김창업金昌業의 방대한 연행록인 《노가재연행록老稼齋燕行錄》에서는 러시아인과 유리거울에 대한 기록을 전혀 찾을 수 없다. 그 뒤 1720년 아버지 이이명을 따라 북경에 간 이기지李器之의 연행록 《일암연기一菴燕記》에서도 러시아인과 거울에 대한 기록을 전혀 찾을 수 없다. 따라서 현재 우리나라의 자료를 가지고 확인할 수 있는 것은, 1721년 이후에야 러시아인들이 거울을 팔기 시작했다는 것이다. 러시아인들이 1721년 이후부터 북경 옥하관을 차지하고 자신들의 공간으로 삼았다면, 그들이 물화를 가지고 왔던 것도 이때부터라고 보아야 할 것이다. 그리고 홍대용이 북경에 간 1765~1766년이면 그 거울이 북경의 시장에서 팔리고, 조선 사신단은 그것을 수입하여 서울로 가져왔던 것이다. 다만 한 가지 주의해야 할 것은, 오직 러시아인에 의해서 유리거울이 북경에 알려진 것은 아니라는 점이다. 네르친스크 조약 이전에도 이미 서양의 물건은 북경에 널리 알려졌으니, 러시아가 아닌 나라들, 예컨대 이탈리아와 프랑스 등의 유리거울이 북경에 전해졌을 가능성은 충분하다. 다만 본격적인 상품으로서 대량의 유리거울을 가져온 것이 러시아인들이고, 그것을 조선 사신단에서 구입했던 것으로 보는 것이 타당할 것이다.

홍대용은 북경 유리창의 거울 가게를 이렇게 묘사했다.

> 거울 가게[鑑舖]를 처음 들어서면 누구나 어리둥절해진다. 끈을 달아 벽 위로 죽 걸어둔 것도 있고, 대가 붙어 있어 벽 밑으로 진열된 것도 있는데, 그것은 몇 자가 넘고 작은 것도 네댓 치는 된다. 그 안에 썩 들어서면 마치 천 개, 백 개의 분신이 있는 듯하고, 벽 창문에서 들여다보면 너무도 황홀해서 한동안 어리둥절하게 된다.[40]

홍대용은 한편으로는 흘러넘치는 물화에 감탄하고 내심 부러워하면서도 역시 근엄한 정주학자程朱學者답게 그 상품들을 백성의 일상에 무용한 것으로 비판한다. 깊이 따져볼 문제이지만, 여기서는 일단 덮어두자. 어쨌거나 유리창의 거울 가게에는 끈을 달아 벽에 걸어둔 거울, 경대에 얹은 거울 등 네댓 치의 작은 것부터 몇 자가 넘는 큰 것도 있었다.

앞에서 말한 바와 같이 1700년 프랑스는 2미터가 넘는 거울을 만들어내었고 이내 그 기법이 유럽 전체에 퍼졌으니[41] 1미터가 넘는 유리거울이 북경에서 팔린다 해도 이상할 것은 없다. 물론 거울 가게의 유리거울이 북경에서 제작된 것으로 추측할 수도 있으나, 그것은 아니다. 북경에는 관영 유리공장이 있어서 유리병 등 각종 유리 제품을 만들기는 했지만, 유리거울을 만들 수 있는 평면 유리는 만들지 않았던 것이다. 이 지점에서 남는 문제는 북경에서 팔리는 유리거울이 러시아에서 직접 제조한 것인지, 아니면 러시아가 유럽에서 수입한 것인지 하는 점이다. 즉 러시아에서의 생산 여부, 또 그것을 북경까지 옮기는 데 따른 여러 문제와 가격 등에 대해서는 현재로서는 접근할 도리가 없다.

홍대용의 북경 여행기인 《연기》와 《을병연행록》 이후 많은 연행록은 당연히 거울에 관한 기록을 풍부히 남기고 있다. 홍대용의 북경 여행에 자극을 받아 1778년 북경으로 간 이덕무는 〈입연기入燕記〉에서 석경은 '악라사의 토산품'[42]이라고 말하고 있다. 1798년 서장관으로 북경에 갔다가 1799년에 돌아온 서유문은 연행기 《무오연행록》에 북경의 번성한 상점가에서 받은 충격을 이렇게 적고 있다. 홍대용처럼 그 역시 거울 가게에 놀라지 않을 수 없었다. "가게마다 한 길이 넘는 거울을 맨 가운데에 걸었으니, 앞에 벌인 것과 마주 대하여 있는 가게와 지나는 사람이 형형색색으로 다 비치니, 눈이 황홀하여 이루 볼 수가 없다."[43] 북경의 거울 가게는 사람 키 정도 크기의 거울을 가게 앞에 달아두었던 것이다. 서유문은 거울의 산지에 관심을 보였다. 러시아를 악라사라 쓰고 한어로는 '어르쇠'라고 읽는다는 것, 또 악라사는 '흑룡강 북편 몽골의 종락種落'이고, '우리나라 거울이 다 어르쇠 소산'이라는 것이다.[44] 러시아가 어르쇠로 알려졌기에 거울을 곧 어르쇠로 부르기도 하였다. 1828년에 작자 미상의 북경 여행기인 《왕환일기往還日記》는 조선에서 석경을 '어리쇠於里衰'라고 하는 것은 원래 아라사의 중국 발음 어라시於羅澌가 와전되어서 그런 것이라고 하였다.[45] 이외에도 19세기 내내 북경을 방문하고 여행기를 쓴 사람들은 예외 없이 북경에서 팔리는 유리거울과 거울 가게에 대해 놀라움을 갖고 언급했다.

그렇다면 거울을 수입하는 주체는 누구였을까? 북경을 방문하는 사신단 중 정식으로 외교 임무를 맡은 사람은 정사·부사·서장관 셋뿐이었고, 200~300명에 해당하는 사신단의 구성원은 거개 수행원이자 상인이었다. 역관은 원래 통역을 위해 사신단을 수행했지만, 그들의 주업은 사실상 무역이었다. 이로 인해 역관을 상역商譯이라 부르기도 했다. 이들은 북경에서 다양한 상품을 구입하여 한양에서 팔았다. 아마도 이들이 북경에서 유리거울을 수입했을 것이다. 다만 반드시 북경에서만 유리거울이 수입된 것은 아니다. 또 다른 통로가 있었다. 조선은 회령會嶺과 경원慶源에서 청과 무역을 하였던 바, 청에서 파는 물품은 양羊·초서피貂鼠皮·청서피靑鼠尾·황광미黃獷尾·모전毛緞·석경石鏡·전도剪刀·바늘 등이었고, 조선 쪽은 소·가래·소금·해삼 등이 주력 상품이었다.[46] 여기에도 석경, 곧 평면 유리거울이 포함되어 있으니, 회령과 경원 등지의 국경 무역에서도 공식적으로 거울이 수입되고 있었던 것이다.

거울이 수입되는 또 다른 통로는 일본이었다. 이익은 일본과의 공무역에서는 쌀과 베로 구리와 납을, 사무역에서는 인삼·실·목화로 일본의 은·칼·거울 등 '교묘한 도구와 물건'을 수입한다고 지적하고, "누에를 치면서도 중국에서 비단을 사오고, 칼과 거울이 왜인의 지혜에 미치지 못하니, 천하의 천한 솜씨가 될 뿐"이라고 말한다.[47] 이익이 유리거울을 사용하고 있고, 또 그동안 청동거울을 사용한 조선이 청동거울을 굳이 일본에서 수입할 리는 없으니, 이 자료에서 말하는 거울은 유리거울임이 분명하다. 거울은 일본에서 상당히 많이 수입된 것 같다. 정조 역시 조선의 재력이 궁해진 것은 사대와 교린交隣으로부터 발생한 것이라고 말한다. 그런데 중국과의 사대로 인한 물화의 교환은 거의 비슷하지만, 일본과의 관계에서는 영남이 생산하는 물화의 절반이 일본에 들어가고, 조선이 얻는 것은 '거울 조각'이나 병屛, 첩帖 같은 쓸데없는 물건에 불과하여 이루 말할 수 없을 정도로 절통하다고 말했다.[48] 이익과 정조는 무역의 비대칭성을 한탄하지만, 그런 쓸데없는 것들이 수입되는 현실은 바뀌지 않았다.

유리거울은 북경과 회령·경원, 그리고 일본에서 수입되고 있었지만, 그에 관련된 구체적인 사항은 여전히 미상이다. 예컨대 역관이 북경의 어떤 상인에게서, 혹은 어떤 점포에서 어떤 가격으로 어느 정도의 양을 사들였는지는 전혀 알 수 없는 것이다. 아울러 일본에서는 어떤 경로를 통해서 거울이 수입되었는지도 미상이다. 거울은 깨어지기 쉬운 물건이니 과연 어느 정도의 크기까지 수입되었는지도 의문의 대상이다. 지금 남아 있는 석경을 보면 가로건 세로건 30센티미터를 넘어가는 거울이 없다. 이보다 더 큰 거울은 운반하기 어려워서 수입하지 않았을 것이다. 또 완제품의 형태로 수입되는 경우도 물론 있었을 것이지만, 그렇다고 해서 모두 완제품의 형태는 아니었던 것으로 보인다. 뒤에 언급하겠지만, 국내에 거울을 가공하는 공방이 있었고, 또 그 공방에서 제작한 석경(경대)이 널리 사용되었기 때문이다.

　얼마나 수입이 되었는지는 몰라도 중국이나 일본을 통해서 수입되는 유리거울이 상당히 높은 가격의 사치품이었던 것은 분명하다. 이승진李升鎭은 아버지 이헌경李獻慶(1719~1791)에 대해 이렇게 회고하고 있다. "불초가 일찍이 석경 하나를 사서 보았는데, 대접 크기도 되지 않는 것이었다. 부군께서 보시고 '아이들의 사치스런 마음이 장차 이 거울로부터 시작될 것이다.' 하셨다. 불초는 두려운 마음에 그것을 버리고 다시는 집에 두지 않았다."[49] 사치 운운하는 말에서 석경이 사치스런 물건으로 인식되고 있음을 알 수 있을 것이다. 한편 정약용은 경주인이 역가役價를 높이기 위해 지방관에게 주는 뇌물로 러시아의 거울을 꼽았으니,[50] 거울이 고급스런 물건으로 인식되지 않았다면 뇌물로 쓰일 리 없었을 것이다. 이 두 자료는 18세기 후반, 19세기 초반의 상황을 전하고 있다. 하지만 시간이 흐를수록 유리거울은 상당히 보편화되어갔던 것으로 보인다.

이덕무는 〈소완정 동야소집素玩亭 冬夜小集〉, 곧 '겨울밤 소완정의 작은 모임'이란 제목의 시에서 "서양 거울 맑으니 눈이 어지럽다."[51]라고 말하고 있는데, 이것은 그가 평소 서양 거울, 곧 북경에서 수입된 유리거울을 사용하고 있었다는 말이다. 그는 《사소절士小節》에서도 이런 말을 하고 있다.

군자가 거울을 보고 의관을 정제하고 시선을 높게 하는 것은, 용모를 예쁘게 가다듬으려 하는 것이 아니다. 간혹 거울을 손에서 떼지 않고 눈썹과 수염을 매만지며 날마다 곱게 꾸미려는 사람이 있는데, 이것은 부녀자의 행동이다.[52]

단정한 선비답게 이덕무는 거울을 보는 것은 단지 의관을 정제하고 위의를 가다듬는 것일 뿐이고, 자신의 미모를 꾸미기 위한 것이 아니라고 한다. 위의 거울이란 말에 "근래에는 석경石鏡이 성행하고 동경銅鏡은 드물다."는 두주頭註가 붙어 있다.[53] 《사소절》이 완성된 것은 1775년이다. 이 두주가 원래부터 있었는지는 알 수 없지만, 사치스런 물건이란 인식이 있었는데도 18세기 말이면 중국과 일본에서 수입하는 유리거울이 청동거울을 완전히 대체한 것으로 보인다.

앞에서 언급했듯이, 유리거울이 테두리와 장식까지 갖춘 완제품으로 수입된 경우도 물론 있었을 테지만, 거울 자체만 수입하여 가공하는 경우도 분명히 있었다. 《동국여지비고》의 '장방' 편에 석경방石鏡房에 대한 소개가 있다. 여기에는 '예전의 청동거울 등에 대하여 지금의 유리거울을 말함'이라는 주석이 달려 있고, '여러 곳에 있다'고 말하고 있다.[54] 어떤 작업 방식이었는지는 모르지만, 북경 혹은 일본에서 수입한 것으로 여겨지는 유리의 이면에 수은을 붙이고, 테두리와 장식 등을 더하여 여러 가지 형태의 거울로 만드는 공방이 서울의 여러 곳에 있었던 것으로 보인다. 물론 장방이 있던 장소는 확인되지 않는다. 이런 거울 공방이 서울을 제외한 다른 지방에도 있었을 것 같지는 않다.

이제 유물을 보자. 현재 전해지는 유리거울 유물은 대체로 이런 공방에서 만들어진 것이다. 다음 페이지의 그림 15는 우리가 흔히 경대鏡臺라고 부르는 것이다. 경대는 원래 빗을 넣어두는 빗접이다. 여성이 사용하는 것이므로 빗접에 유리거울을 장착하여 경대를 만든 것이다. 빗접의 원래 형태는 그림 16과 같다. 오른쪽에 보이는 열어놓은 빗접의 뚜껑 안쪽에 유리거울을 설치한 것이다. 빗접에 거울을 설치한 경대는 워낙 다양한 유물이 전해지고 있다. 때로는 매우 화려하게 장식한 것도 있다. 그림 17과 그림 18은 나전으로 장식한 고급스러운 경대다.

이어지는 자료는 휴대용 경대다. 그림 19는 오른쪽처럼 거울 면을 덮어 보호할 수 있다. 그림 20처럼 거울 덮개를 아름답게 조각한 것도 있다.

조선 시대 유리거울로서 빗접 형태의 경대와 손에 들 수 있는 작은 거울 정도만 남아 있을 뿐 다른 형태의 거울이 없다는 것, 예컨대 옷장 같은 곳에 부착된 거울이 없다는 것은 중국과 일본에서 수입한 거울의 크기 자체가 작았던 것을 의미한다. 19세기 말 유럽에서는 이미 거울이 보편화되어 온갖 가구에 부착되고, 몸 전체를 비출 수 있는 체경까지 보급되었지만, 조선에서는 유리거울이 그럴 정도로 보편화되지 않았고 그 크기도 매우 작았던 것이다. 체경은 1876년 개항 이후 수입되었고, 1903년에 시골 출신이 서울에 와서 체경을 보고 놀랐다는 이야기가 있는 것으로 보아 20세기 초반에도 대도시가 아니면 체경이 없었던 사정을 알 수 있다.[55]

그림 15 경대, 국립민속박물
관 소장.

그림 16 빗접, 국립민속박물
관 소장.

그림 17 나전경대, 덕성여자대학교 박물관 소장.   그림 18 나전경대, 덕성여자대학교 박물관 소장.

그림 19 휴대용 경대, 국립민속박물관 소장.

그림 20 겉면을 조각한 휴대용 거울, 서울역사박물관 소장.

그림 21 여러 가지 형태의 면경, 국립민속박물관 소장.

유리거울의 용도

유리거울은 청동거울에 비해 상像을 훨씬 정확하게 비춘다. 청동거울은 유리거울과 경쟁할 수 없는 것이다. 일단 유리거울을 경험한 사람이 다시 청동거울로 돌아가지 않으리라는 것은 쉽게 추측할 수 있다. 유리거울은 조선 사람들이 자신의 모습을 확인하는 데 결정적인 역할을 했을 것이다. 다만 그것은 안경이나 망원경이 보이지 않는 것을 명료하게 보게 하거나, 멀리 있는 것을 가까이에서 볼 수 있도록 할 정도로 놀라운 것은 아니었다. 그것은 다만 흐릿한 것을 더욱 명료하게 만들었을 뿐이다. 이로 인해 유리거울의 충격은 확실히 안경이나 망원경보다는 덜했을 것이다. 그런데도 유리거울은 더욱 특별한 영역, 예컨대 여성의 화장술에 상당한 영향을 끼치지 않았나 한다. 이 점을 잠시 검토해 보자.

시산詩山 유운홍劉運弘(1797~1859)의 그림(그림 22)을 보면, 기녀로 짐작되는 젊은 여성 셋이 있고, 그중 한 여성은 커다란 가체加髢를 풀어 다시 다듬고 있다. 그 앞에 작은 거울이 놓여 있는 것이 보인다. 19세기 말 풍속화가 김준근金俊根의 그림(그림 23)에도 거울을 앞에 놓고 가체를 틀어 올리는 여성이 있다. 여기에 보이는 거울은 접을 수 있는 것으로서 가장 간단한 형태이다. 김준근의 그림에는 거울 아래에 빗이 놓여 있는데, 제대로 된 것이었다면 앞에서 보았던 빗접에 장착한 것일 터이다. 그리고 경대의 윗부분을 떼어내어 간략하게 만든 것도 있다(그림 24).

유리거울은 여성만 쓰는 것이 아니었다. 황윤석은 1764년 5월에 눈병이 나자 문상사文上舍란 사람에게서 석경을 빌려 자신의 눈을 살펴보고 있고,[56] 1765년 3월에 돈 넉 냥으로 석경과 안경 등을 구입하고 있다.[57] 그는 뒤에도 여러 차례 석경을 구입했다. 1778년 2월에는 석경 하나를

그림 22 유운홍, 19세기 초, 〈기녀들〉, 개인 소장.

그림 23 김준근, 19세기 말, 〈머리 얹는 모양〉, 숭실대학교 한국기독교박물관 소장.

그림 24 경대, 국립민속박물관 소장.

한 냥 9전을 주고 구입했는데,[58] 이것은 자신이 쓰기 위한 것이었다. 1778년 6월에는 석경을 잃어버렸다가 다른 사람이 찾아와 돌려주었다고 말하고 있다.[59] 남자들 역시 석경을 사용했던 것이다. 앞쪽 그림 21에서 보았던 작은 면경과 같은 것이 아니었을까? 박지원은 1780년 북경에 갈 때 말안장 왼쪽 주머니에는 벼루를, 오른쪽에는 거울 하나, 붓 두 자루, 먹 한 장, 작은 공책 네 권, 이정록里程錄 한 축을 넣었다고 하였다.[60] 여기서의 거울 역시 비슷한 형태가 아니었을까?

요즘 흔히 쓰는 자루가 달린 둥근 유리거울은 문헌에는 보인다. 19세기의 시인 신위申緯(1769~1845)는 자신이 구한 나전으로 꾸민 자루 있는 석경은 규방에서 사용하던 물건으로 보인다며 그것을 제재로 삼아 시를 짓고 있는데,[61] 이것의 실물이 청동거울에서는 더러 발견되지만, 유리거울의 경우는 거의 발견되지 않는다. 현재 남아 있는 가장 많은 유리거울은 경대의 형태로 제작된 것이다. 나전이나 화각 등으로 꾸민 아주 고급스러운 것이 특히 많아서 전문적인 장인의 손끝에서 만들어진 것임을 짐작케 한다. 지위가 높은 양반가나 부호의 집이 아니면 구입하여 사용할 수 없었을 것이다.

유리거울이 쓰인 또 다른 예를 보자. 유리거울은 자화상, 곧 회화에 영향을 끼쳤을 것이다. 예컨대 윤두서尹斗緒(1668~1715)의 자화상에서 조심스럽게 그 가능성을 점쳐볼 수 있다. 윤두서의 자화상은 워낙 정교하고 치밀한 것으로 유명한데, 그것은 어떻게 가능했던 것인가. 2014년 연말에 국립 광주박물관에서 열린 '공재 윤두수 서거 300주년 기념 특별전'에는 윤두서의 자화상과 함께 일본 에도 시대의 청동거울(白銅鏡)도 함께 전시되었는데, 이에 대해 조인수 교수는 심포지엄에서 "이 금속거울이 정밀하게 얼굴을 비춰주지 못하므로 자화상의 극사실적 묘사는 거울을 통한 관찰 결과로 보기 어렵다고 단정"했다. 하지만 토론자인 문동

수 연구관은 "금속제 거울은 연마할수록 오늘날 거울처럼 투명한 형상을 비출 수 있다."고 반박했다.[62]

윤두서가 자화상을 그린 연도를 1711~1713년 사이로 보는 견해도 있고, 1689년 이전으로 보는 견해도 있다. 그런데 자화상은 화가가 자신의 모습을 엄밀하게 관찰하지 않으면 그릴 수 없는 것이고, 그 관찰은 거울을 통해서 이루어질 수밖에 없다. 거울이라면 청동거울(혹은 앞의 전시회에 전시되었던 백동경) 아니면 유리거울일 수밖에 없다. 청동거울과 유리거울이 함께 있다면 자화상의 작자는 당연히 유리거울을 택할 것이다. 윤두서가 유리거울을 보았을 가능성이 있을까?

러시아가 1689년 네르친스크 조약 이후 북경에 진출하면서 러시아산 거울이 북경 시장에서 거래되고, 또 조선에도 수입될 수 있었을 것이다. 만약 자화상의 제작 연대를 1711~1713년 사이로 본다면 윤두서가 유리거울을 보았을 가능성은 있다. 하지만 1689년 이전에 그린 것이라면 가능성 자체는 아주 없어진다. 그는 청동거울을 사용한 것으로 보아야 할 것이다. 이야기가 약간 어긋나지만 자화상의 눈 주위에 보이는 둥근 고리 모양은 안경을 쓴 흔적이라고 한다. 자화상을 그릴 때 윤두서는 안경이란 새로운 광학적 도구를 사용하고 있었던 것이다.

윤두서의 자화상 외에 현재 남아 있는 자화상은 이광좌李光佐의 자화상 한 점과 강세황의 자화상 세 점이다. 이광좌의 자화상은 이미 유리거울이 수입된 뒤에 그린 것이니, 유리거울을 보고 그렸을 가능성이 높다. 다만 이광좌는 그림 그리는 솜씨가 좋지 않아 스스로 만족하지 못했던 듯하다. 현재 공개된 도록은 상태가 아주 좋지 않아 무어라 하기 어려우나, 대체로 기량이 썩 훌륭한 것은 아닌 것으로 보인다. 자화상의 오른쪽 여백에 "이 상像은 콧마루가 생략되어 있고, 눈은 전적으로 닮지 않았다. 두 눈과 입술에는 기쁨이 없고, 흰 눈동자는 묘리가 없으며, 검은 눈

그림 25 이광좌, 〈자화상〉, 《조선사료집진》 수록 사진본, 소장처 미상.

그림 26 강세황, 〈자화상〉, 1766년 이전, 강주진 구장.

동자에는 정기가 없다. 양미간의 주름이 너무 지나치고, 안색 아래 주름도 또한 좋지 않다."[63]라고 쓰여 있다. 이것은 유리거울로 자신의 얼굴을 꼼꼼히 관찰한 뒤 자화상과 비교해서 쓴 것으로 생각된다.

강세황의 자화상은 세 점[64] 모두 현대의 정교한 스케치에 가까울 정도로 주름과 음영이 정확하다. 특히 그림 26의 눈가의 검은 부분과 잔주름 등을 보라. 이 정도의 묘사는 유리거울이 없으면 불가능한 것이다. 더욱이 강세황은 안경과 유리에 대한 기록을 남길 정도였으니, 그가 유리거울을 사용하지 않았다는 것이 도리어 이상할 정도다.

개항 이후

1876년 개항을 하고 8년 뒤인 1884년, 곧 갑신정변이 일어난 그해 6월 평안도 중화中和 유학 이인황李仁煌이 상소문을 올려 무역의 금지를 요청한다. 요지는 각국과 통상하여 판매하는 것은 '기이하고 교묘하며 쉽게 부서질 물건들'이라면서, 그 대표적인 물건으로 시계와 자명종, 유리 같은 것들을 지적한다.[65] 시계에 대해서는 뒤에 따로 다루기로 하고, 유리의 수입에 대한 말을 인용해본다.

유리 등속은 동철銅鐵과 달라서 손에 닿으면 부서져 형체조차 없게 되니, 한갓 일시의 완호품이며 뜻을 잃기 쉽게 하는 물건입니다. 청컨대 일체 그 무역을 금지하소서. 그 밖에 백성에게 불리한 것은 모두 시장에 들어오지 못하게 하여 숭검 절용崇儉節用의 근본을 삼는다면, 실로 억만 년 끝이 없는 아름다움이 될 것입니다.[66]

유리 등속이란 유리로 만든 물건일 터이다. 확정할 수는 없지만 유리거울도 포함되었을 것이다.

이인황의 말은 전형적인 유가의 말이다. 아울러 그의 말은 자본주의 사회에서 범람하는 소비재에 대한 본질적 비판을 내포한다. 하지만 일단 그 소비재를 접한 사람들, 예컨대 유리거울을 사용한 사람은 다시 청동거울로 돌아가지 않을 것이다. 이인황의 주장은 당연히 반영되지 않았다.

유리 제품의 사용은 확대되었고, 드디어 유리를 국내에서 직접 제작하려는 움직임이 있었다. 1902년 이용익李容翊이 국립 유리제조소를 설립했다. 러시아 기술자의 협력으로 병유리를 생산하려 했던 것이다. 다만 국립 유리제조소가 유리를 본격적으로 생산했던 것으로는 보이지 않는다. 1904년 남아 있는 기록에 의하면, 직조창織造廠 기사技師 러시아인 '꾼리츤', 유리창 기사 '매이호', 상등공장上等工匠 '이와바우엘'이 일로 인해 러시아로 갔다가 돌아오지 않았기 때문이다. 이들은 대한제국으로 돌아오다가 여순旅順에 도착했는데, 일본이 마침 여순의 군항을 기습 공격하여 러일전쟁이 일어났고, 이로 인해 발이 묶인 그들이 대한제국에 급료와 여비 등을 보내달라고 했지만, 대한제국의 입장에서는 이들이 '허가 없이' 여행을 한 것이므로 여비를 보내주지 않았다. 이로써 국립 유리제조소는 실패하고 말았다.[67]

이처럼 어수룩하게 유리 제조가 실패로 돌아갔기에 유리 제품은 여전히 수입되고 있었다. 〈황성신문〉과 〈대한매일신보〉 등 당시의 신문 광고란에는 수입 상품 판매 목록을 실은 상점 광고가 자주 실린다. 이 광고에서 거울이 팔리고 있었던 것을 확인해보자. 〈황성신문〉 1901년 9월 26일 3면 1단 광고 면에 '키릿스키'란 서양인(러시아 사람인 듯하다)이 새문新門, 곧 서대문敦義門 안 정동貞洞 자신의 집에서 여러 가지 새 상품(서양 물품)을 팔겠다고 선전하고 있는데, 그중에 체경이 포함되어 있다.[68] 〈황성신문〉 1903년 3월 30일 3면 2단의 "대안문전포상상점광고大安門前浦上商店廣告"는 덕수궁 정문인 대안문大安門(지금의 대한문大漢門) 앞에 있던 '포상상점浦上商店', 곧 우라카미浦上란 성씨의 일본인이 경영하는 가게에서 수입하여 팔고 있는 태서泰西-서양의 물건을 열거하고 있는데, 거기에 면경, 금안경, 천리경 등이 있었다.[69] 역시 같은 신문의 같은 해 5월 23일 3면 3단의 광고란에도 명동에 있는 마쓰오松尾茂吉란 일본인의 하촌상점河村商店이 고종황제 즉위 40년을 기념해서 10여 종의 상품을 할인 판매하겠다고 선전하고 있는데, 괘종掛鍾·좌종座鍾과 함께 대·중·소의 면경이 있다. 1910년 한일병합 이전의 〈황성신문〉, 〈대한매일신보〉 등 유력

한 신문에는 중국과 일본, 서구에서 수입된 새로운 상품을 선전하는 광고가 매일 실렸다. 한국에 유리 제품과 판유리를 생산하는 공장이 생긴 것은 1910년 이후다. 이것은 여기서 다룰 것이 아니다.[70]

3

—

한 번도 만들지 못했던 유리거울

유리 제조법에 대한 관심

이제 하나의 문제가 남았다. 조선이 중국과 일본에서 유리거울을 수입하고 있었고, 그것을 사치품으로 여겼다면, 왜 유리거울을 직접 제작하지 않았을까? 오래전 4~6세기에 걸쳐 신라에서 유리를 만들기는 했지만, 그것의 절대다수는 유리구슬이었고, 드물게 팔찌가 있었을 뿐이다.[71] 이외에 경주의 왕릉급 고분에서 출토되는 로만글라스(Roman Glass)와 사산조 유리(Sassanian glass)가 다수 있지만, 이것은 먼 무역로-실크로드를 따라 수입된 것이었다. 이후 유리의 제조는 물론 로만글라스도 잊히고 말았다.[72] 이런 이유로 해서 조선은 유리의 제조 방법을 전혀 몰랐던 것이다. 하지만 안경과 유리거울, 그 외 유리 제품이 다량 수입되자 지식인들 중에는 유리 제조법에 관심을 두는 사람도 나타났다. 앞서 이 책의 제1장에서 인용한 바 있는 강세황은 이렇게 말한다.

우리나라 사람은 유리를 만드는 법을 모른다. 중국 사람은 서양 사람에게 배워서 지금은 매우 흔하다. 하지만 우리나라에는 아직도 그 제조법을 배운 사람이 없다. 대개 약물을 녹여 만드니, 그리 어렵지 않은 것 같은데, 배울 수 없는 것은 무엇 때문인가?[73]

강세황은 1785년에 사신단의 부사로 북경에 파견되었다. 위의 중국 사람이 서양 사람에게 유리 제조법을 배워 직접 유리를 제조하고 있다는 말은 그때의 북경 체험이 반영된 것으로 보인다. 아니면 북경에 다녀온 사람에게 들은 것일지도 모른다.

정말 중국에서는 유리를 제조했는가? 주周나라 때부터 유리를 제조한 중국은 청淸에 이르러 북경에 관영 유리공장을 세워 궁전용 유리그릇을 제조했다. 산동성 박산博山은 풍부한 재료를 가지고 있어 마을 전체가 유리공장으로 보일 정도로 성황을 이루었다. 청의 유리 중에는 이른바 '건륭유리'라고 불리는 건륭 시대의 유리 제품이 가장 훌륭하였다. 그 종류도 항아리·식기·접시·향료병 등 다양하였다. 기법 면에서도 몰드에 불어넣은 것, 조각한 것, 서로 다른 색유리를 붙인 것 등 유리의 다양한 특성을 충분히 구사해서 서구의 것에도 전혀 뒤지지 않았다. 중국 유리의 역사에 대한 학자들의 견해는 서로 상당한 차이를 보이지만, 한 가지 분명한 사실은 몰드를 이용한 핸드 블로잉 방식에 의해서만 유리를 제조했다는 것이다.[74]

조선은 유리를 만들지 못한다고 말한 강세황은 1791년에 사망했으니, 대체로 그의 말은 18세기 후반의 상황을 반영한 것으로 보인다. 하지만 19세기에 들어서도 여전히 유리를 만들지 못했던 것인가? 그렇다! 19세기에도 유리를 만들지 못했다는 것이 정설이다. 하지만 이론적 차원에서 유리 제조법 자체를 몰랐다고 단정할 수는 없다. 극히 드물기는 하지만, 아니 오히려 예외라고 할 수 있겠지만, 유리의 제조법에 깊은 관심을 기울이고 그 제조법을 알고 있던 지식인이 있었던 것이다. 앞서 여러 차례 언급한 바 있는 19세기 최고의 자연학자 이규경이 바로 그 사람이다. 이규경은 《오주연문장전산고》의 〈유리변증설琉璃辨證說〉과 《오주서종박물고변》의 〈유리류〉에서 유리의 제조법에 대해 상설한다. 〈유리변증설〉과 〈유리류〉는 여러 문헌에서 인용한 유리에 관한 잡다한 정보와 이규경의 글이 혼재되어 있어 갈피를 잡기 어렵다. 이제 두 문헌을 읽으면서 인용된 문헌을 밝히고 조선에서 유리의 제조법에 대해 어느 정도 알고 있었는지를 측정해보자.

먼저 〈유리변증설〉부터 읽어본다. 이규경은 유리가 옛날에 보지 못했던 것[75]이라고 운을 뗀 뒤 《자휘字彙》[76]에 '10종이 있다'고 했는데 이것은 모두 자연물自然物이지만, 지금 사용하는 것은 모두 석즙石汁[77]을 녹여 만든 것에 여러 가지 약품을 더하여 부어 만드는 것으로서 원위元魏에서 시작되었다고 말한다. 그런데 바로 뒤에 '월지인月氏人 상인이 경사京師에 이르렀다'는 말이 붙어 있다. 어딘가 문장이 부자연스럽게 연결되어 있음을 느낄 수 있을 것이다. 사실 이 문장 전체는 18세기 초 일본의 데라시마 료안이 편찬한 《화한삼재도회》 권60의 〈초자硝子〉에서 인용된 것이다. 그 정확한 문장은 "《자휘》에 이르기를, '유리는 옥玉과 비슷하고, 10종이 있다.'"[78]로 시작된다. 이규경은 '옥과 비슷하다'는 부분을 생략한 것이다. 또 '월지인 상인이 경사에 왔다'는 부분이 의미상 연결이 되지 않는다 했는데, 사실 이 부분은 "월지인 상인이 경사에 왔는데, 대개 이것이 초자 제조법의 시작이었다."[79]라는 문장의 앞부분만 옮긴 것이다. 즉 월지인 상인이 중국에 와서 유리를 제조한 것이 초자, 곧 유리 제조법의 시작이었다는 뜻이다. 이규경이 뒷부분을 생략하고 인용한 까닭에 문장의 의미가 이상하게 된 것이다. 그런데 《화한삼재도회》에서 인용된 부분의 원래 출처는 《전한서前漢書》 〈서역전西域傳〉이다. 곧 〈서역전〉에 계빈국罽賓國의 물산 소개 부분에 유리가 나오고, 유리에 대해 안사고顏師古가 《위략魏略》이란 책을 인용해 단 주석의 일부인 것이다.[80] 따라서 '지금 사용하고 있는'이란 말에서 '지금'은 《위략》이 쓰일 당시를 말한 것이지 이규경 시대를 말하는 것이 아니며, 여러 가지 약품을 섞는다는 것도 계빈국의 방법이지 이규경 시대의 중국이나 일본의 방법이 아니다.

이 짧은 글 다음에 "유서를 살펴보면(按類書)"이라는 말에 이어서 위魏 태무제太武帝 때 대월지大月支의 상인이 중국에 와서 유리를 만들었고, 그때부터 유리가 흔해졌다는 이야기를 옮겨놓고 있다.[81] 유서는 사전류를 말하는 것으로, 이 자료는 축목의 《고금사문유취古今事文類聚》의 〈작유리전作琉璃殿〉을 그대로 옮긴 것이다. 그다음 《위략》에서 유리가 대진국大秦國(로마)에서 나며, 적赤·백白·흑黑·황黃·청青·녹綠·감紺·표縹·홍紅·자색紫色 등 10종의 유리가 있다는 말[82]을 《위략》에서 인용하고 있지만, 이것은 사실상 앞서 인용한 바 있는 《전한서》 〈서역전〉의 주석에서 떼어낸 것일 뿐이다.

다음은 《본초강목本草綱目》에서 "파려玻瓈는 옥석의 종류이며 땅에서 난다."[83]는 간단한 정보를 인용하고, 이어 명의 조소曹昭가 지은 《격고론格古論》에서 다음과 같은 내용을 인용한다.

> 먼저 자연회自然灰로 삶아서 부드럽게 만든다. 조각은 칼을 사용한다. 자연회는 남해南海에서 나는데 그 모습이 황토와 같고, 옷을 빨 수 있다. 옥석을 이 회에 묻어두면 진흙처럼 물렁해진다.[84]

이 부분은 《오주서종박물고변》의 〈유리류〉에서 '유리를 연하게 만드는 법(軟琉璃法)'으로 재차 인용된다. 다만 여기서 유리를 연하게 하는 법이 인용되어야 하는 이유는 선명하지 않다. 또 《격고론》은 이규경이 직접 읽은 적이 없고, 《화한삼재도회》에 인용된 것을 재인용했을 것이다.[85] 그 인용에 이어 "또 《정자통正字通》을 보면(又見正字通)"이란 말이 있지만, 정작 《정자통》에서 인용된 것은 없다.

《정자통》 운운하는 부분에 이어 매우 중요한 정보의 인용이 나온다. 이제까지 인용한 문헌은 모두 중국의 문헌이었고, 거기서 언급하는 유리는 이규경과 같은 시대의 유리가 아니었다. 그런데 여기서는 《화한삼재도회》를 인용한다. 중요한 내용이기에 번역해서 전문을 인용한다.

다시 《화한삼재도회》를 살펴본다.
(1) "파려玻瓈는 일찍이 보지 못하던 것인데, 아마도 남번南番의 초자硝子인 것 같다."
(2) "초자硝子는 본디 남만南蠻에서 나오고, 일본의 비주肥州와 장기長埼 사람들이 만드는 법을 전수해 익혔다. 섭주攝州·대판大坂에서도 많이 만든다. (……a) 공인이 그것을 마련磨鍊할 때 백색이면 약가루를 넣어 술색과 자벽상색紫碧緗色을 만든다. 다만 완전히 붉은색은 불가능하다.[주단색朱丹色은 불에 넣으면 크게 변한다] (……b) 안경을 만들면 수정만 못하지 않다. 또 태양의 빛을 취할 수 있다."
(3) "아란타의 초자는 청판靑版이라고 하는데, 대개 저 나라의 초자로서 왜倭의 초자와 합쳐서 녹여 안경과 여러 기물을 만들면 아주 견고해서 풀어지지 않는다."
(4) 초자는 곧 유리의 별칭인 것이다. 하지만 그 제조법은 같다.
(5) 《화한삼재도회》에서 또 이렇게 말했다. "지금 사람들은 진유리眞琉璃와 진파려眞玻瓈를 보지 못했다. 초자로 만든 가짜가 많다. 중국도 그러하다."

(6) "《격고론》에 '석유리石琉璃는 고려高麗에서 산출된다. 칼로 긁어도 꼼짝도 하지 않는다. 색은 희고, 두께는 반촌쯤 된다. 등불을 켤 수 있는데, 소뿔보다 밝다.' 하였다."[86]

(1)은 《화한삼재도회》권60의 〈파려玻瓈〉[87]에서, (2) 역시 권60의 〈초자〉[88]에서, (3)은 권26의 〈안경眼鏡〉에서, 또 (5)와 (6)은 권60의 〈유리琉璃〉[89]에서 각각 발췌, 인용한 것이다. 이규경은 이 네 개의 글에서 정보를 취하고, (4)에서 초자는 유리의 별칭이라고 간단한 결론을 내리고 있다. 물론 여기에 인용한 정보들은 그대로 인용된 것이 아니고, 약간의 의도적 변개變改와 건너뜀, 필사 과정에서의 오자가 있다. 예컨대 (2)의 '일본日本' (3)의 '왜倭'라는 표현은 《화한삼재도회》의 원문에는 없던 것이고, 당연히 이규경이 추가한 것이다. (2)의 (……a)와 (……b)는 생략된 부분이다. 이 생략된 부분은 뒤에 다른 곳에서 인용될 것이다.

이규경은 유리에 대해 한편으로는 북경 쪽에서 흘러나오는 정보에 의지하면서 다른 한편으로는 1713년에 간행된 《화한삼재도회》와 같은 일본 쪽 정보에 의지하고 있었던 것이다. 《화한삼재도회》의 정보에 의하면, 진유리와 진파려 같은 자연 유리는 볼 수 없고, 볼 수 있는 것은 모두 인공적인 제조 유리라는 것이다. 아울러 일본의 유리는 남만, 곧 네덜란드에서 수입한 청판靑板을 섞어서 만드는 것이라고 하는데, 청판은 유리괴琉璃塊가 아닌가 한다.

문제가 있는 것은 (4)인데, 이것이 인용인지 아니면 이규경의 판단인지는 분명하지 않다. 필자로서는 이규경의 판단으로 생각한다. 이규경은 《화한삼재도회》를 인용하면서 초자가 곧 유리라는 것이다. 그런데 엄밀히 말하자면 초자는 원재료로서의 유리를 지칭한다고 보는 것이 맞을 것이다.

(6)에 이어 이규경의 중간 결론이라 할 수 있는 부분이 나온다. "아마도 수정석水晶石이나 수마노와 같은 옥석玉石의 부류를 지칭해서 말하는 것 같다. 옛날의 이른바 유리는 곧 돌이다. 지금의 유리는 곧 구워서 만드는 외번外番(오랑캐)의 초자인 것이다." 과거에 유리라고 부른 것은 수정이나 수마노와 같은 옥석이었지만, 현재 유리는 인공적으로 제조하는 오랑캐의 초자라는 것이다.[90] 자신의 결론을 재차 입증하기 위해 원래 자연에서 나는 유리석이 있었다고 말하는 이름을 알 수 없는 역사책과 대월지 사람이 중국에 와서 오색의 유리를 제조했다고 하는《북사北史》, 진秦나라에 오색의 파려玻瓈가 있었다고 하는《현중기玄中記》, 서양의 물닉제아국勿搦祭亞國의 파려가 극히 아름답다고 하는《직방외기職方外紀》를 각각 인용하고 있으나, 사실은 이 부분 전체는 방이지의《물리소지》권7의 〈파려유리玻瓈琉璃〉의 전반부를 인용한 것이다.[91] 뒷부분은 유리 제조법과 관련하여 뒤에서 다시 인용한다.

이규경은 이상의 인용을 근거로 하여 다음과 같은 결론을 내린다.

대저 진짜 유리는 이미 얻을 수가 없게 되었다. 지금은 아란타와 악라사에서 만든 것을 최고로 친다. 그다음은 중국이고, 그다음은 일본이다. 우리나라의 경우 끝내 배울 수 없는 것은, 비록 만든다 하더라도 품질이 나빠 팔 수가 없기 때문이다.[92]

조선은 유리 제조법을 배우지 않았으니, 설령 제조한다 해도 품질이 나빠서 상품 가치가 없기 때문이라는 것이다. 아마도 유리를 제조하는 하드웨어가 충분하지 않아 중국이나 일본산에 비해 품질 경쟁력이 없었기 때문이 아닌가 한다.

유리 제조법에 대한 이해

그래도 문제는 남는다. '유리 제조법 자체를 정보와 지식의 차원에서도 몰랐던 것인가?'라는 문제와 제조가 불가능했다면 조선의 유리 제품은 모두 수입된 것인가 하는 문제다. 이 문제에 대해 검토해보자.

유리의 제조법에 대해 구체적으로 언급하고 있는 사람 역시 이규경이 유일할 것이다. 그는 이제까지 인용한 〈유리변증설〉의 후반부와 《오주서종박물고변》의 〈유리류〉, 〈초자류硝子類〉에서 유리의 제조와 가공법에 대해서 언급하고 있다. 논의의 편의상 〈유리류〉에 실린 글의 구성부터 보는 것이 좋을 것 같다.

(1) 〈유리진품유십종琉璃眞品有十種(진품 유리는 10종이 있다)〉

(2) 〈유리가품유일종琉璃假品有一種(가짜 유리는 한 종이 있다)〉

(3) 〈연유리법軟琉璃法(유리를 부드럽게 만드는 방법)〉

(4) 〈제유리법制琉璃法(유리를 만드는 방법)〉

(5) 〈재할유리작편법裁割琉璃作片法(유리를 조각으로 자르는 방법)〉

(6) 〈제제양기법制諸樣器法(유리로 여러 물건을 만드는 방법)〉

(7) 〈제각양안경법制各樣眼鏡法(안경을 만드는 방법)〉

(8) 〈유리상부수은법琉璃上傅水銀法(유리 뒤에 수은을 붙이는 방법)〉

(9) 〈유리상서화법琉璃上書畫法(유리에 그림을 그리는 방법)〉

(10) 〈세유리기유니법洗琉璃器油膩法(유리 기물에서 기름기를 제거하는 방법)〉

(11) 〈전의傳疑(의심스런 것들)〉

(12) 〈잡고雜攷(여러 가지 문제)〉

(1)과 (2)는 별반 중요한 것이 못 된다. 정작 그 종류는 밝히지 않고

자연의 것, 인공의 것이며 각각 모두 다섯 가지 색을 갖추고 있다는 정도다. 중요한 것은 (4)의 유리를 만드는 법이다. 나머지 (3)과 (5), (6), (7), (8), (9), (10)은 유리의 가공에 관련된 부분이다. (11)〈전의〉는 표류한 중국인이 조선에 전한 유리의 제조법 등 유리 제조에 관련된 정보를 모아놓고 있다. (12)〈잡고〉역시 유리 제조에 관한 정보가 포함되어 있다.

이규경은 원래 (12)〈잡고〉를 끝으로 〈유리류〉를 마감했으나, 뒤에 다른 정보를 보았던 듯 작은 글씨로 세 항목을 써서 덧붙여놓았다. 첫 번째 것은 (13)《물리소지》에서 인용된 유리 제조법이고, 두 번째와 세 번째는 각각 (14)〈변호박색법變琥珀色法(호박의 색깔을 바꾸는 법)〉, (15)〈제파리유리법製玻璃琉璃法(파리와 유리를 만드는 법)〉이다. 결국 유리 제조법을 다루고 있는 것은 (4), (11), (12), (13), (15)다. 이것들은 〈유리변증설〉과 상당 부분 겹친다. 따라서 먼저 〈유리변증설〉의 유리 제조법을 살피면서 (4), (11), (12), (13), (15)를 아울러 거론하도록 하자.

이규경은 〈유리변증설〉의 후반부에서 《천공개물》과 《물리소지》의 유리 제조법을 인용한다.

(가)《천공개물》에서 만드는 법을 대략 말하고 있고, 《물리소지》에서도 또한 상세히 논하고 있는데, 아울러 살필 만하다.

(나)《천공개물》. (㉯-1) 유리석琉璃石은 중국에서 나지 않고 서역에서 난다. 중국인들이 그것을 부러워한 나머지 사람의 기교를 다 쏟아 닮은 것을 만들어내게 되었다. (㉯-2) 무릇 초석硝石은 불을 만나면 허공으로 사라지니, 그 본질이 무無이기 때문이다. 흑연黑鉛은 바탕이 무거운 물질이다. 두 물질이 불을 빌려 매개로 삼으면, 초석은 흑연을 끌어당겨 다시 허공으로 돌아가려 하고, 흑연은 초석을 세상에 머물러 있게 하려 한다. 두 물질을

한 솥에 섞어두면 광명光明한 형상이 밖으로 뚫고 나오는 것이다. 이것은 건곤의 조화다.

(다)《물리소지》〈유리요琉璃窯〉. 북경에서 유리전琉璃磚과 유리와琉璃瓦를 굽는데, 양덕문陽德門·등풍문登豐門에 있다. 감자토坩子土와 마아석馬牙石을 사용하고 흑연을 넣어 구워 만든다. 남경南京 보은사報恩寺의 유리탑琉璃塔은 중간에 오색을 갖추고 있으니, 방산강方山岡 유리문琉璃門의 일토呢土로 만든 것이다.

(라) 지금 산동山東의 익도益都 안신진顔神鎭에서 유리를 굽는다. 여러 돌을 캐서 초석礁石으로 녹인다. 초석은 곧 취매臭煤다. 만초慢礁는 사흘 동안 불이 꺼지지 않고, 긴초緊礁는 닷새 동안 불이 꺼지지 않는다. 돌을 끓여서 액체로 만들고, 거듭 걸러 엉기게 하면 곧 유리가 된다. 서역의 파리경玻璃鏡은 근래에 또한 이 방법을 취한 것이다[방중통方中通은 "설의보薛儀甫에게 물었더니, 과연 지난날 구운 것에는 포성泡星이 있었는데, 거듭 거르는 방법을 몰랐기 때문"이라 하였다].

(마) 이로써 살피건대, 유리를 굽는 데는 토석을 아울러 사용하는 것이다.[93]

(나)는 명말청초 송응성宋應成의《천공개물》권18 〈유리琉璃〉에서, (다)와 (라)는 역시 각각 명말청초 방이지의《물리소지》권8의 〈유리요〉와 권7의 〈파려유리〉의 일부를 옮긴 것이다. 그런데 (나)는 앞서 그 구성을 검토한 〈유리류〉의 (4)에, (다)는 (13)에, (라)는 (15)에 대응한다. 따라서 〈유리류〉의 (4), (13), (15)는 따로 다룰 필요가 없고, (11), (12)만 거론하겠다.

(나)에서 인용된《천공개물》〈유리〉는 온전한 인용이 아니다. ㉯-1과 ㉯-2 사이에는 다음 부분이 생략되어 있다.

이리하여 벽돌과 기와를 구워 황록색 광채가 나게 하여 '유리와琉璃瓦'라 하고, 양의 뿔을 물에 삶아 기름을 담는 그릇이나 등갓을 만들어 '유리완琉璃碗'이라 하였다.

초석과 납을 섞어 녹여 구슬을 만들어 구리실(銅線)을 꿴 것이 유리등琉璃燈이다. 조각을 빚어 유리병琉璃瓶과 유리대琉璃袋를 만든다[초석은 달여서 졸인 것 위에 엉긴 마아馬牙를 사용한다]. 각색의 안료로 마음대로 색깔을 낸다.[94]

이 부분은 〈유리류〉의 (4)〈제유리법〉에는 생략되지 않고 그대로 들어 있다. 다만 (4)〈제유리법〉에는 다음과 같은 내용이 끝에 추가되어 있다. "유리를 만드는 법. 흰 돌(白石)로서 빛나고, 밝고, 아름다운 고운 가루를 흑연과 마아초를 함께 섞어 구우면 만들어진다."[95] 이 부분은 출처를 알 수 없다. 최주 선생은 이 부분이 《천공개물》의 〈부 마노·수정·유리附瑪瑙·水晶·琉璃〉에 실린 것이라 하지만,[96] 《천공개물》의 해당 부분에는 실려 있지 않다. (마)의 출처는 앞으로 고찰해야 할 문제다. 어쨌든 이 부분의 유리 제조법 역시 이곳에서 언급하겠다.

이제 위에서 말한 유리를 만드는 법을 하나씩 살펴보자. 먼저 유리와와 유리완. 유리완은 양의 뿔을 삶아서 만드는 것이라 했으니 유리 제조와는 상관이 없다. 다만 유리와는 규사硅砂가 포함된 흙을 고온에서 구울 때 그것이 표면으로 녹아 나온 기와로 보인다. 이어지는 "초석과 납을 녹여서 구슬을 만든다."는 부분은 유리 제조와 관련이 있다. 이 말은 초석과 납의 화합물이 구슬, 즉 유리가 된다는 뜻이 아니다. 유리의 성분 중 가장 많은 비율을 차지하는 이산화규소二酸化珪素(SiO_2)를 포함하고 있는 물질, 곧 유리의 가장 중요한 원료인 규사硅砂(모래)나 석영 등의 물질에 대한 언급은 생략하고, 그 물질을 용융하는 연료에 대해 언급하고 있는 것이다. 먼저 납이 들어가는 것은 납유리, 곧 크리스털유리를 만들기 위해서다. 그렇다면 왜 초석이 들어가는 것인가. 규사(모래)를 녹이려면 높은 온도가 필요한데, 연료에 초석을 섞어 태우면 그런 높은 온도를 얻을 수 있다. ⓝ-2의 흑연이 바로 연료이고, 흑연을 연소시키는 데 필요한 것이 초석이다. 초석은 질산칼륨(KNO_3)으로서 산소 원소가 풍부하기 때문에 흑연을 태우는 데 효과적이다. 또 흑연은 한 번 불이 붙으면 쉽게 꺼지지 않는다. 이때 사용하는 마아 혹은 마아초는 정제된 초석이다.[97]

《물리소지》 권8에서 인용된[98] (다)의 유리 제조법 역시 그 원리는 동일한 것이다. (다)는 "감자토와 마아석을 사용하고, 흑연을 넣어 구워 만든다."고 했는데, 이 중 감자토는 도자기를 만드는 자토瓷土로서 유리의 원료가 되는 이산화규소가 풍부하게 들어 있다. 마아석, 곧 정제된 초석을 흑연에 넣고 태워 높은 온도를 얻어 원재료인 감자토를 녹여 유리를 얻는 방법은 《천공개물》의 방법과 사실상 동일한 것이다. 이것은 실용하는 유리 중 가장 일반적인 유리인 소다석회 유리(soda-lime glass)를 만드는 방법이다. 이어지는 "방산강方山岡 유리문琉璃門의 일토呢土로 만든 것"이라는 문장이 지시하는 바는 구체적으로 알 수 없지만, 여기에 등장하는 '일토'는 곧 '백선토白墡土'이고,[99] 백선토는 또 감자토다.[100] 결국 감자토를 원료로 해서 유리를 만든다는 것이니, 앞의 방법, 곧 소다석회 유리를 만드는 방법과 다를 바 없는 것이다.

동일하게 《물리소지》에서 인용된 (라) 역시 같은 방법이다. "여러 돌을 캐서 초석礁石으로 녹인다."고 한 것은, 유리의 원료가 되는 물질을 초석을 연소시킨 열로 녹여서 유리로 만든다는 것이다. 여기서 초석은 석탄이다. 태울 때 냄새가 나기에 '냄새 나는 석탄[臭煤]'이라고 했을 것이다. 그리고 긴초와 만초는 그 연소하는 능력에 따라 석탄을 나눈 것일 터이다. "돌을 끓여서 액체로 만들고, 거듭 걸러 엉기게 하면 곧 유리가 된다."는 것은 유리의 원료 물질인 어떤 종류의 석재를 석탄으로 가열해 녹인 뒤 액체 상태로 만들고 다시 굳힌다는 것을 의미한다. 뒤에 설명이 붙어 있는 포성泡星은 기포로, 기포를 없애는 방법에 대해 언급한 것이다.

마지막으로 (4)〈제유리법〉의 끝에 추가된 '빛나고, 밝고, 아름다운 백석의 고운 가루를 흑연과 마아초를 함께 섞어 제련하는 법'을 살펴보자. 이 방법도 유리의 원료로 백석을 제시하고 있을 뿐, 그 기본적인 제법은 동일하다. 백석의 주성분 역시 규소를 포함하고 있을 것이니, 역시 고온으로 녹이면 유리가 되는 것이다.

이상의 《천공개물》과 《물리소지》의 유리 제조법은 백석과 같은 유리의 원료를 흑연 또는 석탄에 초석을 넣어 고온으로 태워 액화시킨 뒤 다시 식혀 유리로 만드는 법이라고 말할 수 있다. 중국에서는 명대 이래 이런 방법으로 액화된 유리를 얻은 뒤, 핸드 블로잉 방식으로 여러 가지 형태의 유리 제품을 만들었던 것이다. 하지만 그것이 18세기 서양의 체경 만드는 기술까지 나아가지는 않았던 것으로 보인다.

여기서 중요한 것은 《천공개물》과 《물리소지》의 유리 제조법을 이규경이 정확하게 알았던 것인가 하는 점이다. 이규경은 (마)에서 '이로써 살피건대, 유리를 굽는 데는 토석을 아울러 사용하는 것'이라고 말하고 있지만, 책으로 아는 지식이지 실제의 과정을 실험한 것은 아니었던 것이다. 곧 그는 석탄으로(조선은 석탄을 사용하지 않았다!) 실제 앞서 말한 물질을 혼합, 용융해서 유리를 얻은 경험은 없었을 것이다. 또 실제 유리의 원료를 토석으로만 인지하고 있을 뿐, 그 토석의 어떤 성분이 유리의 주재료가 되는지를 알았던 것은 아니었을 것으로 보인다.

조선이 유리를 만들지 못한 이유

이제 미루어둔 《오주서종박물고변》의 〈유리류〉(11) 〈전의〉와 (12) 〈잡고〉를 다룰 차례다. 편의상 〈잡고〉부터 먼저 다루겠다. 〈잡고〉에서 이규경은 북경의 유리 제조에 대해 언급한다. 유리창은 정양문正陽門 밖 남성南城 아래에서 옆으로 선무문宣武門 바깥까지 이어져 있고, 거기서 여러 종류의 유리와 기와와 전석을 만든다는 것, 그리고 유리창은 사람의 출입을 금하고 유리를 만들 때는 기휘忌諱가 많아 장인匠人도 4개월의 양식을 가지고 한 번 들어가면 함부로 나올 수 없다는 등의 내용이다. 이 내용은 〈유리변증설〉에도 똑같이 반복되지만, 다음과 같은 내용이 추가되어 있다. 곧 중국 쪽에서 그렇게 꺼리는 것이 많고 출입을 금하는 것은 조선 사람들에게 제조법이 누설될 것을 우려해서라는 것이다.[101] 이것을 얼마나 믿어야 할지 모르지만, 조선인들이 유리 제조법을 배우려 해도 청나라 쪽에서 완강히 막고 있었던 것은 확실한 것 같고, 또 그것이 유리 제조법을 배울 수 있는 기회 자체를 봉쇄한 것도 사실인 것 같다. 〈잡고〉는 계속해서 유리를 만드는 방법에 대해 말하고 있는데, 여기에도 문제가 적지 않다. 즉 이규경이 소개하는 유리 만드는 방법인 "지금 사용하는 바는 모두 석즙을 녹여 만든 것에 여러 가지 약품을 더하여 부어서 만든다."는 정보는 앞에서 언급한 《화한삼재도회》 권60 〈초자〉에 실린 것을 거듭 인용한 것일 뿐이다. 다만 하나 따로 다룰 것은 중국에서 유리 제품을 만들 때 어떤 거푸집을 사용하는가에 대한 서술이 길게 이어지는데, 이것은 조선의 유리 제품 가공 기술과 관련이 있는 것이기에 따로 다루겠다.

이제 남은 것은 〈전의〉뿐이다. 이규경 자신이 쓴 것이 확실한 〈전의〉는 18세기 말 혹은 19세 전반 조선 사람들의 유리 제조법에 관한 관심을 드러낸다. 먼저 이규경은 영남 지방 사람이 중국 표류인漂流人에게 들은 유리 제조법을 소개한다. 이 제조법은 백석을 가루로 만들고 그것에 백랍白鑞 3분의 1을 섞어 같이 불에 녹이면 유리가 된다는 것인데, 이규경은 이 방법에 대해 초석硝石이 들어가지 않는 것이 이상하다고 말한다. 이어 추재秋齋 조수삼趙秀三이 강세황에게서 들은 말을 옮기고 있다. "중국의 유리는 사석沙石을 녹여 만든 것인데, 우리나라 서울의 남산에 혹 이 사석이 있는 것 같다."는 것이 그 내용인데, 이규경은 여기에 나오는 사석이 어떤 사석인지 모르겠다고 한다. 그는 계곡의 물가에 반짝이는 각이 있는 모래로 추정하지만 중국과 일본의 유리 제조법은 백석白石을 사용하고 있으므로, 강세황의 '사석을 쓴다'는 말이 의심스럽다는 것이다. 이어서 중국에서 액체 유리를 맑게 만들기 위해 넣는다는 집게벌레를 북경에 가는 우리나라 역졸들이 많이 잡아간다는 이야기를 옮겨놓고 신빙성이 있는지 의심스럽다고 말하고 있다.[102] 집게벌레를 넣는다는 이 말은 〈유리변증설〉의 끝부분에도 나온다. 이상이 〈잡고〉의 주요 내용인데, 맨 끝에 주이존朱彛尊의 《일하구문日下舊聞》에서 참고할 수 있다고 밝히고 있다.[103] 하지만 《일하구문》에는 유리창에 관한 내용이 더러 나오지만, 정작 유리를 만드는 법은 상세하게 나오지 않는다.

이규경은 중국 쪽 문헌을 인용하고, 또 중국인으로부터 얻은 정보도 동원하지만, 당대 북경의 유리 제조법에 대해서는 확실히 알지 못했던 것 같다. 물론 북경 유리창 쪽에서 기술의 유출을 막은 것도 또 다른 이유가 될 터이다. 중국 쪽 정보 외에 그는 《오주서종박물고변》의 〈초자류〉에서 서양식 유리를 만드는 법을 소개한다.

〈초자를 만드는 법〉, 일명 파리玻璃라고 한다. 제조법.

(1) 표면이 치밀한 백석白石[고운 가루다]과 생염초生鹽硝[약한 불로 볶

아 소금기를 제거한다]를 사용한다. 부엌에 단지를 두고, 단지에 납을 넣고 유황을 더한 뒤 숯으로 녹인다. 납이 녹기를 기다려 백석 가루와 초석 가루를 던져 넣고 녹이면 아교나 설탕처럼 된다.

(2) 두 자쯤 되는 구리 대롱으로 약간 따뜻하게 김을 불어넣어 형태를 만든다. 둥근 덩어리, 납작한 조롱박 등이 모두 공기에 따라 늘어나고 줄어든다.[104]

(1)은 납유리를 만드는 방법이다. 생염초에서 소금기를 제거한다는 것은, 온도를 높이기 위해 필요한 염초를 얻기 위해서가 아닌가 한다. (2)는 그렇게 해서 만든 액체 유리를 금속 대롱으로 찍어 공기를 불어넣어가면서 유리 제품을 성형하는 핸드 블로잉 방식이다.

이규경이 소개하는 이 방법은 《화한삼재도회》의 〈초자〉에 인용한 것이다. 위의 인용은 앞서 〈유리변증설〉에서 생략했던 (……a)이다. 이 문장 앞의 "초자는 본디 남만에서 나오고, 일본의 비주와 장기 사람들이 만드는 법을 전수해 익혔다. 섭주·대판에서도 많이 만든다."고 한 부분은 이미 인용된 바 있다.

이규경은 중국 쪽 문헌과 일본의 《화한삼재도회》를 통해 유리의 제조법을 이론적 차원에서 알고 있었던 것이 분명하다. 하지만 그가 직접 그 방법을 따라 유리를 제작해본 것은 아니었다. 물론 유리의 제조에 대해 관심이 전혀 없었다고 판단하는 것은 무리지만, 유리의 제조에 관심을 보이는 지식인이 장인이나 할 기술적 문제를 실천에 옮긴다는 것은 조선의 문화적 풍토로서는 불가능한 일이었던 것이다. 수공업을 천시한 사족이 유리의 제조에 직접 뛰어들 리는 없는 것이고, 수공업자는 굳이 유리 제조법을 익혀야 할 뚜렷한 이유가 없는 것이었다. 말하자면 판매할 수 있는 넓은 시장의 존재, 수공업과 상업에 대한 체제의 지원 등이 있어야 유리의 제조에 관심을 기울일 터인데, 조선 후기에는 그런 전제 조건이 마련되어 있지 않았던 것이다.

이런 이유로 해서 유리는 전적으로 북경과 일본에서 수입되었다. 〈유리변증설〉에서 이규경은 조선이 수입하는, 북경 유리창에서 제조한 유리는 종이처럼 얇아 예전만 못한데, 그 까닭을 알 수 없다고 말한다.[105] 이 자료에 의하면 조선은 북경에서 거울이 아닌 유리를 수입하기도 했던 것이다. 그는 자신이 어렸을 때 본 중국제 유리는 두께가 포백척布帛尺 일 촌이었으나, 중년에 본 것은 그것의 60~70퍼센트쯤이었다고 한다. 지금 보는 풀잎처럼 얇은 것은 일본에서 온 것이며, 중국제가 아니라고 한다고 한다.[106] 이규경은 1788년에 태어나 1856년에 사망했으니, 그의 지적 활동은 주로 19세기 전반에 몰려 있다. 그가 한창 활동할 당시인 1838년 조정은 사행 때 북경에서 수입하는 물품 중 긴요하지 않은 사치품을 금수禁輸할 것을 지시하는데, 주로 보석류와 모직물, 골동품 등이었다. 수정과 유리 역시 금수 품목 중 하나였다. 단 수정에서 '안경'과 유리에서 '면경'은 제외되었다.[107] 이로 보건대 유리(혹은 유리 제품)가 이규경의 시대에 수입되고 있었음을 알 수 있을 것이다.

수입한 유리의 가공 기술

수입한 유리는 조선에서 가공되었을 것이다. 그렇다면 조선은 어느 정도의 가공 기술을 가지고 있었을까? 유리를 가공하는 법이《오주서종박물고변》의 〈유리류〉에 실려 있는데, 다시 한 번 더 인용하면 다음과 같다.

(3) 〈연유리법軟琉璃法(유리를 부드럽게 만드는 방법)〉

(5) 〈재할유리작편법裁割琉璃作片法(유리를 조각으로 자르는 방법)〉

(6) 〈제제양기법(制諸樣器法(유리로 여러 물건을 만드는 방법)〉

(7) 〈제각양안경법制各樣眼鏡法(안경을 만드는 방법)〉

(8) 〈유리상부수은법琉璃上傅水銀法(유리 뒤에 수은을 붙이는 방법)〉

(9) 〈유리상서화법琉璃上書畫法(유리에 그림을 그리는 방법)〉

(10) 〈세유리기유니법洗琉璃器油膩法(유리 기물에서 기름기를 제거하는 방법)〉

이 중에서 (6), (7)의 유리로 여러 물건과 안경을 만드는 방법에 대해서는 모두 거푸집에 액체 유리를 부어서 만든다고 되어 있고, 구체적인 방법은 〈안경류〉와 〈석경류石鏡類〉를 따로 찾아보라고 말하고 있다.[108] 〈안경류〉의 〈잡고〉에서 청석靑石으로 거푸집을 만들어 안경을 주조하되 만약 윤광(潤光)이 나지 않으면 상회수를 바르고 불 위에 구우면 윤이 난다[109]고 한 것과, 〈석경류〉의 〈경유대소범법鏡有大小範法〉의 "크고 작은 거울을 만들려면 방형 혹은 원형의 틀을 만들고, 오목한 틀에 유리즙琉璃計을 녹여서 부어 만든다."[110]는 진술을 말한다. 〈경유대소범법〉의 유리즙은 곧 액체 유리다. 만들고자 하는 거울의 형태와 같은 틀을 만든 뒤 거기에 액체 유리를 붓고, 굳은 뒤에 떼어내어 거울용 유리를 만든다는 것이다.

그런데 실제 거푸집에 대해서는 〈유리류〉의 〈잡고〉에서 조금 더 자세히 말하고 있으니, 잠시 살펴보기로 하자. 곧 중국의 유리 제품은 유리를 녹인 뒤 거푸집에 넣어 만드는데, 거푸집의 재질이 무엇인지 알 수 없다는 것이다. 흙으로 만든 거푸집은 제품의 표면을 거칠게 할 것이고, 나무 거푸집은 타버릴 것이다. 오직 금속 거푸집이라야 타지도 않고 표면이 거칠지도 않을 것이다. 하지만 금속 거푸집이라고 해서 제품이 윤이 나는 것은 아닐 것이다. 이규경은 유리 제품에 윤을 내기 어려운 이유에 대해서도 설명한다. 즉 액체 상태의 유리는 맑은 물이 아니라 설탕을 녹인 것과 같은 상태로서, 거푸집 안에서 굳을 때 고르지 않게 굳기 때문이라는 것이다. 이 말은 표면이 거칠다는 뜻으로 이해된다.[111] 다만 이 방법이 조선에서 사용된 것 같지는 않다.

(8)의 〈유리상부수은법琉璃上傅水銀法〉은 〈석경류〉를 참고하라고 되어 있는데, 곧 수은을 거울에 부착하고 있는 〈석경류〉의 〈경저도홍법鏡底鍍汞法〉이 같은 내용을 담고 있는 것이다. 이것은 당시 조선에서 사용하던 방법으로 보인다. 먼저 담뱃재로 유리 조각의 기름기를 깨끗이 제거한다. 그다음 주석 조각을 두드려 석박錫箔으로 만들어 수은을 바르고자 하는 유리의 면적과 똑같이 만든다. 석박을 평평한 목편木片 위에 얹고 생수은生水銀을 석박 위에 붓고 가는 대나무 조각으로 가볍게 문질러 수은이 석박 위에 골고루 도금되게 한다. 그 뒤에 당지唐紙(속칭 모토지毛土紙)를 얹고 수주水紬 조각으로 솜을 싸서 아주 조심스럽게 당지를 마찰해 주면, 수은이 조각조각 종이의 사방으로 나온다(쏠어서 다시 사용한다). 유리 조각을 당지 위에 얹고 가볍게 누른 뒤 아주 조심스럽게 들어 당지를 꺼내면, 유리 조각이 석박 위에 붙는다. 살짝 유리 조각을 눌러 얼룩얼룩한 것을 없앤 뒤 가볍게 나뭇조각을 뒤집어 들면, 석박이 유리 위에 붙는다. 그대로 나뭇조각을 제거하고 먼저 사용한 당지를 취하여 유리의 뒤에 붙이고 경갑에 꾸며 넣는다.[112]

이규경의 설명은 실제 수은을 부착하는 것을 보고 썼을 것이다. 하지만 이 방법으로 실제 거울을 제조했을 것이라고 확언할 수는 없다. 문제는 유리를 수입하여 서울에서 수은을 붙여 거울로 만드는 것과 유리거울 자체를 수입하여 경대 등으로 만드는 것 중 어느 쪽이 더 이익이 남았을까 하는 것인데, 이에 대해서는 아무런 문헌적 증거가 없기 때문에 어느 쪽이라 단정하기는 어렵다. 다만 당시의 기술 수준으로 보아, 실제 수은을 얻어 거울 뒤에 붙이는 그 번거로운 길을 택했을 가능성은 낮아 보인다.

(6), (7) 이외의 유리 가공법에 대해 살펴보자. 먼저 문헌에서 정보를 얻고 있는 (3) 〈연유리법〉과 (10) 〈세유리기유니법〉이다. 〈연유리법〉의 내용을 번역하면 다음과 같다. "먼저 자연회自然灰로 구워 부드럽게 만들고 조각은 칼을 사용한다. 회灰는 남해에서 난다. 모습은 황옥黃玉과 같고 옷을 세탁할 수 있다. 옥석을 이 회에 묻으면 진흙처럼 부드러워진다."[113] 이 문장은 방이지의 《통아通雅》에서 인용된 것일 터이다. 하지만 《통아》와는 약간 다르다. 《통아》는 다음과 같다. "진장기陳藏器가 말했다. '자연회는 남해안에서 나는데, 황토와 같고, 옷을 세탁할 수 있다. 옥석·마노의 종류를 이 회에 묻으면 곧 부드러워져서 쉽게 조각할 수 있다.' 지금 익도益都에서는 초자석礁煮石을 사용해 유리를 만든다. 상세한 것은 《물리소지》를 보라."[114] 이규경이 '모습이 황옥과 같다'고 한 것이 《물리소지》에는 '황토와 같다'고 되어 있다. 이규경은 또 '옥석을 이 재에 묻는다'라고 말하고 있지만, 《물리소지》 쪽은 '유리와 마노를 이 회에 묻는다'라고 되어 있다. 이규경은 분명 《물리소지》에 바탕한 지식을 옮기고 있지만, 옮기는 과정에서 착오를 일으킨 것인지도 모른다. 또 이 지식의 원본은 당나라 단성식段成式의 《유양잡조酉陽雜俎》다. 여기에는 "유리·마노는 먼저 자연회로 구워 부드럽게 만들면 조각할 수 있다. 자연회는 남해에서 나온다."라고 되어 있다.[115] (10) 〈세유리기유니법〉 역시 방이지의 《물리소지》에서 인용한 것이다. "유리그릇의 기름기를 세척하는 법. 먼저 장탕醬湯을 사용해 유리그릇을 닦으면 기름기가 저절로 제거된다. 물로는 세척할 수 없다. 물을 만나면 원만하지 않고 오래되면 즉시 망가진다."[116] 글자만 약간 다를 뿐 내용은 같다.[117]

남은 것은 (5)〈재할유리작편법〉과 (9)〈유리상서화법〉이다. 유리를 자르는 방법은 다음과 같다. 불에 달군 칼로 유리 표면에 선을 그어 그 선을 가볍게 칼로 누르면 유리를 자를 수 있고, 둥근 유리는 먼저 네모난 유리를 만들어 그 모서리를 칼등으로 쳐서 대충 둥글게 만든 뒤에 연마한다는 것이다.[118] (9)는 유리에 그림을 그리는 법이다. 유리의 바탕은 미끄럽기 때문에 그림을 그리려고 하면 먼저 생강 조각으로 유리의 표면을 문지르고, 조각皂角으로 끓인 물에 아교와 색을 섞어 그림을 그리면 엉기고 껄끄럽거나 빙음氷陰할 우려가 없다는 것이다.[119]

이상의 방법 중 어느 것이 조선에서 사용되었는지는 분명하지 않다. 방이지의 《통아》나 《물리소지》에서 인용된 방법이 실제 사용되었을 것 같지는 않다. 다만 〈유리변증설〉의 "조선에서도 지금은 거울의 뒷면에 수은을 붙일 수 있고, 유리를 자를 수 있다. 하지만 그 제법은 아직 능하지 않다."[120]는 말로 보건대, 유리를 자르거나 수은을 유리 뒤에 붙여 거울로 만들 수도 있었을 것이다. 다만 그 제법에는 아직 능하지 않다는 말로 보건대 유리의 제작 기술은 없었던 것으로 보인다. 이것이 끝내 북경에서 러시아의 유리거울을 수입한 이유가 아닌가 한다.

유리 가공과 관련하여 하나 추가할 기술이 남아 있다. 이규경은 당시 북경에서 수입하는 번옥燔玉[121]과 가박假珀[122]을 조선의 장인이 가공하는 방법을 떠올린다. 즉 조선의 장인은 번옥과 가박을 불에 넣어 불린 뒤 아교나 설탕처럼 엉기면 쇠집게를 이용해 가락지와 패물을 만드는데, 처음에는 광택이 나지 않는다. 이에 다시 독한 잿물을 발라 불에 넣어 빨갛게 된 뒤에 꺼내면 비로소 광택이 난다는 것이다. 이규경은 유리 역시 이 방법을 사용하면 광택이 나는지 모르겠다고 말한다.[123] 조선에서 번옥과 가박을 수입하여 다시 용해해 제품을 생산했다는 것이다.

유용해도 기술은 배우지 않는다

네르친스크 조약 이후 러시아인이 북경으로 진출하면서 이들이 가져온 유리거울이 조선으로 수입되기 시작했고, 급기야 18세기 후반이면 유리거울이 청동거울을 완전히 대체한 것으로 보인다. 유리거울을 통해 더욱 정확한 자신의 모습을 볼 수 있었기 때문이다. 하지만 수입된 유리거울의 크기는 매우 작았던 것 같다. 그것은 주로 빗접 위에 장착된 것이었고, 아무리 커도 가로세로 30센티미터를 넘는 것은 없었던 것 같다.

유리거울은 안경과 함께 가장 널리 수용된 서양 물건이었다. 19세기 서울에 유리거울, 곧 석경을 만드는 공방이 여럿 생길 정도였으니, 그 수요는 매우 넓었을 것으로 짐작된다. 하지만 19세기 말까지 조선은 유리를 만들 수 없었다. 극소수 지식인만이 유리 만드는 방법을 기술의 차원이 아닌 지식의 차원에서 이론적으로 인지했을 뿐이다.[124] 물론 19세기에 와서 공방에서는 유리 뒷면에 수은을 붙이는 법, 유리를 자르는 법을 알기는 했지만, 그 기술로 유리거울을 제작해 판매했을 것 같지는 않다. 북경이나 일본에서 수입한 유리거울을 잘라서 경대나 작은 손거울을 제조하는 데 그쳤던 것이 아닌가 한다.

청동거울을 급속하게 대체한 유리거울이 새로운 기능을 가졌던 것은 아니다. 즉 안경이나 망원경처럼 유리거울은 전에 없던 기능을 가진 물건은 아니었던 것이다. 하지만 유리거울은 자신에 대한 더욱 명료한 상을 제공했다. 그것은 여성의 화장술이나 자화상의 제작에 기여했던 것으로 보인다.

4장

자명종이 맞닥뜨린 조선의 시간

시간과 권력

———

무엇을 기준으로 하든, 그 단위가 어떠하든 시간의 정확한 측정은 매우 중요한 문제다. 하지만 시계가 보편화되기 전까지 그것은 전문적인 지식에 속하는 것이었고, 언제나 소수가 장악하고 있는 지식이기도 하였다. 전근대 사회에서 시간의 측정은 천문 현상을 기준으로 삼았다. 예컨대 지구의 자전과 공전에서 동일하게 반복되는 길이의 시간을 발견하고, 그것을 일정한 단위로 분할함으로써 시간의 계측이 시작된 것은 동양과 서양을 막론하고 동일하다. 하지와 동지를 알면 일 년의 길이를 정확히 측정할 수 있었다. 일 년의 길이를 알고 다시 이것을 날(일)로 분할하고, 날을 다시 시(時)로 분할하는 것, 그리고 태양년과 항성년의 차이를 고려하여 윤년을 집어넣는 방식 등은 매우 전문적인 지식이었다. 따라서 천체의 변화를 관찰하여 시간을 계측하는 것은 언제나 권력과 관계될 수밖에 없었다. 달력을 만드는 것, 그리하여 농사를 지을 시기를 알려주는 것이 중국에서 제왕의 소관이었던 것은 이 때문이다.

우리가 익히 알고 있는 조선 전기의 측기시測時器, 곧 자격루自擊漏와 앙부일구仰釜日晷, 규표圭表와 같은 물시계와 해시계를 왕의 명령, 곧 세종의 명령으로 국가가 만들었던 것도 이 때문이다. 사실 자격루와 같은 복잡한 기계장치를 갖는 거대한 측시기는 국가가 아니면 제작할 수 없었다. 또 이 복잡한 시계 장치를 이해할 수 있는 사람 역시 극소수였기에 파괴되면 수리가 불가능하였다. 예컨대 임진왜란으로 파괴된 자격루를 복구하지 못했던 것을 상기해보라. 앙부일구와 해시계는 개인이 휴대할 수 있을 정도로 축소되기도 했지만, 한편으로 계절에 따른 시간의 변화를 알기 위해서 일정한 천문학적 지식을 가져야 한다는 불편함, 그리고 흐리거나 비가 오는 날은 사용할 수 없다는 단점이 있었다.

국가가 시계를 만든다는 것은 곧 시간의 측정이 그만큼 중요한 일이었다는 뜻이다. 하지만 개인의 차원에서 시계에 대한 관심은 적었다. 계절 단위의 변화가 시간을 헤아리는 중요한 기준이었던 농업 사회가 더욱 정교한 측시기를 요구하지 않았기 때문일 것이다. 이런 상황에서 17세기 초 북경을 통해 서양식 시계, 곧 자명종이 조선에 전래되었다. 자명종을 본 사람들은 정교한 기계장치로 움직이는 이 새로운 측시기에 큰 충격을 받았다. 이 새로운 측시기는 조선에 어떤 영향을 끼쳤던 것인가?

1
—

때에 맞춰 소리를 내는 보물

기계식 시계의 탄생

시간을 더욱 정확하게 측정할 수 있는 기기를 만들고자 하는 욕망은 인간의 역사에서 여러 형태로 나타났다. 가장 대표적인 것이 해시계였다. 다만 해시계는 지구의 축이 기울어져 있기 때문에 발생하는 여러 천문학적 현상으로 인해 계절에 따라 시간이 달라졌다. 또한 해시계는 흐린 날에는 사용할 수 없었다. 유동하는 액체 혹은 액체에 버금가는 물질의 양적 변화를 측정하여 시간을 재는 방법도 있었다. 물시계가 대표적인 것으로, 이것은 거의 모든 문명권에서 발견된다. 하지만 물시계는 빙점 이하의 기후대나 계절에는 사용할 수가 없다. 더욱이 물시계의 유량을 정확히 통제하기 위해서는 대단히 복잡한 기계장치가 필요하였으며, 그것은 곧 국가 단위의 거대한 조직체만이 물시계를 보유할 수 있다는 것을 의미하였다. 곧 자격루와 같은 시보 체계는 국가만이 보유할 수 있고, 또 서울에만 있는 것이었다. 물시계와 유사한 것으로 모래시계, 향

시계 등이 있었으나 그것은 양의 변화를 정확히 조절, 통제할 수 없기에 널리 사용될 수 없었다. 요컨대 해시계·물시계·모래시계·향시계 등은 모두 뚜렷한 한계를 가지고 있었다.

시간을 정확히 측정하기 위해서는 계절과 기온의 변화, 혹은 재질의 조건에 상관없이 인간이 정확하게 제어할 수 있는 물리적 현상의 변화와 그것을 구현할 수 있는 장치가 필요하였다. 그 장치, 곧 기계식 시계를 최초로 만든 곳은 유럽이었다. 약간 상론하자면, 우리가 아는 현재의 기계식 시계는 폴리옷(foliot)이 달린 굴대가 발명되면서 시작되었고, 그 시기는 13세기 후반으로 추정된다. 14세기에 걸쳐 기계식 시계는 서서히 유럽 전역에 확산되었고, 곧 소리로 정시를 알리는 장치가 장착되었다. 주로 성당과 공공 광장, 그리고 궁전에 설치된 커다란 공공 시계는 당시 매우 비싼 물건이었다.[1] 도시의 자부심, 실용성, 기계에 대한 관심이 결합하여 비교적 높은 비용이 드는데도 시계는 빠르게 확산되었다. 14세기 말이 되자 정시뿐만 아니라 15분 간격으로 소리를 내는 시계가 제작되기도 하였다.[2]

15세기 중반까지 대부분의 시계는 공공 시계였고, 가내 시계는 드물었다. 하지만 공공 시계의 보급으로 사람들은 시계에 익숙해졌고, 그 결과 가내용 시계가 확산되는 길이 열렸다.[3] 이 시기까지 시계의 동력은 추錘였다. 무거운 추가 아래로 떨어지는 힘, 곧 중력이 시계의 동력이었던 것이다. 추가 유일한 동력인 한 가내용 시계는 쉽게 옮길 수 없었다. 시계는 받침대로 받치거나 벽에 단단히 고정시켜야 했다. 따라서 쉽게 옮길 수 있는 시계를 만들기 위해서는 새로운 종류의 원동력을 고안해야 했다. 그것이 곧 태엽이었다. 태엽은 얇고 가는 띠 모양의 금속판을 나선형으로 감은 용수철이었다. 이 태엽의 발명으로 쉽게 운반할 수 있는 시계를 제작할 수 있게 되었고, 나중에는 손목시계와 회중시계 같은 휴대용 시계의 제작도 가능해졌다. 현재 남아 있는 증거로 보았을 때 태엽을 사용하게 된 시기는 15세기 초반으로 거슬러 올라가는 것 같다. 회중시계는 1500년 무렵 독일 뉘른베르크의 시계 제조업자 페터 헨라인(Peter Henlein)이 처음 만들었다.[4] 하지만 15세기 후반 내내 추로 작동하는 가내용 시계는 여전히 매우 드물었고, 태엽으로 작동하는 시계는 그보다 더 희귀했다.[5] 가내용 시계와 휴대용 시계가 진귀한 구경거리라는 인식에서 벗어나게 된 것은 16세기에 들어서였다.

16세기와 17세기의 유럽은 다른 지역에 비해 상인과 수공업자의 비율이 높았고, 소수의 부유층과 다수의 극빈층 사이에 괜찮은 집과 좋은 의복, 얼마간의 편의 시설을 향유할 만한 경제적 여유가 있는 도시 거주자 집단—상인, 변호사, 공증인, 의사, 약제사 등—이 비교적 대규모로 존재했다. 한쪽은 공급 차원에서 한쪽은 수요 차원에서 작동하는 이 두 가지 사실은 서로 단단히 맞물려 있었다. 당시 유럽에는 시계를 만들 줄 아는 수공업자만이 아니라 그것을 구입할 수 있는 비교적 대규모의 사람들이 존재했기에 시계의 생산은 점진적으로 확대될 수 있었던 것이다.[6]

태엽과 함께 시계의 역사에 있어서 또 하나의 거대한 전환점은 진자시계의 발명이었다. 16~17세기는 위대한 천문학적 발견을 목도하고 대양 항해가 크게 확장된 시기였다. 천문학자와 항해자 모두 정확한 경도를 결정하고 별이 뜨는 정확한 시각을 측정하기 위해 정밀한 시간 측정 기기가 필요했다. 그런 측시기를 제작하기 위해서는 과학혁명의 핵심인 역학의 기본 문제들을 먼저 해결해야 했다.[7] 16세기 중반까지도 폴리옷이 달린 굴대 탈진기는 독보적인 지위를 누렸고, 측시기를 제작하기 위해서는 다소 조잡한 그 장치에 의존해야 했다. 그러나 과학자들이 시간 측정 문제에 주목하게 된 17세기 중반을 거치면서 측시학測時學에 과학

적인 원리와 체계적인 실험이 적용
되었다. 당시 과학자와 시계공 들은
긴밀하게 협력했고, 그 결과 일련의
혁명적 발견이 이루어져 시계 제작
의 기술 진보에서 돌파구가 열렸다.
가장 중요한 단계는 폴리옷 대신
진자를 이용한 새로운 작동 방식을
도입한 것이었다. 갈릴레이도 이러
한 종류의 해법을 생각했지만(갈릴
레이의 진자시계의 구상은 1637년에 있었
다), 1650년대 후반에 이 문제를 해
결하고 진자시계의 제작에 착수한

그림 27 자명종, 1669년, 실학박물관 소장.

사람은 크리스티안 하위헌스(Christian Huygens, 1629~1695)였다. 진자의 출
현은 정밀성이 떨어지는 측시기의 시대를 끝내고 고정밀 기기의 시대를
열었다.[8]

시계 제작은 물리학과 역학의 이론적 발견이 실용화된 최초의 산업이
었다. 동시에 그것은 응용역학의 전반적 발달에서 첨단을 달리며 과학
기기의 진화에서 매우 중요한 역할을 담당했다. 정밀 기기는 과학의 진
보를 가져왔으며, 과학은 정밀 기기의 향상을 가능케 했다.[9] 루이스 멈
포드가 '증기기관이 아니라 시계가 근대 산업의 핵심 기계'라고 썼을 때
그것은 다분히 과장으로 느껴지지만, 한편으로 시계가 그만큼 중요했다
는 말이 아닐까? 아니, 그 과장된 표현에는 적지 않은 진실이 담겨 있을
것이다.[10] 시계야말로 근대 산업사회를 이루는 데 있어 핵심적인 부품이
었던 것이다.

중국과 일본으로 전래된 서양 시계

서유럽에서 발명되고 확산된 기계식 시계는 곧 아시아로 전해졌다. 그 전래의 역할을 맡은 주역은 가톨릭을 전파하려는 선교사였다. 좀 더 솔직히 말해 선교를 앞세운 서구의 중국 침략에 시계가 결정적인 역할을 수행했던 것이다. 이제 그 과정을 추적해보자.

서유럽에서 가장 먼저 동방으로 진출한 포르투갈은 1510년 인도 고아를 식민지로 만들고, 1516년에는 중국의 마카오를 점령했다. 그들은 이곳을 근거로 삼아 일본으로 진출하였다. 1543년 포르투갈인이 다네가섬種子島에 내항하여 조총, 탄약과 그 제조법을 전수하였으니, 이것이 일본과 서양의 직접 교섭의 발단이었다. 이후 내항하는 포르투갈 선박의 수는 급격히 증가했고, 규슈의 다이묘大名들은 무역의 이익을 위해 이들을 다투어 자신의 영지로 받아들였다. 이와 함께 가톨릭이 일본 내에 급증했던 것도 물론이다.[11] 자명종 역시 가톨릭과 함께 전해졌다. 곧 예수회 신부 프란시스코 사비에르(Francisco de Xavier)가 1550년 야마구치의 성주인 오우치 요시타카大內義隆에게 시계를 선물한 것이 유럽의 기계식 시계가 일본에 전달된 첫 사례라고 알려져 있다. 이로부터 약 40년 후에는 도요토미 히데요시豊臣秀吉(1537~1598)가 다른 선교사로부터 교토에서 시계를 받았다는 기록이 있다. 또 다른 선교사 역시 1581년 마드리드에서 제작된 시계를 도쿠가와 이에야스德川家康(1543~1616)에게 선물했다.[12]

사비에르가 일본에 온 이후 약 40년 동안 다이묘들은 자신들의 물질적 이익과 적대적 세력의 제압을 위해 가톨릭을 용인하였고, 이에 가톨릭 신자가 크게 불어날 수 있었다. 하지만 도요토미 히데요시가 일본을 통일하자 1587년부터 가톨릭을 탄압하기 시작했고, 그것은 도쿠가와 막부德川幕府의 성립 이후에도 지속되었다. 특히 도쿠가와 이에야스가 죽은 직후(1616년)부터 가톨릭 박해는 이루 표현할 수 없을 정도로 심해졌다. 1614년부터 1635년까지 28만 명의 가톨릭 신자가 개종을 거부하여 살해되었다.[13] 1639년 포르투갈인의 내항이 금지되었고, 이후 네덜란드인만 1641년 히라도平戶에서 데지마의 포르투갈인 거주지로 옮겨 무역을 계속할 수 있었다. 시계는 이런 경로를 통해서 수입되었을 것이다.

일본에 진출한 것보다 약간 늦은 1558년 포르투갈인들은 중국으로부터 조차한 마카오에 시계를 설치했는데, 스스로 울리는 이 종은 중국인들의 호기심을 크게 자극했다. 사비에르 이후 중국 선교를 열망하던 예수회 신부들은 자명종에 관한 중국인의 관심을 선교의 기회로 삼기 시작했다.[14] 중국 선교를 위해 1579년 7월 마카오에 파견된 이탈리아 출신의 신부 미켈레 루지에리(Michele Ruggieri)가 광동성의 군사 우두머리(장군)에게 시계를 선물하였다.[15] 이어 1582년 루지에리 신부는 양광 총독 진서陳瑞에게 시계와 함께 프리즘을 선물했다. 총독이 시계를 좋아했던 것은 물론이고, 프리즘에도 대단한 흥미를 보였다. 이후 선교사들은 중국인들에게 시계와 함께 프리즘을 선물했다. 중국인들은 프리즘을 새로운 장난감이자 값나가는 보석이라고 생각했던 것이다.[16] 어쨌든 시계를 선물한 것이 결정적인 계기가 되어 예수회 신부들은 1583년 9월 조경肇慶에 들어갈 수 있었고, 거기에 성당을 지을 수 있었다. 조경의 지부知府 왕반王泮 역시 시계를 보고 감탄을 금치 못했고, 우여곡절 끝에 인도 고아에서 기술자를 불러 조경에서 시계를 제작하게 하였다.[17]

이후 마테오 리치를 필두로 한 예수회 신부들의 중국 선교는 시계를 중심으로 이루어졌다. 조경에 성당을 세우고 천주교가 조금씩 전파되자 이 사실이 유럽에 알려졌고, 교황 식스투스 5세와 예수회장 클라우디오 아크콰비바(Claudio Acquaviva)도 편지로 격려하고 선교에 도움이 되는 선물을 기증했는데, 그중에는 '매우 아름다운 시계 넉 점'도 있었다. 세 개는 가슴에 걸 수 있는 정교한 시계였고, 비교적 큰 또 하나는 탁자 위에 놓을 수 있는 시계였다. 그 탁상용 시계는 시계추가 없는 복잡한 것으로, 시간을 정확하게 가리키고 30분과 한 시간마다 종소리가 울렸다.[18]

시계는 중국의 지배층이 예수회 신부, 천주교에 대해 호감을 갖도록 만드는 중요한 선물이었다. 마테오 리치는 남창의 황족인 건안왕建安王에게 초대를 받았을 때 중국의 대리석에 황도 12궁을 새긴, 일출·일몰 시간, 매월 밤낮의 길이를 나타낼 수도 있는 시계와 혼천의, 지구본, 조각상, 유리그릇 등을 선물로 주었다.[19] 이런 선물이 결과적으로 마테오 리치의 북경행을 가능케 했음은 물론이다.

1596년 10월 이후 마테오 리치는 예수회 본부로부터 중국 사무 처리의 전권을 위임받았다. 그에게 주어진 최대의 임무는 북경으로 들어가 황제를 만나는 것이었다. 신부들이 중국에서 영원히 거주하기 위해서는 황제의 허락을 받아야 했기 때문이다. 황제에게 줄 선물도 마련되었는데, 당연히 그 중심은 아크콰비바가 준 시계와 필리핀의 마닐라 주교가 보낸 시계였다.[20] 아크콰비바가 준 큰 시계는 대단히 아름다운 장식으로 꾸민 상자를 특별히 제작해 넣었고, 시계의 문자판은 한자로 시간을 표시하고 태양새의 부리를 시곗바늘로 삼았다. 또 다른 시계 두 개는 전체를 도금한 아름다운 상자 안에 넣었는데, 크기는 작지만 훨씬 귀중한 것이었다.[21] 이 둘은 '태엽을 사용하는 것'이었다.[22] 시계 외에 성모상, 프리즘, 거울, 양털로 짠 직물, 아마亞麻로 짠 직물인 리넨, 모래시계, 유리그릇 등도 마련했는데 이것들은 황제만이 아니라 황제 주변의 인물들에게 바칠 것이었다.[23] 마테오 리치 일행은 남경의 예부상서 왕충명王忠銘의 협조를 받아 1598년 북경으로 갔지만 황제를 알현하지 못하고 남경으로 되돌아갔다. 다시 북경으로 간 것은 1600년이었다.

마테오 리치 일행이 북경에서 상주문을 올린 뒤 6개월이 지난 어느 날

신종은 갑자기 외국인들이 바치겠다고 한 자명종은 어떻게 되었느냐고 물었고, 마테오 리치 일행은 1601년 1월 24일 다시 북경에 와서 자명종을 바쳤다. 신종은 작은 자명종은 자신의 곁에 두고 큰 자명종은 1300냥의 거금을 들여 목탑을 세우고 그 속에 설치했다.[24] 신종은 또 환관 네 명을 보내 마테오 리치 등에게 자명종의 작동법을 익히게 했고, 마테오 리치 일행을 북경에서 떠나지 못하게 하였다. 자명종이 고장 나면 고칠 사람이 없기 때문이었다.[25] 결국 자명종으로 인해 마테오 리치 일행은 북경에 천주당을 짓고 천주교를 포교할 기회를 얻었던 것이다.

마테오 리치가 자명종을 바친 그해로부터 43년 후 이자성의 농민 반란군이 북경을 함락시켰다. 명은 멸망하고 청이 대륙의 주인이 되었다. 청의 지배자-황제도 자명종을 좋아하였다. 17세기와 18세기 내내 시계와 자동 장치, 그리고 그와 비슷한 아름답고 신기한 장치들이 끊임없이 북경의 황궁으로 흘러들어 갔다. 강희제(1662~1722년 재위)는 황궁에 크고 작은 시계를 만드는 제작소를 차리기까지 했고, 특유의 유연성을 보인 예수회원들은 예수회에서 전문 시계공을 선발해 중국 선교단에 포함시켰다. 1739년의 기록에 의하면, 황궁은 각양각색의 천문 시계로 가득했고, 파리와 런던의 최고 장인이 만든 시계가 4000점이 넘게 있었다.[26]

중국과 일본에 유럽산 시계가 전해졌지만, 그것은 대개 황제와 황실, 고위 관리, 환관 등 지배층에게 바치는 선물이었고, 그것이 중국 내에서 쉽게 제작되지는 않았다. 18세기 초까지 시계는 거의 전적으로 선물로 이용되었고, 아주 드물게만 상업적 거래의 대상이었다. 동인도회사의 회의록과 중국 교역소 기록을 살펴보면 17세기 후반 동안 회사를 통해 시계가 중국으로 수출되었다는 증거는 전혀 없다. 같은 시기 영국 세관에서는 스웨덴과 덴마크, 독일, 네덜란드, 플랑드르, 이탈리아, 러시아, 오스만 제국, 뉴잉글랜드, 바베이도스 및 기타 여러 지역으로 시계가 수출되었음을 기록했지만, 중국이나 일본으로의 수출 기록은 전무하다. 네덜란드 동인도회사의 기록은 17세기 내내 극소수의 시계만이 일본으로 보내졌음을 보여주며, 대부분은 선물용이었다.[27] 중국에서도 값비싼 시계를 구입할 수 있는 사람은 많지 않았다. 하지만 18세기 초반에 이르자 영국과 스위스인 들이 만든 값비싼 시계가 공급되었고, 1775년이 되면 광동인들은 낮은 가격에 시계를 구입할 수 있었다.[28] 하지만 이것은 광동 지역에 국한된 것이었고, 나머지 지역에서는 그럴 수 없었다.

일본은 중국과 사정이 약간 달랐다. 일본인은 17세기 초 서양 시계의 문자판만 한자와 십이지로 대체한 창의성 없는 복제품을 만들기 시작했고, 이어 17세기 중반에는 분침의 회전을 시침으로 전달하는 장치인 모션워크(motion work)를 새로운 양식으로 개조한 시계를 만들기 시작했다. 숫자판이 고정되어 있고 시침이 회전하는 대신 시침이 고정되고 숫자판이 회전하는 양식으로 바뀌었다. 이 시계의 숫자판은 '시간'을 조정할 수 있었다. 마침내 17세기 말이면 평형 바퀴 하나는 낮 시간을, 다른 평형 바퀴는 밤 시간을 표시하는 이중 탈진기 시계를 고안해냈다. 일본인들은 비록 굴대 탈진기와 폴리옷이라는 서양식 시계 원리를 언제나 고수하기는 했지만, 17세기 말부터는 자신들만의 양식을 개발하여 그들의 시간 계산 체계에 적합한 독특한 시계를 만들어냈다. 추로 움직이는 세 가지 형태의 랜턴 시계(lantern clock)가 그것이었다. 첫 번째 것은 비단 끈이나 고리로 거는 벽시계였고, 두 번째 형태는 받침대 위에 올려놓아서 늘어뜨린 추가 가려지는 피라미드 형태의 시계였으며, 세 번째 형태는 상 위에 올리는 탁상시계였다. 피라미드 형태의 시계는 18세기 초의 저작물인 데라시마 료안의 《화한삼재도회》에도 보인다. 좀 더 정확한 형태와 현재 남아 있는 유물은 그림 29와 같다.

그림 29에서 높이가 2척 5촌으로 되어 있는데, 1척을 30센티미터로

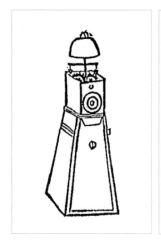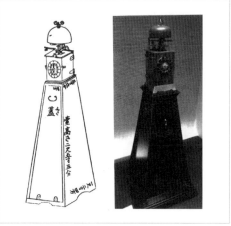

그림 28 《화한삼재도회》에 실린
일본식 자명종.

그림 29 일본에서 만든 피라미드 형태의 시계.

치면 높이는 거의 75센티미터가 넘는다. 받침대의 키가 큰 것은 추가 낙하하는 공간이 있어야 하기 때문이다.

이외에도 기둥에 걸 수 있는 기둥시계와 목에 걸거나 허리띠에 끼워 넣을 수 있는 '인롱印籠시계'를 제작했다. 일본의 시계는 주로 나가사키에서 만들어졌고, 그 외 교토, 오사카, 센다이, 나고야 등지에서도 제조되었다. 하지만 시계를 만드는 수공업자는 언제나 극소수였고, 시계 제작의 수준은 양으로나 품질로나 유럽에 미치지 못했다.[29]

이상은 대체로 카를로 M. 치폴라의 소론인데, 치폴라는 중국에서는 시계가 제작되지 않은 것처럼 말하고 있다. 하지만 조선의 기록에 의하면, 조선에 있는 시계는 중국·일본·서양·조선에서 제작한 것이라고 하였으니, 중국이 제작한 자명종이 있었던 것은 두말할 필요가 없다. 아울러 1766년 1·2월 북경에 체류한 홍대용의 기록에 의하면, 전문적으로 자명종을 수리하는 점포도 있었다. 중국이 시계를 제작했다 하더라도 서양처럼 상업화를 목적으로 한 것은 아니었을 것이다. 그런 목적으로 만든 시계는 남아 있지 않기 때문이다.

자명종의 조선 전래

자명종에 대해 최초로 언급한 문헌은 이수광의 《지봉유설》일 것이다. 그는 자명종에 대한 언급이 있는 《속이담續耳譚》이란 책을 인용하고 거기에 나름의 해설을 추가했다.

> 《속이담》에 이르기를, "대서양국大西洋國 사람 이마두가 8년 동안 바다를 건너 동오東奧(광동)에 이르렀는데, 이상한 보물을 많이 가지고 있었다. 그중 가장 신기한 것은 '자명종'이란 것으로 때에 맞추어 소리를 내고, 시각이 조금도 어긋나지 않는다. 파려석玻瓈石이란 것도 있는데, 한 번 눈앞에 비추면 말라죽은 나무나 무너진 담장도 모두 오색의 빛을 낸다." 하였다.
>
> 살피건대, 대서양은 곧 구라파이다. 자명종은 들으니 일본에도 있다고 하는데, 이름을 시종時鍾이라고 한다. 파려석은 근래에 우리나라 사람 중 일본에 잡혀간 사람이 돌고 돌아 남번까지 갔다가 보석 하나를 가지고 왔는데, 색은 청흑색靑黑色이고 길이는 몇 촌쯤 되었다. 눈으로 비추어 보면 천지 세계가 모두 오색을 이루어 무어라 이름 할 수 없다. 대개 이 물건인 것 같다.[30]

《속이담》은 유변劉汴의 저작이다.[31] 명말의 지식을 담고 있는 이 책을 이수광은 《지봉유설》 곳곳에서 인용한다. 인용된 《속이담》에 의하면 마테오 리치가 광동에 도착하였다는 것, 이상한 물건을 많이 가지고 있었다는 것인데, 그중에서도 가장 신기한 것은 자명종이었다는 것이다. 시각이 어긋나지 않고 또 소리를 스스로 내는 이 기계를 중국인이 가장 신기한 물건으로 여겼다는 것은 이미 앞에서 언급한 바 있다.

이어 이수광은 자명종이 일본에도 있으며, '시종時鍾'이라 부른다는 것을 말하고 있다. 파려석은 자신이 직접 본 동남아시아산 보석에 비정한다. 임진왜란 때 일본으로 끌려갔다가 우여곡절 끝에 남번까지 간 사람이 가져온 것을 보았다는 것이다. 파려는 원래 수정 종류나 유리를 지칭하지만, 여기서는 다른 물건일 것이다. 곧 "눈으로 비추어 보면 천지 세계가 모두 오색을 이룬다."는 이 보석은 '삼각 프리즘'일 것이다. 중국의 경우에도 프리즘을 처음 본 중국인들이 '입에 침이 마르도록 칭찬을 했고, 프리즘을 통해 보이는 것은 천상의 모습이라고 말했던 것'이다.[32] 남번은 조선 시대에 자와(Java) 섬을 가리켰다. 임진왜란 때 전라도 좌수영 진무鎭撫 김개동金介同과 이언세李彦世는 왜군에게 납치되어 '남번국'으로 팔려갔다가 탈출해 북경을 거쳐 사은사 편으로 돌아온 바 있는데,[33] 이수광은 아마도 이들이 가져온 프리즘을 보았던 것일 터이다.

《지봉유설》은 1614년에 탈고했으니 이수광은 적어도 1614년 전에 자명종의 존재를 알고 있었던 것으로 보인다. 마테오 리치가 북경 거주 허락을 받은 것이 1601년이니, 이수광이 마테오 리치와 자명종을 인지한 것은 대단히 빨랐던 것이다. 앞에서 말한 바와 같이 일본의 경우 프란시스코 사비에르가 1550년 오우치 요시타카에게 시계를 선물했고, 약 40년 뒤 도요토미 히데요시가 다른 선교사로부터 시계를 받았으며, 도쿠가와 이에야스 역시 1581년 마드리드에서 제작된 시계를 선물로 받은 바 있다.[34] 이런 경우들은 자명종이 매우 희귀한 물건이었기에 기록에 남은 것일 터이다. 이런 이유로 해서 1614년 이전 일본에도 자명종이 있다는 이수광의 말은 신기한 물건이 일본에도 있다는 소문을 전한 것에 지나지 않을 것이다. 그 역시 자명종을 목도한 것은 아닌 것이다.

자명종의 실물이 조선으로 건너온 것도 1631년 정두원에 의해서다. 앞서 이 책의 제2장에서 이미 언급했듯 정두원이 로드리게스로부터 받아온 물건 중에 '열두 번의 시간마다 저절로 우는' 자명종이 있었던 것이다. 이 자명종이 어떤 종류의 자명종인지는 전혀 알 수가 없다. 하위헌스의 진자시계는 1650년에 발명되었으니 진자시계일 수는 없다. 또 그것이 추의 무게로 움직이는 추동식인지 아니면 태엽식인지도 알 수가 없다. 이 자명종이 뒷날 어떻게 되었는지도 알 길이 없다. 정두원이 가지고 온 책과 지도가 궁중에 간직되었던 것처럼 자명종도 궁중에 들어가 외부에 공개되지 않았을 것이다. 물론 뒷날 여러 사람이 정두원과 서양 서적, 자명종 등을 기록에 남기고 있는 것으로 보아, 자명종의 존재 자체만은 경화세족 사회에 널리 알려졌을 것이다.

그로부터 5년 뒤인 1636년(인조 14) 7월 김육은 성절천추사聖節千秋使로 북경에 파견되었다가 해를 넘겨 1637년 6월에 귀환했다. 북경에서 그는 자명종을 구입해왔다. 정두원의 경우와 마찬가지로 추동식인지 태엽식인지는 알지 못한다. 추동식이 아니었는가 짐작하지만 증거는 없다. 김육은 자명종의 원리는 물론 작동법조차도 몰랐다. 그의 증언에 의하면 정두원 역시 선물로 받아온 자명종의 '운용의 오묘함'을 몰라 사람들이 비웃었다는 것인데, 그 역시 "기계가 회전하면서 스스로 종을 치는 것이 심히 오묘했지만 그 시각과 상합하는 것을 몰랐다."고 한다. 하지만 이내 자명종의 비밀이 풀렸다. 김육에 의하면, 자명종의 원리를 처음 알아낸 사람은 '밀양의 교장巧匠 유흥발劉興發'이었다고 한다. 김육이 '교장'이라고 표현하고 있으니, 유흥발은 아마도 대단히 솜씨가 좋은 장인(무슨 장인인지는 미상)이었던 모양이다. 유흥발이 '일본에서 파는 자명종'을 구해 궁리한 끝에 운용의 묘를 터득했다고 한다. 유흥발은 기계를 작동시키고 12시에 모두 스스로 소리를 내게 하였다. 자명종은 자오子午에 아홉 번, 축미丑未에 여덟 번, 인신寅申에 일곱 번, 묘유卯酉에 여섯 번, 진술辰戌에 다섯 번, 기해己亥에 네 번, 매시 정중正中이면 단지 한 번 쳤다. 밖에는 윤도輪圖가 있어 12시각을 새겨놓았다. 일월이 그 안에서 회전하는데, 차고 이지러지고 더디고 빠른 것이 조금도 차이가 나지 않았다. 김육은 너무나도 기이한 일이라며 감탄을 금하지 못하고 있다.[35]

김육이 사망한 것은 1658년이니 유흥발이 자명종을 이해해서 제대로 작동시킨 것은 1637년에서 1658년 사이의 일이다. 유흥발과 관련하여 흥미로운 것은 그가 일본 사람이 파는 자명종을 구입했다는 것이다. 장인인 유흥발이 일본에 갔을 리는 없으니, 추측컨대 부산의 왜관에서 구입했을 것이다. 조선은 임진왜란으로 인해 왜관을 폐쇄했다가, 1607년 국교가 회복되면서 부산 두모포豆毛浦(현재 부산 동구청 자리)에 다시 왜관을 개설하였다. 하지만 개설 직후에 자명종을 구입했을 가능성은 낮다. 다만 김육이 사망하기 전에 구입했음은 알 수 있다. 또한 이 자명종이 서양에서 제작한 것인지, 일본에서 서양의 자명종을 본떠 만든 제품인지, 아니면 17세기 중기 이후 개량된 형태의 것인지도 분명하지 않다.

정두원과 김육이 남긴 자료로 추정하건대, 대체로 17세기 전반까지 중국과 일본을 수입처로 하는 자명종은 대단히 드문 것이었다고 말할 수 있다. 또 그것의 구성과 작동 원리를 이해하는 사람도 거의 없었던 것을 알 수 있다. 그랬던 정황이 확실한 것은 이민철李敏哲(1631~1715)과 관련된 자료로도 거듭 입증할 수 있다. 이민철은 저 유명한 백강白江 이경여李敬輿의 서자이자 신임사화 때 사사賜死된 이이명의 서숙庶叔이다. 명문가 출신이지만 서자이기에 출세와는 아무 관계가 없었던 그는 오히려 기계를 만지는 기술에 재능을 보여 10여 세에 이경여로부터《서경》

의 혼천의에 대한 주해를 배우고 물시계를 제작하고,[36] 1679년(숙종 5) 왕명으로 수차水車를 제작하기도 하였다.[37] 이이명이 남긴 자료에 의하면, 자명종이 조선에 처음 전래되었을 때 '동래 사람'이 일본인에게 '전축轉軸'하는 법을 배워 서울에 전했지만, 자세히 알지 못해 자명종이 있기는 해도 쓸 줄을 몰랐다는 것이다. 그 '동래 사람'이 누구인지는 확실하지 않다. 밀양의 유흥발 외에 왜관과 지리적으로 가까웠던 동래의 장인이 아닌가 한다.[38] 어쨌건 17세기 전반 자명종은 북경이 아닌 일본으로부터도 수입되기 시작했고, 또 그 원리와 조작법에도 미숙했던 사정을 이 자료를 통해 충분히 짐작할 수 있는 것이다.

이이명 외에 이민철의 비상한 기술적 재능에 대해 언급하고 있는 김려金鑢(1766~1822)의 이민철 전기, 곧 〈이안민전〉에 의하면, 이민철은 '동래 사람'이 이경여에게 바친 자명종을 분해하여 구조와 원리를 파악한 뒤 다시 조립했다고 한다. 여기서 흥미로운 것은 "이민철이 대나무못을 깎아 기름종이를 사용해 그 법에 따라 제작했는데 어긋나지 않았다."고 한 부분이다.[39] 말하자면 이민철은 기름을 먹인 빳빳한 종이와 대나무못으로 자명종을 제작한 것으로 보인다. 이민철이 자명종의 작동 원리를 깨우쳤을 때가 이이명에 의하면 10세, 김려에 의하면 9세 때다. 대개 1640년쯤이다.

이상의 자료를 통해 17세기 전반 북경과 일본(특히 부산의 왜관)을 통해 자명종이 드물게 수입되기 시작했고, 그 기계의 구성과 작동 원리를 겨우 이해하기 시작했던 것으로 보인다. 다만 이민철이 만든 자명종은 온전한 것이 아니었던 것으로 보인다. 자명종의 동력은 추 혹은 금속으로 만든 태엽일 터인데, 톱니바퀴야 혹 종이로 만들 수 있을지 몰라도, 과연 추와 강철 태엽이 자명종에 설치되었을 것인가? 이민철이 만든 자명종은 그 작동 원리만 보여주는 모형이었을 가능성이 높다.

2

조선 사대부를 매혹시킨 서양 시계들

자명종의 확산

이수광에 의해 자명종의 존재가 최초로 인지되고, 이어 정두원·김육·이경여 등이 자명종의 실물을 선물 받거나 구입하여 소장하게 된 것, 그리고 유흥발과 이민철, 성명 미상의 동래 장인이 자명종의 작동 원리를 이해하는 것은 대체로 17세기 전반의 일이다. 이들에 관련된 기록이 남은 것은, 당시 자명종이 매우 희귀한 것이었음을 의미한다. 하지만 그 희귀성으로 인해 자명종은 사람들에게 깊은 인상을 남기며 호기심을 강렬하게 자극했다. 이것은 곧 자명종의 확산으로 이어졌을 것이다. 이민철 이후 자명종의 구입과 소유를 입증하는 자료가 드물기는 하지만, 매년 한 차례 이상 북경에 파견된 조선 사신단이 자명종의 구입에 관심을 보였던 것은 두말할 필요가 없다. 아울러 부산의 왜관 역시 자명종의 구입 통로로 항시 열려 있었던 것도 지적되어야 할 것이다.

앞에서 말한 바와 같이 정두원이 로드리게스로부터 받아온 자명종은 중국에서처럼 왕실의 소유가 되었을 것이다. 아니면 왕의 친족, 곧 대비나 세자 등의 소유물이 되었을 것이다. 물론 왕이 직접 자명종을 수입하라는 명령을 내리는 자료는 남아 있지 않다. 현재 전하는 자료를 통해 보건대, 자명종은 약간은 우회적인 방법을 통해 수입되었던 것 같다. 그 우회적인 방법이란 망원경을 수입한 바 있는 관상감을 통한 것이었다. 관상감은 천문학과 지리학(풍수지리), 명과학命課學(점술), 그리고 각루刻漏 곧 물시계를 담당하는 관서였다. 시간의 계측은 원래 관상감의 업무였으니, 관상감에서 자명종에 대해 비상한 관심을 보인 것은 너무나도 당연한 일이었다.

앞서 여러 차례 언급한 바와 같이 1653년 조선이 청의 시헌력을 공식 역법으로 채택한 이후 공식적, 비공식적으로 북경에 관상감의 역관曆官을 파견하여 시헌력의 배후에 있는 서양 역법과 천문 계산법을 습득하게 하였다. 파견된 역관은 종종 서양 천문학서와 관측 의기儀器를 구입해왔다. 때로는 역관 개인이 그런 기기들을 수입하기도 했으니, 그럴 경우 관례적으로 조정에서 포상을 하였다. 자명종이 시간을 정확히 계측하는 도구라는 것이 알려지자 관상감에서 수입을 하기 시작하였다.

관상감을 통해 자명종을 수입한 것을 알 수 있는 문헌상 최초의 예는 1715년(숙종 41) 동지사를 따라 북경으로 간 관상감 관원 허원의 경우다. 1709년 망원경을 구입해오기도 한 허원은 북경에서 청의 오관사력五官司曆을 만나 역문 역사에 관계된 서적 아홉 종과 추산推算에 필요한 기계를 구입해올 때 자명종도 같이 구입해왔던 것이다. 자명종 부분의 자료를 직접 보자. "또 서양의 '자명종'을 얻어왔는데, 그 제작이 매우 기묘하였다. 비변사에서 이를 모두 임금에게 올리고 자명종을 그 모양에 의해 만들어 본감本監에 두기를 청하니, 이를 허락하였다."⁴⁰ 자명종의 원본은 왕의 소유로, 복제품은 관상감의 소유로 하자는 것이다.

이처럼 관상감에서 수입한 자명종은 왕의 소유가 되는 것이 일반적이었다. 동일한 사례는 뒤에도 종종 보인다. 1766년 초 북경에 머무른 홍대용의 경우, 자명종에 비상한 관심을 보였다. 그때 홍대용과 함께 북경에 간 관상감 관원 이덕성은 자명종을 구입하려고도 하였다. 이외에 관상감이 국왕이나 왕비의 장례식에 사용하기 위해 자명종을 수입하는 경우가 있었다. 이때는 보통 윤도輪圖, 곧 나침반과 일영日影(해시계)과 같이 수입하였다. 정확한 용도는 모르지만 무덤구덩이를 파기 위해 사용한 것으로 보인다.[41]

이외에도 외교 관계에서 자명종을 선물로 받는 경우도 있었다. 예컨대 1723년 경종이 관상감에 복제를 명한 서양국의 문신종問辰鍾은 청에서 선물로 받은 것이었다. 진하사進賀使로 파견된 밀창군密昌君 이직李㮹이 청주淸主, 곧 청나라 황제가 하사한 문신종을 가지고 오자, 관상감에서 그것을 복제해둘 것을 요청했던 것이다.[42] 이 시계는 대단히 정교하여 밤이나 낮, 비가 오거나 흐리거나 상관없이 쉽게 시각을 측정할 수 있었다고 한다. 이규경에 의하면, 1723년에 청의 옹정제가 조선 왕, 곧 경종에게 하사한 여러 종류의 물건 중 법랑으로 꾸민 문종問鍾 하나가 있었다고 하는데 아마도 이 시계일 것이다.[43] 옹정제가 자신의 즉위 기념 선물로 보냈을 것으로 추정된다. 다만 여기서 하나 눈여겨보아야 할 것은 '문신종', '문종'이란 명칭이 등장하고 있다는 것이다. 분명 기계식 시계인데, 그 이름은 '시간을 묻는다'는 의미를 갖는다. 이것은 자명종의 어떤 장치를 통해 지금의 시간을 확인할 수 있다는 의미로 보인다. 이에 대해서는 후술한다.

일본에서도 종종 즉위를 축하하는 선물로 자명종을 보냈다. 최초의 기록은 효종 즉위(1649년)를 기념하여 1650년 일본이 보낸 선물 목록이다. 여기에 자명종이 포함되어 있다.[44] 이후 정조와 순조의 즉위를 기념

하여 일본에서 자명종을 선물로 보내고 있으니, 그 이전의 숙종, 경종, 영조의 즉위에도 자명종을 보냈다고 보는 것이 타당할 것이다.[45] 그 증거로 경종이 지은 〈자명종기自鳴鐘記〉가 남아 있는데, 거기서 경종은 "자명종은 왜국에서 제조한 것이다."라고 밝히고 있다.[46]

《승정원일기》에 보이는 경종·영조 연간의 대내大內 소유의 문신종·문종은 바로 이렇게 하여 입수된 시계였을 것이다. 1724년(경종 4) 6월 30일 내의원 제조 이조李肇는 북경에서 보낸 문신종을 관상감에서 수리하게 했지만 유능한 장인이 없어 지방의 장인을 불러 수리하게 한 뒤 그것을 한 벌 복제해 관상감에 둘 것을 요청하여 허락을 받는다.[47] 1725년(영조 원년)에는 관상감에서 대내에서 수리를 명한 문신종 한 개와 문종 두 개에 대해, 문신종은 수리했지만 문종은 워낙 정교한 것이라서 조선의 장인은 수리할 수 없으므로 고장 난 상태로 다시 대내로 돌려보낸다고 보고하고 있다.[48] 1724년의 문신종은 1725년의 문신종과 같은 것으로 보이지만, 1725년의 문종은 분명히 구분되는 것이다.

더 많은 자명종은 민간, 곧 사족층, 특히 경화세족의 소유였을 것이다. 거듭되는 이야기지만, 명이 멸망한 직후인 1645년부터 조선은 청나라에 동지사 겸 정조사를 파견하기 시작했다. 일 년에 네 번 정기 사신단을 파견한 명대에 비해 기회는 훨씬 적었지만, 오히려 그러했기에 북경 여행은 더더욱 의미가 있는 것이었다. 사신단을 따라간 문인들이 남긴 연행록에는 천주당과 천주당 내부의 서양 기물에 대한 기록이 있다. 앞서 이 책의 제2장에서 살펴본 홍대용의 천주당 방문이 그 훌륭한 예라 하겠다. 천주당 방문은 인상적인 체험이었고, 그 인상적 체험에 자명종이 포함되어 있었다. 지금 남아 있는 연행록 중에서 천주당에 설치된 자명종의 존재를 가장 먼저 알리고 있는 것은 김창업의 《노가재연행록》이다. 김창업은 1713년 2월 9일 천주당을 방문하여 자명종을 보고 이렇게 쓴다.

안에 기둥 같고 서까래 같으며 대나무 같은 것이 무수히 서 있는데, 크기는 같지 않지만 모두 금과 은으로 칠을 하였다. 그 위에 가로로 철판 하나를 놓았는데, 한쪽 편은 구멍이 무수히 뚫려 있고, 다른 한쪽 편은 부채와 같이 생겼다. 조금 있다가 보니, 해 그림자가 그 방위에 이르자 대臺 위의 크고 작은 종이 각각 네 번을 쳤고, 한복판의 큰 종이 여섯 번을 쳤다.

이것은 자명종인데 기이하게 여길 만한 것은 아니다. 괴이한 것은 종소리가 그치자마자 동쪽 홍예문 안에서 바람 소리가 났고, 마치 여러 바퀴를 굴리듯 계속해서 음악 소리가 났다. 생황笙簧·사죽絲竹 소리가 어디서 나는지는 모르겠으나, 율려律呂가 맞고 궁상宮商이 가락을 이루었다.[49]

이 설명만으로는 정확하게 파악할 수 없으나, 철판의 한쪽에는 구멍이 뚫려 있어 햇빛이 통과하고, 다른 쪽에는 부챗살처럼 방위가 표시되어 있어 구멍을 통과한 햇빛이 특정한 방위를 비추면 안에 있는 자명종의 장치가 작동하여 종이 울리도록 된 것이 아닌가 한다. 이것은 자명종에 해시계를 결합시킨 형태일 것이다. 그런데 김창업은 이미 자명종에 익숙한 것처럼 보인다.

1720년 북경에 갔던 이의현李宜顯은 천주당에 일영日影 방위方位 자명종 등이 있어 매우 기교奇巧하고 볼 만하다고 말한다. 그것은 앞서 김창업이 본 것과 동일한 자명종일 것이다. 하지만 이의현은 사정이 있어 끝내 천주당을 방문하지 못한다.[50] 우리가 현재 문헌, 곧《연행록》으로 확인할 수 있는, 북경의 자명종에 관한 기록은 1713년 김창업과 1720년 이의현의 것뿐이지만, 1645년부터 북경에 파견된 사신들은 이미 천주당의 자명종을 익히 알고 있었을 것이다. 물론 마테오 리치가 북경 거주 허락을 받은 것이 1601년이고 천주당을 세운 것이 1605년이니, 이로부터 1645년까지 북경에 간 사신단 역시 천주당의 자명종을 보았을 가능성이 높다. 하지만 그것을 확인할 수 있는 문헌 자료는 전혀 남아 있지 않아 무어라 말할 근거가 없다.

북경 천주당의 자명종은 건물에 설치된 것이었다. 당연히 구입할 수 있는 것은 아니었을 터이다. 하지만 그것은 자명종에 대한 호기심을 자극하기에 충분했을 것이다. 앞서 언급한 대로 김육이 북경에서 자명종을 구입한 것이 1636~1637년이었음을 상기한다면, 북경에 파견되는 사신단이 자명종에 관심을 보이고 구입해왔으리라는 것은 충분히 짐작할 수 있다. 후술하겠지만, 17세기 문헌에 등장하는 경화세족의 자명종은 대개 이처럼 조선 사신단이 북경에서 구입한 것이거나 부산의 왜관을 통해 구입한 것일 터이다.

이제 민간에서 자명종을 소유한 몇몇 사례를 보자. 이민철이 자명종의 원리를 깨우쳤다는 1640년으로부터 20여 년이 지난 1667~1669년 어림에 이단상李端相(1628~1669)은 박세채朴世采에게 보낸 편지에서 이렇게 말하고 있다. "근래 새로 만든 자명종 하나를 구했는데 자못 정묘합니다. 앞으로 벼슬이 없을 때 한번 오시어 같이 감상하면 좋겠습니다. 그 제도는 자못 커서 운반하기 어렵습니다."[51] 또 그는 조카 이성조李成朝에게 보내는 편지에서 "자명종은 최영崔英으로부터 가져왔다. 최영은 고목告目을 올려 서문을 청하니 가소롭구나."라고 말하고 있다.[52] '근래 새로 만든 자명종'이란 것이 중국 혹은 일본에서 만든 것인지, 아니면 조선에서 만든 것인지는 분명하지 않다. 어쨌든 이단상은 이미 박세채가 자명종에 대해 충분히 인지하고 있다는 사실을 전제하여 새로 구입한 자명종을 함께 구경하자고 제안하고 있는 것이다. 하나 덧붙이고 싶은 것은, 너무 커서 운반하기 어려울 정도라고 했으니, 태엽식이 아닌 추동식 자명종이었을 것으로 보인다.

이보다 약간 뒤인 1690년경 권상하權尙夏(1641~1721)는 주자朱子의 '윤장심장輪藏心藏'이란 말의 출처를 묻는 민진후에게 자신이 언젠가 본 자명종과 같은 원리로 움직이는 것이 아닌가 한다는 내용의 답을 보내고 있다.[53] 권상하는 특정한 어휘를 풀이하면서 자신이 본 자명종을 예로 들고 있다. 이 역시 민진후가 자명종을 알고 있기에 가능한 답변이다. 이단상·박세채·권상하·민진후는 모두 서인으로서 17세기의 중요한 정치가이자 문인 사상가다. 같은 시기의 남인 명가 출신 이서우李瑞雨(1633~?)는 자명종을 꽤 신기하게 여겨 〈자명종〉이란 시를 썼는데, 거기서 그는 자신이 본 자명종이 일본의 것임을 밝히고 있다.[54]

이상은 모두 17세기에 활동한 인물들로, 모두 당대 최고의 벌열이었다. 이단상의 조부는 좌의정 이정귀李廷龜이고 아버지는 대제학 이명한李明漢이다. 권상하는 송시열의 수제자로 노론을 이끈 인물이며(좌의정·우의정에 임명되었으나 사양했다), 민진후는 여양부원군驪陽府院君 민유중의 아들이자 인현왕후의 오빠다. 이서우 역시 청요직을 두루 거치고 관찰사까지 지낸 인물이다. 이상의 사례를 근거로 자명종은 17세기에 이미 경화세족을 중심으로 널리 알려진 물건이었음을 알 수 있을 것이다. 다만 이단상이 박세채에게 새로 구입한 자명종을 구경하자고 제안하는 것을 보면, 자명종을 소유한 사람의 수가 많지는 않았던 것으로 보인다.

이들 경화세족이 소유한 자명종은 일본에서 수입한 것이라고 밝히고 있는 이서우의 경우를 제외하면 북경에서 구입한 것인지, 왜관을 통해 일본의 것을 수입한 것인지 분명하지 않다. 다만 북경에는 일 년에 한두 차례 사신단을 파견하였으니, 북경에서 구입하거나 기증받은 것이 많았을 것이라고 조심스럽게 추측할 수는 있다. 예컨대 1721년 사은부사로 북경에 파견된 이정신李正臣(1660~1727)은 호국대장군護國大將軍 조이학趙爾郝의 부탁으로 글씨를 써주었다. 이에 조이학이 황금으로 꾸민 자명종을 선물로 주고자 하였으나 운용하는 법을 모른다며 사양하고 받지 않았다.[55] 이런 예를 보건대 북경에서 선물로 자명종을 받았을 수도 있다.

이제 그 소장품의 실례를 보자. 안중관安重觀(1683~1752)은 1717년 여름 죽곡竹谷에서 객으로 머물고 있을 때 주인 김군이 이웃에서 구입해둔 자명종을 보고 쓴 글에서 이렇게 말한다.

자명종은 시간을 측정하는 기기다. 그 제도가 중국에서 나온 것으로서 옛날에는 없던 것이며, 곧 근세의 교묘한 생각을 한 사람이 만든 것이다.

그 모양은 판옥板屋 같지만 작다. 넓이는 2촌 반, 높이는 그것의 갑절이다. 그 위에는 작은 구리종을 달았고, 북채를 종 옆의 집 안에 세워놓았다. 철鐵로 기륜機輪(기계의 바퀴)을 만들어 층층이 설치하고 그것이 동서로 서로 돌게 하여, 시간이 되면 북채가 종을 친다. 그 소리는 12시에 각각 많고 적은 수가 있어 구별한다. 바깥의 한 면에는 금연金鉛으로 만든 작은 고리를 엮어 해와 달의 운행을 상징한다. 해는 빠르고 달은 느리지만, 모두 좌선左旋한다. 밤과 낮, 그믐과 보름은 각각 그 마디에 따라 응한다. 그 아괄牙括과 함축縅軸은 움직임이 살아 있는 물건 같다. 대략 구리 혼천의의 제도를 의방한 것이고, 옛날 연화루蓮花漏와 같은 것이다. 대개 인위의 지극히 교묘한 것이다.

그러나 해와 달이 태허를 운행할 때 그 차고 이지러지는[贏縮] 도수는 일정하지 않아 비록 고대의 교력巧曆이라 할지라도 똑같이 맞출 수가 없는 것이다. 하물며 이 구구한 기기로 측정하여 맞추면 어찌 차이가 없을 수 있겠는가? 그러므로 이 기기는 천시天時와 항상 앞서거니 뒤서거니 하여 잘 맞는 경우가 드물다.

대저 이와 같으니 사람이 눈으로 직접 해와 달, 별과 북두칠성을 살펴서 쉽게 아는 것만 못한 것이다. 따라서 이 물건은 쓸 필요가 없는 물건이라 할 수 있겠다. 그러나 흐리고 비가 오는 낮, 어두운 밤, 해와 달을 볼 수가 없고,

시각의 이르고 늦음을 정확하게 알 수 없다고 하자. 그런 때라면 이 기계는 사용할 수 있을 것이다. 그런즉 불필요하다고 말할 수는 없다.[56]

중국에서 나온 제도라는 것은 물론 오류다. 안중관은 자명종이 원래 서양에서 만든 것인 줄 몰랐던 것이다. 현재 중국제로 보이는 자명종 하나가 숭실대학교 기독교박물관에 소장되어 있다.

안중관이 본 자명종은 이와 같은 형태의 것이 아니었을까? 자명종은 판자로 만든 집 같다 했으니 네모난 형태를 띠고 있었던 것으로 보인다. 크기는 넓이

그림 30 **자명종**, 18세기, 숭실대학교 한국기독교박물관 소장.

가 2촌 반, 높이는 그것의 갑절이니 5촌이다. 1촌을 3센티미터로 잡는다면 넓이는 7.5센티미터, 높이는 15센티미터다(폭은 나와 있지 않다). 그 위에 구리종이 부착되어 있고 다시 그 옆에 종을 치는 북채가 있다. 종은 12시간마다 한 번씩 울린다. 아울러 태양과 달도 설치해놓았는데, 그 역시 작동하여 밤과 낮, 그믐과 보름을 알리도록 작동한다. 자명종의 동력에 대해서는 언급이 없지만 크기가 크지 않다는 것, 특히 높이가 15센티미터 정도라는 것을 고려할 때 이 자명종은 추동식이 아닌 태엽식으로 보인다. 마테오 리치가 1601년 신종에게 이미 태엽식 자명종 둘을 바쳤고, 이후 북경에 태엽식 자명종이 있었으니, 북경에서 태엽식 자명종이 수입된다 해도 전혀 이상한 일이 아니다. 물론 조선에서 제작한 것이라고 의심할 수도 있겠지만, 당시 기술 수준으로 보아 이렇게 작은 자명종

을 만들 수는 없었다. 또 태엽식이라면 조선은 19세기 말까지 태엽을 만들 수 없었다.

18세기가 되면 자명종은 더욱 널리 확산된 것으로 보인다. 18세기 말경 이덕무는 자신은 생계가 군색하여 새가 깃들인 뒤 저녁밥을 먹고 새가 둥우리에서 나간 뒤 잠을 깬다고 우아하게 말한다. 왜냐하면 가난하여 자명종과 연화루를 마련할 수 없어 새 울음소리로 그것을 대신하기 때문이라는 것이다.[57] 가난한 이덕무가 자명종이 없어서 새소리를 자명종으로 삼는다는 말을 할 정도라면, 이미 자신의 주변에서 자명종을 흔하게 보았기 때문일 것이다.

문시종-기계에게 시간을 묻다

이수광의 《지봉유설》에 보이는 것과 정두원이 로드리게스로부터 선물받은 것은 모두 자명종이었다. 이제까지 인용한 문헌의 자명종은 안중관이 본 것 외에는 대체로 추의 무게를 동력으로 삼는 추동식이었던 것으로 보인다. 그런데 앞에서 서양의 시계에 대해 언급할 때 16세기로 접어들면서 태엽의 발명으로 작은 크기의 가내용 시계와 회중시계가 발명되었다고 말한 바 있다. 이런 시계에 대한 언급은 조선의 문헌에서는 거의 찾을 수 없고, 오직 1766년 초에 북경에 머무른 홍대용의 《을병연행록》과 《연기》에서부터 보이기 시작한다. 이제 홍대용의 북경행을 따라가면서 그가 본 새로운 시계에 대해 알아보자.

홍대용은 앞서 언급했듯 자명종에 대단한 관심을 보인 사람이었다. 그가 1766년 북경 천주당을 방문해 고가이슬·할러슈타인 두 선교사를 만나 천체망원경을 보고 대화를 나눈 것은 이미 이 책의 제2장에서 서술한 바 있다. 이번에는 자명종이다. 홍대용은 1월 8일 방문한 천주당의 자명종을 이렇게 묘사한다.

먼저 그 집 제양制樣을 보니 서너 길의 표묘한 집을 지었으니 너르기 서너 칸이다. 남쪽 처마는 다 널로 빈지를 쌓았고, ①가운데 한 아름 쇠고리를 박고, 고리 위에 12시와 96각을 그리고 각각 서양국 글자로 시각을 표하였다. 가운데 조그맣고 둥근 구멍으로 쇠막대 부리 두어 치를 나오게 하고, 그 위에 가로로 쇠를 박아 시각을 가리키게 하였다.

문 안으로 드니 위에 또 한 누가 있으니 남쪽은 두 발 사다리를 세웠고, 북쪽은 누가 터져 있어 큰 줄 두 가닥을 가로로 드리웠는데, 실은 한 가닥이고 그네 줄 모양이다. ②그 줄에 말[斗]만 한 큰 추를 꿰었으니 연 알 모양이다. 아래에서 들으니 다만 도는 소리만 들릴 뿐이고, 그 제양은 볼 길이 없었다.

올라가 보기를 청하자 할러슈타인이 말하기를, "누 위가 좁아 여러 사람을 용납하지 못합니다. 한 명만 올라가되, 머리에 쓴 것을 벗고 오르십시오." 하고, 나를 향하여 "그대만 올라가십시오." 하거늘, 내가 전립을 벗고 누 위에 오르니 너르기 두어 칸이요, 기이한 기계를 가득 벌였으니 무수한 바퀴가 서로 얽혀 창졸간에 살필 길이 없고, 대개 자명종 제도를 바탕으로 하여 형체를 키우고 기계를 변통하였으니, 바퀴 하나의 크기가 혹 한 아름이 넘고, 한편에 여러 가지 이상한 기계를 잡란하게 베풀었다. ③그 서쪽에 작은 종 다섯을 달고 그 옆에 큰 종 하나를 달았는데, 각각 망치를 갖추고 철사를 두루 늘여 서로 응하게 만들었다. 대강 이러할 따름이고 그 공교한 법은 말로 이루 기록하지 못하였다.[58]

자명종은 누각 안에 설치되어 있었다. 누각의 외면에 노출된 시계의 문자판은 서양국의 글씨(아마도 아라비아 숫자)로 12시가 쓰여 있었고, 각 시간과 시간 사이는 8각이었다. 문자판의 가운데는 쇠막대를 두어 치나오게 박고, 거기에 쇠침을 박아서, 곧 시침을 만들어 시간을 표시하게 되어 있었다. 이것은 오늘날의 시계와 다르지 않다. 이 자명종은 ②에서 보듯 추동식이었고, ③에서 보듯 큰 종 하나와 작은 종 다섯을 두어 소리를 울리게 하였다.

① 대개 자명종은 원래 서양의 제도에서 나온 것으로 근래에 천하에 두루 퍼졌다. 그 기륜의 제도는 늘리고 줄이는 데 따라 각각 의의는 있지만, 끝내는 교묘한 서양산만 못하다.
② 문시問時·일표日表 같은 것은 크기가 한 줌도 되지 않고 무게가 수량銖兩(24분의 1냥. 아주 작은 중량을 의미함)에 불과하고, 심한 경우 계지戒指(반지) 가운데 감출 수도 있는데, 기륜은 털이나 실처럼 가늘지만 시간에 맞추어 종을 귀신처럼 친다.
③ 다만 작은 것은 만들기도 어렵고 쉽게 망가지므로 시간이 분각分刻도 어긋나지 않고 영구히 망가지지 않은 것을 생각한다면 크면 클수록 좋은 것이다. 이 종루鍾樓는 통변通變을 잘할 수 있어 자명종 중에서는 아주 좋은 제도인 것이다.[59]

홍대용의 이 발언은 대단히 중요한 것이다. 그는 서양에서 제작된 자명종이 세계에 두루 퍼져 있다는 것, 그리고 비서양권에서도 자명종을 제작하고 나름의 의의가 있지만 결국은 서양 자명종의 정교함을 따라가지 못한다는 것을 지적한다(①). 이어 ②에서 문시問時·일표日表라는 아주 작은 시계에 대해 언급한다. 그것은 크기가 한 줌도 되지 않고 무게도 수량에 지나지 않으며, 아주 작은 경우는 계지 속에 들어갈 수 있다.

털이나 실처럼 가는 톱니바퀴는 귀신처럼 종을 치며 작동한다. 여기에 나오는 '문시'와 '일표'는 회중시계다. 홍대용의 말은 조선 시대 최초의 회중시계에 대한 구체적 언급이다.

문시와 일표는 홍대용이 중국에 가기 전에 이미 알았던 것으로 보인다. 왜냐하면 '계지' 운운하는 발언은 페르비스트의 《곤여도설坤輿圖說》에 나오는 내용이기 때문이다. 페르비스트는 게르마니아熱爾瑪尼亞, 곧 지금의 독일에 대한 해설에서 "공작工作이 정교하여 기기를 제조하는 것은 다른 오랑캐들이 생각하는 바가 아니다. 반지[戒指] 속에 하나의 자명종을 넣을 수 있다."[60]라고 말하고 있다. 홍대용은 《곤여도설》의 이 정보를 접했던 것 같다. 작은 자명종보다 정확성과 내구성을 보장할 수 있는 큰 자명종이 좋다고 말하고 있는 것으로 보아, 그는 작은 자명종에 대한 정보를 갖고 있었던 것이 분명하다. 이 문제를 좀 더 살펴보자.

수많은 조선 사신단이 북경의 천주당을 방문했지만, 자명종 누각의 내부를 꼼꼼히 관찰한 것은 홍대용이 최초일 것이다. 이런 홍대용이었기에 그는 《을병연행록》과 《연기》에서 계속해서 자명종에 대한 언급을 남기고 있다. 화이론자華夷論者이자 북벌北伐에 대한 뜻을 품고 있던 홍대용은 북경에서 '천하의 선비를 만나 천하의 일을 의논할 뜻'을 가지고 있었다. 그것은 북경행의 가장 중요한 목적이었다. 곧 한족 지식인이 청나라의 체제에 대해 어떤 생각을 갖고 있는지 확인하고자 했던 것이다. 따라서 그는 한족 지식인을 만나 대화하기를 간절히 바랐지만, 그런 인물을 쉽게 만날 수 없었다. 천주당을 방문한 그다음 날 자신이 데리고 간 농마두籠馬頭 덕형은 '진가陳哥의 점포'에서 건륭제의 사촌인 유친왕愉親王의 아들 양혼兩渾[61]을 만나보라고 권했다. '진가의 점포'는 '조선과 매매를 일삼는'[62] 가게였다.

대명의리를 신념으로 삼고 있던 홍대용으로서는 양혼이 한족이 아닌

만주족이고, 또 황제의 지친이라는 것이 마음에 걸렸지만, 덕형이 던진 한마디를 외면할 수 없었다. 덕형은 "그 집에 문시종問時鐘이 있으니, 크기가 호두 같고 천하에 기이한 보배라 또한 기이한 구경일 것입니다."[63] 호두알 같은 문시종은 천주당의 자명종에 대해 말할 때 들은 문시와 일표 중 하나다. 홍대용은 "하물며 문시종은 내가 평생에 한번 보기를 원하던 것이니 네 서둘러 만나기를 도모하라."[64] 홍대용은 '문시종은 자신이 평생에 한번 보기를 원하던 것'이라고 말한다. 그는 원래 문시종에 대한 정보를 알고만 있었지, 실제 본 적은 없었던 것이다. 여기서 중요한 것을 하나 먼저 지적하고자 한다. 《을병연행록》은 이 시계를 '문시종'으로 표현하고 있지만, 《연기》쪽은 '문종'으로 표기하고 있다는 것이다. 일단 이것을 염두에 두자.

양혼과 만나 많은 이야기가 오갔지만 역시 홍대용의 관심은 시계였다. 양혼이 진가에게 무엇을 꺼내 보이자 진가가 홍대용에게 보시겠느냐고 물었고, 홍대용은 그 물건의 이름을 물었다. 진가가 '문시종'이라 답하자, 홍대용은 '평생에 한번 보기를 원하던 것'이라고 말한다. 이 말을 통해 홍대용이 이미 회중시계의 존재를 알고 있었음을 거듭 확인할 수 있다. 물론 그것은 아주 희귀한 것이었을 것이다.

이제 홍대용이 그렇게 보고자 한 문시종의 구조를 살펴보자.

왕자가 듣고 즉시 끈을 풀어 나를 주거늘, 받아 그 제양을 보니 크기는 둥근 장기짝 같았다.

붉은 가죽으로 주머니를 만들어 넣었으니, 한편은 돈짝만 한 구멍을 내고 더데를 드러나게 하였으며 더데 안으로 시각을 새기고 가리키는 바늘 두 개가 꽂혀 있으니, 시와 각을 나누어 가리키게 한 것인가 싶고, 재깍거리는 소리가 한결같이 그치지 아니하니, 그 속을 미처 보지 못하여도 이상

한 보배에 기물인 줄 짐작할 수 있었다.[65]

둥근 장기짝만 한 회중시계는 붉은 가죽으로 외부를 감쌌고, 한쪽에 엽전 크기 정도의 구멍을 내고 '더데', 곧 시계의 윗부분을 드러나게 하였다. 그 안에는 시와 각刻을 가리키는 침 둘이 있었다.

작동 원리를 묻는 홍대용에게 양혼은 이렇게 대답했다.

> 문시종은 '시時를 묻다'는 말입니다. 어느 때가 이르든 무슨 시인지 알고자 하면 여기를 물으면 알 것이요, 묻는 법은 말로 묻는 것이 아니라 뒤에 자루 같은 조그만 둥근 쇠를 엄지손가락으로 적이 누르고 즉시 놓으면 시를 알 수 있습니다.[66]

즉 시계의 뒤쪽에 있는 쇠로 만든 작은 자루를 엄지손가락으로 눌렀다 떼면 시간을 알 수 있다는 것이다. 양혼이 그 자루를 누르자 종소리가 연달아 열두 번을 울리고, 시차를 약간 두고 두 번 울렸다. 앞의 열두 번의 종소리는 정오를, 이어 두 번 울린 것은 2각을 알린 것이었다.[67]

이 신기한 기계에 대해 홍대용은 "우리나라에 자명종이 여러 개가 있고 나 또한 이런 기계를 여러 번 보았으되, 이같이 공교하고 신이한 것은 들어보지 못했습니다."라고 말하고 그 내부를 볼 것을 청했다. 조선에 자명종이 여러 개 있다는 발언은 별반 중요한 것이 아니지만, 이어지는 '이러한 기계를 여러 번 보았다'는 말은 곱씹어볼 만한 것이다. '이러한 기계'라는 것은 분명히 작은 크기의 시계를 의미한다. 하지만 그것이 양혼의 '문시종'과 같은 것은 아니었던 것이 확실하다. 문시종의 내부를 설명하는 홍대용의 말이 그것을 입증한다. "그 제작을 보니 대강은 자명종 제작이요, 속에 양장철을 넣어 하루 한 번씩 틀어 저절로 돌게 하였는데, 바퀴와 기둥이 털끝 같으니 눈이 어지러워 자세히 분간치 못하였다. 실로 귀신의 재주요, 사람의 수단이 아닐 것이라, 그 제도를 창졸간에 기록하지 못하였다."[68] 홍대용은 문시종이 '사람의 수단이 아니고 귀신의 재주'라고 말한다. 그가 양혼의 문시종을 보기 전에 동일한 시계를 보았다면 이런 경악과 다름없는 표현은 가능하지 않았을 것이다.

또 하나 문시종은 자명종의 원리에 입각한 것이지만 동력이 달랐다. 그것은 하루에 한 번 틀어 저절로 돌게 하는 양장철羊腸鐵의 힘으로 작동하는 것이었다. 여기서 양장철은 태엽을 의미한다. 엄밀히 말해 양장철은 원래 용수철로서 태엽과 다른 것이지만, 태엽이란 명사 자체가 19세기 문헌에 등장하고, 조선에 알려진 것도 19세기니, 홍대용은 태엽이란 명사 자체를 몰랐던 것이다. 이로 인해 그는 양장철이란 명사를 상용할 수밖에 없었던 것이다. 물론 그는 태엽의 원리도 알고 있었던 것 같다. 1766년 1월 8일 중국인 환술사幻術師를 조선관으로 불러 공연을 했을 때 그는 세 가지의 자동인형을 보고 그 내부에 양장철에 의해 움직이는 아륜牙輪이 있고, 그것은 외부의 구멍을 통해 쇠막대로 돌려서 감는 것이라고 지적하였으니, 북경에 가기 전에 이미 태엽 장치의 존재를 알고 있었던 것이다.[69] 이것으로 보아 홍대용이 태엽을 동력으로 사용하는 시계의 존재 역시 알고 있었을 가능성이 크다. 하지만 양혼의 문시종처럼 작고 정교하게 움직이는 회중시계를 본 적은 없었던 것이다.

이상에서 거론한 바를 근거로 홍대용이 북경에 갔던 1765년 이전에 태엽이란 명사는 알려지지 않았지만, 태엽을 동력으로 하는 시계가 조선에 수입되어 있었음을 확인할 수 있다. 앞서 안중관이 1717년에 여름 죽곡에서 본 시계가 태엽식이었음을 조심스럽게 추정한 바 있는데, 홍대용의 언급을 아울러 고려한다면 18세기 전반에는 태엽식 시계가 드물게나마 조선에 수입되어 있었다고 해도 크게 무리는 아닐 것이다.

양혼의 태엽식 시계는 서양에서 만든 것일 터이다. 북경이나 일본에서 제조한 것일 수도 있지만, 그 가능성은 아주 낮을 것이다. 또 태엽시계의 존재가 알려져 있었다 해도 그것이 과연 양혼의 문시종처럼 작고 정교한 것이었는지도 의문이다. 왜냐하면 홍대용은 태엽에 의해 시계가 작동한다는 것을 알면서도 문시종을 '평생에 한번 보기를 원하던 것'이라 표현하고 있으니, 작은 회중시계야말로 이름만 듣고 보지는 못했던 것이 아닌가 한다.

양혼은 또 다른 시계 하나를 보여주었다. 문시종과 대체로 같지만 소리를 내지 않는 것이었고, 이름은 일표日表라고 하였다. 황제를 가까이에서 모시기에 소리를 내는 문시종을 쓸 수 없을 때 사용하는 것이라는 설명이었다. 홍대용은 일표의 내부도 관찰하고 돌려주었다. 홍대용은 자기 절제력이 뛰어난 사람이었지만, 이 신기한 기계 앞에서는 그 절제력도 무용지물이었다. 며칠만 빌리자 했더니 양혼은 쾌히 승낙하였다. 홍대용이 이 지극한 천하의 보물에 만약 손상이 간다면 다시 뵈올 면목이 없을 것이라 하니, 이 청나라 황족 청년은 웃으며 "손상이 된다 해도 무어 그리 큰일이겠습니까?"라고 답했다.

여기서 반드시 짚고 넘어가야 할 것은 '일표日表'의 '표表'란 표현이다. 조선의 문헌에서 시계를 일러 '표表'라고 한 용례는 《을병연행록》과 《연기》가 최초이다(아마 거의 유일할 것이다). 현대 중국어에서 '표表'는 '표錶'로도 쓰며, 대체로 작은 손목시계를 뜻한다. 벽에 걸거나 실내에 두는 큰 시계인 'clock'에 대응하는 손목시계나 회중시계를 가리키는 'watch'를 뜻하는 것이다. '표表'가 시계를 의미하게 된 것은 고대에 시간을 재는 도구였던 나무기둥-규표에서 유래했을 것이다. 어쨌든 양혼의 문시종은 소리를 낼 수 있고, 또 그 소리를 듣고 시간을 알 수 있다는 점에서 문시'종'이라 한 것이지만, 사실상 일표와 같은 것이다. 그런데 그 문시종과 일표가 호두알만큼 작은 것이라고 했으니, 회중시계를 의미하는 것이다.

홍대용이 북경을 방문한 1765~1766년 건륭제의 명으로《황조예기도식皇朝禮器圖式》이란 책이 엮어진다. 건륭제의 서문은 1759년에 쓰인 것이고, 책의 완성을 알리는 신하들의 표문表文은 1766년에 쓰인 것이니, 꼭 홍대용이 북경을 방문했을 때의 상황을 반영한다. 이 책은 국가에 필요한 제기祭器, 의기儀器, 복색服色, 악기樂器, 노부鹵簿(외부 행차 때의 의장儀仗), 병장기兵仗器 등을 그림과 함께 제시하고 있다. 이 중 천문 관측 기기를 의미하는 의기 안에 시진표時辰表란 것이 포함되어 있다. 시진표의 그림은 그림 31과 같다.

이것은 보다시피 회중시계다. 양혼의 문시종과 일표는 이와 결코 다르지 않았을 것이다. 크기는 직경이 1촌 5분 2리釐라고 하니, 4~5센티미터 정도다.[70]

1월 11일 진가의 점포에 들렀더니 진가가 문종은 서양에서 온 보기寶器로서 값이 백금을 넘는데, 양혼이 증정하길 원한다고 하였다. 홍대용은 문종과 일표를 돌려주었다고 하지만, 사실은 뒤에 그것을 받았다. 양혼이 덕형을 집으로 불러 다시 문시종을 보냈던 것이다. 홍대용은 귀로에 오른 3월 8일 봉황점에서 문종을 열었더니 '술정戌正 3각刻(저녁 8시 45분)을 쳤다고 하였다.[71] 홍대용이 귀국하고 4년 뒤 1770년 9월 24일 황윤석은 청주 신원창참薪院倉站에서 목천현으로 가면서 근처 홍대용의 거처를 떠올리며 그가 북경에서 구리로 만든 담뱃갑 크기만 한 서양 자명종을 가지고 왔다는 것을 기록해두었다. 그 서양 자명종이 양혼으로부터 받은 것일 터이다.[72]

홍대용은 자명종에 대해 계속해서 기록을 남기고 있다. 1월 18일 유리창에 갔다가 돌아오는 길에 '자명종을 수리하는 곳'이란 간판을 단 점

그림 31 시진표, 《황조예기도식》.

포를 보았다. 혹 자명종이 있는가 하고 물었더니 "상한 곳을 고쳐주고 값을 받을 따름이요, 있는 것은 없습니다."라고 답하였다.[73] 다른 점포에 갔더니 '쇠로 된 갑에 나무틀로 된 것'이 있었는데 한 길이 넘는 크기였다. 값은 은 500냥이었다. 홍대용은 터무니없는 가격이라고 말했다.[74] 1월 19일 다시 천주당에 가서 할러슈타인과 고가이슬을 만났다. 이날 천체망원경을 보았고, 다시 "자명종이 필연 여러 제양이 있을 것이니, 잠깐 보게 해주시는 것이 어떻겠습니까?" 하자, 할러슈타인은 "자명종은 다락 위에 베푼 것이 있을 따름이며 다른 것은 없습니다."[75]라며 거절하였다.

2월 2일 홍대용은 다시 천주당을 찾아가서 할러슈타인과 고가이슬을 만났다. 이날도 자명종에 관한 대화가 있었다. 할러슈타인이 홍대용에게 조선에도 자명종이 있는지 물었고, 홍대용은 "우리나라에서 만든 것이 있지만 많지 않고, 중국에서 만든 것과 일본에서 나온 것이 많으며, 혹 서양국 제작도 있습니다."라고 답한다. 조선, 중국, 일본, 서양에서 만든 자명종이 모두 있다는 것, 그중에서 조선에서 만든 것은 많지 않다는 것이다. 할러슈타인은 "일본에도 자명종이 있습니까?"라고 반문했다. 그는 일본에서 자명종을 제작한다는 사실을 몰랐던 것이다. 홍대용은 "근본 제도는 중국 것을 본받았으나 정교한 수단은 중국에 지지 않습니다."라고 답했다. 중국 것을 본받았다는 것은 홍대용의 오류일 것이다. 일본은 자명종을 서양에서 직접 수입하고 있었기 때문이다. 할러슈타인은 만세산에 있는 자명종을 보았느냐고 물었다. 홍대용은 그 앞을 지나기는 했지만 문지기가 입장을 허가하지 않아 볼 수 없었다고 답했다. 할러슈타인은 "만세산은 황상이 노니는 곳이라 바깥사람을 들여보내지 않는 것이 이상하지 않습니다. 가운데 집 안에 자명종이 있는데 종이 매우 웅장하여 문 밖에서도 그 소리를 들을 수 있습니다." 하였다.[76]

대화는 계속 이어졌고 홍대용은 자명종과 천문 관측 기기를 보여줄 것을 누누이 청했다. 할러슈타인은 여러 번 핑계를 대다가 마지못해 자명종 하나를 가져왔다. 길이가 두어 뼘 되는 나무로 만든 것이었다. 그 안에 자명종이 들어 있었는데 앞에 유리를 붙여 열지 않아도 볼 수 있게 한 것이었다. 할러슈타인이 열쇠 같은 것을 구멍에 넣어 돌린 뒤 손을 떼자 요란한 종소리가 울렸다. 홍대용이 이제까지 본 자명종은 각 시각마다 종소리를 내게 만든 것이지만, 이것은 특정한 시각을 알아야만 할 필요가 있을 때 미리 장치를 조작해 그 시간에 요란한 소리를 울리도록 설계된 것이었다. 홍대용은 이렇게 말한다. "이것은 이름이 '요종鬧鍾'이니, 떠들썩한 자명종이라는 말이다. 무슨 일이 있어 일어나고자 할 때, 혹 시각을 몰라 잠을 제때에 깨지 못할까 염려하여 저녁에 잘 때 시간을 짐작하여 상 아래 틀어놓으면, 제때가 되어 고동이 열리고 요란한 종소리로 사람의 잠을 깨우는 것이다."[77] 홍대용은 할러슈타인과 고가이슬이 품속에서 꺼내어 보는 작은 시계를 보고 그것이 양혼에게 빌린 시계와 다름이 없다고 하였다.[78] 그것은 종鍾 없이 시간을 살펴볼 수 있는 일표

였다.[79]

홍대용은 장경張經의 점포에서도 자명종을 본 기록을 남기고 있다. 장경은 현직 흠천감 박사로, 유리창에서 점포를 열어 서재의 완호품과 골동품, 인장도 새겨서 팔고 있었다. 장경은 역관譯官 김복서金復瑞와 평소 친한 사이였기에 1월 11일 장경의 점포를 찾았지만 만나지 못했고, 26일에는 역법曆法에 대해 장경에게 물어볼 것이 있는 관상감 관원 이덕성과 함께 들러 장경을 만났지만 다른 선약으로 인해 길게 대화를 나누지 못했다. 29일에 다시 방문해 대화했지만 홍대용은 그가 무식한 것에 크게 실망했다.

2월 6일 이미 장경에게서 자명종을 사기로 약속한 바 있어 장경의 점포를 찾았는데, 1월 26일처럼 홍대용 역시 동행하였다. 장경이 내놓은 자명종은 자명종과 문시종을 겸하여 만든 것이었다.[80] 자명종은 화려하고 복잡했다.

> 바깥 우리에 사면으로 유리를 달아 붙이고 아래 위에는 금은으로 꾸몄으며, 파란으로 온갖 그림을 달아 극히 신묘한 제작이다. 안을 엿보니 여러 바퀴와 괴이한 쇠끝이 복잡하게 얽히어 창졸에 짐작할 길이 없었다.[81]

화려하게 장식한 이 자명종은 '유명한 각로閣老 부항傅恒'의 소유였다. 종이 그 값을 알아보기 위해 가져왔던 것이다. 그 종에게 작동법을 보여달라고 하자, 종은 조그만 쇠로 양장철, 곧 태엽을 돌렸고 자명종이 작동하기 시작했다. 작은 쇠막대를 태엽 구멍에 넣어 태엽을 감았던 것이다. 자명종의 옆에는 큰 종과 작은 종이 있었고, 그것들은 시간에 따라 울렸다. 전면의 문자판을 보고 시간을 알 수 있었고, 어두운 밤에 문자판을 볼 수 없을 때 옆에 드리워진 줄을 당기면 양혼의 문시종처럼 종을 쳤다. 그것은 '천하에 이상한 보배'⁸²였던 것이다.

이 자명종과 같은 종류의 자명종은 뒷날 조선에 수입된 것으로 보인다. 그림 32는 19세기의 책가도冊架圖인데, 책가도는 상류층의 서재를 장식하던 병풍 그림을 말한다. 이 책가도에는 북경에서 수입한 기명器皿과 문방구, 서적이 그려져 있다. 그중 자명종이 있다. 화려한 자명종의 오른쪽에 술이 달린 꼭지가 나와 있다. 이것을 당기면 종을 쳐서 시간을 알린다. 이것이 곧 자명종과 문시종을 겸한 것이다.

자명종의 가격은 200냥이었고 장경은 150냥으로 깎아줄 수 있다고 하였다. 이덕성이 일행의 돈을 모아 사서 관상감에 바치려고 하였다. 귀국해서 관상감에 바치면 대개 임금으로부터 상사賞賜가 있는 것이 통례였기 때문이다. 홍대용은 양장철은 오래 사용할 수 없고, 또 손상된 곳이 많다며 말렸다.

이상에서 1766년 1월과 2월 북경 체류 중 홍대용이 자명종에 대해 남긴 자료를 살폈다. 조선 후기에 수많은 연행록이 쓰였지만, 홍대용만큼 자명종에 관한 풍부한 자료를 남긴 사람은 없을 것이다. 대체로 우리는 홍대용의 자료를 근거로 1765년경에 태엽식 시계가 조선에 전래된 것을 확인할 수 있다. 하지만 이것으로 유추할 수 있는 사실은 극히 적다. 도대체 태엽식 시계가 어느 정도 전래되었는지, 또 어느 정도의 크기였는지, 누가 소유했는지는 아쉽게도 전혀 알 수 없는 것이다. 다만 양혼의 '문시종'을 홍대용이 평생 보고 싶어 했다는 것, 그리고 조선에서 그것이 극히 희귀한 물건으로 놀라움의 대상이 되었다는 것을 고려하면, 작은 크기로 만들어진 회중시계는 1766년까지 극히 드물었을 것이라고 말할 수 있다.

그림 32 작자 미상, 〈책가도〉와 부분도, 19세기, 국립중앙박물관 소장.

조선에 수입된 다양한 시계들

추로 움직이는 추동식 자명종이 1631년 정두원에 의해 전래되고, 이후 홍대용이 북경에 들어간 1765년 이전에 태엽식 시계가 아주 희귀하게 전래되었음은 확인할 수 있다. 그런데 이후 다양한 시계가 조선에 전래되었던 것 같다. 이 문제를 조금 더 상세히 살펴보자.

앞서 1724년 옹정제가 증정한 문신종이 고장 나자, 관상감에서 수리할 장인이 없어 지방의 장인을 불러 고치게 했다는《승정원일기》의 자료를 검토한 바 있다. 그런데 1년 뒤인 1725년 관상감에서 이 문신종에 대해 다시 언급하고 있다. 곧 작년에 수리를 명한 중국에서 제작한 문신종은 이미 수리를 마쳤고, 또 두 벌의 복제품을 만들어 진상·공상供上할 것으로 삼았다는 것이다. 진상·공상은 왕이나 왕실의 지친에게 바칠 것을 의미할 터이다. 그런데 이어지는 자료에 이상한 문제가 있다. 진상·공상할 것으로 삼았다는 말에 이어 "문종은 그 제도와 기관이 지극히 세밀하여 우리나라 공장工匠이 결단코 수리하거나 제조하기 어려워 부득이 문종 두 벌을 다시 대내로 돌려보냅니다."라고 말하고 있는 것이다. '문신종'과 '문종'을 구별하여 '문신종'은 관상감에서 복제할 수 있었지만, '문종'은 그 구성과 기계장치가 너무나 세밀하여 조선 장인의 수준으로는 수리와 복제가 결단코 불가능하다는 것이다.[83]

그렇다면 문신종과 문종은 어떻게 다른 것인가? 이 자료의 문신종은 앞서 인용한 이규경의 자료에 나오는 '문종', 즉 옹정제가 증정한 법랑으로 꾸민 그 '문종'일 것이다. 이규경도 '문신종'과 '문종'을 혼용하고 있는 것이다. 또한 홍대용이 양혼에게서 빌린 문시종 역시 원래는 '문종'이었다. 그는 한글 독자를 위해 한문본《연기》를 국문본《을병연행록》으로 옮기면서 '문시종'이라 번역했을 가능성이 높다. 그렇다면 '문신종'과 '문종'은 어떻게 다른 것인가? 단정할 수는 없지만, 문신종은 앞서 홍대용이 북경 장경의 가게에서 본 '유명한 각로 부항'의 소유였던 자명종과 같은 것이 아닐까? 그것은 태엽으로 움직이는 자명종으로 큰 종과 작은 종이 설치되어 있어 시간에 따라 울리는 것이었다. 또 전면에 있는 문자판으로 시간을 알 수 있고, 어두운 밤에 문자판을 볼 수 없을 때 옆에 드리워진 줄을 당기면 양혼의 '문종'처럼 종을 쳤다. 이것은 앞서 그림에서 본 것처럼 크기가 큰 탁상용 시계로 쉽게 복제할 수 있었을 것이다. 다만 복제한 문신종이 태엽식이라면 조선에서도 태엽을 만들 수 있었다는 것인데, 앞에서 언급하였듯이 19세기 말까지 조선에서는 태엽을 만들 수 없었다. 따라서 이 점은 여전히 해결되지 않는 문제다.

그렇다면 문종은? 이 문종이야말로 '지극히 세밀하여' 조선의 장인은 결코 수리하거나 제조하기 어렵다는 것이었다. 역시 조심스런 추측이지만, 그것은 양혼이 홍대용에게 증정한 그 작은 '문종'과 《황조예기도식》에 나오는 '시진표'와 같은 종류의 것이 아니었을까? 좀 더 쉽게 말해 회중시계나 이에 상응하는 작은 크기의 'watch'가 아니었을까?

문종이나 일표는 매우 작은 형태의 시계였을 것이다. 이런 시계가 조선에서 만들어졌을 리 없으니, 그 유물이 전하지 않는 것은 이상할 것이 없다. 다만 정확하게 일치하지는 않겠지만, 아주 작은 형태의 시계를 짐작해볼 만한 그림은 남아 있다. 19세기의 화가 이형록李亨祿(1808~1883 이후)의 책거리 그림을 보자.

그림 33을 보면 붉은 산호 가지에 매단 시계가 보일 것이다. 이것의 원래 크기는 알 수 없지만, 손바닥 안에 들어오는 작은 크기라는 것은 한눈에 봐도 알 수 있다. 문종은 이런 정도의 작은 시계가 아니었을까?

우리는 'watch'에 해당하는 시계가 얼마나 수입되었는지 확실히 알지 못한다. 홍대용이 양혼으로부터 기증받은 문종의 가격은 '은 100냥에 가

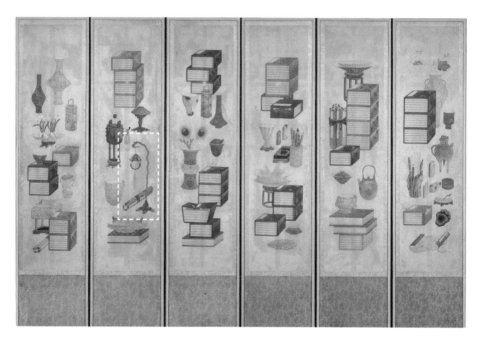

그림 33 이형록, 〈책가도〉, 19세기, 국립민속박물관 소장.

까운 것'이었다. 홍대용은 자신이 중국 여행에 마련해간 은으로 1월 9일 까지 사용한 모든 비용과 앞으로 쓸 비용을 제외하면 은 100냥이 남을 것이라면서, 그것을 '적지 않은 재물'이라고 말하고 있다. 그러한 은 100냥으로 '문종'을 선뜻 구입할 사람은 조선에 많지 않았을 것이다. 여기에 사신단을 따라 북경에 갈 수 있는 사족이 극히 적었음을 생각한다면 '문종'의 구입은 아주 드문 일이었을 것으로 추측할 수 있다. 아울러 '문종' 이란 문자가 홍대용의 《연기》 외에는 《승정원일기》에 한 차례 등장할 뿐 다른 문헌에 전혀 등장하지 않는다는 것은 문종이 아주 희귀한 것이었음을 의미한다.

이외에 우리는 어떤 시계가 얼마만큼 수입되었는지 확실히 알지 못한다. 다만 시계에 대한 정보는 증가하고 있었다. 1778년에서 1789년 사이에 저술된 이덕무의 일본지日本志인 《청령국지蜻蛉國志》에서 자명종을 일본에서는 '시계時計'라고 부르며, 그중에는 종루鐘樓 위에 자명종을 놓은 누시기대樓時計臺도 있고, 또 품속에 넣을 수 있는 아주 작은 회중시계懷中時計도 있다고 소개하고 있다. 회중시계의 제작지는 아란타, 곧 네덜란드라고 한다. 구시계鉤時計라는 것도 있는데, 이것은 기둥에 거는 것이고, 추가 둘이 있어 한쪽 추가 아래로 내려가면 다른 한쪽 추가 올라가는 방식이라고 소개하고 있다.[84] '시계', '회중시계'란 명사는 1876년 개항 이후 일본과의 접촉이 전면화된 이후에 비로소 본격적으로 사용되었고, 그 이전의 용례는 《청령국지》에서 사용된 것이 최초이자 끝이다. 다만 이덕무가 인용하고 있는 문헌이 어떤 문헌인지 지금으로서는 확실하지 않다. 《청령국지》의 시계에 대한 언급은, 비록 실물은 보지 못했지만, 다양한 시계가 존재한다는 것을 인지하기 시작했다는 점에서 큰 의의가 있다.

19세기로 넘어오면 시계에 관한 자세한 문헌이 하나 등장한다. 곧 이덕무의 손자 이규경의 《오주연문장전산고》가 그것이다. 이규경은 이 책의 다양한 글에서 시계에 대해 논하고 있다. 대표적인 글은 〈자명종변증설自鳴鍾辨證說〉이다. 그는 이 글에서 자명종이 예전부터 있었다고 말문을 여는데, 그것은 서양의 기계식 자명종이 아니라 중국과 조선에 있던 수격식水激式 시계를 말한다. 다음으로 서양의 시계에 대한 언급이 이어진다. 먼저 1581년 서양인이 중국에 올 때 후종候鍾을 가져왔다는 것, 서양인 이서태利西泰, 곧 마테오 리치가 〈자명종설〉을 지었다는 것, 또 이 사실이 등옥함鄧玉函의 《기기도설奇器圖說》 목록에 보이지만 《도설》을 잃어버렸다는 것 등을 언급하고, 정두원·로드리게스·유흥발 등의 이야기가 실린 김육의 《잠곡필담》, 청나라 완원阮元과 일본의 백석원여白石源璵

의 자명종에 대한 언급을 잇달아 인용한 뒤 자명종의 제도는 한 가지만이 아니니 그것은 아이디어를 얼마나 교묘하게 내는가에 달려 있다고 말한다.

앞의 여러 인용은 상식화된 것이라서 중요하지 않지만, 뒤의 '자명종이 대단히 다양하다'는 말은 주목할 만하다. 곧 다양한 자명종을 목도했거나 아니면 풍부한 정보를 갖고 있었다는 것이다. 예컨대 이미 홍대용이 언급한 바이기는 하지만, 독일 사람이 정교한 제작 기술로 반지 속에 들어가는 자명종을 제작했다는 것, 중국 용계龍溪 사람 손유리孫孺理는 1촌쯤 되는 자명종을 만들 수 있었다는 자료를 소개한다.[85] 이것은 물론 문헌을 보고 쓴 것이지만, 그가 문헌의 정보에만 머물렀던 것은 당연히 아니다. 이규경은 자신이 〈자명종변증설〉을 쓰고 있는 현재(곧 19세기 전반) 북경에는 달걀만 하여 품속에 넣을 수 있는 청시종聽時鍾·시표時表·종표鍾表가 있으며, 또 서양인의 측시의測時儀는 작은 합盒만 하다고 한다.

여기서 앞서 인용한 1723년 옹정제가 경종에게 법랑으로 꾸민 문종을 선물로 보냈다는 자료, 곧 〈대식요법랑기변증설大食窯琺瑯器辨證說〉에 딸린 주해를 참고하자. 이규경은 이렇게 말하고 있다. "지금 북경에서 나오는 자명自鳴·문종問鍾·종표鍾表·시표時表 등의 기물의 전면은 모두 법랑의 원편圓片으로 꾸민 것이다."[86] 분명 '지금 북경에서 나오는(今自燕中出來)'이라고 말하고 있다. 즉 대체로 19세기 전반에 해당하는《오주연문장전산고》의 집필 시기에 자명종·문종·종표·시표가 북경에서 수입되고 있었던 것이다. 앞서 〈자명종변증설〉은 청시종·시표·종표·측시의를, 〈대식요법랑기변증설〉은 자명·문종·종표·시표를 열거하고 있다.[87] 그런가 하면 〈물극생변변증설物極生變辨證說〉에서는 시간을 측정하는 방법의 변화는 자명종에서 극도에 이르렀고, 자명종의 극도의 경지는 문시·종표·음청절기표陰淸節氣表에서 극도에 이르렀다고 하였다.[88] 이 자료의 경우, 음청절기표는 확연히 다른 물건이지만, '문시·종표'는 과연 문시와 종표로 나눌 수 있는지 의문이다.

어쨌건 앞의 두 자료에서 시표·종표는 일치한다. 시표·종표는 '표'란 말이 붙어 있는 것으로 보아 휴대할 수 있는 작은 시계가 분명하고, 그중 시표는 단지 시간만 확인하는 것, 종표는 거기에 알람 장치가 부가된 것으로 짐작할 수 있다. 자명종은 원래 알려진 자명종이며, 문종은 양혼이 홍대용에게 선물한 것으로, 어떤 기계장치를 눌러 소리를 내게 하여 시간을 알 수 있는 휴대용 작은 회중시계일 것이다. 나머지 청시종과 측시의는 지금으로서는 이들 시계와 어떻게 구분되는지 알 길이 없다. 이중 가장 주목할 만한 대상은 시표인데, 시표時表는 시진표時辰表의 축약 어형으로 보인다.[89] 남병철南秉哲(1817~1863)은 《영환지략瀛環志略》과 《해국도지海國圖誌》를 인용하여 이렇게 말한다.

서양 각국은 모두 이 의기儀器(곧 시계)를 제조하고 있는데, 불랑서佛郞西의 도성(곧 프랑스 파리)에는 종표장鐘表匠(곧 시계공) 2000명이 있어 시진표時辰表를 4만 건, 자명종을 1만 8000가架를 만든다. 그 제작법은 시시로 변화하여 기교가 사람의 의표를 넘는다. 이로 보건대 자명종이 천하에 두루 퍼진 것은 마땅한 일이라 하겠다.[90]

시진표가 가장 많이 생산되었다는 것은 그것이 곧 사람들이 휴대하기 쉬운 회중시계였기 때문이다. 시진표 혹은 시표로 불리는 회중시계는 18세기 말이면 이미 제법 알려졌을 것이다.[91]

이제 조선에 수입된 소형 시계를 보자. 다시 이형록의 책거리 그림을 떠올려본다. 이형록은 뒤에 이름을 이응록李應祿으로, 다시 이택균李宅均

으로 바꾸는데, 이 이름으로 그린 책거리 그림에도 같은 시계가 등장한다. 참고로 그림 34~35를 보자.

주로 이형록의 그림에 이 시계가 나타나기 때문에 조선 후기에 이 시계가 아주 드문 것이었다고 할 수도 있지만, 작자 미상의 책거리 그림(그림 36)에도 이 시계가 나타나는 것을 보면 19세기의 경화세족 사회에서는 아주 드문 것도 아니었던 모양이다.

이 둥글고 푸른 시계가 동일하게 나타나는 것은 책가도란 그림이 일종의 고정된 형식을 갖고 있었기 때문일 수도 있지만, 한편으로는 동일한 시계가 수입되어 있었기 때문일 수도 있다.

이규경은 19세기 조선에 수입된 다양한 시계의 종류를 들면서, 아울러 새로운 장치에 대해서도 언급한다.

> 일찍이 서사西士에게 일종의 쇠가 있다고 들었는데, 그것의 이름은 태엽胎葉이라 한다. 무릇 여러 가지 쇠는 한 번 휘어지면 다시는 저절로 펴지지 않는다. 그런데 오직 이 쇠만은 굽혔다가 다시 펼쳐지고, 꼬아두면 다시 풀린다. 그러므로 잘라서 양장철(곧 용수철)로 만들어 기계에 설치하면 능히 저절로 움직이고 저절로 회전한다.
>
> 작은 종이나 소악小樂은 이것이 아니면 만들 수가 없다. 혹은 뻐꾸기나 작은 닭을 만들면 수시로 저절로 소리를 낸다. 혹은 미인을 만들어 두 눈동자를 저절로 움직이게 하고 때에 맞추어 소리를 내게 한다. 혹은 미인이 비파를 타게 하거나 혹은 귀신이 창을 가로로 들게 하기도 한다.
>
> 스스로 소리를 내는 기계장치를 만들어 치밀하게 회전하되 조금도 도수가 어긋나지 않게 하는 것은 태엽과 양장철 때문이 아닐 수 없다.[92]

이것이 태엽이란 명사가 등장하는 최초의 기록이다. 물론 홍대용의

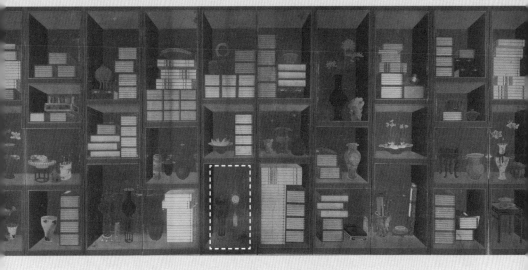

그림 34 이응록, 〈책가도〉, 19세기, 국립중앙박물관 소장.

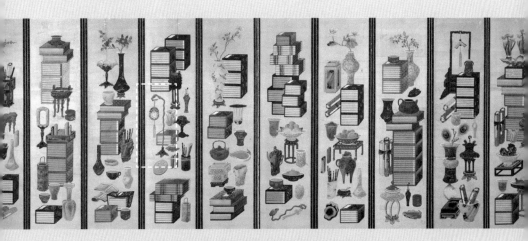

그림 35 이택균, 〈책거리〉, 통도사 성보박물관 소장.

그림 36 작자 미상, 〈책거리〉, 국립고궁박물관 소장.

《을병연행록》과 《연기》에서도 이미 태엽을 인지하고 있었던 것을 확인할 수 있다. 즉 1765년 이전에 이미 태엽으로 움직이는 시계와 인형 등이 알려져 있었던 것이다. 하지만 그것을 '태엽'이라고 명명한 것은 이 기록이 최초다. 다만 '서사에게 일종의 쇠가 있다고 들었다'는 말로 보건대 〈자명종변증설〉을 쓰던 때까지 이규경은 태엽을 직접 본 적은 없었던 것 같다. 또 태엽을 아주 신기한 쇠로 묘사하고 있으니, 그것의 물질적 성질에 대해서도 전혀 몰랐던 것이다. 하지만 〈아연·절철·함석·태엽변증설亞鉛·折鐵·含錫·胎鑞辨證說〉에서 태엽에 대해 상론하고 있는 걸 보면 얼마 지나지 않아 태엽을 본 것 같다.

근세에 태엽胎鑞이라는 것이 있는데['태엽胎葉'이라고도 쓴다], 북경에서 온 것으로, 그 모양은 구리도 아니고 쇠도 아니다. 구리와 철은 한 번 휘

고 꼬이면 다시 펼쳐지지 못하는데, 오직 이 물건은 굽거나 펴거나 상관
없이 반드시 번장翻張하여 도로 풀려 다시 옛 모양이 되고야 만다. 곧 오금
五金 외의 별종인 것이다. 고서에 철태궁鐵胎弓이 있는데, 태엽과 비슷한 것
같다.

지금 중원과 원서遠西의 교묘하고 기이한 물건 중 저절로 움직이고 저절
로 가며 저절로 소리를 내는 기려機棙는 양장철을 사용하는데[태엽으로 둥
근 고리 모양의 기려를 만든다], 능히 부드러울 수도, 강할 수도, 굽히거나
펼 수도 있으나 그 제련법을 알지 못하겠다. 그러나 절철折鐵과 흡사한데,
절철을 제련한 것이 아닌 줄 어떻게 알겠는가?[혹 이 쇠는 한 번 불 속에
들어가면 다시는 굽히거나 펼 수가 없기 때문에 불로 제련할 수 없다고도
한다. 그런지는 알 수 없지만, 우선 여기에 이렇게 써 놓는다]

생각하건대 법대로 절철을 제련해서 양장철을 만들어 다시 교묘한 기계
의 기려로 시험해보고 그것이 굽히고 펴고를 반복할 수 있다면 반드시 의
심할 것이 없을 것이다. 그러므로 변증하여 지혜로운 사람을 기다리는 것
이다.[93]

이규경은 〈자명종변증설〉을 쓴 뒤에 〈아연·절철·함석·태엽변증설〉
을 썼을 것이다. 분명히 태엽을 보았기 때문이다. 다만 조선에서는 19세
기에 이르도록 태엽을 제작할 수 없었고, 당연히 태엽식 시계를 만들 수
도 없었던 것이다.

남병철은 천문학과 천문 기기에 대해 높은 연구 성과를 올린 학자인
데, 그 역시 자명종에 대한 자료, 곧 〈험시의설驗時儀說〉을 남기고 있다.
〈험시의설〉은 자명종의 기계적 구성과 작동 원리에 대한 긴 설명이다.
다만 이 글이 다루고 있는 자명종은 추동식으로서 기왕에 조선에서 만
들어진 자명종과 기본적으로 다를 것이 없다. 그런데 이 글의 끝부분에

가서 남병철은 또 다른 종류의 자명종을 소개한다.

> 또 일종의 좌의坐儀가 있다. 쇠를 말아 통 안에 넣어두고 꼬아서 굽히게
> 한다[속칭 태엽철胎葉鐵이다]. 통 밖에는 쇠줄을 감아두는데[속칭 양장철
> 이다], 쇠줄의 한쪽 끝을 말아둔 쇠의 끝에 묶는다. 통은 축軸을 갖추고 전
> 후의 구리판에 설치된다.
> 또 누급륜累級輪[혹은 탑륜塔輪이라고 한다]을 만들고 중간에 불역환不逆
> 環을 설치한다. 쇠줄의 한 끝을 누급륜에 묶는데, 역시 축을 갖추어 설치한
> 다. 쇠로 일곱 번 누급累級을 돌려 쇠줄에 옮겨 감으면 통 안의 권철卷鐵이
> 된다. 굽은 것으로부터 편 것을 구하고 아울러 통이 돌아가면 다시 쇠줄로
> 옮긴다.
> 대개 권철은 현추懸錘를 대신한다. 우리 동방은 태엽철을 만들 수 없기
> 때문에 좌의를 만들지 못한다. 이것 외에 물사物事의 증감과 제작의 변통,
> 생김새의 같고 다름은 이루 다 기록할 수 없다.[94]

'좌의'라는 것은 실내, 곧 서재 등의 작은 공간에 둘 수 있는 작은 자명
종을 말하는 것일 터이다. 추동식 자명종은 추가 아래로 내려오는 공간
을 확보해야 하기 때문에 크기가 클 수밖에 없다. 따라서 추동식 자명종
은 서재의 책상 위에 둘 수 없다. 자명종이 작아지려면 자연히 추를 대
신하여 태엽을 설치할 수밖에 없다.

그 일례로 흥선대원군의 초상에 그려진 시계 하나를 보자. 그림 37을
보면 그림의 오른쪽에 색을 넣은 안경(아마도 수정안경일 것이다)이 있고,
왼쪽에 네모난 상자 같은 것이 보인다. 오른쪽이 열려 있어 내부가 약간
보이는데, 자세히 보면 자명종의 내부에 설치된 톱니바퀴다. 그리고 위
쪽에는 손잡이가 있어서 필요에 따라 쉽게 이곳저곳으로 옮길 수 있다.

이 자명종은 추동식이 아니라 확실한 태엽식이다. 남병철이 말한 '좌의'란 이런 자명종을 이르는 것일 터이다.

　홍선대원군의 초상화와 앞서 검토한 이형록의 그림에서 보듯, 책상 위에 두고 보는 이런 작은 크기의 자명종은 상당히 부유한 집안, 곧 경화세족 가문에서나 소유할 수 있는 것이었을 터이다. 다만 자명종을 소유한 사람이 그것으로 자신의 일상을 조정하고 살았는지는 의문이 아닐 수 없다.

3
—

시계가 아닌 완호품으로 남다

자명종을 만든 조선인들

정두원에 의해 조선에 전해진 기계식 시계는 차츰 그 구성과 작동 원리가 이해되기 시작했고, 복제품이 나오기 시작했다. 그 원리를 이해한 밀양의 유흥발이라든가 '동래의 장인'은 복제품을 제작할 능력이 있었을 것이다. 사실 동력을 제공하는 추를 설치하고, 톱니의 수가 다른 톱니바퀴를 연결시켜 시침과 분침을 움직이는 추동식 자명종의 원리는 복잡하지 않다. 하지만 유흥발과 '동래의 장인'이 직접 복제품을 만들었다는 증거는 남아 있지 않다. 따라서 복제품의 제작을 시도한 최초의 예는 1640년경 대나무못과 기름종이로 자명종의 모형을 제작한 이민철로 보아야 할 것이다. 하지만 이것을 정확한 복제품이라 보기는 어렵다.

효종조에 와서 조선 정부는 임진왜란 때 파괴된 혼천의를 다시 제작하였다. 1656년 홍문관에 혼천의의 제작을 명령하자 홍처윤洪處尹이 그것을 제작해 올렸다. 다음 해 김제 군수 최유지崔攸之가 수격식 혼천의를 개인적으로 제작하자 그것을 복제해서 다시 홍문관에 보관하게 한다.[95] 1664년(현종 5) 3월 9일 최유지의 혼천의에 수리할 곳이 있어 이민철과 송이영이 그 일을 맡는다.[96] 이때의 경험을 바탕으로 삼아 두 사람은 현종의 명으로 1669년 각각 혼천의를 제작해 올린다.[97] 이민철의 것은 수격식 혼천의였고, 송이영의 것은 자명종의 추를 이용한 추동식 혼천의였다. 그런데 송이영의 혼천의는 사실상 시계, 곧 천문시계였다. 물론 송이영의 혼천의가 이민철의 혼천의나 그 이전의 혼천의와 결정적으로 구분되는 구조를 갖고 있다고 생각되지는 않는다.[98] 또 이민철의 혼천의나 송이영의 혼천의나 모두 천문을 관측하는 용도가 아닌 연시용演示用이었다.

송이영의 혼천의는 홍문관에 두게 했다가 다시 대내大內로 들이게 하였다. 1687년(숙종 13) 가을 혼천의가 망가지자 최석정에게 그 수리를 맡게 하였다. 이듬해 1688년 여름 두 개가 만들어졌다. 그 전말은 최석정이 지은 〈제정각기齊政閣記〉에 실려 있다. 수격식 혼천의는 이민철에게 수리를 맡기고 학사 오도일吳道一에게 명문을 쓰게 하였다. 자명종식은 송이영이 이미 죽었기에 서운관 이진李繽과 장인 박성건朴成建 등에게 꼼꼼하게 다시 수리하게 하고, 최성적에게 명문을 쓰게 하였다.[99] 송이영의 혼천의는 자명종의 구동 원리를 응용한 것이고, 또 혼천의가 일종의 시계 역할을 했으니, 조선 최초의 자명종이라고 보아도 크게 틀린 말은 아닐 것이다.

이 지점에서 잠깐 짚고 넘어가야 할 사항이 있다. 송이영은 장인이 아니었다는 것이다. 그는 관상감의 천문학 교수敎授였지만 광흥 주부와 옥과 현감을 지내기도 하였다. 관료로 큰 출세는 하지 못했지만, 기술직 중인도 장인도 아닌 사족이었다. 이 점은 매우 중요한 것이다. 이후 자료를 보면 자명종의 제작자는 사족과 장인 양쪽이 다 있다. 시간의 계측은 천문학과 관련된 것이고, 사족들 중에는 우주론 혹은 천체론天體論과 관련하여 천문학에 관심을 보이는 사람들이 꽤나 있었다. 예컨대 지전설을 주장한 김석문과 홍대용 같은 이들이 바로 그들이다. 사족들의 기계 시계에 대한 관심은 넓게 보아 천체론과 우주론의 연장이라고도 할 수 있을 것이다.

장인의 경우는 이와는 달랐다고 말할 수 있다. 그들은 순수한 기술자의 입장에서 자명종을 대했다. 이것은 달리 말해 장인이 시계의 제작에서 주류가 아니라는 것을 의미한다. 또한 조선에서 시계의 제작이 매우 좁은 영역에서 이루어졌다는 것을 의미하였다. 장인에 대한 조선의 사회적 대우는 주지하다시피 매우 낮아서 한 사람의 기술이 제도적인 시스템을 통해서 장려되고 전승되는 일은 아주 드물었다. 세습적 장인, 예컨대 도공이나 야장冶匠의 경우는 그들이 보유한 기술이 신분에 매여 전승되었지만, 자명종의 제작 기술처럼 완전히 새로운 기술의 경우는 그 정보가 공유되거나 심화되면서 확산되는 경우는 거의 없었다고 보아도 무방할 것이다. 이런 이유로 송이영의 자명종 제작법이 완결된 정보의 형태로 정리되어 전해지지 않았던 것도 당연한 일이다. 그 사정을 다음에서 볼 이이명의 언급을 통해 짐작할 수 있다.

송이영 이후 자명종의 제작자가 차츰 나오기 시작하는데, 그중 시기가 가장 앞선 사람은 최재륜崔載輪이라는 동래의 장인이다. 이형상李衡祥(1653~1733)은 이만부李萬敷(1664~1732)가 자신에게 선기옥형에 대해 묻기에 〈기형설璣衡說〉을 지어 풀이해준다면서 '아래에 기륜機輪을 설치하고 물로 그것을 친다.'라고 한 부분의 해설에서 "제도는 자명종이 서로 움직이면서 치는 것과 같다."[100]라고 말하고 있다. 곧 이형상은 자명종의 원리를 인지하고 있었던 것이다. 그런데 이형상은 이만부에게 보내는 다른 편지에서 동래의 최재륜이란 사람이 손재주가 극히 묘하여 재

작년에 서울로 불러 기형璣衡과 누국漏局(보루각報漏閣), 자명종을 합쳐서 만들게 했는데, 이미 차비문 안에 설치해두었으니 더욱 신기하다고 한 뒤, 흠경각은 임진왜란 이후 사람의 그림자가 없는데 이 사람이 그것을 복원할 수 있으니 부르는 것이 마땅하다고 말하고 있다.[101] 문제의 최재륜은 다른 문헌에는 전혀 나오지 않는 사람이다. '동래의 최재륜'이라는 표현으로 미루어 앞서 이이명이 전한 자료에 나오는, 자명종이 조선에 처음 전래되었을 때 '전축轉軸의 법을 배워 서울에 전한' 동래 사람을 떠올리게 된다. 물론 최재륜이 그 '동래 사람'이라는 증거는 없다. 당연히 다른 동래의 장인으로 보아야 할 것이다.

앞서 송이영과 이민철, 그리고 최재륜 등의 예로 보건대, 우리가 구체적으로 확인할 수 없다 뿐이지 17세기 후반을 지나면서 자명종을 만들수 있는 사람은 그들만이 아니었을 것이다. 이민철과 자명종에 대해 귀중한 기록을 남긴 이이명의 언급을 참고하자. 이이명은 1720년 숙종의 죽음을 알리는 고부사告訃使로 북경에 파견되었는데, 그때 천주당을 방문하여 독일인 신부 쾨글러와 포르투갈 신부 수아레스(Joseph Suarez)를 만나 천주교와 서양 천문학에 대해 토론하고 이어 두 신부에게 편지를 보냈는데, 이 편지의 말미에서 조선의 자명종에 대해 언급한다.

자명종의 제도는 정말 신기합니다. 그런데 일본은 남박南舶과 통상을 하지만, 조선은 수십 년 동안 겨우 한 번 보므로, 제조가 정밀하지 않아 몇 달이 되지 않아서 반드시 착오가 많이 생기므로 버려두고 사용하지 않으니 애석한 일입니다. 귀방貴邦에서 만든 것은 응당 이와 같지 않은 것입니다.

혼천의는 중국의 역대에 제조한 것이 많으나 아래에 기륜機輪을 설치하고 물로 격동시키는 법은 조선에 전해지지 않았습니다. 귀방에서는 혹 문자로 그 제조법을 기록한 것이 있는지요?

조선 사람들은 이런 일에 아주 노망鹵莽합니다. 무릇 지혜로운 사람이 어리석은 사람을 깨우쳐주고, 선각先覺이 후각後覺을 일깨우는 것이 또한 천주天主의 인덕이 아니겠습니까? 그 법을 써서 줄 수 있는지요. 고명께 물어보고 싶은 꽉 막힌 생각은 이것만 아닙니다만, 대답하시는 것을 번거롭게 할까 두렵습니다. 나머지 많은 말은 다 드리지 못합니다. 바라옵건대 여쭌 것에 대해 밝으신 답을 내려주시어 어리석은 머리를 열어주소서.[102]

이이명은 일본이 남박, 곧 남쪽에서 오는 선박과 무역을 하고 있음을 인지하고 있다. 일본이 나가사키의 데지마에 설치한 네덜란드 상관을 통해 네덜란드와 무역을 하고 있었던 것을 정확하게 인지하고 있었던가는 의문이지만, 어쨌건 일본 남쪽에서 오는 무역선을 통해 자명종을 수입하고 있었던 것만은 인지하고 있다.

전술한 바와 같이 일본은 17세기 말부터 자신들만의 양식을 개발하여 그들의 시간 계산 체계에 적합한 독특한 시계를 만들어냈다. 이이명이 질문을 던진 1720년대가 되면 정교한 시계를 제조하고 있었던 것은 물론이다. 하지만 조선의 경우는 일본과 사뭇 다르다. 일본은 네덜란드를 통해 수입되는 다양한 서양산 시계를 접해봄으로써 다양한 시계를 제작할 수 있었을 것이다. 하지만 조선은 '수십 년에 겨우 한 번 본다'는 것이다. 문장이 약간 모호하지만, 조선은 '자명종을 수십 년에 겨우 한 번 본다'는 말로 이해해도 무방할 것이다. 즉 서양산 자명종이 수입되지만, 그것은 아주 드물게 보는 것이라는 말로 이해된다.

이이명의 말은 사실이었을 것이다. 앞서 자명종을 소유하거나 언급을 남긴 사람에 대해 서술했는데, 그 예들은 사실 극소수에 지나지 않았던 것이다. 따라서 조선에 수입된 소수의 자명종을 보고 복제할 수는 있었지만, '제조가 정밀하지 않아 몇 달이 되지 않아서 반드시 착오가 많이 생기는' 상태였던 것이다. 이이명의 질문의 요지는 이렇다. 자명종의 정확성이 떨어지는 것, 즉 시간의 오차는 어떤 이유로 발생하는가, 그리고 그 오차를 줄일 방법은 무엇인가? 쾨글러 등이 이이명의 물음에 대해 어떻게 답했는지는 현재 남아 있지 않다. 자명종의 오류를 이루는 근본 원인은 여럿이었을 것이다. 하지만 그것이 정확하게 어떤 것인지 추측하는 데는 여러 난처한 문제가 있다. 먼저 조선에서 1720년 이전에 제작한 자명종이 추동식인지 태엽식인지 하는 문제가 있다. 자명종에 대해 남아 있는 자료들은 수입된 자명종의 구동 방식에 대한 정보를 전혀 제공하지 않는다. 태엽식이라면 강철의 강도, 탄성, 복원력 등에 대한 고려가 분명히 있어야 하고, 한편으로 금속의 성질에 대한 연구가 이루어져야 할 것인데, 그것에 대한 고려는 전혀 문헌에 보이지 않는다. 현재로서는 추동식일 가능성이 높다. 그렇다면 시간의 오차는 톱니바퀴 등 기계장치의 비정밀성 때문에 발생했을 것이다.

이이명의 언급으로 정확하지는 않지만 조선에서 자명종이 제작되고 있었던 사정은 짐작할 수 있다. 그 제작은 이민철·송이영·최재륜 등 이름이 알려진 세 명에 의해서만 이루어진 것인가? 그럴 리는 없다. 1715년 관상감의 허원이 자명종을 구입해오자 그것을 대내, 곧 왕에게 올리고 복제본을 만들어 관상감에 두기로 결정했다는 자료를 다시 음미해보자. 복제본의 제작은 당연히 관상감에서 이루어질 것이다. 왜냐하면 이것을 충족시키는 자료가 이어 나오기 때문이다. 1723년 경종이 관상감에 청주淸主, 곧 옹정제가 보낸 '서양국의 문신종'을 새로 제조할 것을 명한 것을 떠올려보자. 복제의 명령을 받은 관상감은 두 벌을 복제해 한 벌을 관상감에 두게 할 것을 청하여 허락을 받아낸다. 이듬해인 1724년 관상감에는 유능한 장인이 없어 지방 장인이 그것을 수리하게 한 뒤, 관상감은 그것을 한 벌 복제할 것을 요청하였다.

이상의 자료들은 원래 관상감에 자명종을 수리하거나 복제할 수 있는 장인이 있었다는 것을 의미한다. 1년 뒤인 1725년에는 왕이 수리를 명한 문신종 한 개는 수리했지만, 워낙 정교한 문종은 조선의 장인이 수리할 수 없어 도로 대내로 돌려보낸다고 한 관상감의 발언에서 시계의 복제(제조), 수리가 관상감에서 이루어지고 있었던 것을 다시 확인할 수 있다. 또 영조의 아들인 효장세자孝章世子에게 관상감에서 문신종을 만들어 올렸다는 자료[103]가 있는 것으로 보아 관상감에서 자명종을 제작한 것은 확실하다. 아울러 1724년의 자료에 나오는 문신종을 수리한 지방의 장인, 그리고 앞서 여러 번 언급한 바 있는 밀양의 장인 유흥발, 동래의 장인, 동래의 최재륜 등은 모두 부산 왜관과 가까운 거리에 있는 관아의 장인으로 보인다. 요컨대 서울에서는 관상감, 지방에서는 왜관과 가까운 거리에 있는 밀양과 동래 등지의 관아에 소속된 장인이 자명종의 복제(제조)와 수리를 맡고 있었던 것이다.

하지만 모든 자명종을 관상감과 동래 등지 지방 관아의 장인이 맡은 것은 아니었다. 황윤석은 서양 천문학과 수학, 자명종에 관심이 많았던 인물인데, 자신의 일기《이재난고》에 자명종에 관한 기록을 상당수 남겨 놓았다. 그는 자명종이 서양에서 나온 것이고, 혹은 일본을 거쳐 조선에 전해졌다고 하면서 당시 자명종을 만들 수 있는 사람은 서울의 최천약崔天若과 홍수해洪壽海, 호남 동복현同福縣 사람인 나경훈羅景勳뿐이라고 밝히고 있다.[104] 나경훈은 곧 홍대용이 직접 만난 바 있는 나경적羅景績이다.[105] 황윤석은 또 자명종은 백동白銅으로 만들기도 하고, 혹은 동철銅鐵로, 혹은 단단한 나무로 만든다고 말한다. 자신은 자명종에 대해 들은 적이 있으나 실물을 자세히 확인한 것은 이번이 처음이라면서 그 정교함에 감탄을 금하지 못했다.[106] 이것은 1746년의 기록이다. 황윤석은 같은 해에 초산楚山의 이언복李彦復이 60냥을 주고 구입한 자명종이 매우 정교하다는 말을 듣고 그해 가을 방문하여 확인하기도 하였다.[107]

이들 셋 중 나경적은 홍대용이 1759년에 만난 사람이다. 그러니 홍대용에 대해 거론할 때 다시 다루기로 하자. 황윤석은 진주의 지사地師 문재봉文再鳳으로부터 들은 최천약 등에 대한 정보를 위의 자료에 덧붙여 놓았는데, 최천약은 웅천熊川, 곧 지금의 창원 사람이고, 홍수해는 기장 사람이라는 것이다. 두 사람은 모두 공교한 재능이 있었고, 왜관에 들어가 금석과 토목을 가공하는 법을 배워 종종 정절精切한 솜씨를 보였고, 그중에서 윤종輪鍾, 곧 자명종과 화기火器가 더욱 절묘하여 세상에 크게 쓰일 만한 것인데, 모두 미관말직에 머무르고 있을 뿐이라는 것이다. 최천약은 전주부의 대장장이의 집에서 구리로 개구리를 만들었는데, 배속에 화약과 물을 넣어 개구리가 뛰어오르고 오줌도 누었다. 이런 기술로 그는 이름이 널리 알려졌는데, 홍수해는 미치지 못하는 바라고 한다는 것이다.[108]

최천약과 홍수해가 왜관에 들어가서 금석과 토목을 가공하는 법을 배웠다는 것은 대단히 중요한 정보로 보인다. 즉 밀양의 유홍발이 일본에서 파는 자명종을 구입했다는 것, 이경여에게 자명종을 선물하고 또 그 작동법을 가르친 사람이 '동래 사람'이었다는 것, 창원 사람 최천약과 기장 사람 홍천해가 왜관에서 기술을 배웠다는 것은 이들 모두가 왜관과 일정한 관련이 있음을 의미한다. 조선 사람이 자명종을 수입하거나 그 원리를 깨우치는 과정에서 일본 쪽 통로가 상당히 강력했음을 의미할 것이다.

최천약과 홍수해 중 홍수해는 다른 문헌에서 전혀 보이지 않지만, 최천약은 《승정원일기》를 위시한 관찬 사료에 자주 등장한다. 황윤석은 최천약을 창원 사람이라고 들었다고 하지만, 《승정원일기》를 비롯한 관찬 사료에는 동래 출신으로 되어 있다. 그는 무반 계통의 사족으로, 조선 후기 최고의 기술자로 평가를 받았다.[109] 최천약이 자명종을 제작했다는 것은 이규상李奎象(1727~1799)의《병세재언록幷世才彦錄》에 간단히 나온다. 1731년경 최천약은 영조의 부름을 받고 대궐로 들어가 자명종을 수리한다. 서울의 장인들은 자명종에서 바늘이 떨어지자 수리를 할 수 없었지만, 그는 은으로 바늘을 만들어 끼워 넣었던 것이다. 그의 솜씨를 본 영조가 자명종을 본떠 만들 수 있겠느냐고 하자, 그는 '평생 처음 당해보는 일이지만 구조를 훤히 알겠다'면서 그대로 복제해내었던 것이다. 이규상은 자명종이 조선에서 만들어진 것은 최천약으로부터 시작되었다고 평가한다.[110] 그가 제작한 것은 복제품이었을 것이다. 어떤 자명종을 더 제작했는지는 알려진 바 없다.

좀 더 구체적인 기록이 남은 사람은 나경적이다. 홍대용은 아버지 홍역洪櫟이 1758년 나주 목사로 발령이 나자 임지로 따라갔다가 그 이듬해인 1759년 유람차 광주 북쪽의 서석瑞石을 찾아가던 길에 동복현 물염정勿染亭의 나경적을 찾아갔다. 홍대용이 나경적을 미리 알고 찾아갔는지, 아니면 나주에 간 길에 처음 알게 되었는지 명확하지 않으나 황윤석이 알 정도라면 나경적이 유명한 자명종 제작자라는 사실을 알고 방문했을 가능성이 크다. 나경적과 몇 시간 동안 대화를 나눈 홍대용은 나경적이 용미龍尾·항승恒升·수고水庫·수마水磨 등도 연구하여 오묘함을 터득한 사람이라는 것을 알게 되었다. 그는 또 나경적이 '서양의 법'을 따라 만든 자명종을 보고 그 정교함에 놀라움을 금치 못했다.

1760년 홍대용은 나경적과 그의 제자 안처인安處仁을 나주 관아로 불렀다. 그리고 나주 관아의 장인을 붙이고 상당한 비용을 쏟아부어 1년 뒤 혼천의를 완성하였다. 하지만 '도수度數에 자못 착오가 있었고' 장치가 너무 많고 복잡하였다. 홍대용은 1차 혼천을 폐기하고 자신의 생각을 따라 기계의 크기를 줄이고 자명종의 톱니바퀴를 이용한 작지만 정확한 통천의統天儀(혼천의)와 혼상의渾象儀를 만들어 먼저 구해둔 서양 자명종과 함께 자신의 거처인 수촌의 농수각籠水閣에 설치했다(1762년). 홍대용이 두 번째로 제작한 혼천의는 추의 무게로 동력을 얻는 추동식 이었다. 그것은 해와 달과 지구의 움직임을 시현示顯하는 동시에 시각을 알리는 자명종의 기능도 갖추고 있었다. 홍대용이 나경적의 집에서 본 자명종 역시 추동식이었을 것이고, 그것은 고스란히 홍대용의 혼천의로 반영되었던 것이 분명하다.

나경적이 홍대용과 만든 혼천의 겸 자명종은 물론 홍대용의 소장품이 되었겠지만, 나경적이 제작한 자명종은 여러 곳에 있었던 것 같다. 일례 로 황윤석은 1761년 5월 16일 '안씨 어른[安丈]' 집에서 동복현의 나경훈 (나경적)이 강철로 만든 자명종을 볼 수 있었다.[111] 또 홍대용이 사망한 뒤 황윤석은 1786년 7월 28일 홍대용의 서제인 홍대정洪大定으로부터 《조 야휘언朝野彙言》과 김창업의 《연행일기》, 쇠로 만든 윤종 한 좌座를 빌렸 는데, 그 제도는 황윤석 자신이 소유한 것과 같았지만 조금 컸다고 하였 다. 둘 다 나경적이 만든 것이었다.[112] 이 자명종은 혼천의 겸 자명종은 아니었을 것이고, 따로 나경적이 만든 것일 터이다. 그리고 이 기록을 통해 황윤석도 나경적의 자명종을 소유하고 있었음이 확인된다. 나경적 이 사망한 뒤에는 안처인이 자명종의 제작이 가능한 사람으로 알려졌 다. 1778년 8월 23일, 황윤석은 태인현 읍내의 대점大店을 지나면서 태 인 현감 홍대용이 전라감영에 가서 돌아오지 않고 있다는 것, 동복현의 안처인이 관아에 머무르고 있는데 죽은 나경훈(나경적)의 제자로서 역시 윤종을 제작할 수 있는 사람이라는 것을 밝히고 있다.[113]

황윤석은 나경적·최천약·홍수해를 자명종 제작자로 꼽고, 나경적이 죽은 뒤에는 그의 제자 안처인을 추가했다. 그런데 《이재난고》에는 이들 외에 또 한 사람의 자명종 제작자가 추가되어 있다. 염영서廉永瑞란 사람이다. 황윤석은 염영서와 접촉한 것을 계기로 하여 자명종에 대한 산문인 〈윤종기輪鍾記〉를 쓰는데, 여기에 염영서의 내력이 소개되어 있다. 염영서는 원래 고려 염제신廉悌臣의 후예로서 나주에서 나복산羅蔔山(지금의 순천시와 화순군 사이에 있는 산)으로 옮겨 살았고, 산삼을 캐고 기장을 심어 자급했으며, 일찍이 나경적과 함께 윤종을 만들었고, 또 홍대용을 위해 나주 관아에서 대형의 선기옥형을 만들었다고 한다. 염종서는 사족이기는 하되 사회적 지위가 낮은, 내세울 것 없는 사족이 분명하다. 어쨌든 그가 나경적과 함께 자명종을 만들었고, 또 홍대용이 나주에서 자명종을 만들 때도 참여했다는 것은 이 자료로 처음 밝혀지는 것이다. 그는 1772년에도 박찬선朴燦璿·박찬영朴燦瑛 두 종형제의 초청으로 흥양興陽(지금의 고흥)의 호산虎山으로 가서 몇 해를 머물면서 윤종 두 가架를 제작했다고 한다. 황윤석이 〈윤종기〉에서 그 제작과 작동 원리를 설명하고 있는 것 역시 그 두 윤종 중 하나다.[114]

이들 외에 다른 인물도 있다. 이규경은 〈자명종변증설〉에서 근세의 최천악崔天岳이 자명종을 잘 만들었고, 그를 이어 강신姜信과 그의 아들 강이중姜彝中·강이오姜彝五 및 흥덕 현감 김명혁金命爀이 제작에 가장 정통했다고 한다.[115] 최천악은 아마도 최천약일 터이다. 또 한 사람 김명혁에 대한 정보는 더 찾을 수 없지만, 강신·강이중·강이오에 대해서는 약간의 정보가 더 있다. 다시 이규경에 의하면, 익종翼宗(순회세자順懷世子)은 잠저潛邸 때 강이중·강이오 두 사람에게 위에는 선기옥형을, 아래에는 자명종을 설치하여 아륜으로 돌리는 기계를 만들게 했는데, 시각이 어긋나지 않아 그 기교가 서양 사람보다 뛰어나다는 평가를 얻었다.[116] 이 두 사람이 자명종을 제작할 수 있었던 것이다. 익종은 순조의 아들로서 그가 대리청정을 한 것은 1827~1830년이다. 따라서 잠저 때라면 1827년 이전이니, 대체로 19세기 초다. 강신은 강세황의 서자고, 강이중·강이오는 서손庶孫이다. 이외에 한 사람을 더 추가할 수 있는데, 서유본徐有本(1762~1822)의 〈삼유의명三游儀銘〉에 나오는 하경우河慶禹란 인물이다. 서유본은 삼유의란 천체 관측 기기에 대해서 설명하고 있는데, 그것을 만든 하경우란 사람은 상수학象數學에 정통했고, 또 일찍이 손수 자명종과 자행거自行車를 제작했다고 한다.[117] 물론 하경우에 대한 그 이상의 정보는 없다.

이상이 지금 확인할 수 있는 자료로 추적해본 자명종 제작자다. 그 수가 의외로 많지 않고 정보 또한 부실한 것을 알 수 있다. 이제 이들이 제작한 자명종의 수순을 짐작해보자. 황윤석의 염영서에 대한 기록을 분석해보면 당시 자명종의 기술적 수준과 가격 등을 추리할 수 있다. 1774년 1월 20일 염영서는 윤종을 가지고 황윤석을 담차襌次로 찾아왔다. 초면이었다. 요지는 여러 사람에게 들은 결과 윤종을 가질 만한 사람은 황윤석뿐이니 구매하라는 것이었다. 황윤석은 백방으로 돈을 구했지만 구할 수가 없어 결국 500문을 얻어 염영서의 노자로 주었다. 염영서는 윤종을 다른 사람에게 팔면 몇 갑절을 받을 수 있지만, 이런 귀중한 물건은 가질 사람이 가져야 한다면서 뒷날 완전히 수리를 하면 황윤석이 소유하는 것이 좋겠다고 하였다.[118] 24일 염영서는 떠나며, 이듬해 3월이나 9월에 다시 오겠다고 하였다.

황윤석은 염영서에게 먼저 다섯 냥을 주고, 3월에 다시 와서 수리해달라고 했으나 염영서는 어려워하는 기색이 있었다.[119] 그 뒤 인촌隣村과 한 차례 자명종의 고장 난 부분을 고치다가 그만두었다. 염영서를 마냥 기다릴 수가 없었기 때문이다. 염영서는 3월 25일에 와서 같이 대장장이 집으로 가서 윤종을 수리했지만 6일이 지나도록 수리가 끝나지 않았다. 4월 1일 염영서가 돌아갔다. 또 두 냥을 주고 맥추麥秋나 9월에 다시 와서 고치기로 하였다. 황윤석은 전후로 정력만 허비하였으니 차라리 하나 사는 것이 나았다고 한다. 9월에 염영서가 왔지만 끝내 수리하지 못하고 돌아갔다.

1775년 1월 10일 전주부 서문 밖의 대장장이 김흥득金興得이 왔기에 2월 20일 이전에 와서 윤종을 수리해달라 부탁했다. 수고비는 넉 냥이다. 2월 21일 비로소 야장冶匠 송귀백宋貴白과 함께 윤종을 수리했다. 송귀백은 묘수妙手이기 때문이었다. 3월 27일에 윤종의 수리가 대략 끝나고 송귀백은 돌아갔다. 수고료 넉 냥을 주었다. 황윤석은 지난 36일 동안 윤종 수리에 골몰한 결과 왼손의 엄지와 검지에 못이 박히고 통증이 있으며, 오른손가락 역시 굳은살이 생겼다고 말하고 있다. 모두가 완물상지의 탓이라는 것이다. 그리고 뒷날인 신축년(1781) 12월에 들은 이야기라면서 1774년 4월 5일 염영서가 급사했다는 소식을 덧붙여 놓았다.[120]

염영서가 자신이 가지고 있는 자명종을 살 만한 사람으로 황윤석을 지목하고 찾아와서 다른 사람에게 팔면 몇 갑절을 받을 수 있지만, 이런 중요한 물건은 가질 만한 사람이 가져야 한다면서 황윤석에게 넘기겠다고 한 것은, 자명종이 결코 흔한 상품이 아니고, 또 자명종의 구매자가 많지 않았다는 것을 의미한다. 황윤석이 아내가 혼례 때 입은 활옷과 밭을 저당 잡혀 돈을 빌리려 했다는 것(결국 흉년 때문에 빌리지 못했지만)은 자명종이 쉽게 구입할 만한 정도의 낮은 가격이 아니었음을 의미한다. 그뿐만 아니라 고장 난 자명종을 수리하는 것도 쉽지 않았다. 자명종이 알려지기는 했지만, 18세기 후반까지 쉽게 구득하거나 그 원리를 알고 수리할 수 있는 사람은 매우 드물었던 것이다.

염영서는 홍대용이 나주 관아에 나경적을 불러서 자명종을 만들 때 참여했으니, 그가 제작한 자명종 역시 나경적의 자명종과 같거나 유사한 것으로 보아야 할 것이다. 황윤석의 〈윤종기〉는 바로 염영서가 제작한 자명종의 구성과 작동 원리를 해설한 것이다. 다만 자명종의 실물이 사라졌고, 또 탈초에 문제가 있는 듯하여 이 해설문만으로는 그 구성과 작동 원리를 온전히 파악할 수 없다. 현재로서는 이 글에서 우리가 알아낼 수 있는 것은 몇 되지 않을 것이다.

황윤석은 〈윤종기〉의 앞부분에서 윤종의 내력에 대해 간단히 밝히고 있다. 윤종은 조선에서 일컫는 자명종이라는 것으로서, 원래 태서泰西의 여러 나라에서 만든 것이며, 명나라 만력 연간에 야소회사 이마두가 중국에 가져온 것이며, 북경의 시장에서 조선으로 수입된 것이 있고, 한편 강소성·절강성에서 바닷길로 일본에 수출되어 일본에서 제조한 것이 있다는 것이다. 그 제도는 구리나 주석, 혹은 쇠로 만드는데, 구리와 주석은 화려할 뿐이고, 오직 쇠로 만든 것이 견고하여 오래가고 빨리 마모되지 않는다는 것이다. 염영서에게서 얻은 것도 밖은 화려하게 안은 강하게 한 것은 자명종이 바깥은 조용함이 많으나 안은 움직이는 것이기 때문이라는 것이다.[12] 이하 긴 글은 모두 이 자명종의 설계 장치와 작동 원리에 대한 것이다.

황윤석의 설명에 따르면 염영서의 자명종은 홍대용의 자명종과 같이 추동식이었다. 추는 한 줄에 큰 추와 작은 추를 매단 것이 두 세트가 있어 이것들이 풀리면서 톱니바퀴의 회전과 타종에 동력을 제공했다. 문자판은 큰 원이 있어 12시(大時)를 표시했고, 그 안의 작은 원에는 12시를 다시 각각 초初·정正으로 나누어 24시(小時)를 표시했다. 소시는 또 4각刻으로 나누었다. 〈윤종기〉의 나머지 대부분은 크기, 톱니의 수, 회전수에 따른 톱니바퀴의 종류와 그것들의 상호 물림에 대한 정보로 채워져 있다. 하지만 실물이 없기에 현재로서는 이 이상의 추리는 불가능하다.

서로 다른 서양과 조선의 시간

19세기에 와서 더욱 다양한 종류의 시계가 수입되고, 그것을 소유하는 사람이 늘어났던 것은 사실이다. 원래의 자명종(실내용), 괘종시계, 회중시계 등 다양한 시계가 수입되고, 수입되는 양도 늘어났을 것이다. 남병철은 자명종이 처음 중국에 들어왔을 때는 사람들이 신기하게 여겼지만 지금은 그 수가 매우 많아졌으며, 조선에 있는 것만 해도 수십 수백 아래는 아닐 것이라고 말한다.[122] 자명종이 흔해졌다는 말이겠지만, 조선에서 그것은 여전히 아무리 많아도 수백 개 이하에 불과했던 것이다. 물론 19세기가 되면서 자명종이 상대적으로 흔해졌던 것은 사실이지만, 기계식 시계의 보편적 사용과는 거리가 멀었던 것이다. 이유원은 조두순趙斗淳(1796~1870)에게 태서泰西(서양)의 괘종시계[時鐘]를 사람들이 모두 애지중지하는데, 왜 조두순만은 그러지 않느냐고 물었다. 조두순은 그 시계가 늙음을 재촉하기 때문이라고 답한다.[123] 이 상황은 괘종시계가 상당히 널리 퍼져 있다는 것을 전제로 하는 말이다.

그래도 시계는 여전히 값비싼 물건이었다. 이규경은《오주연문장전산고》의 〈시형변증설時衡辨證說〉에서 해시계와 물시계는 흐린 날, 빙점 이하로 떨어지는 날에는 사용할 수 없기에 자명自鳴·문시問時·시표時表 등의 기계식 시계가 가장 믿을 만하지만, 가난한 선비[寒士]는 더욱 가질 수 없는 것이라고 말하고 있다.[124] 사실 19세기에 기계식 시계에 대한 언급은 거의 경화세족의 것이다.[125] 이유원과 조두순 역시 영의정까지 오른 인물들이다. 그들이 말하는 괘종시계를 애지중지하는 사람도 경화세족을 벗어나지 않을 것이다. 호남 선비인 황윤석의 경우가 조금 특이하다 하겠지만, 그 역시 서울로 올라와서 김원행의 제자가 되고 서울에서 활동했으니 서울의 선비였던 셈이다.

시계에 관한 자료들이 주로 양반들, 특히 경화세족 사이에서만 나타나는 데 주목할 필요가 있다. 물론 기록을 남길 수 있는 능력, 곧 한문을 구사할 수 있는 능력을 보유한 부류가 사족뿐이기 때문에 그들만이 시계에 관한 기록을 남겼다고도 말할 수 있다. 그렇지만 시계가 대단히 널리 사용되었더라면 비양반층과 시계의 관계에 대한 기록이 남지 않을 리 없다. 하지만 그런 사례는 발견되지 않는다. 이것은 자명종을 구입할 만한 경제적 여력이 있는 층이 두텁지 않았다는 것을 의미한다. 말하자면 경화세족을 제외하면 시계를 구입할 만한 경제적 능력을 가진 층이 거의 없었다는 것이다.

자명종의 제작 역시 크게 확산되지 않았던 것으로 보인다. 제작자는 대체로 둘로 나뉜다. 관상감에 매인 장인이나 동래·기장·창원 등 부산의 왜관과 가까운 지방의 장인이 한 줄기를 이루고, 양반층이 또 다른 줄기를 이룬다. 다만 양반 출신 제작자는 대체로 양반이기는 하되, 나경적·염영서처럼 지체가 낮은 사족이거나 아니면 최천약처럼 무반직이었고, 혹은 이민철·강이중·강이오처럼 서파庶派였다. 각별히 흥미로운 것은 이민철·강이중·강이오의 경우다. 이들은 당시 최고의 양반 가문의 서자, 서손이었다. 자연히 이들은 집안에서 자명종을 볼 기회가 많았기에 자명종을 제작할 수 있었던 것으로 생각된다.

이 글에서 다룬 자명종 제작자의 수를 넘어서 미지의 자명종 제작자를 생각할 수도 있겠지만, 그 수가 대단히 많았다고 보이지는 않는다. 자명종의 제작자가 자명종을 제작하여 파는 경우가 없지는 않았겠지만, 그것은 대개 주문생산이었던 것으로 보이고, 염영서의 경우처럼 손쉽게 그것을 구입할 수 있는 사람도 매우 드물었다. 또 자명종 제작자들 사이의 기술 전수, 혹은 교환도 거의 없었던 것으로 생각된다. 이규경은 〈자명종변증설〉에서 최천악·강신·강이중·강이오·김명혁 등 자명종 제작자의 이름을 나열하여 기록한 뒤, "그러나 제작하는 법을 적은 책이 있는지 모르겠다."라고 말하고 있다. 이 말은 제작법 자체가 기술자들 사이에서 전수되거나 교환된 적이 없음을 간접적으로 방증하는 것일 터이다. 자명종 제작 기술 역시 극소수의 몇몇만이 아는 정도였던 것이다.

자명종, 곧 시계가 좀 더 값싼 물건이 된 것은 1876년 개항 이후다. 조선은 개항 이후 서구 각국과 조약을 체결했는데, 거기에는 당연히 무역에 관한 부분이 있었다. 1882년 조선이 미국과 체결한 조미수호통상조약에 관세에 관한 조항이 있었다. 그중에서 민생과 관련된 물품은 관세가 10분의 1을 초과할 수 없었고, 양주·여송연·종표鍾表와 같은 사치품은 10분의 3을 초과할 수 없다는[126] 부분을 보자. 종표는 곧 시계다. 자명종과 회중시계를 포괄하여 말한 것일 터이다.

개항 이후 시계가 얼마나 수입되었는지는 알 수가 없다. 하지만 그 '사치품'이 문제가 되었던 것은 충분히 짐작할 수 있다. 앞서 이 책의 제3장에서 살펴보았듯이 미국과 조약을 맺고 불과 2년 뒤인 1884년, 곧 갑신정변이 일어난 그해 6월 평안도 중화에 사는 유학 이인황이 상소해 무역의 금지를 요청했을 때 그가 지적한 물품들 중에 시계가 들어 있었다. 그의 주장에 따르면 시계는 '거는 것', '앉혀두는 것', '차는 것' 등 크고 작은 다양한 것이 있지만, 그것은 이용후생이나 '재변을 소멸하고 교화하는 일'에 도움이 되지 않는다는 것이다.[127]

대개 1년에는 12달이 있으며, 하루에는 12시가 있으며, 시에는 각刻이 있고, 각에는 분分이 있습니다. 이미 있는 자취를 가지고 미루어보면 장래의 묘리妙理를 알 수가 있습니다. 시계가 있기 이전에는 자오子午가 서로 어긋난다는 말을 듣지 못하였는데, 어찌하여 그것을 애호하고 귀중하게 여겨 은을 허비하여가며 무역해야 하겠습니까.[128]

시계는 조선에 정착하지 못했다. 이 글은 그 이유를 고스란히 드러낸다. 기본적으로 조선의 시간은 농업 사회의 시간이다. 시간을 분 단위로 쪼개어 측정할 필요가 없었던 것이다. 시간의 단위를 어떻게 분할하느냐 하는 것은 사회적 필요에 의한다. 어떤 단위의 시간이 필요한가. 편의상 시·분·초를 기준으로 삼아보자. 만약 농사를 지어 자신과 가족의 생계로 삼는 사람이라면 시 단위의 시간을 측정할 필요는 없을 것이다. 1년을 24등분한 단위, 곧 24절기만 알아도 충분히 생을 영위할 수 있다. 하지만 노동량을 측정하여 임금을 지불하는 사회에서는 시간이 분 단위까지 측정될 것이다. 대체로 21세기 한국인의 일상은 분 단위로 이루어진다. 예컨대 초·중·고등학교 학생들의 시간은 분 단위로 나누어진다. 하지만 공학이나 컴퓨터 쪽이라면 시간은 초 단위로 내려갈 것이다. 나노 단위까지 측정되는 물건을 생산하는 사회라면 시간은 나노 단위까지 분할될 것이고, 그것을 측정할 수 있는 시계가 당연히 필요할 것이다. 시간은 인간의 필요에 따라 쪼개지고 측정되는 것이다. 하지만 자명종이 수입되던 조선은 여전히 농업 사회였다. 요약하자면 자명종 시계는 조선 사회에 맥락 없이 던져진 셈이다. 그것이 자명종의 확산과 제작을 막았던 결정적인 이유였다.

5장

양금, 국악기가 된 서양 악기

크로스오버의 시작

————

국악은 가장 순수한 '민족적인 것'으로 인식된다. '국악'이란 말 자체가 이미 그렇지 않은가. 하지만 과연 그럴까? 국악은 향악鄕樂·당악唐樂·아악雅樂으로 구성된다. 향악은 순수한 오리지널 국산이지만, 당악과 아악은 중국산이다. 그리고 국악기인 비파에는 향비파와 당비파가 있다. 당비파는 중국 비파란 뜻이다. 그렇지만 당비파는 완전히 한국화한 한국 악기다. 순수하다고 인식되어온 국악조차 이렇듯 중국 음악과의 혼성품이다.

양금洋琴이란 악기가 있다. 이 악기를 조선 사람은 서양금西洋琴 또는 구라철사금歐邏鐵絲琴이라 부르고, 중국인은 번금番琴이라고 부르며, 서양인은 천금天琴이라 불렀다고 한다.[1] 구라철사금은 구라철현금歐邏鐵絃琴이라고도 불렀는데, 서양 사람이 전한 쇠줄로 현을 만든 금琴이란 뜻이다. 줄여서 철현금, 철사금이라고 하였다.

양금은 국악을 전공하는 사람들은 익히 아는 악기다. 하지만 일반인들에게는 낯선 악기다. 양금은 원래 서양의 악기다. 16세기에 북경에 전해져 중국 악기가 되었다가, 다시 18세기에 조선으로 전해져 조선의 국악기가 되었다. '국악기' 양금은 서양과 중국과 조선의 혼성품인 것이다. 오늘날 국악은 서양 음악과 대중음악을 연주하기도 한다. 이른바 '크로스오버'다. 하지만 양금이야말로 '크로스오버'의 원조가 아닐까? 이제 양금이 국악기가 된 내력을 추적해보자.

1

중국 악기를 거쳐 조선 악기로

양금의 구조

그림 38에서 보듯 양금은 사다리꼴의 납작한 상자 위에 현絃을 맨 악기다. 상자는 오동나무로 만드는데, 속이 비어 공명통의 역할을 한다. 현은 모두 14개가 있다. 하나의 현은 주석과 철을 섞은 합금으로 만든 것으로, 네 가닥이 하나의 현을 이룬다. 곧 14×4=56이니, 양금에는 56개의 줄이 있는 것이다.

다시 그림을 보면, 상자 몸통에 긴 막대기가 두 개 보일 것이다. 이것이 양금의 '괘'다. 거문고나 가야금에도 이런 것이 있는데, 거문고는 움직일 수 없고, 가야금은 움직일 수 있다. 양금의 경우는 움직일 수 없는 고정식이다. 이 고정식 괘로 인해 14개의 현은 각각 길이가 다른 42개로 분리되고, 현마다 각각 소리의 높낮이가 달라진다.

거문고는 나무젓가락 크기의 작은 나무 막대기로 현을 뜯거나 쳐서 소리를 내고, 가야금은 손가락으로 현을 뜯거나 튕겨서 소리를 내지만,

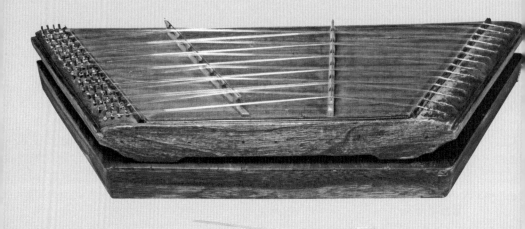

그림 38 양금.

그림 39 양금의 가장자리 부분.

양금은 대나무를 젓가락보다 가늘게 다듬어서 만든 채로 현을 친다. 현은 맑은 금속성 소리를 낸다. 다만 양금은 42개의 분리된 현을 모두 쳐서 42개의 소리를 내는 것은 아니고, 모두 21개의 현을 쳐서 18개의 음을 낸다(세 개의 현은 중복). 즉 치지 않는 현이 있는 것이다.

사다리꼴의 공명통 위에 금속으로 만든 현을 얹고 그것을 채로 쳐서 소리를 내는 악기의 원형은 이란·이라크 등 서아시아 지방에서 사용되던 산투르(Santur)다. 산투르는 15세기경(혹자는 그 이전으로 보기도 한다)에 중앙 유럽으로 전해져 덜시머(Dulcimer)란 이름으로 불리게 된다. 재미있는 것은 덜시머가 피아노의 원형이라는 것이다. 피아노는 강철로 된 줄을 나무 해머로 쳐서 소리를 내는 것이니, 그 원리가 양금과 같은 것이다. 물론 덜시머에서 피아노가 되기까지는 쳄발로와 클라비코드란 중간 단계의 악기가 있었다. 서양의 덜시머가 조선으로 직접 건너왔을 리는 없다. 이 역시 북경을 통해서 조선에 전해진 것이다. 이제 그 과정을 밝혀보자.

양금이 처음 들어온 시기

안경이 임진왜란 직후에, 망원경과 자명종이 1630년 정두원에 의해서 알려진 것에 비해, 유리거울과 양금은 한참 늦게 알려졌다. 마테오 리치가 자명종과 함께 전했다는 양금은 18세기 후반에 와서야 비로소 조선의 문헌에 등장한다. 1766년 1월과 2월 북경에 머무른 홍대용은 《연기》에서 북경의 음악 문화를 전하면서 양금에 대해 따로 언급하고 있다.

양금은 서양에서 나온 것인데, 중국에서 본떠 사용한다. 오동나무 판에 쇠줄을 얹은 것으로 소리가 쟁쟁 울린다. 멀리서 들으면 종소리나 경쇳소리 같다. 다만 지나치게 맑아 초쇄噍殺한 데 가까워서 거문고에는 아주 미치지 못한다. 작은 것은 12현이고 큰 것은 17현이다. 큰 것은 소리가 더욱 크고 맑다.[2]

이 자료가 양금에 관한 최초의 자료라고 단정할 수는 없지만, 현재 연도를 확인할 수 있는 자료로는 가장 오래된 것이다. 물론 이 자료로 1766년 이후에야 양금이 조선에 수입되었다는 것은 아니다. 그 이전에 양금은 분명히 수입되어 있었다. 강세황은 〈서양금西洋琴〉이란 글에서 우리나라 사람들이 가끔 사오기는 하지만 그 연주법과 조율법을 모른다고 말하고 있다.[3] 뒤에 언급하겠지만 홍대용은 박지원과 함께 양금을 조선의 음악에 맞추어 조율하는 데 성공했으니 강세황의 글은 그 이전에 쓰인 것일 터이다. 물론 이 글이 쓰인 날짜는 확정할 수 없다. 어쨌거나 18세기 후반 북경에 가는 사람들은 전에 보지 못한 악기인 양금을 호기심에 사왔지만, 연주법도 조율법도 몰라 서재의 장식품으로 사용하고 있었던 것이다.

이 지점에서 홍대용이 중국에서 양금을 사용한다고 말한 것에 주목할 필요가 있다. 곧 그는 같은 글에서 중국의 잔치 음악에서 생황·비파·호금壺琴·양금·현자絃子·죽적竹笛 등 여섯 종을 사용하는데, 우리나라의 삼현악三絃樂과 같다는 것이다.[4] 다만 중국의 양금이 큰 것과 작은 것 두 종류가 있으며, 그중 큰 것은 17현, 작은 것은 12현이라고 하였다. 연주하는 음악에 따라 현의 수가 달랐던 것으로 보인다. 조선 양금이 14현인 것도 중국 음악과 조선 음악의 차이에서 기인한 것이 아닌가 한다.

양금은 홍대용 이전에 수입되어 있었겠지만, 그것을 조선의 음악에 맞게 조율한 최초의 사람은 홍대용이다. 다만 그는 자신이 양금을 어디서 어떤 가격으로 구입했는지는 전혀 언급하고 있지 않다. 아울러 그는 양금이 원래 서양 악기라는 것만 언급했고, 정작 양금의 유래에 대해서는 아무런 언급도 하지 않았다. 양금의 유래는 홍대용의 영향으로 1780년 북경에 간 박지원이 처음으로 언급한다. 박지원이 포함된 조선 사신단이 1780년 8월 1일 북경에 도착했을 때 건륭제는 열하熱河(지금의 청더 시)의 피서산장避暑山莊에 머무르고 있었기에 사신단은 다시 열하로 가지 않을 수 없었다. 박지원 역시 열하로 가서 머무르게 되는데, 거기서 중국 지식인 윤가전尹嘉銓·왕민호와 음악에 관해 대화를 나눈다. 그 대화록이 곧 〈망양록亡羊錄〉이다. 거기에 양금에 관한 부분이 있다. 박지원이 먼저 물었다.

박지원: 구라파의 동현銅鉉 소금小琴은 어느 때부터 나왔던가요?

왕민호: 어느 때부터 시작되었는지는 모릅니다만, 아마 100년이 넘어서부터지요.

윤가전: 명明 만력 때 오군吳郡에 사는 풍시가馮時可가 서양 사람 이마두를 북경에서 만났을 때 그 거문고 소리를 들었고, 또 자명종을 가지고 있었던 것이 이미 기록에 남아 있으니, 대개 만력 시대에 처음으로 중국에 들어왔을 것입니다. 서양 사람들은 모두 역법曆法에 정통하고 기하幾何를 아는 데는 세밀하고 자세해서, 무엇이나 물건을 제조하는 데는 모두 이 방법을 쓰고 있답니다. 중국에서 기장 낟알을 포개놓고 크기를 측량하는 일 같은 것은 도리어 추잡한 노릇입니다. 또 그들의 문자는 소리로 뜻을 삼아, 새와 짐승의 소리나 바람과 빗소리까지도 귀로 분별하지 못하는 것 없이 혀로 이것을 형용해냅니다. 저들은 스스로 말하기를, "능히 팔방八方의 풍속을 알고 만국 말을 통한다." 하는데 이 거문고를 천금天琴이라 하고 있습니다.

박지원: 그 빨간 글씨로 표해놓은 것은 무엇인가요?
왕민호: 그것은 줄을 고르는 음악의 부호입니다.[5]

박지원이 이렇게 묻는 것을 보면 그때까지 그는 양금의 유래에 대해 확실하게 모르고 있었던 것이다. 사실 박지원이 북경에 간 1780년에 양금은 이미 조선에서 연주되고 있었다. 이에 대해서는 뒤에 자세히 언급할 것이다.

박지원은 북경에서 서울로 돌아와 《열하일기》를 쓸 때 윤가전이 말한 풍시가란 인물과 그의 저작을 조사했고, 그것을 《열하일기》의 〈동란섭필銅蘭涉筆〉에 반영하면서 양금에 대해서 재론한다. 이제 그의 말을 따라가 보자. 그는 이렇게 말한다. "오군의 풍시가가 처음 북경에 왔을 때 이마두에게 얻은 것인데, 구리철사로 현을 만들어 손가락으로 뜯지 않고 단지 작은 나무쪽으로 두드리면 그 소리가 더욱 맑다 하였다. 또 자명종은 겨우 작은 향합만 한데 정밀한 쇠로 만들어서 하루 12시에 열두 번을 치니, 또한 기이한 것이라고 하였다. 모두 《봉창속록蓬牕續錄》에 보인다."[6] 박지원은 귀국 후 윤가전의 말을 풍시가의 《봉창속록》에서 찾아내고, 그대로 인용하고 있는 것이다. 《봉창속록》은 명나라 도정陶珽이 엮은 《설부속說郛續》에 실려 있다. 과연 대부분의 정보가 박지원이 인용하고 있는 바와 같다.[7] 풍시가는 생몰년이 미상이지만, 융경隆慶 5년(1571)에 진사가 되었다고 했으니, 마테오 리치와 북경에서 만날 수 있었을 것이다. 《열하일기》가 인용한 《봉창속록》으로 말미암아 이후의 거의 모든 문헌은 양금을 마테오 리치가 가져온 것으로 적고 있다.

2

경화세족의 풍류를 담아내다

양금의 해곡과 조율

대체로 홍대용이 북경에 간 1765~1766년 이전에 양금이 조선에 수입되었지만, 그것이 곧장 연주된 것은 아니었다. 양금의 현이 내는 소리의 높낮이와 현과 현이 어떤 관계에 있는지 알 수 없었기 때문이다. 이 악기의 연주법과 조율법을 처음 밝힌 사람은 홍대용과 박지원이다. 이들이 양금을 조선 음악에 맞추어 조율한 날짜도 분명히 알려져 있다. 1772년 6월 18일 오후 6시쯤이다. 두 사람은 어떤 연고로 양금을 해곡하게된 것인가? 홍대용부터 시작해보자.

　홍대용은 빼어난 거문고 연주자였다. 그는 1766년 2월 북경에서 사귄 중국인 친구 육비陸飛에게 보내는 편지에서 자신은 16~17세 때부터 거문고를 배웠는데, 속세의 더러운 생각을 씻고 답답한 마음을 털어내는 데 술이나 시보다 나았다고 말한다. 뒷날 거문고를 연주하며 기녀들과 어울리던 생활을 반성하고 엄격한 도덕주의자로 산 홍대용이지만 거문고는 버리지 않았다. 그의 연주는 탁월했다. 북경으로 가는 길에 봉황성 객관 주인의 14~15세쯤 되는 아들이 그의 거문고 연주를 듣고 난생처음 듣는 음악임에도 눈물을 쏟을 정도였다.[8] 그는 음악 이론에도 정통한 사람이었다. 《담헌서》 '농수각의기지籠水閣儀器志', 〈율관해律管解〉, 〈변률變律〉, 〈황종고금이동지의黃鍾古今異同之疑〉, 〈우조계면조지이羽調界面調之異〉 등 음악 관련 논문을 남기고 있을 정도로 그는 음악 이론에 대해서 깊은 이해가 있었던 것이다. 18세기 후반 조선 최고의 음악 이론가인 김용겸 金用謙은 홍대용에 대해 속악俗樂에 정통한 것 같다고 평가했다. 홍대용이 가곡집인 《대동풍요大東風謠》를 엮고 서문을 쓴 것을 보건대, 김용겸의 말도 지나친 평가는 아닌 것 같다.[9]

이런 홍대용이었으니 1765~1766년 중국 여행에서 중국 음악에 대해 비상한 관심을 보였던 것은 두말할 필요가 없다. 조선 사람들이 예외 없이 모든 문화의 중심이 중국이라고 생각했듯, 음악의 중심 역시 중국이라 여겼다. 홍대용은 중국 음악에 대해 일종의 경외심을 가지고 있었다. 그는 북경에서 중국 음악을 직접 듣고자 간절히 원했다. 그 결과 태상시太常寺 악공인 유생劉生이 유리창에 연 금포琴鋪에서 유생의 연주를 듣기도 하고, 그로부터 중국 금琴을 배우기도 하였다.

1766년 1월 8일 천주당을 방문했을 때 홍대용은 음악에 관한 관심과 깊은 소양을 유감없이 발휘했다. 천주당에서 거대한 파이프오르간을 본 홍대용은 짧은 시간에 관찰하여 악기의 메커니즘을 꿰뚫는다. 홍대용이 연주를 듣기 원하자, 할러슈타인은 "곡을 아는 사람이 지금 병을 앓고 있기에 연주할 수 없습니다."라고 하고, 자신이 파이프오르간을 조작해 소리 내는 방법을 알려준다. 홍대용은 따라 해보고는 금방 연주법을 깨닫는다.

홍대용이 자신이 알고 있는 거문고 곡을 파이프오르간으로 옮겨서 한 바탕 연주하고 나서 "이것은 동방의 음악이지요."라고 하자, 할러슈타인은 웃으면서 아주 잘한다고 칭찬하였다. 홍대용이 파이프오르간이 바람을 끌어들여 소리를 내는 원리를 할러슈타인에게 설명하고 미진한 점을 물었더니, 할러슈타인은 "저분이 환히 설명을 하시니, 틀림없이 전에 와서 보았던 분일 거요."라고 하며 깜짝 놀란다. 초면의 이국 젊은이가 처음 본 파이프오르간의 원리를 술술 말하고 연주까지 능숙하게 하니, 어떻게 놀라지 않을 수가 있겠는가. 이때 통역을 맡은 홍명복이 끼어들어 큰소리를 친다. "저분은 우리의 세 번째 대인의 조카이신데, 중국에 처음 왔습니다. 그는 재주와 기예가 아주 높아서 성상星象(별자리)·수학·율력律曆 등 꿰뚫지 못하는 학문이 없습니다. 손수 혼천의도 만들었는데, 천상天象과 절묘하게 들어맞았습니다. 그래서 두 분을 만나 높은 이론을 한번 듣고자 하는 것입니다." 틀린 말은 아니지만, 당사자인 홍대용이 들으니 쑥스럽다. 너무 부풀리지 말라고 하자, 홍명복은 "이렇게 하지 않으면 저들의 마음을 움직여 기이한 기구와 서적을 죄다 볼 수가 없습니다."라고 답한다. 그 말에 홍대용은 한 발 더 내디디며 농담을 던진다. 그가 "속담에 '수재秀才는 문 밖을 나가지 않아도 천하의 일을 널리 안다.' 하였습니다. 선생께서는 어찌 사람을 낮추어보시는지요?"라고 했더니, 할러슈타인이 웃으며 "감히 그럴 리가……."라고 대답한다.

홍대용은 확실히 양금을 조선 음악에 맞추어 조율하고 그 연주법을 알아낼 만한 능력이 있는 사람이었다. 박지원은 홍대용이 양금을 해곡한 그날을 이렇게 기억한다.

구라파의 철현금鐵絃琴은 우리나라에서는 '서양금西洋琴'이라 부르고, 서양 사람들은 '천금天琴'이라 부른다. 중국인들은 '번금番琴' 또는 '천금'이라 한다. 이 악기가 언제 우리나라에 전래되었는지는 알 수가 없다. 하지만 우리나라 곡조로 철현금의 곡을 풀어낸 것은 홍덕보洪德保(홍대용)에게서 시작된 것이다. 건륭 임진년(1772년) 6월 18일 덕보의 담헌湛軒에 있을 때였다. 유시酉時(오후 6시경)에 나는 그가 양금을 해곡하는 것을 보았다. 나는 홍덕보가 음을 분별하는 데 아주 예민하다는 사실을 알고 있었고, 또 그것이 비록 작은 기예이기는 하지만 맨 처음으로 한 일이라 그 날짜를 자세히 기록해두는 것이다. 양금 연주법이 널리 퍼진 지 이제 9년인데, 탈 줄 모르는 금사琴師가 없다.[10]

홍대용의 집을 방문했다가 그가 양금을 해곡하는 것을 보았다는 것이다. 홍대용이 음을 분별하는 데 아주 예민하다는 것, 곧 절대음감이 있기에 양금 현의 음가를 알아내었다는 것이다.

이 기록만 보면 박지원은 아무런 역할을 하지 않은, 단순한 목격자로 보인다. 하지만 그의 아들 박종채의 말은 약간 다르다. 박종채에 의하면 박지원은 "소리를 구분하는 데 아주 뛰어난 능력이 있었고, 담헌은 악률에 더욱 밝았다."고 한다. 박지원 역시 소리를 듣고 그 소리의 성질, 예컨대 높낮이를 구분하는 능력이 탁월했다는 것이다. 실제로 박지원은 '五音舒記(오음서기)'란 낙인이 찍혀 있는 중국산 양금을 갖고 있었고,[11] 연주할 줄도 알았다.[12]

박종채는 아버지와 홍대용이 양금을 해곡하던 날을 이렇게 회상한다.[13] 어느 날 박지원은 홍대용의 집을 찾아가 머무르다가 들보 위에 '구라철현금 몇 개'가 걸려 있는 것을 본다. 홍대용이 북경에 갔을 때 구입해온 것이다. 박지원이 잔심부름을 하는 사람에게 내려보라고 했더니, 홍대용이 웃으며 "탈 줄도 모르는데 무엇 때문에 그러는가?" 한다. 박지원은 "그대는 가야금을 가지고 오시게. 양금 소리와 가야금 소리를 한번 맞추어보면 알 테지." 하고 제안했고, 몇 차례 소리를 맞추어본 뒤 마침내 양금의 현이 내는 소리의 높낮이와 현과 현 사이의 관계를 알 수 있었다. 양금의 해곡은 양금의 현을 우리나라 음악을 연주할 수 있도록 다시 조율했다는 것을 의미한다. 이제 양금으로 우리나라 음악을 연주할 수 있게 된 것이다.

홍대용은 양금을 조율하고 이 악기에 깊은 영향을 받았다. 그는 양금이 금속 현이라는 데 착안하여 양금으로 기본음, 곧 황종음黃鐘音을 정할 수 있다고 주장했다. 재래의 기본음은 황종관黃鐘管으로 정했는데, 문제는 황종관의 길이와 체적體積을 기장의 낟알의 수로 정했다는 것이다. 하지만 기장의 낟알 자체의 크기와 길이가 각각 다르기에 황종관의 길이와 체적 역시 유동적일 수밖에 없다. 이 점을 비판하여 홍대용은 양금을 사용하자고 주장한다. 그 복잡한 주장의 과정을 여기서 반복할 필요는 없을 것이다. 요컨대 양금의 현은 금속 재질이기 때문에 기장이나 거문고 현의 음이 균일하지 않은 것과는 비교가 되지 않을 만큼 음이 정확하다는 것이다. 홍대용은 양금을 제외하고는 정확한 율律을 만들 수 없다고까지 말한다. 다만 그는 양금을 이용해서 황종음을 알아내는 방법에 대해서는 말하지 않고 있는데, 양금의 12율을 따르면 된다고 생각한 것이 아닌가 한다.

박지원과 홍대용이 협력하여 양금을 우리나라 음악에 맞게 조율했다는 것은 두말할 필요가 없는 사실이다. 하지만 약간 다른 이야기도 전한다. 역시 박지원과 절친한 사이였던 이덕무의 손자 이규경은 양금을 해곡한 다른 인물을 내세우고 있다. 워낙 박학한 사람이고, 또 희귀하게도 양금 악보인《구라철사금자보歐邏鐵絲琴字譜》를 남기기도 했으니, 그의 말은 일단 존중되어야 할 것이다. 이 악보의 서문에서 이규경은 이렇게 말한다.

우리나라에 양금이 흘러들어 온 지는 거의 60년 되었는데, 끝내 소리를 내는 원리를 알지 못하고 한갓 서재의 신기한 물건이 되어 손으로 쓰다듬을 뿐이었다. 정조 때[정확한 연도는 마땅히 뒷날의 고찰을 기다려야 할 것이다―원주] 장악원 전악典樂 박보안朴寶安이 사신을 따라 북경에 들어가 비로소 연주법을 배워 우리나라 음악을 연주할 수 있게 하였다. 그때부터 전해가며 익히게 되었는데, 손으로서 직접 가르쳐주는 식이라 악보가 없는 것이 아주 괴로웠고, 돌아서면 금방 잊어버리곤 하였다.[14]

이규경은 박보안이 북경에 가서 양금의 연주법을 배워왔다고 증언한다. 박보안이 정조 시대에 장악원 전악이었던 것은 사실이다. 하지만 악공이란 워낙 천한 신분이니, 이름도 확실치 않다. 문헌에 따라 '朴輔完박보완', '朴保玩박보완', '朴寶完박보완', '朴保安박보안', '朴保琬박보완' 등 다양하게 나온다. 다만 그는 생황에도 명수였고, 정조 역시 '속악을 조금 이해하는 자'라고 말하고 있으니, 당시 음악의 고수였던 것이다. 하지만 그가 정조 시절에 북경에 갔던 것을 입증하는 문헌은 없다. 또 홍대용과 박지원이 양금을 해곡한 것은 1772년(영조 48)이고, 박보안이 북경에 갔다는 정조 시대는 1776년에서 1800년까지다. 이미 양금이 해곡되었는데, 왜 박보안이 북경에 가서 양금의 연주법을 배운단 말인가?

양금의 해곡과 관련된 인물이 또 한 사람 있다. 19세기의 서화가 조희룡趙熙龍은 18세기 말에서 19세기 전반에 걸쳐 서울 시정에서 활동한 중간층, 곧 양반이 아닌 서리와 중인이 중심이 된 여항인閭巷人들의 전기집傳記集《호산외기壺山外記》를 남기고 있는데, 그중 김억金憶(1746~?)이란 사람의 전기가 아주 흥미롭다. 김억은 찬란한 비단옷을 입고, 기생 여덟 명을 동시에 거느리는 등 호부豪富한 일생을 살았던 사람이다. 조희룡은 김억을 이렇게 회상한다.

우리나라에는 양금이란 악기가 있는데, 소리가 촉급하고 절도가 없어 노래에 맞지 않았다. 김억이 처음으로 양금 소리를 노래와 어울리게 하니, 아주 맑아서 들을 만하였다. 지금 양금을 연주하는 사람은 그것이 김억에게서 시작된 줄 모르고 있다.[15]

조희룡은 김억이 양금을 해곡했다고 표현하고 있지는 않지만, 양금의 소리와 노래를 어울리게 하는 방법이 김억에게서 시작되었다고 말하고 있다. 이것은 마치 김억이 양금을 해곡한 사람이라는 말처럼 들린다.

왜 박보안과 김억이 양금과 관련된 기록에 나타나는 것일까? 이들은 모두 홍대용·박지원과 음악을 매개로 하여 어울린 사람들이었던 것이다. 홍대용의 집에서 열린 이른바 '유춘오留春塢 악회樂會'로 알려진 연주회를 살펴보면 해답이 나온다. 홍대용의 집은 지금의 남산 기슭에 있었고, 그 집에는 '유춘오'라는 정원이 있었다. '오塢'는 둑이나 마을로 번역되니, '유춘오'는 봄을 머무르게 하는, 혹은 봄이 머무르는 둑이나 마을이라는 우아한 뜻이 되겠다. 홍대용은 이곳에서 음악회를 자주 열었다. 성대중의 〈기유춘오악회記留春塢樂會〉는 그 음악회를 간단히 묘사한 글이다.

홍담헌 대용은 가야금을 앞에 두고, 홍성경洪聖景 경성景性은 거문고를 잡고, 이경산李京山 한진漢鎭은 소매 속에서 퉁소를 꺼내고, 김억은 양금洋琴을 꺼내었다. 장악원 악공 보안普安 역시 국수로서 생황을 불었다. 모두 담헌의 유춘오에 모였다.

유성습兪聖習 학중學中은 노래로 가락을 맞추고, 교교재嘐嘐齋 김공 용겸用謙은 나이와 덕망이 있어 높은 자리에 앉아 향기로운 술에 살짝 취기가 올랐다. 뭇 음악이 일어나매 뜰은 깊고 낮은 고요하고, 꽃잎은 떨어져 계단을 가득 덮고 있다. 궁성과 우성이 번갈아 연주되자 가락은 오묘한 경지로 들어갔다. 김공이 갑자기 자리에서 내려와 절을 하니, 사람들이 모두 깜짝 놀라 일어나 피했다.

"여러분은 괴이쩍게 여기지 말라. 우禹임금은 좋은 말을 들으면 절을 했다 하였다. 이것은 균천광악勻天廣樂이다. 노부가 어찌 한 번 절하는 것을 아끼리오?"

홍태화洪太和 원섭元燮 역시 그 음악회에 참여하였는데, 나에게 이처럼 이야기해주었다. 담헌이 세상을 떠난 이듬해에 쓴다.[16]

서양금, 곧 양금을 가지고 온 사람을 보라. 김억이 아닌가? 그리고 장악원 악공 '보안'(박보안이다) 역시 생황을 연주하기 위해 유춘오에 와 있다. 1772년에 양금이 해곡되었고, 홍대용은 1783년에 사망했으니, 유춘오의 모임은 그 10년 사이에 있었을 것이다. 유춘오의 악회에 드나들던 박보안과 김억이 양금의 연주법을 배웠던 것이 거의 확실하다. 민간에서 양금이 유행하자 왕실에서도 관심을 보이고, 늦은 감은 있지만 중국에 전공자를 보내어 중국 양금의 연주법을 정식으로 배워오게 한 것이 아닐까? 김억은 양금에 노래를 어울리게 하는 방법을 찾아낸 것이 아닐까?

홍대용·박지원 그룹의 풍류

이제 유춘오의 악회를 실마리로 삼아 이 시기 양반들의 음악회에 대해 간단히 살펴보자. 유춘오의 악회에 참석한 사람은 홍대용(가야금), 홍경성(거문고), 이한진(통소), 김억(양금), 박보안(생황), 유학중(노래), 김용겸,

홍원섭이다.

대부분 연주에 직접 참여하고 있지만, 김용겸과 홍원섭만은 참여하지 않고 있다. 그런데 홍원섭은 몰라도 김용겸 역시 음악에 정통한 사람이었다. 박종채의 증언에 의하면, 김용겸은 박지원의 선배로 덕이 높고 대범한 인품의 소유자로, 풍류가 넘치는 호탕한 인물이었다. 그는 조선 후기의 양반 가문 중 첫째로 꼽는 안동 김씨 가문의 일원으로, 영의정을 지낸 김수항金壽恒의 손자였다. 또한 산문작가로, 시인으로 최고로 꼽는 김창협金昌協(농암農巖)·김창흡金昌翕(삼연三淵)의 조카이기도 했다. 그는 과거를 포기했지만, 가문의 후광으로 벼슬길에 올라 공조판서까지 지낸다. 그의 이력 중에 특별한 것은 1768년 장악원 정正이 된 것이다. 이것은 그가 음악 이론에 정통했기 때문이다. 1778년 그가 공조참판에서 특별히 승진해 승지가 되었을 때 정조는 그가 김수항의 손자이고 김창집金昌集의 조카라면서 특별히 불러 예禮와 음악에 대해 대화를 나눈 적이 있었다. 그의 음악에 관한 식견은 당시 널리 알려졌던 것이다.

홍대용과 박지원이 음악회를 열면 반드시 김용겸이 있었다. 그리고 김억 역시 김용겸과 관련이 있었다. 박종채에 의하면 김억의 '풍무자風舞子'라는 호를 김용겸이 지어준 것이라고 한다. 박종채는 또 김억이 최근 연주법을 알게 된 철현금을 아주 좋아했다고도 한다. 어느 날 밤 홍대용의 집에서는 양금과 생황이 연주되었다.

> 밤은 고요한데 음악이 시작되자 교교공嘐嘐公(김용겸)이 달밤에 약속도 없이 찾아왔다가 생황과 철현금이 번갈아 연주되는 것을 듣고 몹시 즐거워, 책상 위의 구리 쟁반을 치며 절조를 맞추고 《시경》〈벌목伐木〉 장을 외우니 흥취가 도도하였다.[17]

모인 사람은 홍대용과 박지원·김억·김용겸이다. 그리고 생황을 연주했다고 하니, 박보안도 있었을 것이다. 그런데 갑자기 김용겸이 일어나 방 밖으로 나가더니 한참을 돌아오지 않는다. 밖으로 나가 찾아보아도 흔적도 보이지 않는다. 홍대용은 박지원에게 "아마도 우리가 예의를 잃은 것이 있어 어른께서 돌아가신 것 같습니다."라고 말하고, 박지원과 함께 김용겸의 집으로 찾아갔다. 눈이 내렸다가 막 개인 밤이었다. 달빛은 은세계를 환히 비추고 있었다. 수표교에 이르니, 환한 달빛 아래 김용겸이 갓을 벗은 채 금琴을 안고 다리에 앉아 달을 바라보고 있는 것이 아닌가? 놀랍고도 반갑다. 홍대용과 박지원은 돌아가서 술상과 악기를 수표교로 가져왔다. 운치 있게 한바탕 논 것은 두말할 필요도 없다. 오죽하면 박지원이 뒷날 "교교공께서 돌아가신 뒤로 그렇게 운치 있던 날은 없었지."라고 회고했겠는가.

박지원의 〈하야연기夏夜讌記〉도 음악을 연주하며 즐긴 한바탕의 운사韻事를 쓴 것이다.

스무이튿날 국옹麴翁과 함께 걸어 담헌湛軒에 갔다. 풍무風舞는 밤에 왔다. 담헌이 슬瑟을 뜯으니 풍무는 금琴으로 화답하고, 국옹은 관을 벗은 채 노래를 불렀다. 밤이 깊어지자 흘러가는 구름이 사방에서 엮이고, 더운 기운이 잠시 물러나자 줄의 소리가 더욱 맑아진다. 좌우의 사람들은 단가丹家에서 장신藏神을 내관하듯, 선정에 든 승려가 전생을 돈오頓悟하는 것처럼 조용히 침묵하였다.[18]

이번에는 여름날 밤이다. 홍대용은 슬瑟을, 김억은 금琴을 연주한다. 가야금과 거문고일 것이다. 음악을 듣는 사람들은 곧 도를 닦는 사람처럼 정적에 휩싸인다. 하나 궁금한 것은 노래를 부르는 '국옹'이란 사람이다.

국옹은 이한진李漢鎭(1732~1815)이다. 전서篆書를 잘 썼고, 음률에 밝았으며, 퉁소의 명인이었다. 그는 유춘오의 악회에도 참석하여 퉁소를 분적이 있다. 이날 모임에서 이한진은 노래를 불렀다. 사실 그는 가곡집인 연민본淵民本《청구영언》을 편찬하기도 했으니, 노래에도 일가를 이룬 사람이다. 김용겸의 숙부인 김창흡의 손녀가 곧 이한진의 어머니였다. 김용겸 집안은 곧 이한진의 외가였던 것이다. 이한진은 이런 연고로 김용겸을 따랐고, 김용겸으로부터 음악을 배워 자신도 음악에 정통했던 것이다.

가장 조선화된 서양 물건

박지원은 "양금 연주법이 널리 퍼진 지 이제 9년인데, 탈 줄 모르는 금사琴師가 없다."라고 하였다. 일단 연주법이 알려지자 양금은 경화세족을 중심으로 유행하기 시작했던 것이다. 18세기 말부터 양금 연주에 관한 기록들이 문헌에 자주 보이는 것은 이 때문이다. 순종과 헌종 연간 우의정·영의정에 오른 남공철南公轍(1760~1840)은 1782년 자신의 친구인 민범대閔範大와 남산에 올라가 술을 마시고 시를 지었는데, 이때 민범대가 양금을 가져와 연주했다. 그런데 흥미로운 것은 민범대가 가져온 양금은 홍대용이 중국에서 사귄 중국인 친구 반정균의 것이었다. 반정균의 양금이 어떻게 민범대의 손에 들어가게 되었는지는 알 길이 없다. 어쨌건 남공철은 민범대의 양금을 들은 일을 아주 고아한 풍치로 기록하고 있는 것이다.[19]

이런 자료들은 경화세족을 중심으로 해서 꽤나 보인다. 강세황의 손자인 강이천姜彝天(1768~1801)은 서울의 풍속을 읊은 〈한경사漢京詞〉 106수를 썼는데, 그중 한 편에서 양금을 조선 음악에 맞추어 조율해 기생이 거기에 맞추어 노래를 한다고 썼다.[20] 강이천은 1801년 사망했으니, 이 시를 통해 18세기 말경 양금이 급속하게 유행했음을 짐작할 수 있을 것이다. 이런 사정이었으니 이학규李學逵(1770~1835)가 1824년에 쓴 시에서 "생황과 양금은 음악을 모르는 사람도 모두 집에 두고 있다."라고 할 정도로 널리 퍼졌던 것이다.[21] 사실 서울의 여항시인으로 유명한 장혼張混(1759~1828)은 자신의 이상적인 우아한 삶에 구비할 80가지 물건을 들면서 그중 악기로 양금·퉁소·생황·비파를 꼽았다.[22]

위에서 든 인물들은 대부분 경화세족이다. 서울을 제외한 지역에서 양금이 얼마나 유행했는지는 거의 알 수 없다. 양금과 관련된 자료는 주로 서울 지역의 문인들이 남긴 것이며, 서울 이외 지역의 문헌에는 거의 나타나지 않는다. 성급한 판단일 수도 있겠지만, 양금은 지방에서는 크게 유행하지 않았던 것으로 보인다.

양금이 서울을 중심으로 18세기 말부터 성행한 것은 사실이지만, 모든 사람이 서양에 기원을 둔 이 악기를 좋아한 것은 아니었다. 18세기 말의 수학자이자 천문학자인 김영金泳은 1800년(정조 24) 양금이 유행하는 것을 보고는 "이 소리는 아주 살벌하다. 우리 동방은 나무[木]에 속하는데, 쇳소리[金聲](양금의 소리)가 한창 성행하고 있다. 쇠는 나무를 이기는 법이라, 장차 사특한 변란이 가까운 곳에서 일어날 것이다."[23]라고 예언했다고 한다. 사람들은 이 말이 이듬해인 1801년에 일어난 신유사옥을 예견한 말이라고 하였다. 사실 양금의 금속성 소리를 좋아하지 않는 사람은 많았다. 김정희金正喜(1786~1856)는 양금 소리에 대해 "소사[小雅]가 거의 다 폐기되어 이런 소리에 이르렀으니, 누가 악의 근본으로 돌이킬 수 있을 것인가?"[24]라면서 양금의 소리를 음악의 본질과 멀어진 것으로 보았다.

서양에서 유래한 여러 물건 중에서 조선 문화에 가장 깊이 스며든 것은 양금이었다. 가장 널리 쓰인 물건은 안경이었지만, 안경은 그 원리를 끝내 알지 못했다. 양금을 만드는 재료는 안경이나 망원경, 거울과는 달리 조선에서 쉽게 구할 수 있는 것들이었다. 또 양금이 조선 음악의 맥락에서 해독되어 조선의 음악을 연주할 수 있었다는 것도 양금의 확산에 크게 기여하였다. 양금은 이런 점에서 가장 조선화된 서양 물건이라고 말할 수 있을 것이다.

격리된 공간으로 존재한
조선 후기의 지식 사회

각기 다른 수용의 양상

이제까지 임진왜란 이후 중국과 일본을 통해서 조선에 수입된 다섯 가지 서양 물건, 곧 안경·망원경·유리거울·자명종·양금에 대해 다루었다. 이 다섯 가지 물건은 각각 그 수용의 양상이 달랐다. 어떤 것은 거의 모든 사람에게 필수품이 되었는가 하면, 어떤 것은 그 중요성에도 불구하고 극히 일부 인사의 장난감 수준에 머무르고 말았다. 왜 이렇게 되었던가? 이 점을 다시 반추해보자.

　다섯 가지 물건 중에서 가장 넓게 받아들여진 것은 안경으로, 눈이 나빠서 불편을 겪는 사람을 구제한 물건이었다. 시력이 나빠지는 것은 모든 사람에게 일어날 수 있는 일이었으니 가장 보편적으로 수용될 가능성이 있었던 것이다. 또 안경은 자명종의 복잡한 기계장치와 비교한다면 그 구성 자체가 얼마나 간단한 물건인지 알 수 있을 것이다. 이런 이유로 안경을 수용하는 데는 아무런 장애가 없었다. 책을 보는 지식인들이 가장 먼저 안경을 받아들였다. 북경에 드나들 수 있는 경화세족을 중심으로 안경이 수입되었고, 17세기 중반이면 유리의 대체품, 곧 수정을 찾아 국내에서도 안경을 만들 수 있었다. 안경의 편리함과 유용성이 알려지자 안경의 사용은 점점 더 확산되었다. 19세기가 되면 화가나 수공업자는 물론 여성들까지 안경을 착용했던 것으로 보인다. 이런 수요에 반응하여 19세기에는 서울의 여러 곳에 안경을 제작하는 안경방이 생겼던 것으로 보인다.

안경 다음으로 널리 수용된 것은 유리거울이다. 네르친스크 조약으로 러시아가 북경에 진출한 뒤 조선에 수입되기 시작한 유리거울 역시 점차 확산되어, 서울에 한정한다면 18세기 후반에 청동거울을 대체했던 것으로 보인다. 유리거울이 청동거울과 비교할 수 없을 정도로 깨끗하고 정확한 상像을 보여주었기 때문이다. 유리거울은 남성들도 휴대하기는 했지만, 주로 사용하는 층은 역시 여성들이었다. 지금 남아 있는 유리거울 유물은 대개 빗접의 맨 위쪽 뚜껑 안쪽에 거울을 부착한 경대다. 그것은 때로 화려하기 짝이 없는 장식을 한 것이었고, 때로 간편하게 접을 수 있는 수수한 것이기도 하였다. 전자는 주로 부자들이, 후자는 서민들이 사용한 것으로 보인다. 광범한 수요를 바탕으로 18세기 중반이면 서울에 유리거울을 제작하는 석경방이 나타났다. 이렇듯 유리거울 역시 별다른 저항 없이 수용되었다고 말할 수 있다. 다만 유리거울은 청동거울을 대체한 것이었기에 안경처럼 새로운 용도를 찾아낸 것은 아니었다. 생산적 영향을 꼽으라면 자화상의 제작이나 화장술의 발달에 혹 기여했을지도 모르겠다.

양금도 순조롭게 수용되었다. 안경과 유리거울은 특별한 사용법 같은 것이 있을 수 없지만, 양금의 경우 특별한 훈련 과정을 거친 연주자만이 사용할 수 있는 것이었다. 양금은 원래 조선의 음악과 조율법이 다른 악기였다. 북경에서 수입한 양금은 중국 음악으로 조율되어 있었기에 조선 음악에 맞게 조율할 필요가 있었다. 홍대용과 박지원이 그 일을 해냈다. 이후 양금은 국악기의 하나가 되어 단독으로 혹은 다른 악기와 함께 연주되었다. 다만 양금은 음악이란 분야에 한정되어 쓰이는 악기일 뿐이었다. 그것은 안경과 거울처럼 넓은 수요가 있는 것은 아니었다. 하지만 양금은 그야말로 이질적 문화의 조선화를 보여주는 대표적인 예라고 할 만하다.

자명종은 안경·유리거울·양금에 비해 수용의 정도가 낮았다. 하지만 지식인들이 가장 큰 관심을 보인 것이었다. 1630년 정두원이 로드리게스로부터 자명종을 받아오자 그것은 사족들에게 관심의 대상이 되었고, 이내 북경과 일본에서 수입되기 시작했다. 많지는 않지만 중국과 일본에서 조선의 왕에게 기증하는 경우도 있었다. 이에 자명종의 원리를 이해하는 사람이 나타났고, 개인과 국가기관(관상감)에서 자명종을 복제하거나 제작하기도 하였다. 18세기에는 자명종을 제작하는 전문적인 기술자도 나타났다. 아무리 많아야 10여 명 정도에 그치겠지만, 자명종을 제작할 수 있었던 인물들의 이름도 우리는 확인할 수 있다. 예컨대 최천약과 나경적, 염영서 등이 그들이다.

하지만 자명종은 18세기에 극소수 호기심 있는 양반 사족들의 완호물이 되었을 뿐이고, 시간을 계측하는 새로운 도구로서 공인되어 널리 보급되지는 않았다. 19세기에 가서야 경화세족을 중심으로 자명종을 소유하는 사람들이 다수 나타났지만, 그 절대수는 역시 그리 많지 않았던 것으로 보인다. 남병철에 의하면 수십에서 수백 개 정도라고 했으니, 19세기 조선이 소유한 시계의 수는 아무리 많이 잡아도 수백 개를 넘어가지 않을 것이다. 이것은 서구는 물론이고 당시의 중국과 일본의 정도에도 훨씬 미치지 못하는 낮은 수준이었다.

보급률이 그리 높지 않았던 자명종은 실용성 역시 낮았다. 자명종은 시간을 정확하게 계측했지만, 조선 사회에서 그다지 소용이 없는 기능이었다. 조선은 여전히 농업 생산을 위주로 하는 사회였다. 농업 사회에서 분 단위, 시 단위의 시간 측정은 그리 필요하지 않았다. 간단히 말해 분 단위, 시 단위로 나눌 만한 노동이 존재하지 않았던 것이다. 아울러 시 단위, 분 단위로 이루어지는 사회적 약속이란 것도 존재하지 않았다. 이런 노동의 성격과 사회적 조건이 자명종의 실용성을 제한하였다. 이런 이유로 자명종은 19세기에 이르러서도 여전히 일부 경제력이 있는 경화세족의 완호물에 머물렀던 것이다.

다섯 가지 물건 중에서 가장 수용의 정도가 낮은 것은 망원경이었다. 정두원이 1630년에 망원경과 그것의 원리를 설명한 《원경설》을 가지고 왔지만, 그것들은 어디론가 사라지고 다시 모습을 나타내지 않았다. 망원경은 정두원 이후 80년 가까이 지난 1708년 관상감 관원 허원이 천체 관측을 위해 민간에서 빌려 쓰던 망원경을 북경에서 구입해왔다는 기록에서 다시 나타난다. 곧 1630년 이후 1708년 이전 어느 시점에서 북경에 가는 사신단의 일원이 망원경을 구입해온 일이 있었던 것이다. 그 망원경의 수가 얼마나 되었는지, 어떤 의도로 수입했는지는 분명하지 않다. 하지만 뒷날 망원경이 사용된 실례를 검토해보면 어떤 맥락에서 망원경이 사용되었는지는 대개 짐작할 수 있다.

《원경설》에서 말한 바와 같이 망원경의 중요한 용도는 첫 번째가 천체 관측, 두 번째가 전쟁과 원거리 항해였다. 조선에서도 물론 망원경을 이용한 천체 관측이 이루어졌다. 하지만 그것은 과거부터 있던 구식례의 일환이었던 것으로 생각된다. 즉 조선에서 망원경을 이용한 천체 관측은 1609년 갈릴레이 이래 서양 천문학의 천체 관측과는 전혀 다른 차원이었던 것이다. 한편 《원경설》, 《서양신법산서》, 《천문략》, 《천경혹문》

등 서양 천문학을 소개하는 각종 저작은 망원경으로 발견한 새로운 천문학적 지식을 소개하고 있었다. 가까이 보이는 별들이 사실은 멀리 떨어져 있다는 것, 하나로 보이는 별이 사실은 여러 별이 모인 것이고, 은하가 사실은 무수한 별의 집합이라는 것, 목성에 위성이 있고 토성에 띠가 있다는 사실 등은 갈릴레이가 망원경으로 천체를 관측한 이래 새롭게 발견된 사실이었고, 또 이런 사실을 바탕으로 하여 마침내 천동설이 무너지고 지동설이 진리로 확정되었지만, 조선에서 이와 같은 망원경의 역할과 지식은 거의 수용되지 않았다.

극히 예외적으로 몇몇 지식인만이 망원경에 의해 발견된 천문학적 지식을 수용했을 뿐이다. 예컨대 이익과 홍대용 정도의 지식인이 은하수가 무수한 별의 집합이라는 사실 등을 수용했던 것이다. 하지만 이런 지식조차 책에서 얻어진 것이었고, 망원경으로 천체를 직접 관찰해서 확인했던 것으로 보이지는 않는다. 더욱이 무한우주론과 지전설을 주장한 홍대용의 〈의산문답醫山問答〉과 같은 글은 20세기가 되기 전에는 공개되지 않았으니, 홍대용의 주장과 신념은 외부에 알려지지도 않았던 것이다.

이익·홍대용과는 별도로 최한기는 1836년 북경에서 간행한《추측록》에서 목성의 위성과 토성의 고리에 대해 말했지만, 그것은 갈릴레이 이후 226년 뒤의 일이었다. 거기에 이런 지식조차 공유되지 못하고 있었다. 19세기의 김지행金砥行은 은하수에 대해서 자신은 평소 태양이 양陽의 정精이고 달이 음의 정이듯 은하수는 물의 정이라고 생각해왔다고 말한 뒤, 한편 은하수는 수많은 별의 집합이며, 그것은 '만리경'으로 분명히 관찰할 수 있다는 서양인 할러슈타인의 말을 들은 바 있는데, 그 역시 이치에 가깝다고 말한 바 있다.[1] 김지행의 예에서 보듯 은하수가 무수한 별의 집합이란 사실은 19세기까지 확정된 진리가 아니라 그럴 수도 있겠다는 추측의 상태로 떠돌았을 뿐이다. 요컨대 조선의 망원경은 망원경이 서양 천문학사와 서양사상사, 넓게는 서양사에서 갖는 폭발적인 위력과는 전혀 다른 차원에서 존재하고 있던 것이다. 거듭 말하지만, 일부 경화세족의 완호물에 머물러 있었던 것이다.

각기 다른 제작의 양상

다섯 가지 물건이 제기하는 또 하나의 문제는 제작에 관계된 것이다. 망원경을 제외한 안경과 유리거울, 양금과 자명종은 국내에서 제작되었다. 먼저 안경을 살펴보자. 안경은 처음에는 수입되었지만 이내 유리 렌즈를 대체할 수 있는 수정 렌즈로 국내에서도 제작하기 시작했다. 지금 확인할 수 있는 최초의 수정안경은 1636~1637년에 경주 남산의 수정으로 만든 것이다. 이후 수정으로 만든 안경에 대한 언급은 종종 발견된다. 수정안경은 20세기까지 제작되었다. 하지만 수정안경이 유리안경을 대체할 수는 없었다. 19세기 중반의 문헌에 의하면, 서울 시내에 안경을 제작하는 안경 공방이 여러 곳에 생겨났는데, 그곳에서 만든 안경이 수정안경인지 유리안경인지는 분명하지 않다. 왜냐하면 조선에서는 19세기 말까지 유리를 제작하지 않았기 때문이다. 물론 19세기에 와서 예외적인 한 명의 지식인, 곧 이규경이 이론적 차원에서 유리 제조법을 알기는 했지만, 실제 기술자들이 유리를 제조했던 것은 아니다. 이런 이유로 서울 안경 공방의 렌즈 역시 북경과 일본에서 수입하는 유리로 만들어진 것이 아닐까 하지만, 아직은 조심스런 추측일 뿐이다. 앞으로 이에 대한 새로운 자료가 발견되기를 고대한다.

유리거울의 수요가 늘어남에 따라 서울에 석경공방이 여럿 나타났다.

석경방의 존재를 알리는 문헌인 《동국여지비고》는 19세기에 쓰인 것이 지만, 그것이 곧 19세기에 석경방이 출현했다는 의미는 아닐 것이다. 석 경방의 출현은 18세기로 소급될 수 있을 것이다. 다만 석경방에서 거울 을 직접 제작한 것은 아니었다. 조선조가 끝날 때까지 유리는 제조되지 않았으므로 석경공방은 단지 북경에서 수입한 유리거울을 잘라서 빗접 에 부착하거나 아니면 손거울로 제작했던 것이 아닌가 한다. 이규경에 의하면, 조선의 장인들 역시 유리를 자르고 유리의 뒷면에 수은을 부착 하는 법을 알고 있다 했으니, 거울이 아니라 유리 자체를 수입해서 잘라 서 수은을 발라 유리거울을 제작했을 수도 있다. 하지만 지금 남겨진 자 료로는 어떤 방식이 우위에 있었는지는 알 수가 없다.

조선에서 나는 재료를 가지고 온전히 제작할 수 있었던 것은 양금이 다. 양금은 나무와 구리줄로 만들기에 달리 어려울 것이 없었다. 양금은 연주할 수 없는 사람들도 생황과 함께 서재의 장식품으로 비치해놓았지 만, 그래도 역시 양금은 연주할 수 있는 사람들의 몫이었다. 그것은 안 경이나 유리거울처럼 많은 수요가 있는 것은 아니었고, 또 생활에 미치 는 영향력도 적었다.

자명종은 사족들이 가장 깊은 관심을 보인 것이었다. 몇몇 사족과 관 아의 장인들이 자명종을 분해하고 그 작동 원리를 이해한 뒤 직접 제작 에 나서기도 하였다. 하지만 중요한 것은 자명종이 상품으로 제작된 적 이 결코 없었다는 것이다. 그것은 예외적이라고 할 극소수 양반의 주문 에 의해 제작되었을 뿐이다. 아니면 역시 드물게 국가(혹은 왕)의 요구로 제작된 것일 뿐이었다. 또한 제작된 자명종은 추동식이었다. 마테오 리 치가 북경에 처음 가져온 자명종은 추동식과 태엽식이 모두 있었다. 하 지만 조선에서 만들어진 자명종은 모두 추동식이었고, 태엽식 자명종은 만들어지지 않았다.

망원경이라면 아마도 거의 제작된 적이 없을 것이다. 1769년 북경에서 여벌의 대천리경이 있으면 구입하고 싶다는 서명응에게 할러슈타인은 여벌은 없고 제작법을 일러주며 만들어가라고 했지만, 서양산 유리를 구할 수 없어 그냥 돌아오고 말았다. 이것이 망원경을 만들 수 있는 유일한 기회였지만, 서명응은 유리가 없다는 이유로 쉽게 체념했고, 더는 적극성을 보이지 않았던 것이다. 물론 조선 사람으로는 유일하게 망원경의 제작법에 대해서 구체적으로 말하고 있는 19세기의 최한기가 망원경을 제작했을 가능성은 있다. 하지만 단정하지는 못한다. 최한기의 조심스런 예를 제외한다면 조선에서 망원경의 제작은 전혀 없었다고 말할 수 있다.

원리에 대한 조선의 무관심

서양에서 들어온 다섯 가지 물건 중에서 어떤 물건은 적극적으로 수용되고 어떤 물건은 그야말로 극소수의 완호물이 되고 말았지만, 중요한 것은 그 물건들의 원리와 제작 기술이었다. 안경의 경우 가장 적극적으로 수용되었다. 하지만 안경이 어떤 원리에 의해서 시력을 교정하는가에 대한 탐구는 없었다. 비록 오류이기는 했지만, 아담 샬(탕약망)의《원경설》은 원시와 근시, 볼록렌즈와 오목렌즈의 성질을 구분하고, 시력이 교정되는 원리를 밝히고 있었다. 하지만 이 중요한 텍스트는 1630년 정두원이 가져온 이래 어디론가 사라져 행방이 묘연했고, 다시 모습을 드러낸 것은 19세기에 와서였다. 예컨대 이규경은《오주연문장전산고》의 〈월중계자변증설月中桂子辨證說〉에서 달 속에 계수나무가 있다는 설을 변파하면서《원경설》을 인용하고 있는 것이다. 이외에 서유구의《임원경제지林園經濟志》의 인용 서목에 이름이 보이지만, 저자가 '서양 남회인南懷仁(페르비스트)'으로 되어 있어 과연 서유구가 《원경설》을 보았는지도 의문이다. 이외에 《서양신법산서》에도 《원경설》이 포함되어 있으니 《서양신법산서》를 읽은 사람은 《원경설》을 보았을 가능성도 있다. 하지만 이 책 자체가 엄청나게 희귀해서 거의 본 사람이 없었다는 데 문제가 있다.

《원경설》은 《숭정역서》에도 실렸는데, 이 책은 명이 망함으로써 폐기되고, 이어 《숭정역서》를 개편한 《서양신법산서》《서양신법역서》에 다시 수록된다. 이런 이유로 《숭정역서》와 《서양신법산서》는 아주 희귀한 책이었고, 조선 시대 문헌에도 이 책들은 거의 이름이 보이지 않는다. 현재에도 《숭정역서》는 규장각에, 《서양신법산서》는 장서각에 소장되어 있을 뿐이다. 최한기를 위시한 사람들이 《숭정역서》와 《서양신법산서》를 인용하지 않고 《예해주진》을 인용한 것은 나름의 이유가 있었던 것이다.

이규경이 접근한 유리 제조법에 관한 문헌에 대해 간단히 살펴보자. 이규경이 소개한 《천공개물》과 《물리소지》, 《화한삼재도회》의 유리의 구성 성분과 제조법은 어느 정도 알려졌을까? 박지원이 《열하일기》의 〈일신수필馹汛隨筆〉에서 중국의 여러 가지 수레의 제도에 대해 말하면서 《천공개물》에 그 설명이 있다고 말한 바 있다. 신위 역시 1822년 6월에서 1823년 1월까지 쓴 시 중 한 편에서 《천공개물》을 간단히 인용하고 있다.[2] 또 서유구의 《임원경제지》의 인용 서목에 이름이 올라 있고, 이규경의 《오주연문장전산고》가 30회 정도 인용하고 있을 뿐이다. 물론 이들만이 《천공개물》을 가지고 있지는 않았을 것이지만, 그래도 이 책은 18세기 말경에 와서야 극히 일부의 경화세족에게 알려졌다고 보아야 할 것이다. 방이지의 《물리소지》 역시 사정은 동일하여, 이덕무의 《청장관전서》에 2회, 《오주연문장전산고》에 20여 회 인용되어 있고, 서유구의

《임원경제지》의 인용 서목에 이름이 보인다. 이 역시 《천공개물》과 마찬가지로 18세기 끝에서야 비로소 서울의 극히 일부 지식인에게만 알려졌을 것이다. 《화한삼재도회》역시 일부의 경화세족만이 볼 수 있었다.[3] 이규경은 《천공개물》과 《물리소지》를 통해 유리의 구성 성분과 제조법을 알 수는 있었지만, 그것은 이규경 자신만이 알고 있는, 확산되지 않은 지식이었을 가능성이 크다. 강세황이 유리를 만드는 방법을 알 수 없다고 한 말은 문자 그대로 사실이었을 것이다.

조선에서 근시·원시와 볼록렌즈·오목렌즈, 망막의 관계를 통해 시력 교정의 원리를 밝힌 유일한 사람은 정약용이다. 정약용은 《원경설》을 보았던 것 같다. 하지만 그의 주장에는 《원경설》을 넘어서는 정보가 있다. 그것이 어떤 경로를 통해서 정약용에게 들어왔는지는 앞으로 밝혀야 할 것이다. 정약용이 안경의 원리를 밝힌 것은 나름 대단한 일일 수도 있지만, 그것은 지식인들 사이에 공유되고 반박되고 토론됨으로 해서 더욱 완전한 지식으로 정립할 수 없었다. 또 그 지식이 보편화되고 안경 제조자까지 이해하여 개인의 시력에 맞는 안경을 제작하는 데로 나아갈 수도 없었다. 그 지식 역시 〈의산문답〉처럼 격실隔室 속에 갇혀 소통하지 못하는 지식으로 남았던 것이다.

유리거울도 동일한 문제를 안고 있었다. 청동거울에서 얻는 상보다 유리거울의 상이 월등한 이유에 대해서 아무도 의문을 던지지 않았다. 아울러 안경과 거울, 망원경이 동일한 빛의 문제, 곧 광학적 지식에서 출발한다는 것을 아무도 인지하지 않았고, 질문을 던지지도 않았다. 현상은 이미 충분히 인지하고 있었다. 예컨대 볼록렌즈가 빛은 모은다는 것은 충분히 알려져 있었다. 하지만 그 이유에 대해서는 더 묻지 않았다. 원리가 쉽게 이해된 것은 자명종과 양금이었다. 양금은 워낙 간단한 것이니 말할 것이 없지만, 자명종이라 해도 그것은 분해하여 작동 원리를 이해할 수 있었다. 그것이 복잡하게 보이는 자명종이 조선에서 드물지만 제작될 수 있었던 이유다.

그렇지만 문제는 기술 쪽에 여전히 남아 있었다. 안경과 거울, 망원경의 재료인 유리는 조선조 말까지 제조할 수 없었던 것이다. 중국이 유럽의 핸드 블로잉 방식을 도입해 유리를 제작하고 있었던 것과는 사뭇 다른 현상이다. 물론 이규경과 성해응 등 극소수 지식인이 문헌을 통해 유리의 제조법을 알고는 있었으나, 그 역시 지식의 격실화로 인해 확산되지 않았고, 장인들에게 전달되지도 않았던 것이다. 자명종의 경우 몇몇 제작자가 나오고, 또 그 제작의 실례도 발견되지만, 그 역시 추동식 자명종일 뿐이었다. 태엽은 사용되지 않았고, 그 태엽을 이용한 회중시계는 더더욱 만들어질 수 없었다. 태엽의 제조에는 금속학, 금속 가공 기술이 필요하였으니, 조선은 그것을 결여하고 있었던 것이다.

완물상지의 경계에 갇히다

다섯 가지 물건 중 어떤 것은 비교적 적극적으로 수용되고 어떤 것은 극소수의 완호물에 머물렀지만, 각 물건의 이면에 놓인 원리와 제조 기술에 대한 이해의 부재는 공통적이었다. 이 흥미로운 현상의 이유를 밝힐 필요가 있을 것이다. 다만 먼저 지적해야 할 것은 다섯 가지 서양 물건이 온전하게 수용되지 않은 것과 그 원리에 대한 무관심, 제조 기술의 부족 등을 굳이 조선의 실패로 규정할 필요가 없다는 것이다. 그것은 당시 한역서양서漢譯西洋書를 통해 조선에 전해진 서양 과학의 일부 지식을 이해하거나 차용한 것을 무슨 대단한 진보적 성취처럼 여겨 특화하는 것과 동일한 오류다. 곧 다섯 가지 물건은 서구의 매우 복잡한 사회적·

문화적 맥락에서 출현한 것이었다. 예컨대 망원경의 이면에는 유리공업과 광학, 천문학이 있었고, 그것들은 또 각각 복합적인 사회적·문화적 요소의 구성물이었다. 따라서 이 복합적 구성물이 조선에 들어왔다는 것은 곧 완전히 이질적인 사회적·문화적 맥락에 던져졌다는 것을 의미하였다. 조선이 그것들을 자신의 사회적·문화적 맥락에서 선택적으로 수용할 수밖에 없었던 것은 당연한 것이다.

예컨대 망원경은 전쟁과 원거리 항해에 절실한 것이었지만, 조선은 전쟁과 원거리 항해가 없던 사회였다. 천문학에서 망원경은 절실히 필요한 것일 수 있었지만, 조선의 천문학은 천체에 대한 구조적 파악을 요구하지 않고 있었다. 조선의 천문학은 천체 운행의 주기를 정확히 예측하고 그것에 의해 오차 없는 달력을 만드는 데 그 목적이 있었기 때문이다. 따라서 프톨레마이오스 체계이건, 튀코 브라헤 체계이건, 케플러 체계이건 어느 것이든 정확한 달력을 만들 수 있으면 상관이 없었다. 그이상의 관측은 그리 긴요하지 않은 일이었던 것이다. 이런 문화적 이유로 망원경은 적극적으로 사용되지 않았다. 따라서 망원경이 적극 사용되지 않은 것을 실패로 판단하는 것은 심각한 오류다.

하지만 그런 점을 일단 인정한다 하더라도 지식인들이 안경과 유리거울과 망원경의 원리에 대해 그토록 무관심했던 것이 정당화될 수는 없다. 생각건대 무관심의 이면에는 조선의 학문적 위계가 작동하고 있었던 듯하다. 사족 체제의 학문은 성리학이었다. 성리학은 개인의 도덕적 수양을 통해 윤리적으로 완성된 인간이 되는 것, 그리고 그 바탕 위에서 정치적 이상을 실천하는 것을 지향하고 있었다. 이 지향에 대한 언설이 곧 학문이었고, 그 학문은 늘 언어화한 거룩한 텍스트, 곧 경전에 대한 해석으로 표현되었다. 그 외의 학문이 중요하지 않은 것은 물론 아니었다. 하지만 정점에 있는 형이상학과 경전학에 비하면 그것은 늘 부차적인 것이었다.

물론 자연에 대한 학문적 관심은 당연히 있었다. 다만 그것은 인격의 수양과 정치에 비하면 부차적인 것이었을 뿐만 아니라 자연학의 방법 자체에도 문제가 있었다. 자연의 원리는 성리학의 '이理'와 상응한다. 하지만 성리학의 '이'가 어떤 부분적 국면에서 그 자체로 이해될 수 있다면, 또는 설명할 수 있다면 그것으로 충분한 것이었다. 그 이상의 탐구는 필요하지 않았다. 개별적인 '이'와 '이'를 넘어서 있는 상위의 '이'는 추구되지 않았다. 현상과 현상을 연결하는 보편적인 이치라든가 그것의 수학적 원리를 탐구할 필요를 느끼지 않았던 것이다. 볼록렌즈로 불을 붙일 수 있다는 현상은 기술되지만, 그 이상의 탐구는 필요하지 않았다. 만약 불이 붙은 것을 음양론으로 설명할 수 있다면 그 현상의 '이'는 이미 충분히 탐구된 것이며, 더 탐구할 필요가 없었던 것이다. 그 현상이 '빛의 굴절'로 일어난다는 것은 상상하지 않았다.

자연학 아래에 실용적인 기술과 기술학이 있었다. 물론 그것은 중요한 것이었다. 하지만 역시 그것은 사족의 학문에서 주변부에 속하는 것이었다. 그런 기술과 그 기술로 만들어지는 기물器物에 대한 깊은 관심은 학문의 본령에서 멀어진 것이었다. 이런 학문의 위계와 금기는 곧 자연학과 기술학에 대한 관심을 소홀하게 만들었다. 19세기 최고의 자연학자였던 이규경이 《오주연문장전산고》의 서문에서 자연과 기술에 쏠린 자신의 관심(곧 명물도수名物度數의 학문)이 성명性命·의리義理의 학문에 미칠 수는 없지만, 또한 이단처럼 여기며 일방적으로 폐기하고 연구하지 않을 수는 없는 것[4]이라고 변명하듯 자기방어를 한 것 역시 이 때문이었다.

기술이나 기술학에 지나친 흥미를 보이는 것은 완물상지의 도덕적 경계에 저촉되는 것이기도 하였다. 그것이 만약 유가가 말하는 정당한 생산 활동, 곧 의·식·주에 관계된 것이 아니라면 도덕적 비난을 받을 가능성이 높았다. 곧 완호품이나 사치품에 지나치게 관심을 보이는 것은 내면의 탐구, 인격의 수양을 해친다는 관념이 있었고, 그것은 자연스럽게 기술의 발달을 저해했다. 앞에서 검토한 바와 같이 자명종을 고치는 데 힘을 쏟은 황윤석은 완물상지에 빠져 시간을 허비했다고 자신을 비판했다. 안경과 거울, 유리에 깊은 관심을 보인 강세황은 중국인이 그토록 깊은 관심을 보인 프리즘에 대해 희한한 물건이지만 '모두 쓸 수 없는 것', 곧 무용한 것이라고 비판했다.[5] 프리즘과 안경, 망원경이 동일한 유리로 만들어진다는 것, 빛의 굴절과 분해란 현상 등은 결코 탐구의 대상이 아니었던 것이다. 그것은 무용한 사물에 불과했고, 따라서 그것에 탐닉하는 것은 완물상지의 경계에 저촉되는 것이었다.

완물상지의 관념은 자연스럽게 의·식·주에 관계된 물건 외의 것들은 사치품으로 보는 사족들의 경제관과 연결되었다. 이 책에서 다룬 다섯 가지 물건 중 안경을 제외한 나머지 물건은 사치품으로 보는 것이 일반적인 시각이었다. 수요가 있는데도 유리가 제조되지 않았던 것은 이처럼 조선 사족 체제가 기본적인 의식주를 제외한 상품의 제조, 판매에 호의적이지 않았기 때문이다. 그 시각이 무역 자체를 제한하고 있었다.

1828년 정사 홍기섭洪起燮을 따라 북경에 간 박사호朴思浩는 이렇게 말한다.

짐바리 수레가 일제히 도착하였다. 큰 수레 60~70대가 울타리 안에 죽 늘어서니 마치 돛대들이 무수히 들어서 있는 것 같다.

매년 사행使行 때에 은과 인삼이 연경으로 들어가는 것이 그 수를 헤아릴 수 없이 많으며, 중국의 잡화로서 우리나라로 들어오는 것으로 비단 등과 약재나 바늘, 모자, 책 같은 쓸 만한 것 이외에 구슬, 부채, 향香, 당나귀,

노새, 앵무, 융전毧氈(모직물), 거울, 허리띠, 종이, 벼루, 붓, 먹 따위의 진기하고 괴상한 물건들은 나라의 보배가 아니라 부질없이 작은 나라의 사치하는 풍습만 조장하게 되니 참으로 작은 걱정이 아니다.

우리나라의 금물禁物은 금, 삼, 초피와 수달피이고, 저 사람들의 금물은 병서兵書, 무기[兵器], 낙타[駝], 말쇠[金鐵], 상모象毛, 흑각黑角(무소뿔) 등의 물건인데, 모두 수색 검사한 후에 책문을 내보낸다. 그래서 잠상배潛商輩들의 눈을 치뜨고 모면하려는 꼴이란 가증스럽고 가소롭다.[6]

박사호는 조선이 은과 인삼을 수출하고 북경에서 수입하는 상품을 두가지로 분류한다. 비단과 약재, 바늘, 모자, 책 같은 유용한 것과 구슬, 부채, 향, 당나귀, 노새, 앵무새, 융전, 거울, 허리띠, 종이, 벼루, 붓, 먹 등의 사치품이다. 중국산 비단이 사치품이 아니고 유용한 것인지, 또 털모자가 유용한 것인지는 의심의 여지가 없을 수 없지만, 일단 여기서는 덮어두자. 문제는 후자다. 후자 역시 모두 사치를 조장하는 상품인가에 대해서 의문이 없을 수 없다. 다만 여기에 거울이 포함되어 있다는 데 주목해보자. 앞서 검토했던 자료에서 1838년 조정이 북경에서 사오지 말라고 명령한 사치품의 목록이 있었다.

옥玉, 밀화蜜花, 금패錦貝, 산호珊瑚, 호박琥珀, 각종 모양의 마류瑪瑠, 수정水晶, 청강석靑剛石, 금강석金剛石, 보석寶石, 유리琉璃, 파리玻璃

대모玳瑁

화류華柳, 오목烏木

강진향降眞香

각색各色의 성전猩氈

이상의 물종으로 패물佩物·기명器皿·복식服飾을 만든 것

고동古董, 율종律鍾[자명금自鳴琴과 자명악自鳴樂[7] 등속]

진금珍禽

이화異花

양자洋磁

각종 모양의 방로氆氌(모직 융단)

   이것은 당시 북경에서 수입되는 사치품의 종류를 구체적으로 보여준다는 점에서 매우 흥미로운 자료다. 그런데 유리와 파리·보석류와 각종 펠트, 골동품 등이 중심이다. 그중 관심이 가는 것은 유리와 파리(수정을 가리키는 듯)다. 앞서 검토했듯 안경과 면경을 제외하고 유리와 수정으로 만든 제품은 모두 수입 제한 대상이었던 것이다. 이 금수 조치가 국내에서의 유리 제조를 막은 근인近因이라고는 단정할 수 없다. 도리어 그 배후의 생각, 곧 그 물건들을 모두 사치품으로 판단하는 관념이 다양한 상품의 제조와 판매 자체를 억제하고 있었던 것이다. 홍대용은 1766년 북경의 상점가에 넘쳐나는 상품들을 명나라를 망친 불필요한 사치품으로 보았다. 요컨대 사족 체제는, 비록 그중에는 북경에서 수입한 사치품을 사용하는 자들이 있기는 했지만, 그것을 조선에서 적극적으로 수입하거나 혹은 복제해서 양산해야 한다는 생각에는 결코 동의하지 않았다. 즉 상업과 수공업의 발달을 통해 생산을 확대하고, 그것이 궁극적으로 백성을 부요하게 한다는 생각은 없었던 것이다. 다만 단 한 사람, 젊은 박제가만이 서화와 골동품에 대해 청산과 백운은 먹는 것이 아니지만 사람들이 사랑한다고 하면서 그 가치를 옹호했다. 이것은 홍대용과의 논쟁에서 나온 견해일 터이다.

   이런 복합적인 이유로 해서 1차 생산에 해당하는 농업을 제외한 다른 생산업이 발달할 수 없었다. 특히 숙련된 기술을 이용하는 수공업은 현저히 낮은 수준에 있었다. 《임원경제지》란 거창한 생활실용서를 편찬한 서유구는 조선은 북경과 일본에서 수입하는 물화가 아니라면 양생송사養生送死의 예도 차릴 수 없을 것이며, 그것은 한마디로 말해 '사대부의 과오'라고 지적한다.[8] 1838년 수입 금지 목록에서 사치품으로 규정한 것에서 일부 확인할 수 있듯, 북경과 일본에서는 농산물을 제외한 일상에 필요한 엄청나게 다양한 물건이 수입되고 있었다. 서유구는 사대부들이 평소 건방지게 사람을 다스리고 사람을 먹여 살리는 도리로 자처하지만, 기술을 이용한 생산에는 전혀 마음을 두지 않는다는 것이다.[9] 기술자에 대한 천시로 말미암아 수백 명에 불과한 서울의 수공업자 역시 자립하지 못하고 관청에 예속되어 있으며, 세력이 있는 자가 아니면 그들을 불러 부릴 수가 없다는 것이다.[10] 그 결과 기술이 낙후되어 생산을 저해하고 사회 전체의 생산 수준이 낮아져서 조선은 천하의 빈국貧國이 되었다는 것이 그의 논리다. 서유구의 《임원경제지》는 19세기 전반에 편찬된 것이다. 그의 주장 역시 19세기 조선의 기술 수준을 겨냥한 것이다. 기술에 대한 무관심, 기술자를 천시하는 풍조가 전반적으로 사회를 지배하고 있었으니, 전에 보지 못한 새로운 물건이 수입되어도 그것의 제작 기술에 대한 탐구가 적극적으로 이루어질 리 만무했던 것이다.

중국이나 일본과 달랐던 이유

이상에서 다섯 가지 물건이 선택적으로 수용된 이유와 그것들의 원리 및 제조 기술을 탐구하지 않은 이유 몇 가지를 들었다. 결론적으로 서구와 상이한 사회적·문화적 맥락에 던져진 그 물건들은 선택적으로 수용될 수밖에 없었다. 하지만 그 콘텍스트의 상호 이질성을 충분히 인정한다 해도 문제는 여전히 남는다. 서양산 물건을 수용하는 양상은 중국과 일본 역시 조선과 본질적으로 다를 것이 없었다. 그 물건들은 중국에서도 서양처럼 제작되지는 않았고, 또 학문과 사상, 사회와 문화에 충격적 변화를 가져온 것도 아니었다. 예컨대 중국과 일본 역시 망원경을 받아들였지만, 그들도 그 망원경으로 천체를 관측하여 서양의 근대 천문학에 필적하는 발견을 한 것도 아니었고, 새로운 이론을 구축한 것도 아니었다. 궁극적으로 망원경에 근거한 우주관, 세계관의 혁명적 변화는 없었던 것이다. 그 동일성에도 불구하고 차이가 없는 것은 아니었다. 조선의 서양 물건에 대한 수용과 이해는 같은 동아시아권에서도 중국이나 일본에 비해 질적으로 양적으로 떨어지는 것이었다.

청은 명 체제의 모순을 일소하고, 강희·옹정·건륭의 1세기가 넘는 전성기를 누리면서 문화적 창조성이 절정에 도달해 있었다. 건륭 때 이루어진《사고전서》의 편찬은 그 문화적 역량과 창조성의 상징적인 사건이다. 그리고 그때에 서양의 수학과 천문학, 기기에 대한 이해가 중국 문명의 맥락 속에서 충분히 이루어졌던 것이다. 청은 서학중원설西學中原說이란 기묘한 논리를 동원해 서양의 천문학(그리고 수학)을 이해했고,《역상고성曆象考成》,《역상고성후편》,《수리정온》 등의 저술로 재정리했다. 청은 망원경이 천문학사에서 어떤 역할을 수행했는가를 알고 있었다. 《역상고성》을 편찬한 뒤, 카시니 등이 망원경으로 관측한 결과를 통해 튀코 브라헤의 천문학에서 부족한 부분을 해결한 것으로 판단했고, 이에《역상고성후편》을 편찬했던 것이다.[11]

당연히 망원경도 제작했다. 가장 중요한 것은 1766년에 완성된《황조예기도식》에 실린 '섭광천리경攝光千里鏡'이다.(그림 40 참조) 경통의 길이는 1척 3분分, 여기에 덧붙이는 동관銅管의 길이는 2촌 6분이었다. 이 천리경에는 현미경顯微鏡이라고 부른 아주 작은 렌즈(볼록렌즈인지 오목렌즈인지는 밝히지 않고 있지만, 볼록렌즈일 가능성이 크다)와 이와 '상접相接'하는 유리로 만든 볼록렌즈가 있고, 통 안에 설치되는 구리로 만든 큰 크기의 오목거울과 작은 크기의 오목거울이 있었다. 이것은 반사망원경의 한 종류인 것으로 보인다.[12] 이외에도 천문 관측 기기인 반원의半圓儀와 상한의象限儀에 망원경을 설치한 '사유천리경반원의四遊千里鏡半圓儀'(그림 41 참조)와 '쌍천리경상한의雙千里鏡象限儀'(그림 42 참조)를 제작해 천문 관측에 사용하였다.

조선은 이와 달랐다. 조선은 중국에 의해 재정리된 서양의 천문학과 수학을 완전히 이해할 수 없었던 것으로 보인다. 서학중원설도 일부에게 이해되었을 뿐이고, 조선 체제의 서양 문화에 대한 공식적인 담론으로 확정되지는 않았다. 극소수의 경화세족만이 서양 천문학과 수학, 서학중원론에 흥미를 느꼈을 뿐이다. 왜 이런 차이가 났던 것인가?

17세기 이후 조선의 사족 사회는 서울의 경화세족과 지방의 사족으로 분리되기 시작했고, 18세기가 되면 그 분리가 완벽하게 이루어져 소수의 경화세족이 국가의 권력을 독점하게 되었다. 이와 아울러 경화세족은 그 범위가 날로 축소되어갔다. 18세기 당쟁은 당파적 대립이라기보다는 정치권력을 독점하기 위한 경화세족 내부의 갈등과 투쟁이었던 바, 계속되는 투쟁으로 정치권력에 접근할 수 있는 가문의 수는 점점 축소된 것이다. 그 최종 형태가 19세기 안동 김씨 세도정권 혹은 풍양 조씨 세도정권이다. 다만 18세기는 축소되는 도중에 있었지만, 그래도 일정한 규모의 경화세족이 존재했고, 또 이들이 고급문화의 생산자로 존재했다. 아울러 이 중 일부는 임병양란 이후 사족 체제가 드러낸 모순에 대한 개혁 프로그램을 제출하기도 하였다.[13] 보통 '실학'이라 명명하는 이 개혁 프로그램은 모순과 위기에 대응한 사족 체제의 자기 갱신을 위한 긍정적 의지의 표현으로서 매우 참신하고 진보적인 내용을 포함하고

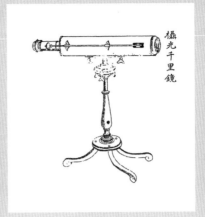

그림 40
섭광천리경, 《황조예기도식》.

그림 41
사유천리경반원의, 《황조예기도식》.

그림 42
쌍천리경상한의, 《황조예기도식》.

있었다. 하지만 그것은 실천되지 않았다. 경화세족 자체가 이미 사족 체제의 모순의 총화였으니, 그들 스스로 기득권을 내려놓고 자기 갱신을 할 리 없었던 것이다. 예컨대 사대부들의 기술에 대한 무관심을 맹렬히 비판한 서유구 역시 그 비판은 책 속에 머무를 뿐이고, 실천은 전혀 없었다. 서유구만이 그런 것이 아니라 이른바 모든 실학자가 그러했다. 그들은 기본적으로 보수적인 집단이었다.

오직 경화세족만이라고 단언하는 것은 분명 문제가 있겠지만, 북경에서 한역서양서를 수입해 읽고 이해하고 비평한 지식인의 절대다수는 경화세족이었다. 이 책에서 다룬 다섯 가지 물건 중 어떤 것(예컨대 안경과 유리거울 등)은 사족을 넘어 조선 사람 전체로 퍼져나갔지만, 이 물건들의 배후에 있는 자연학에 대한 이해는 오직 사족 지식인만이 가능한 것이었다. 하지만 경화세족 내부에서도 서양산 자연학에 대한 이해는 전면적으로, 그리고 정교하게 이루어지지 않았다. 그것은 앞에서 거론한 이유와 아울러 경화세족의 특성 때문이기도 하였다. 경화세족은 잔인하고 복잡하기 짝이 없던 당쟁, 정변 등으로 인해 내부적으로 분리되어 있었다. 비유컨대 경화세족 사회는 내부적으로 격리된 공간으로 존재했다는 것이다. 지방 사족과 분리된 경화세족의 출현, 그리고 경화세족 내부의 격실화가 사족 체제 전체의 문화적 역량을 축소시켰던 것은 물론이다. 이런 상황에서는 새로운 자연학에 대한 토론이 공개적으로 이루어질 수 없었다. 자신의 새로운 발견이나 주장을 인쇄된 저작의 형태로 공표하는 것은 이루어질 수 없는 일이었다. 은하수가 별들의 집합이라는 것, 지구가 둥글다는 것은 필사본으로 극히 소수에게 유통되었을 뿐이고, 그것이 사족 사회 전체에 유포되어 자유로운 토론을 불러일으키는 일이란 있을 수 없었다. 설령 새롭게 깨달아 얻은 지식이 있다 하더라도 내용도 수준도 다른 상태로 격실 속에 갇힌 채 동떨어져 존재했을 뿐이다. 격실 속의 지식은 15세기 국가 건설기에 사족 지식인들이 보여준 적극성과 창조성을 결여하고 있었다. 그것이 서양의 기기와 그 배후에 있는 이론에 대한 탐구를 막았던 것으로 보인다.

적극성과 창조성을 상실한 지식의 격실화와 아울러 지적해야 할 것은 서양이란 존재에 대한 인식이다. 어떤 문화의 산물이 이질적 콘텍스트에 놓였을 때 선택적 수용과 변용이 일어난다는 것을 일단 인정해도 문제는 여전히 남는다. 곧 서양의 문화는 분명 이질적인 것이었지만, 한편 서양은 실재하는 새로운 콘텍스트가 되고 있었다는 것이다. 마테오 리치가 북경에 도착한 그 순간, 그리고 시헌력이 공식 역법이 되는 그 순간, 서양은 관념으로만 존재하는 대상이 아니었다. 이 책에서 다룬 서양의 물건들은 서양이 물리적인 실체라는 것을 증명하는 것이었다. 서양은 점차 물리적 실체성을 강화했으며, 급기야 아편전쟁(1840~1842)을 통해 동아시아의 사회와 문화 속에서 부정할 수 없는 물리적 실체가 되었다. 그것은 달리 말해 서양이 조선의 사회적·문화적 콘텍스트를 구성하는 실체가 되었다는 것을 의미한다. 하지만 경화세족은 서양을 물리적 실체로 보는 것을 막았다. 1791년의 진산사건과 10년 뒤 1801년의 신유사옥을 거치면서 천주학이 사학邪學이 되자 '서양'은 금기의 대상이 되었다. 신유사옥 이후 북경에 가는 조선 사신단은 천주당에 갈 수 없었다. 서양에 대한 진지한 접근은 애초에 불가능한 일이었다. 앞서 지적한 것처럼 성리학이 문화적 수용의 콘텍스트로 작용한 것도 사실이지만, 그것의 이념적 배타성 역시 지적하지 않을 수 없다.

최한기는 《명남루수록明南樓隨錄》에서 "나라의 제도와 금법에 막혀 천하의 유능하고 빼어난 지식인을 직접 만나서 보고 느끼는 것이 있을 수가 없다. 망원경과 화륜선火輪船 등의 기계에 대해 전해 들은 의혹을 풀기 어려우니, 이것이 두 번째 불행"이라고 말한 바 있다. 서양의 물리적 실체성, 서양 문화의 객관적 존재를 의도적으로 부정한 데 대한 냉정하지만 객관적인 평가다. 실재하는 서양을 의도적으로 외면한 것은 쇠락하는 사족 체제였다. 이 점을 다른 말로 꾸미지 말고 정면으로 응시해야 할 것이다.

1장 안경, 조선인의 눈을 밝히다

1) 이상의 대화는 洪大容, 〈乾淨衕筆談〉, 《湛軒書》: 《韓國文集叢刊》 a248, 129～130면에 의한 것이다.

2) 키아라 프루고니, 곽차섭 옮김, 《코앞에서 본 중세》, 도서출판 길, 2005.

3) 李好閔, 〈眼鏡銘〉, 《五峯集》: 《韓國文集叢刊》 a59, 441면. "華人用羊角明潔者, 做如兩眼狀. 昏花者障眼看書, 則書之細者大, 漫者明. 是號眼鏡."

4) 주 7번을 보라.

5) 이호민, 앞의 글, 같은 곳. "耳目聰明, 男子之身. 洪鈞賦與, 實非偶然. 及其衰也, 聰者聾而明者眜. 其使之聾, 使之眜者, 意亦有寓. 何必低耳而聽, 假物而視, 拂上帝責倦之意耶? 其惟返觀息聽, 與造化而同指也爾. 丙午午月晦, 書于睡窩雨中."

6) 李睟光, 〈器用〉, 《芝峯類說》 卷19. "小說曰: '眼鏡, 老年觀書, 小字成大.' 聞頃年天將沈惟敬·倭僧玄蘇皆老人, 用眼鏡能讀細書文字. 乃我國所未曾見也. 眼鏡蓋海蚌之類, 以其甲製之云."

7) 姜世晃, 〈眼鏡〉, 《豹菴稿》: 《韓國文集叢刊》 b80, 395면. "李五峰好閔, 以眼鏡謂以魚魷爲之, 李芝峯睟光謂是螺蚌之類, 二公皆似未曾見眼鏡也." 안경을 생선뼈로 만들었다는 이호민의 설과 조개로 만들었다는 이수광의 설을 모두 부정하고 두 사람 다 안경을 본 적이 없었을 것이라고 말하고 있다. 19세기 전반 이규경 역시 《지봉유설》을 인용하고 이수광이 안경을 직접 보지 못했을 것이라고 말하고 있다. 李圭景, 〈靉靆辨證說〉, 《五洲衍文長箋散稿》 上, 明文堂, 1982, 300면. "蓋芝峯亦未見眼鏡, 而但記傳聞, 故其說若是橨昧也."

8) 陳元龍, 〈眼鏡〉, 《格致鏡原》 卷58. "稗史類編. 少嘗聞貴人有眼鏡, 老年觀書, 小字看大."

9) 김성일의 안경을 조선에서 제작한 것이라는 설도 있지만(금복현, 《옛 안경과 안경집》, 대원사, 1995, 23면), 확실한 증거에 입각한 것은 아니다. 만약 조선에서 만든 것이라면 김성일이 중국이나 일본에서 안경의 제도를 꼼꼼히 보고 와서 만들었을 가능성이 있다.

10) 李瀷, 〈靉靆〉, 《星湖僿說》: 《星湖全書》 5, 驪江出版社, 1987, 104면. "靉靆者, 俗所謂眼鏡也. 字書謂出於西洋, 然西洋利瑪竇以萬曆九年辛巳始至."

11) 이익의 주장이 타당한지 여부를 알기 위해 안경을 서양의 생산품이라 밝히고 있는《자서》란 책을 검토하면 좋겠지만, 현재로서는 그것이 어떤 책인지 알 길이 없다.《강희자전》이 아닐까 하지만 여러모로 주저되는 바가 없지 않다.

12) 이익, 앞의 글, 같은 곳. "余考張寧遼邸記聞云: '向在京時甞於胡虜寓所, 見其父宗伯公所得宣廟賜物, 如錢大者二, 形色絶似雲母. 以金相爲輪郭而衍之爲柄紐制. 其末合則爲一, 歧則爲二. 老人目昏不辨細字, 張此物于雙目字明.'"

13) 이익, 같은 글. "西洋雖遼絶而西極, 天竺諸國與中華通物貨, 久矣. 天竺距西洋不遠, 其勢必將傳至中土矣."

14) 이익, 같은 글. "居家必備云出西域滿利國."

15) 李德懋,〈金直齋 鍾厚〉,《雅亭遺稿》,《靑莊舘全書》:《韓國文集叢刊》a257, 254면. "序中靉靆二字, 案字書, 雲盛貌, 亦曰靉靆, 卽僾俙(李登聲類, 僾音倚, 俙俙彷佛也)."

16) "장자열(張自烈)은 '靆가 靆로 잘못 쓰인 것이다.' 하였다."라는 원주가 있다.

17) 이덕무, 앞의 글, 같은 곳. "又洞天淸錄(宋 趙希鵠 著)曰: '靉靆(張自烈曰, 靆, 譌作靆), 老人不辨細書, 以此掩目則明.' 又元人小說, 靉靆出西域(方輿勝畧, 滿剌加國, 出靉靆)."

18) 원문에 '方輿勝畧'이라고 한 것은 '方輿勝覽'을 잘못 쓴 것이다.

19)〈靆〉,《康熙字典》卷32. "《洞天淸錄》. 靉靆, 老人不辨細書, 以此掩目則明. 元人小說言: '靉靆出西域.' 譌作口非. 又《方輿勝畧》. 滿剌加國出靉靆."

20) 금복현,《옛 안경과 안경집》, 대원사, 1995, 12면.

21) 원문에 "이것은 '靉靆'의 잘못"이라는 주석이 있다.

22) 이덕무, 앞의 글, 같은 곳. "又於孫景章所再見景章云: '以良馬易得于西域, 賈胡滿剌, 似聞其名爲僾逮.'"

23) 李裕元,〈眼鏡〉,《林下筆記》, 成均館大學校 大東文化硏究院, 1961, 795면. "劉跂暇日記: '史沆斷獄所, 水晶十數種以入, 初不喩. 旣而知案牘故暗者, 以水晶承目照之, 則是.' 是宋時已知水晶能照物, 但未知作鏡."

24) 이유원, 같은 글, 같은 곳. "此物在明時, 極爲貴重, 或須自內府, 或購之賈胡, 非有力者不能得. 今則遍天下."

25) 이유원, 같은 글, 같은 곳. "其來自番舶滿剌加國, 賈胡名曰靉靆云."〈鶴膝眼鏡〉, 같은 책, 630면. "眼鏡始出於西域滿剌加國."

26) 朴準源,〈眼鏡銘〉,《錦石集》:《韓國文集叢刊》255, 156면. "豈非出自燕市, 而渡鴨水而東者乎?"

27) 홍대용, 정훈식 옮김,《을병연행록》1, 경진, 2012, 380면.

28) 徐有聞,《戊午燕行錄》2권, 1798년 12월 22일.

29) 李海應,《薊山紀程》3권, 1804년 1월 2일.

30) 朴趾源, '隆福寺'〈盎葉記〉,《熱河日記》:《韓國文集叢刊》a252, 321면. "然今吾歷訪賣買者, 皆吳中名士, 殊非裨販駔儈之徒, 以遊覽來者, 類多翰林庶吉士, 爲訪親舊問訊家鄕, 兼買器服. 其所覓物, 類多古董彝鼎, 新刻書册法書名畵, 朝衣·朝珠·香囊·眼鏡, 非可以倩人爲皮膜苟艱事, 莫若親手停當爲愉快."

31)《承政院日記》정조 4년(1780) 1월 26일(23/23). "尙集曰: '又有水曼胡, 且有眼鏡而絶品云矣. 且府之七里外, 山採玉精, 則動民力甚多, 爲弊極煩矣.' 上曰: '其處烏精甚好矣.' 尙集曰: '烏精則品甚好矣.'"

32) 黃胤錫,《頤齋亂藁》4, 韓國精神文化硏究院, 1998, 212면. 1775년 1월 14일. "又聞, 慶州産水晶, 烏白二色中, 作眼鏡. 笠纓, 品當爲本國與中國日本三方之冠. 産處因有碾玉砂, 亦曰軟玉砂. 取其細屑, 磨治水晶. 非此不能. 本州又産水瑪瑙, 亦曰水滿瑚者, 品尤佳, 較水晶遠勝云."

33) 이상 황윤석의 안경에 관한 내용은 黃胤錫,〈東京水晶眼鏡銘〉·〈烏晶眼鏡銘〉,《頤齋遺藁》:《韓國文集叢刊》a246, 288면에 의한 것이다.

34) 洪大容,〈劉鮑問答〉,《燕記》, 앞의 책, 250면. "二人皆戴眼鏡. 余問: '西洋鏡, 亦以水晶乎?' 劉曰: '水晶不可作鏡, 以傷眼也.'"

35) 1300년 초에 베네치아 고등의회가 "유리를 안경용 수정 硝子에 대신할 수 없다."는 포고문을 발표했다. 이로 미루어 이 시기까지 안경에 수정을 사용했으며, 이 시기에 와서 유리로 수정을 대신하는 경우가 나타나기 시작했던 것이다. 금복현, 앞의 책, 16면.

36) 강세황, 앞의 글, 같은 곳. "自中國至者, 亦有美惡之殊, 貞脆之別焉. 亦産於日本, 有極佳者. 但日本之産則水晶絶罕, 而琉璃爲多. 東國慶州亦産水晶, 慶州人依樣磨造. 然製或失精, 水晶亦多疵, 終未若華與倭造也."

37) 徐有榘,《金華耕讀記》:《林園經濟志》5, 保景文化社, 1987, 336면. "我國慶州, 亦出烏水晶, 可爲靉靆, 然琢磨粗造, 不如華倭之美也."

38) 강세황, 앞의 글, 같은 곳. "眼鏡或以琉璃, 或以水晶爲之. 或白或黑或靑或紫或大或小, 狀旣不一. …… 水晶之瑩然無疵者爲上, 以其性堅而無碎毁之慮, 質明而無昏翳之累. 琉璃亦有瑩而堅者, 終不如水晶也. 烏水晶紫琉璃雖明而色黯, 便於眼病而羞明者也."

39) "鰲山 채굴 엄금으로 경주 南石이 大饑饉",〈동아일보〉, 1939년 10월 28일자.

40) "'代를 잇는다, 보람에 사는 외길인생'(26) 慶州 南石안경 金昌浩 옹 金洪柱",〈경향신문〉 1979년 6월 30일자, 5면. 金洪柱의 안경 점포는 경주시 노동동에 있는 保眼堂이다. 그는 아버지 金昌浩로부터 안경 제조 기술을 배웠고, 김창호는 김상오로부터 기술을 배웠다. 금복현, 앞의 책, 43면.

41) 李圭景,〈靉靆辨證說〉, 앞의 책, 301면. "我嶺南慶州府出水晶, 能解制鏡. 但知直視鏡, 未解老

少遠近之異. 體樣朴厚, 迫不勝著. 近稍減薄, 而猶未解老少之別. 至於硝子, (琉璃之一名)蔑如也. 西國以硝鏡爲上品, 製時退火氣, 故無熏眼之患."

42) 任相元, 〈燈下, 用琉璃鏡看書〉, 《恬軒集》: 《韓國文集叢刊》a148, 353면. "年老眸昏可奈何, 看書字向鏡中過. 輝光觸處驚淸徹, 塵翳懸來喜剔磨. 一寸代明能察隱, 兩輪垂睫足分訛. 燈前賴爾功非淺, 將比金篦定孰多."

43) 宋浚吉, 〈寄子 庚子〉, 《同春堂集》: 《韓國文集叢刊》107, 93면. "前後書皆傳到, 此間十六宗家行焚黃. 十七時祀, 十九吾家行焚黃, 廿日時祀, 皆已好過. 老眼賴眼鏡之力, 僅得親自改題. 雖不精好, 猶愈於倩他手耳."

44) 李玄逸, 〈答李三宰〉, 《葛庵集》: 《韓國文集叢刊》127, 522면. "頻繁手札, 曲賜眷存, 仰認德意, 豈勝感戢! 玄逸一疾沈綿, 尙稽趨謝, 負罪實深. 送下眼鏡, 一掛昏眸, 頓還舊觀, 所謂賜之以旣盲之視, 何感如之? 餘俟病間, 躬謝伏計."

45) 李栽, 〈眼鏡記〉, 《密菴集》: 《韓國文集叢刊》173, 260면. "先君子昔在京邸, 苦眼花眩甚. 芹谷致政公歸以唐眼鏡一部, 卽世所謂六十鏡也."

46) 《承政院日記》영조 28년(1752) 7월 9일(21/22).

47) 눈이 어둡고 눈앞에 꽃 같은 것이 나타나는 증세.

48) 이재, 앞의 글, 같은 곳. "然近世眼鏡率有柄數寸許, 揷額庭冠巾間, 以便看寫. 獨是鏡以古物, 故無柄. 致政公之子泆悅卿, 間嘗過余見之, 感二父相與之義, 相對鯁涕. 久之, 爲追造一小柄, 使其以時弛張, 不煩提挈, 可以終日遮眼, 其意已勤矣, 其運思亦工矣."

49) 금복현, 앞의 책, 60면.

50) 금복현, 같은 책, 61면.

51) 李裕元, 〈鶴膝眼鏡〉, 앞의 책, 630면. "純祖年間, 譯官構來鶴膝鏡, 玆後遍滿于世."

52) 《承政院日記》영조 20(1744) 5월 13일(18/18). "拓基曰: '南奉朝賀, 三十後, 卽用眼鏡云矣.' 上曰: '然乎?'"

53) 李德懋, 《耳目口心書》(3), 《靑莊館全書》: 《韓國文集叢刊》a258, 418면. "靉靆, 今之眼鏡也. 南藥泉自少時着眼鏡, 至老反不用, 而眼不少昏. 蓋少者可用."

54) 李瀷, 〈靉靆鏡銘〉, 《星湖集》: 《韓國文集叢刊》a199, 390면. "余有夫兩目之察, 天所賦者實多. 氣漸而昏, 天亦不能奈何. 又養此晶晶洞快之物, 俾人取以爲資. 非老伊少, 細可入於毫釐, 誰識此理? 有歐巴之人! 彼歐巴兮, 代天爲仁."

55) 《承政院日記》영조 41년(1765) 5월 11일(29/29). "上曰: '同副之父, 今着眼鏡乎?' 福源曰: '誠然矣.' 上曰: '左副之父, 亦於生時着眼鏡乎?' 重祜曰: '果然矣.'"

56) 《承政院日記》영조 24년(1748) 1월 25일(17/17). "榮祜曰: '臣近來眼昏, 非眼鏡不得見朝報矣.'"

57) 이하는《承政院日記》영조 10년(1734) 2월 17일(16/16)조에 의한 것이다.

58)《承政院日記》영조 25년(1749) 3월 14일(18/20).

59)《承政院日記》영조 28년(1752) 6월 18일(24/27).

60)《承政院日記》영조 22년(1746) 6월 5일(18/18).

61)《承政院日記》영조 22년(1746) 6월 9일(20/20).

62) 전자는 어떤 안경인지 알 수 없다.

63)《承政院日記》영조 34년(1758) 3월 26일(17/20).

64)《承政院日記》영조 36년(1760) 8월 22일(4/4).

65)《承政院日記》영조 38년(1762) 10월 27일(19/19).

66)《承政院日記》영조 39년(1763) 2월 25일(27/28).

67)《承政院日記》영조 43년(1767) 5월 8일(13/14).

68)《承政院日記》영조 43년(1767) 8월 11일(20/20).

69)《承政院日記》영조 47년(1771) 12월 11일(22/23).

70)《承政院日記》영조 47년(1771) 12월 12일(13/14).

71)《承政院日記》영조 49년(1773) 12월 16일(15/33).

72)《承政院日記》영조 25년(1749) 3월 14일(18/20).

73) 원문은 '痰核'이다. 몸에 일정한 크기로 생기는 멍울인데, 정조의 경우 어느 쪽에 생긴 멍울인지는 불분명하다.

74)《承政院日記》정조 12년(1788) 4월 20일(14/21).

75)《承政院日記》정조 22년(1798) 7월 20일(20/20).

76)《承政院日記》정조 23년(1799) 5월 5일(29/30).

77)《承政院日記》정조 24년(1800) 2월 27일(34/35), 24년(1800) 3월 15일(28/28).

78) 李圭景,〈靉靆辨證說〉, 앞의 책, 300면. "入于我東, 未知昉自何時. 意自萬曆以後, 盛於純廟中葉. 今則市井·屠賈·店驛·傭保俱張之."

79) 강세황, 앞의 글, 같은 책, 395~396면. "而近來則非但爲看書者之所實, 婦女之針線者, 工匠之細巧者, 年未及五十, 皆已用之. 然能別品製之佳惡者亦鮮矣, 而佳品則價亦不啻, 未易得也."

80)《承政院日記》영조 41년(1765) 5월 11일(29/29). "前日見之, 則畫員亦着眼鏡矣."

81)《承政院日記》영조 11년(1735) 8월 28일(26/26). "金取魯曰: '李瑜眼昏, 每用眼鏡, 而猶不能明.'"

82) 朴趾源, 〈洌上畵譜〉, 《熱河日記》, 앞의 책, 191면. "春山登臨圖 謙齋(鄭敾, 字元伯, 康熙乾隆間人. 年八十餘, 眼掛數重鏡, 燭下作細畵, 不錯毫髮)."

83) 《承政院日記》영조 30년(1754) 2월 29일(14/14). "上曰: '鄭敾除僉正, 年過七十而尙能圖畵云, 難矣. 着眼鏡乎?' 鳳漢曰: '着眼鏡, 雖夜中, 能畵云矣.'"

84) 申光洙, 〈崔北雪江圖歌〉, 《石北集》: 《韓國文集叢刊》a231, 318면. "閉門終日畵山水, 琉璃眼鏡木筆管."

85) 成大中, 〈醒言〉, 《靑城雜記》卷3. "李相性源, 入金剛山, 刻名於崖, 從者誤墜刻工之眼鏡而碎, 李公欲更其價. 工年六十餘, 笑而前曰: '公無爲也, 第視鏡匣. 書曰: 〈某年某時, 用錢三十買, 某年某月某日某時破〉乃其日也.'"

86) 서유구, 앞의 글, 같은 곳. "三家村裏, 挾兎園冊子者, 無不掛靉靆也."

87) 〈匠房〉, 《東國輿地備考》, 서울특별시사편찬위원회, 1956, 69면. "眼鏡房(在各處)"

88) 이에 대해서는 진재교, 〈17~19세기 使行과 지식-정보의 유통〉, 《한문교육연구》40, 한국한문교육학회, 2013. 6, 393~400면에서 지적된 바 있다.

89) 丁若鏞, 〈示二子家誡〉, 《與猶堂全書》: 《韓國文集叢刊》a281, 387면. "吾自嘉慶壬戌之春, 便以著書爲業, 藩牆筆硯, 蚤夜不息, 左臂麻痺, 遂成廢人. 瞳神暴暗, 唯恃靉靆. 若是者何也? 爲有汝曹及樵也."

90) 丁若鏞, 〈四月十五日, 陪伯氏乘漁家小艓向忠州, 效錢起江行絶句〉, 같은 책, 149면. "眼中雙靉靆, 行色淨無塵."

91) 丁若鏞, 〈松坡酬酢 六〉, 같은 책, 118면. "靉靆臨書通眼瞖, 葫蘆瀉藥療脾寒."

92) 李圭景, 〈眼鏡類〉, 《五洲書種博物考辨》: 《五洲衍文長箋散稿》下, 附錄, 明文堂, 1982, 1142면. 앞으로 《五洲書種博物考辨》의 면수는 《五洲衍文長箋散稿》下의 면수를 따르고 다른 서지사항은 생략한다. "[洗眼鏡垢膩法] 浸木灰汁, 一宿, 可磨去. 尋常輕者, 用唾可拭. 但忌吃烟艸末經時之唾, 以麐鹿等軟皮拭去." 그런데 이 부분은 데라시마 료안(寺島良安)의 《화한삼재도회(和漢三才圖會)》《안경(眼鏡)》(《和漢三才圖會》上, 353면)에도 나온다. "凡琢眼鏡之垢職, 浸木灰汁, 一宿, 可磨去. 尋常輕者, 用唾可拭. 但忌吃烟艸末經時唾." 이규경의 말은 밑줄 친 부분을 그대로 옮기고, '以麐鹿等軟皮拭去'만 추가한 것이다. 조선에서도 같은 방법을 쓰기에 그대로 옮기고 다른 방법을 추가한 것이 아닌가 한다. 《화한삼재도회》의 '垢職'은 '垢膩'의 오자일 것이다.

93) 이규경, 같은 글, 같은 책, 1143면. "凡眼鏡製成後, 塗桑灰水, 炙于火上, 以生滋潤." 이 뒤에 곧바로 이어서 "청석(靑石)으로 틀을 만들어 안경을 만든 뒤에 만약 광택이 없으면 상회수를 발라 불 위에 구워 윤기를 취한다(以靑石作範, 造成而如無潤光, 塗桑灰水, 炙于火上, 取潤)."는 말이 있는데, 앞의 말과 사실상 중복된다. 왜 이런 중복이 나타났는지, 또 이런 정보들이 어떤 텍스트에서 유래한 것인지 현재로서는 알 수 없다.

94) 이규경, 같은 글, 같은 곳. "[凡劣眼鏡] 照物未瑩者, 塗烈桑灰水, 晒乾五六次, 後炙于火上, 則能照物稍大而遠照."

95) 강세황, 앞의 글, 같은 곳. "或以牛角與玳瑁爲匡者, 或以銀與銅爲匡者. 或以角物, 或以銀銅, 只聯二圓片而不作匡者."

96) 李圭景, 〈靉靆辨證說〉, 《五洲衍文長箋散稿》, 301면. "凡靉靆之飾, 有鶴膝·蟲蝨·乙字之制."

97) 金景善, 《燕轅直指》, 1832년 11월 21일.

98) 李圭景, 〈靉靆辨證說〉, 앞의 책, 300면. "國俗以眼鏡爲尊貴前不得著. 少年賤者不得張, 是果禮節之濫觴也. 然夷考其儀, 則少與賤, 掛眼見尊貴, 似甚倨傲也."

99) 《承政院日記》 영조 13년(1737) 7월 7일(16/1).

100) 《承政院日記》 순조 2년(1802) 4월 9일(27/28).

101) 《承政院日記》 순조 2년(1802) 9월 26일(26/27).

102) 韓元震, 〈再答尹瑞膺〉, 《南塘集》: 《韓國文集叢刊》 201, 307면.

103) 강세황, 앞의 글, 같은 곳. "而大抵其磨造之法, 四周薄而中心微隆起, 則隔眼視物倍明而且大也. 然太隆起則可以近視, 而少遠則模糊. 太不隆起則可以遠視而不甚明且大. 四圍厚而中心凹則視極細. 而近者亦似遠且模糊不分明. 此則便於不能遠視之人也."

104) 李圭景, 《五洲書種博物考辨》. 이 책은 영인본 《五洲衍文長箋散稿》에 부록으로 실려 있다. 주 92번을 보라.

105) 李圭景, 〈眼鏡類〉, 《五洲書種博物考辨》, 1141면. "[眼鏡] 一名靉靆. 阿蘭陀千里眼鏡及西洋顯微鏡爲第一品. 眞水晶·紫烏水晶眼鏡爲次." 《五洲書種博物考辨》은 작고한 최주 선생이 주를 달고 번역한 책이 있다(이규경, 최주 주역, 《오주서종박물고변》, 학연문화사, 2008). 이 난해한 고전 과학서를 주역(註譯)한 최주 선생께 경의를 표한다. 이런 주역은 높이 평가받아야 마땅하다. 다만 약간의 아쉬움이 있다면, 이 번역서는 이규경이 중국과 일본의 여러 문헌에서 발췌한 자료를 편집하고 있다는 사실에 대해서는 거의 언급하지 않고 있다. 또한 최주 선생은 금속공학자이신데, 이 번역서에는 전통 금속공학의 지식을 현대 지식으로 소상히 옮기지 않은 것이 비전공자인 필자로서는 매우 안타깝다. 나는 《오주서종박물고변》의 번역에서 최주 선생의 주역본을 참고했다. 고인이 되신 최주 선생께 감사를 드린다.

106) 이규경, 같은 글, 같은 책, 1143면. "我東以水晶鏡爲第一品, 殊不知西洋琉璃眼鏡退火氣者爲眞品. 盖遠西造鏡, 必退火毒, 以益目力, 故久着者, 無火氣逼眼, 意其塗拒火藥, 埋土取出, 沈水以出火毒也."

107) 寺島良安 編, 《和漢三才圖會》上, 民俗苑, 2014, 352~353면. "按靉靆, 眼鏡也. 用水晶, 切片以金剛屑, 磨琢造之. 隨老壯有異. 如老眼鏡爲微凸, 如壯眼表裏正直, 如中老表正直裏微窪, 但老人以壯眼鏡視, 則遠物鮮明而近物不明.
　　近眼鏡. 表微凹裏微凸.
　　遠眼鏡. 作三重筒伸縮, 各口嵌玉, 其本玉如老眼鏡, 中與末如壯眼鏡, 但本朝所作者, 不能視三里以上, 宜用阿蘭陀靑板. 蓋此彼國硝子矣. 與和硝子合鎔之, 則甚堅而不可解.
　　蟲眼鏡. 玉厚, 表凸裏平, 嵌盒, 投蚤蝨, 視之, 其形大而蚤似獸, 蝨似口. 其餘細物亦然."

數眼鏡. 表平裏如龜甲, 爲稜形, 或五或六, 隨數見."

108) 李圭景,〈眼鏡類〉,《五洲書種博物考辨》, 1141면. "倭造. 鏡下鑑物, 鮮明也. 如一面中, 有界, 摩之, 則見物亦有數. 如其鏡面凹, 裏平直, 則見影爲異形."

109) 이규경, 같은 글, 같은 책, 1142면. "[取火鏡] 向太陽取火. [取水鏡] 向太陰取水."

110) 이규경, 같은 글, 같은 곳. "[瑞光鏡] 製法大小不等, 大者徑至六尺, 夜以一燈照之, 光射數里, 其用甚巨. 多月人坐光中, 則遍體生溫, 如在太陽之下."

111) 乾隆,〈咏顯微鏡〉,《御製詩集》2輯, 卷65. "玻璃製爲鏡, 視遠已堪奇. 何来儇逯器, 其名曰顯微. 能照小爲大, 物莫遁毫釐. 遠已莫可隱, 細又鮮或遺. 我思水淸喩, 置而弗用之." 王士禎,〈香山㟂〉,《池北偶談》卷21. "某位有千里鏡, 番人持之, 登高以望舶, 械伏驪櫨, 可矖三十里外. 又有玻璃千人鏡·多寶鏡·顯微鏡·小自鳴鐘·自行表以及海洋全圖·璇璣諸器皆極工巧."

112) 李裕元,〈唐寅畫〉, 앞의 책, 851면. "一日, 有小童賣一畫簇, 乃唐寅所畫章臺小年行也. 殘縑黯黑, 畫不可辨. 以顯微鏡照之, 始尋其端緒, 儘絶寶也."

113) 이규경, 앞의 글, 1143면. "(挾鏡) 眼鏡之左右傍, 各連一鏡, 或相疊一重者. 近出我東, 亦喩遠引近, 大益老眼." 같은 내용의 글이 李圭景,〈靉靆辨證說〉,《五洲衍文長箋散稿》, 301면에도 실려 있다. "且中原有複鏡, 近亦流入鴨東.(複鏡. 近者自燕出來. 就眼鏡左右旁綴一鏡. 又或更疊一鏡於眼鏡上. 亦取攝遠引近, 益于老眼云)."

114) 홍대용,《을병연행록》1, 349면.

115)《萬機要覽》軍政篇 3, 禁衛營, 軍器.

116) 李圭景,〈靉靆辨證說〉, 앞의 책, 301면. "大抵製鏡之法, 要不過攝引開拓, 惟在窪突正直長短厚薄之分. 其射線易像, 但有平行廣行遠近斜正之別也."

117) 湯若望,《遠鏡說》,《新法算書》(四庫全書本) 卷23. "夫遠鏡者, 二鏡合之, 以成器者也. 其利用既如斯矣. 乃分之而製造如法, 則又各利用焉. 即中國所謂眼鏡也."

118) 아담 샬(탕약망), 같은 글, 같은 곳. "一利於苦近視者用之."

119) 아담 샬, 같은 글, 같은 곳. "一利於苦遠視者用之."

120) 아담 샬, 같은 글, 같은 곳. "世有自少好遠游, 喜遠望者, 年老目衰, 則不苦視遠物, 而苦視近物, 不耐三角形射線, 而耐平行射線習性使然耳. 若用遠鏡之中高鏡, 則物象一點之小, 散射鏡面, 從鏡平行入目, 巧合其習性, 視近不勞, 而自明也. 然又有未嘗好遠遊遊望, 而平日專務平直. 是視者, 亦必老至力衰則視物不能斂聚其象, 象形直射, 恍惚不眞. 若用中高鏡, 則物形雖小而暗, 視之, 自大而顯矣."

121) 아담 샬, 같은 글, 같은 곳. "甲近物之象 散射鏡面 平行入目."

122) 아담 샬, 같은 글, 같은 곳. "甲乙物體 射象於鏡面丙丁, 入目於戊戌, 目視象於丙丁, 丙丁兩界引長之, 則至巳庚, 巳庚大乎甲乙. 此苦近視者用中高鏡, 視物必大之故也."

123) 아담 샬, 같은 글, 같은 곳. "有書生, 目不去書史, 視不踰儿席, 習慣成性, 喜三角形, 視近不耐平行, 視遠者亦有非繇習慣. 但眸子精力不開廣視, 物象不得員而滿者. 是二人者, 用遠鏡之中窪鏡, 則物象從鏡角形入目, 乃合其習性, 視物自明矣."

124) 아담 샬, 같은 글, 같은 곳. "甲, 遠物之象. 平行射鏡面三角形入目."

125) 원래 빠진 글자다.

126) 아담 샬, 같은 글, 같은 곳. "一分用不如合用之無不利. 人有目精全衰, 視物全暗者, 則與無目同. 天日不能照, 固非鏡之所能與力也. 乃有目精至强視物至明者, 用鏡反加翳焉, 何也? 吾人晴中有眸張閉, 自宜睛底有□屈伸如性. 高窪二鏡, 自備目中, 何以鏡為? 若二鏡合用之于遠鏡, 則不然. 遠鏡者目明益明, 象顯益顯, 實備非常之用者也."

127) 丁若鏞, '近視論'〈醫零〉,《麻科會通》6,《與猶堂全書》:《韓國文集叢刊》a286, 525면. "李明之日: '不能近視者, 陽不足也; 不能遠視者, 陰不足也.' 王海藏曰: '不能近視者, 無水也; 不能遠視者, 無火也.' 劉宗厚曰: '陰氣內明, 故利於近; 陽氣內暗, 故利於遠.' 張介(缺)曰: '不能近視者, 陰不足也; 不能遠視者, 陽不足也.' (以下缺). 出陰陽二字, 丁子(以下缺)說來說去, 則其所辨雖畢竟囫圇, 不切事情. 目之近視·遠視, 唯係瞳丸之平突. 平則視心會於遠, 故遠視; 突則視心會於近, 故短視. 如靉靆之平者, 文字離目稍遠, 方得利視, 其突者, 利於逼視, 稍遠則炫晃而不可視矣. 少年血氣方銳, 瞳丸突然, 故利於近; 老人血氣消縮, 瞳丸平漫, 故反欲令物離目稍遠. 此皆目前顯著之理, 干陰陽何事而若彼其紛紛哉! 人有短視者, 見其瞳, 皆尖凸異常."

128) 丁若鏞,〈靉靆出火圖說〉, 같은 책, 214면.

129) 丁若鏞,〈漆室觀畫說〉, 같은 책, 215면.

130) 丁若鏞,〈茯菴李基讓墓誌銘〉, 같은 책, 333면. 이태호 교수는 조선 후기 초상화에 나타난 극도의 사실성이 카메라 오브스쿠라의 사용과 관련된다고 주장하였으나(이태호,《옛 화가들은 우리 얼굴을 어떻게 그렸나―조선 후기 초상화와 카메라 옵스쿠라》, 생각의나무, 2008, 99~147면), 장진성 교수는 조선에 도입된 카메라 오브스쿠라의 원리가 실제 그림의 제작에 활용된 적이 없다고 지적했다. 더 상세한 논의는 장진성,〈조선 후기 회화와 카메라 옵스큐라〉,《동악미술사학》15, 동악미술사학회, 2013. 9. 참고.

131) 아담 샬, 앞의 책. "室中照鏡畫像, 全閉門窓, 務極幽暗. 或門或窓, 開一孔, 大小與前鏡稱. 取出前鏡, 置諸孔眼, 以白淨紙如法, 對置內室, 則鏡照諸外像, 入紙上, 絲毫不爽, 摸而畫之. 西土所謂物像, 像物者此也."

132) 강세황, 앞의 글, 같은 곳. "我國未解作琉璃之法. 中國人亦學於西洋人, 今則甚賤, 而東人尙無學其造法者. 大抵以藥汁鎔造, 似不甚難也, 而未能學者, 何耶?"

2장 망원경으로 무엇을 보았을까

1) 《仁祖實錄》9년(1631) 7월 12일(1).

2) 《인조실록》보다 《국조보감(國朝寶鑑)》, 제35권 인조조(仁祖朝) 2, 9년 쪽이 더 자세하므로 이하 《국조보감》을 인용한다. 《國朝寶鑑》上, 세종대왕기념사업회, 1976, 494면.

3) 강재언, 이규수 옮김, 《서양과 조선》, 학고재, 1998, 42~43면.

4) 이용범, 《중세 서양 과학의 조선 전래》, 동국대학교 출판부, 1988, 130~131면. 이영후는 로드리게스에게 편지를 보내 서양 천문학과 세계지도에 대해 질문을 던진다. 이영후는 〈곤여만국전도(坤與萬國全圖)〉에 중국이 중심에 그려져 있는 것을 두고 중국이 세계 문화의 중심지, 원천이라고 하자, 로드리게스는 "명(明)을 중심에 둔 것은 보기 편리하도록 한 것이다. 만약 지구적 차원에서 말한다면, 나라마다 세계의 중심이 될 수 있다."고 말하며 반박한다. 중국 중심설이 무너지는 순간이었다. 《중세 서양 과학의 조선 전래》, 145면. 이하 조선의 서양 천문학 수용에 관한 서술은 모두 이 책에 의한 것이다. 따로 면수를 밝히지는 않는다.

5) 陽瑪諾, 《天問略》, 《藝海珠塵》. "凡右諸論, 大約則據肉目所及測而已矣. 第肉目之力劣短, 曷能窮盡天上微妙理之萬一耶? 近世西洋精于曆法一名士, 務測日月星辰奧理, 而哀其目力尫羸, 則造册一巧器以助之. 持此器, 觀六十里遠一尺大之物, 明視之, 無異在目前也. 持之觀月, 則千倍大于常觀. 金星大似月, 其光亦或消或長, 無異于月輪也. 觀土星, 則其形如上圖, 圓似鵝卵, 兩側繼有兩小星, 其或與本星聯體否, 不可明測也. 觀本星, 其四圍恒有四小星周行甚疾. 或此東而彼西, 或此西而彼東, 或俱東俱西, 但其行動與二十八宿甚異. 此星必居七政之內, 別一星也. 觀列宿之天, 則其中小星更多稠密, 故其體光顯相連若白練然, 卽今所謂天河者. 待此器至中國之日而後祥言其妙用也."

6) 《新法算書》卷11. 明 徐光啟 等撰. 《測天約說》卷上. 首篇. 名義篇 第一. 大圜名數歷十條. "獨西方之國, 近歲有度數名家造為望遠之鏡以測太白, 則有時晦, 有時光滿, 有時為上下弦."

7) 테렌츠(등욱함), 같은 책, 從本體論 凡三章 "太陽面上有黑子, 或一或二或三四而止. 或大或小, 恒于太陽東西徑上行其道止一線行十四日而盡前者盡則後者繼之其大者能減太陽之光先時或疑為金水二星考其躔度則又不合. 近有望遠鏡乃知其體不與日體為一. 又不若雲霞之去日極遠特在其面而不審為何物."

8) 《新法表異》卷上, 總說, 〈天漢破疑〉. 《新法算書》卷99. "天漢斜絡, 天體與天異色. 昔稱雲漢. 疑為白氣者, 非也. 新法測以遠鏡始知是無算小星攢聚成形, 卽積尸氣等亦然. 足破從前謬解."

9) 游藝, 〈金水伏見〉, 《天經或問》卷3. "若恒星之微渺難見者如昴星, 傳云七星, 惟據目力之見而定也. 實則三十七星." 이외에 여러 경우를 들고 있는데, 모두 망원경으로 관찰한 결과라고 말하고 있다. 은하도 여러 작은 별의 집합이라고 말한다. 游藝, 《天經或問》卷3. "以遠鏡窺之, 天河實是小星之隱而不現者, 然微而甚多, 攢聚一帶."

10) 李元淳, 《朝鮮西學史研究》, 一志社, 1986, 71면. 앞으로 明 徐光啟 等 撰, 《遠鏡說》, 《新法算書》卷23에 실린 것을 원문으로 인용한다. '서광계 등 찬'이라고 하지만, 그것은 《신법산서》의 편자를 밝힌 것이고, 실제 《원경설》에는 탕약망, 곧 아담 샬이 저자로 밝혀져 있다.

11) 湯若望,《遠鏡說》,《新法算書》卷23(四庫全書本). "日面有浮游黑點, 點大小多寡不一, 相為隱顯, 隨從必十四日, 方周徑日面而出, 前點出, 後點入. 迄無定期, 竟不解其何故也." 이하《원경설》에서의 인용은《원경설》로만 표기한다.

12) 아담 샬(탕약망), 같은 책, "用以觀宿天諸星較之平時不啻多數十倍, 而且界限甚明也. 即如昴宿數不止於七而有三十多. 鬼宿中積尸氣, 觜宿中北星, 天河中諸小星, 皆難見者, 用鏡則瞭然矣. 又如尾宿中距星及神宮北斗中開陽及輔星, 皆難分者, 用鏡則見相去甚遠焉."

13) 아담 샬, 같은 책, "是宿天諸星, 借鏡驗之算之, 相去幾何, 絲毫不爽. 因之而觀察星宿本相, 星宿所好, 星宿正度偏度, 於修曆法, 尤為切要."

14)《恒星曆指》3.《新法算書》卷58, "問天漢何物也? 曰: '古人以天漢非星, 不置諸列宿天之上也. 意其光與映日之輕雲相類, 謂在空中月天之下為恒清氣而已. 今則不然. 遠鏡既出, 用以仰窺, 明見為無數小星. 蓋因天體通明映徹, 受諸星之光并合為一, 直似清白之氣與鬼宿同理. 不藉此器, 其誰知之.'"

15) 아담 샬, 앞의 책, "夫所云間隔物體大光明, 能廣散物象. 次光明能斂聚物象."

16) 아담 샬, 같은 책, "夫遠物發象, 從平行線入目, 則目視遠物, 亦必須從平行線, 視象."

17) 아담 샬, 같은 책, "假若二鏡獨用其一, 則前鏡中高而聚象. 聚象之至, 則偏. 偏則不能平行."

18) 아담 샬, 같은 책, "後鏡中窪而散象. 散象之至, 則亦偏, 偏亦不能平行."

19) 아담 샬, 같은 책, "故二鏡合用, 則前鏡賴有後鏡, 自能分而散之, 得乎平行線之中, 而視物自明. 後鏡賴有前鏡, 自能合而聚之, 得乎平行線之中, 而視物明且大也."

20) 아담 샬, 같은 책, "前鏡視遠, 去目如法, 物象, 每見其大焉. 蓋以全鏡之體, 照物體之分, 分則見其大矣. 若鏡目相近, 則雖鏡體得照全象分, 分不遺而象則小矣. 後鏡視遠, 近目如法, 視物, 每見其大焉. 蓋以全象視物之體, 若鏡目相遠, 則以象之一分視物之體而已. 總之, 分二鏡, 用之, 則不免昏暗套筒. 而合用之則彼此相濟視物至大而且明也."

21) 尹鑴,《白湖全書》中, 白湖先生文集刊行會, 慶北大學校 出版部, 1974, 1382면.

22) 현재 규장각에 소장되어 있는《숭정역서(崇禎曆書)》의 표지는 모두《서양신법역서(西洋新法曆書)》로 기재되어 있다. 이는 왕조의 교체에 따른 것으로, 이전 왕조의 역서에 본조의 새로운 제목을 덧붙인 것이다. 주평이, 〈서울대학교 규장각 소장《숭정역서》와 관련 사료 연구〉,《규장각(奎章閣)》34, 서울대학교 규장각 한국학연구원, 2009, 234면.

23) 주평이, 같은 글, 231면.

24)《신법역서》혹은《신법산서》를 자신의 저술에서 언급하고 있는 사람은 황윤석, 정약용에 지나지 않는다. 그 내용을 직접 다루고 있는 사람은 19세기의 학자 이규경으로, 그의 저술《오주연문장전산고》에는《신법산서》가 풍부하게 인용되어 있다.

25)《曆法西傳》,《新法算書》卷98. "第谷沒後, 望遠鏡出天象微渺盡著于是. 有加利勒阿于三十年前創有新圖, 發千古星學之所未發, 著書一部. 自後名賢繼起, 著作轉多, 乃知木星旁有小星四, 其行甚疾；土星旁, 亦有小星；二金星有上下弦等象, 皆前此所未聞."

26)《承政院日記》숙종 35년(1709) 3월 23일(16/16).

27) 구하려는 해의 천정동지(天正冬至) 다음 날 자정초각(子正初刻)에 하늘이 동지점(冬至點)에 서 떨어진 평균행도(平均行度)를 말함.

28)《承政院日記》숙종 35년(1709) 3월 23일(16/16). "且日月蝕測候時, 所用遠鏡, 每每借來於閭 家云, 故亦皆貿得以來."

29)《承政院日記》숙종 38년(1712) 4월 13일(8/10). "備邊司啓曰：'卽見咸鏡道觀察使李善溥狀啓 則以爲,〈自水羅德, 至白頭山, 路險難通, 目力又不及. 若得千里鏡, 彼此共看, 則可爲一照〉請令廟 堂訪問有處, 下送〉'"

30) 같은 글, "地界審定, 何等重大, 豈可以千里鏡准信, 而懸斷乎? 殊非事宜, 姑勿下送."

31)《肅宗實錄》38년(1712) 5월 15일(1). "摠管到鴨綠上流, 路險不得行, 越江從彼境作行, 而常以 千里鏡照見山川. 又有量天尺, 一木板長可一尺餘, 廣可數寸. 背布象牙, 刻以分寸, 寸爲十二畫, 分 爲十畫, 上設輪圖, 中立一小板, 似是測量之具也."

32) 이하《承政院日記》영조 11년(1735) 9월 1일(18/18)에 의한다. 원문은 생략한다.

33) 같은 글, "尙賓着眼觀之."

34)《承政院日記》영조 11년(1735) 9월 14일(19/20). "日昨救食之日, 該曹上眼鏡, 而中有黑漆者, 蓋如太陽中有雲, 然後易於窺看也."

35)《承政院日記》영조 18년(1742) 5월 1일(16/16).

36)《承政院日記》영조 20년(1744) 6월 2일(12/13).

37)《萬機要覽》軍政篇 3, 禁衛營·摠戎廳, 軍器.

38)《承政院日記》영조 20년(1744) 6월 10일(15/15).

39)《承政院日記》영조 20년(1744) 7월 3일(9/11).

40)《承政院日記》영조 21년(1745) 5월 12일(15/15). "所謂窺日影, 雖云有緊於直見日食, 而直見 日光, 是非好道. 蔡京, 見日知其爲小人. 蓋不逞之徒, 窺上之象也. 窺日之名, 名旣不正, 故予已破 碎之. 渠輩得來此等之物, 必爲要功之計, 而予甚可笑之矣. 其冊子及圖, 亦已洗草."

41) 같은 글, "大體此等之物, 其在不作奇巧之道, 不用爲好矣."

42)《承政院日記》영조 21년(1745) 5월 12일(15/15).

43)《承政院日記》영조 27년(1751) 5월 1일(20/20).

44)《承政院日記》영조 46년(1770) 4월 5일(29/29). "上曰：'日中見黑子, 何如?'對曰：'遠鏡見之, 則初見太陽上面, 有五黑子, 終見太陽下面, 有七黑子, 其本方如此矣.'上曰：'圭日眼鏡, 何如黑漆

乎?'對曰:'見萬里矣.'上曰:'其造作,何如?'對曰:'幾於一間,本末皆着琉璃,中又有琉璃.紅鏡半間,白鏡一間.大鏡見之則色黃,小鏡見之則色赤矣.'"

45)《承政院日記》영조 22년(1746) 5월 28일(22/22).

46) 李瀷,〈天訟判〉,《星湖集》:《韓國文集叢刊》a199, 364~365면.

47) 李裕元,〈千里鏡〉, 앞의 책, 630면. "余在燕邸, 借得上品遠鏡, 對月視之, 月近咫尺而山河之影似非定像也. 形如椀器之覆, 其文碨落. 淺處朗而深處暗."

48) 이하는 洪大容,〈劉鮑問答〉,《燕記》, 앞의 책, 247~250면에 의한다.

49) 홍대용,《을병연행록》1, 450면.

50) 홍대용, 같은 책, 450~451면.

51) 洪大容,〈劉鮑問答〉, 앞의 책, 249면. "鏡制靑銅爲筒. 大如鳥銃之筒, 長不過三周尺許. 兩端各施玻璃. 下爲單柱三足, 上有機, 爲象限一直角之制, 架以鏡筒. 其柱之承機, 爲二活樞, 所以柱常定立, 而機之低昂廻旋, 惟人所使也. 柱頭墜線, 所以定地平也. 別有糊紙短筒長寸許, 一頭施玻璆兩層. 持以窺天, 黯淡如夜色以施于鏡筒. 坐橙上遊移低仰以向日. 眇一目而窺之, 日光團團恰滿筒口, 如在淡雲中. 正視而目不瞬, 苟有物毫釐可察, 盖異器也."

52) 홍대용,《을병연행록》1, 451면.

53) 洪大容,〈劉鮑問答〉, 앞의 책, 같은 곳. "曾聞日中有三黑子. 今無有, 何也?"

54) 홍대용, 같은 글, 같은 곳. "黑子不止於三, 多或至於八. 但時有時無. 此以日行飜轉如毬, 此刻適値其無也."

55) 朴趾源,〈風琴〉, 黃圖紀畧,《熱河日記》,《燕巖集》:《韓國文集叢刊》a252, 310면. "堂煅于乾隆己丑. 所謂風琴無存者. 樓上遠鏡及諸儀器, 非倉卒可究, 故不錄. 追思德保所論風琴之制, 恨然爲記."

56) 朴趾源,〈鵠亭筆談〉, 같은 책, 261~262면. "余曰:'鄙人萬里開關, 觀光上國. 敝邦可在極東, 歐邏乃是泰西. 以極東泰西之人, 願一相逢. 今邏入熱河, 未及觀天主堂. 自此奉勅東還, 則不可復入皇都. 今幸忝遊大人先生之間, 多承敎誨, 雖適我大願, 然於泰西遠人, 無路相接. 是爲鄙人所恨. 今聞西人從駕, 亦在是中云. 願蒙指敎, 或有相識, 幸爲紹介.' 鵠汀曰:'此等元係監中奉勅, 道不同不相爲謀. 且駐蹕之地, 摠是日下. 人山人海, 尋覓自難, 不必枉勞.'"

57) 洪大容,〈天象臺〉,《燕記》, 앞의 책, 292면.

58) 洪大容,〈隆福市〉,《燕記》, 같은 책, 294면. "出門而南, 見卓上, 有千里鏡數種. 皆短細如簫管, 抽筒止一節, 可爲囊中藏也. 用以窺五十步外閣扁記文, 字畫歷歷可察. 有黃裝喇嘛僧數人, 方講價未決, 委之而去. 余就而問價, 諸喇嘛恐其攘買也, 狼顧而目懾之, 貌色獰甚, 韃俗之悍可想. 余亦避去之, 不敢問也."

59) 李裕元,〈遠視鑿鑵〉, 앞의 책, 630면. "余在燕市, 見一鑿鑵, 制非別樣, 而着以視之, 則十里內之微物可辨, 非比千里鏡之制度張大也. 呼價七百金, 無由購得, 惜哉!"

60) 黃胤錫,《頤齋亂藁》3, 韓國精神文化研究院, 1997년, 151면.〈附冬至正使徐命膺等別單書啓〉. "至於窺遠鏡, 松齡自以大小兩件外, 無副件, 莫容推移, 只以製樣示德星, 使自造成. 而玻璖, 貢期尙遠, 亦不得造來."

61) 權以鎭,〈謝恩副使時先來狀啓〉,《有懷堂集》:《韓國文集叢刊》b56, 271면.

62)《正祖實錄》15년(1791) 11월 8일.

63) 李瀷,〈陸若漢〉, 앞의 책, 99면. "遠鏡者, 百里外能看望敵陣, 細微可察."

64) 李瀷,〈首艮尾坤〉, 앞의 책, 27면. "天問略云:'所謂天河者, 小星稠密, 故其體光顯相連若白練. 西國有視遠鏡, 能察如此也. 未知然否.'"

65) 李瀷,〈方星圖〉, 같은 책, 34면. "今見西國方星圖, 與中國差別. 又或有有絡而無星者. 此即其地視遠鏡之所燭也. 如金星大於月, 日大於地毬, 銀河爲星氣, 金·木二星有珥之類, 非目力可得. 此斷非鑿空, 當從之."

66) 李瀷,〈十二重天〉,《星湖僿說類選》, 卷1上, 天地篇(上), 天文門.

67) 李瀷,〈天訟判〉,《星湖全集》:《韓國文集叢刊》a199, 364면. "蓋日之初出, 地有浮氣, 濛濛四合, 人在氣中, 斜以透望, 所以大也. 至於中天, 氣積不厚. 不厚則見物小. 今有千里鏡, 管愈長則見物愈大, 可以爲證."

68) 李潊,〈述所思〉,《弘道遺稿》:《韓國文集叢刊》b54, 247면. "今夫一把火焰, 夜置於琉璃燈中, 則光麕而大; 晝置於廣野則光散而小. 以白器置水中則光麕而大, 出水則光散而小. 以千里鏡蔽眼而視物則物大, 不蔽眼而視物則物小, 亦一證也."

69) 姜世晃,〈眼鏡〉,《豹菴稿》:《韓國文集叢刊》b80, 395면. "千里鏡者, 而琉璃磨作微凹者嵌於長筒之端, 而微隆者嵌於長筒之末, 而量其凹與隆, 而定其筒之長短以窺之, 則近視而細者爲大, 遠視而遠者爲近. 亦有極長且大者, 可以遠觀數十里外人之面貌也."

70) 姜世晃,〈書西洋人所畵月影圖摸本後〉, 같은 책, 384면. "西洋人造千里鏡, 一名視遠鏡. 以此鏡視天象, 則日月星辰軆狀, 歷歷可辨, 五星之狀亦各不同. 此圖乃月中婆娑影, 自古中國人所未曾詳察其狀之如此者也. 廣寒宮之說·桂影之說·兎蟾搗藥之說, 初不足多辨. 惟大地山河影之說, 至今信之, 亦屬誕妄, 盖存而不論可也. 西洋人戴進賢作天象圖, 所畵月影如此, 庶子信移摸云爾."

71) 趙秉鉉,〈金剛觀叙〉,《成齋集》:《韓國文集叢刊》a301, 537면. "第三亦長長若絶, 汗流至踵, 不敢回顧, 於焉登때軍臺, 勢攉崒嵂, 前對穴望, 廣嵌生陰風, 左右列出, 平在脚底, 引千里鏡取照, 衆香千疊, 翻入五步內, 恥與白雲屑臺等視也."

72) 朴允默,〈千里鏡〉,《存齋集》:《韓國文集叢刊》a292, 146~147면. "千里來眉睫, 明光遠尙通. 方諸形各異, 霽靆類相同. 中華推稀品, 西洋極妙工. 次抽尾漸殺, 互續頭爲豊. 植立疑簽管, 橫來訝竹筒. 琉璃凝疊碧, 髹漆着微紅. 指彼山河外, 收玆咫尺中. 對陳能覘敵, 爲物可治戎. 點沙呈歷歷, 寸草現叢叢. 水渚分牛馬, 雲天數鴈鴻. 層樓何足上, 兩眼亦堪窮. 析纖皆如意, 分毫似發蒙. 業障無礙隔, 光景放虛空. 思議誰初創, 探求未克終. 擅名超寶肆, 不脛涉風篷. 巧製驚輪子, 神機奪化翁. 炯於千柄燭, 售以百金銅. 奇寶應延久, 傳看或恐忽. 心能持洞潤, 性不近朦朧. 媸姸俱順應, 感激反"

吾躬."

73) 李圭景,〈測量天地辨證說〉, 앞의 책, 789면. "我東則雖疇人子弟, 疏於測量. 又無儀器如簡平·撫辰·渾天·渾蓋通憲·大環·彌綸·遠鏡·赤道諸儀, 則但憑中西已測之遺績, 實未得一測, 可勝歎哉!"

74) 李瀷,〈陸若漢〉, 앞의 책, 99면. "余所得見天問·職方數種書, 其餘無存."

75) 황윤석 역시《숭정역서》를 말하고 있지만,《원경설》에 대한 언급과 망원경의 원리에 대한 언급은 전혀 남기고 있지 않다.

76) 李圭景,〈眼鏡類〉,《五洲書種博物考辨》, 1142면. "表微凸而裏微凹."

77) 이규경, 같은 글, 같은 곳. "西洋有造諸鏡規矩."

78) 이규경, 같은 글, 같은 곳. "測象遠鏡末玻璃, 用烏水晶, 可望太陽."

79) 이규경, 같은 글, 같은 책, 1141면. "[西洋模書畵望遠鏡] 用玻璆, 製之一似平非平之圓鏡. 曰筒口鏡. 卽所謂中高鏡也. 前鏡也."

80) 이규경, 같은 글, 같은 책, 1141~1142면. "[遠鏡] 一名望遠鏡, <u>四層皆凸外而窪內. 凡以凸近目, 能收影之大爲小, 以窪近目, 能拓影之小爲大, 層層轉取倍, 必累矣. 故以遠鏡望百丈之外, 拳大若斗, 已上, 卽千里鏡, 大小不等.</u>" 밑줄 친 부분이《물리소지》에서 인용된 부분이다.

81) 이규경, 같은 글, 같은 책, 1142면. "[雜攷] 製諸鏡法, 西洋有造諸鏡規矩. 大望遠鏡亦名窺筒. 其制虛管層疊若套, 使伸縮兩端, 俱用玻璃, 隨所視物之遠近, 以爲長短, 不但可以窺天象, 且能攝數里外物如在目前, 可以望敵施砲, 有大用焉."

82) 이규경, 같은 글, 같은 곳. "至於測量天地及萬象爲寶器"

83) 이규경, 같은 글, 같은 곳. "(小望遠眼鏡) 倣大望遠鏡, 製凸外窪內鏡, 作數疊, 亦可遠照. 今阿蘭陀人所着眼鏡, 竝凸外突出, 如蟹眼蜂睛者, 卽此製也."

84) 崔漢綺,〈星名災祥之非〉, 推物測事,《推測錄》6권.

85) 최한기, 같은 글, 같은 곳. "大抵此理, 實自大千里鏡而發, 則器械之精, 由人制作而利. 人之識見, 或因器械而益廣."

86) 崔漢綺,〈佐耳佐目〉, 같은 책, 같은 곳.

87) 최한기, 같은 글, 같은 곳. "遠鏡之制, 虛管四層, 次第套冒, 使之伸縮, 兩端俱貼, 水晶鏡, 前鏡形中高類球鏡, 能斂聚物象, 後鏡形中窪類釜鏡, 能廣散物象, 層層轉取, 照遠使近, 可以窺天象, 且能攝數十里外物也, 凡鏡以窪者近目, 能拓影之小爲大, 以中高者近目, 能收影之大爲小."

88) 최한기, 같은 글, 같은 곳. "鏡止於兩, 筒不止於兩筒."

89) 李裕元,〈千里鏡〉, 앞의 책, 630면. "遠鏡之照, 雖及千里, 猶不足輕重, 況不及百里十里者乎! 千里鏡之理, 實爲難解也."

90)《承政院日記》영조 28년(1752) 4월 4일(17/17). "上曰: '注書出去, 招致御營廳書吏, 詳問千里

鏡買置與否以來, 可也.' 臣興宗承命出來, 招問後進伏曰: '千里鏡方欲買取, 已覓置於本營將校家, 故使之持來事, 分付云矣.' 上曰: '此是軍門之所不可無者, 故予曾已言于御將, 使之買置軍門, 果已覓得矣.'"

91)《承政院日記》영조 28년(1752) 4월 5일(14/15) "此是軍門所不可無者也. 能探敵陣動靜者, 莫如此矣. 予當於彰義宮, 持此而試之, 則龍山祈晴祭所油遮日, 歷歷見之. 又於闕內, 持此而試之, 則泮中明倫堂三字, 亦宛然見之矣."

92)《承政院日記》영조 28년(1752) 4월 5일(14/15).

93)《承政院日記》인조 9년(1631) 7월 13일(3/11).

3장 유리거울에 비추어 본 조선

1)《世祖實錄》6년(1460) 8월 1일.

2)《燕山君日記》10년(1504) 1월 14일(4).

3)《燕山君日記》10년(1504) 5월 14일(3).

4)《睿宗實錄》1년(1469) 1월 22일(2).

5)《燕山君日記》11년(1505) 1월 19일(2). "興淸預選人梳粧, 不宜草草. 軍士亦各自備軍裝. 此輩粧具, 亦當督責多備. 且各持鏡以入. 其所塗粉, 必未易備, 可令多數貿給."

6)《燕山君日記》11년(1505) 1월 28일(1).

7)《燕山君日記》11년(1505) 7월 18일(3).

8)《太宗實錄》7년(1407) 9월 5일(2).

9)《世宗實錄》1년(1419) 12월 7일(4).

10)《文宗實錄》즉위년(1450) 3월 3일(9).

11)《燕山君日記》9년(1503) 4월 29일(1).

12) 李瀷,〈城隍廟〉, 앞의 책, 117면. "國俗喜事鬼. 或作花竿, 亂掛紙錢, 村村巫恒謂之城隍神, 以爲惑民賭財之計. …… 且村巫崇奉萬明神, 民有疾厄輒禱之. 或謂萬明即新羅金庾信之母野合而奔舒玄者也. 奉之者, 必畜大鏡, 鏡必穹面, 是或羅俗然耳."

13) 洪萬選,〈入山辟妖魅方〉,《山林經濟》卷4. "入山則山精老魅, 或作人形, 當懸明鏡九寸於背後. 其形在鏡中, 則不能變, 消亡退步.《叢書》"

14)《世祖實錄》13년(1467) 10월 4일(5).

15) 《成宗實錄》 4년(1473) 8월 9일(2).

16) 社史편찬위원회, 《한국유리 25년사》, 한국유리공업주식회사, 1983, 37~44면. 그 전통은 비잔틴 제국에까지 이어졌다.

17) 사빈 멜쉬오르 보네, 윤진 옮김, 《거울의 역사》, 에코리브르, 2001, 25면.

18) 社史편찬위원회, 앞의 책, 42면.

19) 社史편찬위원회, 같은 책, 51면. 핸드 블로잉 방식은 《거울의 역사》 26면에도 나와 있다.

20) 社史편찬위원회, 같은 책, 51~52면. 이 책은 핸드 실린더 방식이 18세기경 독일에서 개발되었다고 하지만, 《거울의 역사》는 베네치아에서 17세기 중반에 사용되고 있었다고 말한다. 《거울의 역사》 쪽이 맞을 것이다. 《거울의 역사》 26~27면에는 핸드 실린더 방식이 요약되어 있다.

21) 《한국유리 25년사》에 의하면, 핸드 실린더 방식은 냉각과 재가열의 반복 작업으로 인해 유리의 표면이 고르지 못하고 두께의 차이도 심하였다고 한다. 베네치아는 이 부분을 세련된 기술로 극복했을 것이다. 20세기 이후 머신 실린더 방식(Machine Cylinder Method), 푸르코 방식(Fourcault Method), 콜번 방식(Colburn Method), 피츠버그 방식(Pittsburgh Method), 플로트 방식(Float Method) 등 새로운 유리 제작법이 나왔다. 이것은 20세기 이후의 방법이기에 이 글에서 굳이 언급할 필요가 없을 것이다.

22) 보네, 앞의 책, 33면.

23) 보네, 같은 책, 80~81면. 이것은 1746년 플리슈라는 사제가 《자연의 정경(Spectacle de nature)》이란 책에서 밝힌 것이다. 프랑스 왕립 거울제조소의 제작법이라고 하지만, 베네치아의 방법도 이와 동일하였던 것으로 보인다.

24) 社史편찬위원회, 앞의 책, 49면.

25) 보네, 앞의 책, 33면.

26) 보네, 같은 책, 35면.

27) 프랑스의 거울 제조의 역사는 《거울의 역사》 44~74면을 요약한 것이다.

28) 보네, 같은 책, 68면. 물론 이 방법의 최초 고안자가 페로는 아니다. 4세기 초엽 로마인 제롬(Jerome)은 묽게 녹은 유리를 크고 평평한 돌 위에 흘려 창유리를 만드는 법에 대해 말하고 있다. 이 방법으로 핸드 블로잉 방식으로는 만들 수 없는 판유리가 제조될 수 있었다. 하지만 투명도가 높지 않고 쉽게 파손되어 큰 유리를 만들 수는 없었다. 《한국유리 25년사》, 49면.

29) 社史편찬위원회, 앞의 책, 50면. 보네, 앞의 책, 71면.

30) 보네, 같은 책, 76면.

31) 보네, 같은 책, 77면.

32) 보네, 같은 책, 78~80면.

33) 보네, 같은 책, 81면.

34) 보네, 같은 책, 83면.

35) 보네, 같은 책, 107면.

36) 申暻, 〈贈新婦權氏〉, 《汾厓遺稿》: 《韓國文集叢刊》129, 453면. "一片青銅鏡, 持來燕市中. 文科五子慶, 遺爾振家風."

37) 洪大容, 〈藩夷殊俗〉, 《燕記》, 《湛軒書》: 《韓國文集叢刊》a248, 263면. "大鼻獷子者, 卽鄂羅斯, 蒙古之別種. 以其人皆鼻大凶猂, 我國號之以此. 國在沙漠外絶域, 地出鼠皮及石鏡, 我國所貿于燕市者是也.", "年前有譯官, 要買鼠皮, 至其舘."

38) 《聖祖仁皇帝聖訓》卷5. '壬戌' "康熙四十四年乙酉十一月壬申, 大學士等以鄂羅斯貿易來使齎至原文及譯出之文進呈."

39) 홍대용, 《을병연행록》1, 413면. 그런데 후술하겠지만 홍대용이 이 말을 옮기고 있는 1766년 1월 '석경'은 북경 유리창 거울 가게에서 팔리고 있었다. 그렇다면 이 역관의 말을 어떻게 이해해야 할 것인가? 홍대용은 《연기》의 〈번이수속(藩夷殊俗)〉에서 똑같은 말을 옮기면서 역관이 '석경(石鏡)'이 아니라 '서피(鼠皮)'를 사려고 찾아갔던 것으로 말하고 있기 때문이다. 앞의 책, 263면. "年前有譯官, 要買鼠皮, 至其舘."

40) 洪大容, 〈琉璃廠〉, 《燕記》, 같은 책, 294면. "其鑑舖始入門, 無不驚疑失色者. 其有提紐者周懸于壁, 有臺架者陳于壁下. 大者數三尺, 小者四五寸. 入其中, 若有千百分身, 從壁牖而窺望, 怳怳惚惚, 良久不能定也."

41) 프랑스의 유리 제작 기술 역시 18세기 초부터 같은 세기 중엽이면 영국, 브란덴부르크, 삭스 등으로 유출되었다. 《거울의 역사》, 76면. 영국에서는 13세기 초 여러 지역에서 유리가 제조되었고, 300년 후 16세기 중반 연(鉛)크리스털 유리를 처음으로 제작하여 베네치아의 크리스털 유리를 능가했다. 《한국유리 25년사》, 43면.

42) 李德懋, 〈入燕記〉, 《靑莊館全書》: 《韓國文集叢刊》a259, 226면. "鄂羅斯, 黑龍江北蒙古之種, 最爲傑黠. 今則留質, 設穹廬而處. 石鏡迺其土産也."

43) 徐有聞, 《戊午燕行錄》2권 무오년(1798, 정조 22) 12월[7일~22일] 22일.

44) 서유문, 같은 책, 제5권 기미년(1799, 정조 23) 2월[1일~6일] 6일.

45) 《往還日記》무자년(1828, 순조 28) 6월 25일(계사).

46) 洪良浩, '交市雜錄' 〈北塞記畧〉, 《耳溪集》: 《韓國文集叢刊》a242, 359c면. "每歲十一二月, 與淸人交市, 初設於會寧, 謂之單市, 間年並設於慶源, 謂之雙市, 南北關列邑, 皆以牛氂鹽海蔘等物入市, 淸差領商胡而來, 以鹿皮靑布二物交換, 北評事爲監市御史, 以守令定差員, 設宴享雞猪魚果, 列邑供之, 瀋陽, 烏喇, 寧古塔, 鄒城, 後春商胡, 持獐馬來, 多至千餘匹, 我人以牛易之, 駿者或以五六頭換一匹, 物産, 惟以羊, 貂, 鼠皮, 靑鼠尾, 黃獷尾, 毛緞, 石鏡, 剪刀, 針等物, 爲貨, 市鹽, 米, 牛則

或還賣於後春, 換銀而去, 蓋後春產銀, 色品勝端川云."

47) 李瀷, 〈生財〉, 앞의 책, 277면. "南與倭人互市. 國有公貿, 私有私易. 公貿此以米布, 彼以銅鑞. 私易此以人蔘·絲綿, 彼以銀錠·刀·鏡, 若巧器奇物. …… 有蠶功而絲錦必轉取上國, 有鑄鑞而鏡· 刀不及倭智, 爲天下之賤工而已."

48) 正祖, 〈日得錄〉7(政事), 《弘齋全書》: 《韓國文集叢刊》a267, 280면. "我國財力之困, 專由事大 交隣二事. 然事大則自羅麗以來所行之事. 且大國之接待與賞賜於使行者甚優, 計其所費, 直相當. 而至於日本, 則公然坐饋, 嶺南半道財物, 盡入倭納. 其所得者, 不過鏡片屛帖無用之物. 事之無實, 莫加於此. 思之不勝絶痛."

49) 〈家庭聞見錄[李升鎭]〉, 《艮翁集》: 《韓國文集叢刊》a234, 503면. "不肯嘗買一石鏡觀之, 不滿 棨子大, 府君見之日兒輩侈靡之心, 將自此鏡而啓矣, 不肯懼然, 遂屛棄之, 不敢復畜."

50) 丁若鏞, 《經世遺表》, 《與猶堂全書》: 《韓國文集叢刊》a285, 128면. "鄂羅之鏡, 闐賓之氈, 名香 寶珠, 釵釧環珮, 文錦異綺, 束之爲幣, 往至本縣."

51) 李德懋, 〈素玩亭, 冬夜小集〉, 《靑莊館全書》: 《韓國文集叢刊》a257, 178면. "西洋鏡白眸開眩, 南國鍋紅胃鎭饞."

52) 李德懋, 〈士典〉1, 《士小節》上, 같은 책, 474면. "君子之覽鏡, 整衣冠尊瞻視, 非事妖冶也. 或 有鏡, 不離手, 刷剔眉鬚, 日事媚嫵, 此妾婦之行也."

53) 이덕무, 같은 글, 같은 곳, "近來石鏡盛行, 銅鏡罕有."

54) 이것은 민족문화추진회 옮김, 《신증동국여지승람》3, 〈한성부〉 편의 부록으로 실린 《東國 興地備攷》에서 가져온 것이다. 《東國興地備攷》는 1865년 이후의 저술이다. 문제는 《東國興地 備攷》는 서울특별시사편찬위원회에서 1959년 표점하여 간행한 적이 있는데, 거기에는 괄호 속의 말이 없고, 단지 "石鏡房, 在各處."(69면)라고만 되어 있다. 국역본 《신증동국여지승람》에 서도 《東國興地備攷》를 참고삼아 수록한다고 하면서도 어떤 필사본인지를 밝히지 않고 있다.

55) 車相瓚, 〈體鏡과 福德房〉, 《別乾坤》64, 1933 6월 1일.

56) 黃胤錫, 《頤齋亂藁》1, 韓國精神文化硏究院, 1994, 345면. 1764년 5월 15일.

57) 황윤석, 같은 책, 462면. 1765년 3월 25일.

58) 黃胤錫, 《頤齋亂藁》4, 韓國精神文化硏究院, 1998, 538면. 1778년 2월 26일.

59) 黃胤錫, 《頤齋亂藁》5, 韓國精神文化硏究院, 1999, 614면. 1778년 6월 13일.

60) 朴趾源, 〈渡江錄〉, 《熱河日記》, 《燕巖集》: 《韓國文集叢刊》a252, 146면. "鞍掛雙囊, 左硯右鏡, 筆二墨一, 小空冊四卷, 程里錄一軸. 行裝至輕, 搜檢雖嚴, 可以無虞矣."

61) 申緯, 〈余近年, 收得羅鈿餙有柄圓石鏡, 似是閨閣中物色, 戱爲一絶〉, 《警修堂全藁》: 《韓國文 集叢刊》a291, 532b면. "白髮難欺誰似汝, 紅粧相見我憐卿. 一般明鏡何恩怨, 豔婦衰翁各自情." 祝 聖五藁 丁酉正月, 至七月.

62) "'윤두서 자화상' 아직 비밀은 남았다", 〈한겨레신문〉, 2014년 12월 21일. 2014년 국립광주박물관, 공재 윤두서 서거 300주년 기념 학술 심포지엄.

63) 趙善美, 《韓國肖像畵硏究》, 悅話堂, 1983, 328면. "此像鼻梁略, 而眼全不似, 兩眼及口脣無喜, 白睛無妙理, 黑睛無精氣. 兩眉間紋理太過, 顔色下紋理亦不好."

64) 《豹菴 姜世晃》, 예술의전당 서울서예박물관, 2003. 12. 27.~2004. 2. 2. 한국서예사특별전 도록, 22~23면, 26면, 27면에 강세황의 자화상 세 점이 실려 있다.

65) 《承政院日記》 고종 21년(1884) 6월 17일(22/23). "且目今各國通商販賣者, 不過手奇技淫巧易壞之物也. 大抵交易之法, 有無相遷, 利用厚生, 而彼各國之衒能而綱[網]利者, 乃時標, 自鳴鍾及琉璃等物也.

66) 같은 글, "琉璃等物, 與銅鐵不同, 隨手破碎, 無復形殼, 徒爲一時之玩好 而易致喪志者. 請一切禁貿, 而外他不利於民者, 竝皆勿許入市, 以爲崇儉節用之本, 實萬億年無彊之休也."

67) 《訓令照會存案》 奎19143 第58冊 宮內府 內藏院 編, 1904년 12월 24일의 문서에 의함.

68) 〈황성신문〉, 1901년 9월 26일자, "織花床布, 西洋琴, 曲木 · 椅子及各樣椅子, 各樣煖爐, 各樣燈, 沐浴桶, 篋箱及各樣高足床, 各樣體鏡, 各種呂宋烟, 新鮮ᄒ 自行車 二坐. 寫眞機及留聲機與樂筒空冊等物."

69) 〈황성신문〉, 1903년 3월 30일자, "一, 皮製牛緞製手帒各色. 一, 洋傘·面鏡. 一, 花露水飛陋. 一, 錢囊·名紙匣. 一, 旅行所用別本皮匣類. 一, 懷中風琴. 一, 寫身板各色. 一, 金銀眼並無邊眼鏡·千里鏡. 一, 洋服所用品. 一, 理髮所用諸品. 一, 軍隊所用品. 一, 學校所用品. 一, 別本牛堤金庫. 其他 泰西諸雜貨를 今番에 多數輸來ᄒ엿ᄉᆞᆸᄂᆞᆫ듸, 物品이 盡善ᄒ올 쑌더러 價額은 呼不二價ᄒᆞ와 童叟도 無欺오니, 四方僉君子난 此照亮ᄒ심을 望ᄒᆞ나이다."

70) 이에 대해서는 《한국유리 25년사》, 69~71면을 볼 것.

71) 유병하, 〈신라 무덤에 부장된 서역의 유리 그릇〉, 《유리, 삼천 년의 이야기(지중해·서아시아의 고대 유리)》, 국립중앙박물관, 2012, 242~243면.

72) 유병하, 같은 글, 같은 책, 244~246면 참조.

73) 姜世晃, 〈眼鏡〉, 《豹菴稿》: 《韓國文集叢刊》 80, 396면. "我國未解作琉璃之法. 中國人亦學於西洋人, 今則甚賤. 而我東尙無學其造法者. 大抵以藥汁鎔造, 似不甚難也, 而未能學者, 何也?"

74) 社史편찬위원회, 앞의 책, 43~44면.

75) 李圭景, 〈琉璃辨證說〉, 《五洲衍文長箋散稿》 上, 明文堂, 1982, 750면. "琉璃, 古無所見."

76) 명나라 매응조(梅膺祚)가 편찬한 자서(字書)다. 물론 이규경은 《자휘》를 직접 본 것이 아니고 《화한삼재도회》에서 인용하고 있을 뿐이다.

77) 석즙(石汁)은 석회석으로, 석회석은 탄산소다 유리를 만드는 데 필요한 탄산칼슘으로 되어 있다.

78) 데라시마 료안, 앞의 책, 653면. "字彙云: '琉璃似玉, 有十種.'"

79) 데라시마 료안, 같은 책, 같은 곳. "月氏人商販至京, 蓋此硝子造法之始."

80) 《前漢書》卷96上, 〈西域傳〉第66上. "師古曰: '魏略云, 大秦國出赤·白·黑·黃·靑·綠·縹·紺·紅·紫十種流離. 孟言靑色, 不博通也. 此蓋自然之物, 采澤光潤踰於衆玉. 其色不恒. <u>今俗所用, 皆銷冶石汁, 加以衆藥灌而爲之.</u> 尤虛脆不貞, 實非眞物.'" 밑줄 친 부분이 이규경이 인용하고 있는 부분이다.

81) 이규경, 앞의 글, 같은 곳. "按類書. 魏太武時, 大月支國人商販至京師, 自云能鑄琉璃. 旣成, 光澤美於西來者. 乃詔爲行殿, 容百餘人, 光色映徹. 見者震駭以爲神明. 自此中國琉璃遂賤, 人不復珍之."

82) 宋, 祝穆, 〈作琉璃殿〉, 《古今事文類聚》續集 卷26. "大秦國出赤·白·黑·黃·靑·綠·紺·縹·紅·紫十種琉璃."

83) 李時珍, 〈玻瓈〉, 《本草綱目》卷8, 金石之一, "玻瓈, 西國之寶也. 玉石之類. 生土中."

84) 이규경, 앞의 글, 751면. "先以自然灰煮令軟之. 雕刻則容刀. 灰生南海, 狀如黃土, 可浣衣. 玉石以此灰霾之, 爛如泥." 밑줄 친 '容' 자는 '用' 자의 오자다.

85) 다만 어디서 인용했는지는 찾지 못했다.

86) 이규경, 앞의 글, 같은 곳. "復按和漢三才圖會. 玻瓈未曾見之, 疑南番硝子. 硝子本出於南蠻, 而日本肥州·長崎人傳習之. 攝州·大坂亦多作之. 工人之鍊磨也, 白色而加藥末, 成酒色·紫碧細色. 但正赤者不能耳[丹朱入火大變色也]. 爲眼鏡不劣於水精. 又能取陽火. 阿蘭佗硝子, 名靑版. 蓋彼國硝子, 與倭硝子合鎔, 以製鏡與眼鏡及諸器, 甚堅而不可解云. 硝子卽琉璃之別稱, 而其製法則同也. 圖會又云. 今人未見眞琉璃·眞玻瓈二石, 多硝子以贋者. 中華亦然. 格古論. 石琉璃出高麗, 刀括不動, 色白, 厚半寸許. 可點燈, 明於牛角."

87) 료안, 앞의 책, 652면.

88) 료안, 같은 책, 653면.

89) 료안, 같은 책, 같은 곳.

90) 이규경, 앞의 글, 같은 곳. "似指水晶石·水璃瑚玉石之類而言者也. 古所稱琉璃, 卽石也. 今之琉璃, 卽燔造而外番硝子也."

91) 이규경, 같은 글, 같은 곳. "史注: '顏師古云, 有自然琉璃石.' 北史言: '月支在京師, 鑄石爲五色琉璃.' 玄中記: '秦有五色頗黎. 三保大監曾攜西洋燒玻瓈人來.' 職方外紀: '勿搦祭亞國玻瓈極佳也哉!'" 안사고(顏師古) 운운하는 부분을 특정하지 못하고 《史》注'라고 하는 것 자체가 이미 원래의 텍스트를 찾지 못했다는 의미다. 《물리소지》권7의 〈파려유리〉의 해당 부분은 다음과 같다. '顏師古云: '有自然琉璃石.' 北史言: '月氏在京師, 鑄石為五色琉璃.' 玄中記: '秦有五色頗黎, 三保大監曾攜西洋燒玻瓈人來.' 外紀曰: '勿搦祭亞國玻瓈極佳.'" 이규경이 《물리소지》를 옮기면서 《외기(外紀)》를 《직방외기(職方外紀)》로 옮기고 있음을 알 수 있을 것이다.

92) 이규경, 같은 글, 같은 곳. "大抵眞琉璃, 已不可得也. 今則以阿蘭佗·鄂羅斯所製爲最. 其次中原, 其次日本, 而我東則終不能學者. 雖製出, 賤難售故也."

93) 이규경, 같은 글, 같은 곳. "《物理小識》. 琉璃窰, 北京燒琉璃磚瓦在陽德門·登豐門. 用坩子土·馬牙石, 入黑鉛燒成. 南京報恩寺琉璃塔, 中具五色, 則方山岡琉璃門昵土所作也. 今山東益都顏神鎭燒琉璃. 采諸石, 以礁化之. 礁卽臭煤也. 慢礁三日不熄, 緊礁五日不熄. 煮石爲漿, 重濾而凝, 卽玻璃. 西玻璃鏡, 近亦取此[方中通曰, 訊薛儀甫果然, 往日所燒有泡星, 以不知重濾故也]. 以此考之, 煉琉璃竝用土石也."

94) 宋應成, 〈琉璃〉, 《天工開物》卷18. "于是燒瓴甋, 轉銹成黃綠色, 曰琉璃瓦. 煎化羊角爲盛油與籠燭者, 爲琉璃碗. 合和(化)硝·鉛, 瀉(寫)珠銅線穿合者, 爲琉璃燈. 捏片爲琉璃瓶袋(硝用煎鍊上結馬牙者). 各色顏料汁, 任從點染." 이 부분의 번역은 이규경, 최주 주역, 《오주서종박물고변》, 학연문화사, 2008, 118면을 참고하여 고쳤다.

95) 李圭景, 〈琉璃類〉, 《五洲書種博物考辨》, "制琉璃法. 用白石有光晶瑩者, 細末, 仝黑鉛馬牙硝, 煉之則成."

96) 최주 주역, 《오주서종박물고변》, 119면, 주석 4번을 보라.

97) '초석을 달여서 졸인 것 위에 엉긴 마아'란 부분에 대해 최주 선생은 다음과 같이 말하고 있다. "마아초는 다음과 같이 만든다. 땅이나 담을 긁어 쓸어 모아서 나온 조잡한 초석을 항아리에 넣어 하룻밤 물에 담가둔다. 그다음 물 위에 뜬 찌꺼기를 건져내고, 다시 가마에 넣어 물을 부어 달여서 물이 마르면 그 나머지를 그릇에 흘려 넣고 하룻밤이 지나면 초석의 결정이 석출된다. 그 가운데 위에 뜨며, 끝이 긴 것을 마아초(馬牙硝)라 부른다. 마아초·박초는 결정수를 가진 황산나트륨(Na₂SO₄·10H₂O)이다." 최주, 118면, 주석 3번. 이것은 《천공개물》의 〈초석〉 (최주 옮김, 전통문화사, 1997, 255~356면)에서 인용한 것이다. 이상국 교수에 의하면, 이 과정이 초석 성분이 포함된 흙(광물)을 물에 녹여 물에 잘 녹은 초석과 녹지 않는 불순물을 걸러내는 작업이며, 이 과정을 여러 번 반복하면 더욱 순수한 초석을 얻을 수 있고, 또 용액을 가열해 물을 증발시키면 더욱 순수한 결정 형태의 초석, 곧 질산칼륨(KNO₃)을 얻을 수 있다고 한다. 여기에는 황산(S)이 포함되면 안 되므로 최주 선생이 마아초를 황산나트륨이라고 한 것은 오류라고 한다.

98) 方以智, 〈琉璃窰〉, 《物理小識》卷8. "琉璃窰. 北京燒琉璃磚瓦, 在陽德門·登豐門. 用坩子土, 馬牙石入黑鉛燒成. 劉晴川魁, 嘉靖建雷殿時, 曾以此事費用入諫. 南京報恩寺琉璃塔, 中具五色, 則方山岡琉璃門昵土所作也." 밑줄을 친 부분이 생략되었다.

99) 李圭景, 〈華東瓦類辨證說〉, 《五洲衍文長箋散稿》下, 358면. "昵土, 亦曰墙土也."

100) 李圭景, 〈琉璃辨證說〉, 앞의 책, 같은 곳. "坩子土似白墻土也. 馬牙石乃馬牙硝也."

101) 이규경, 같은 글, 같은 곳. "其多忌諱者及禁人不得出入云者, 恐我人入去, 似祕諱而然也."

102) 李圭景, 〈琉璃類〉, 《五洲書種博物考辨》, 1127면. "[傳疑] 嶺南人傳中國漂人所傳制琉璃, 用白石碎爲末, 同白鑞三分之一, 同煉則成云. 而無硝仝煉之語, 可疑也. 趙秋齋秀三, 嘗傳豹菴姜公尙書世晃, 以爲中原琉璃, 以沙石煎煉, 而我國京師終南山, 或有此沙云. 未知沙是何沙. 意者, 澗堅中

近水傍晶瑩有稜角之沙也. 然中華·倭奴之法, 用白石, 則豹菴所傳用沙者是可疑也. 或云: ‘我東驛卒每入燕京, 必多捕蟷螂虫而去, 亦他貨以來.’云. 或言此虫同煉琉璃, 則璃汁淸瑩, 故用之. 購諸我人云. 未知信然否. 是亦可疑者也.”

103) 이규경, 같은 글, 같은 책, 1129면. “[雜攷] 製琉璃法, 詳見淸朱彛尊竹坨日下舊聞中取攷.”

104) 李圭景, 〈硝子類〉, 같은 책, 1129면. “[制硝子法] 一名玻璃. 制法. 用肌濃白石細末, 生鹽硝, 微火炒去鹽氣, 居壺於竈內, 投鉛於壺, 加硫黃, 以炭火鎔之, 俟鉛消化, 投石末·硝末煉之, 則如膠糖. 以二尺許細銅筒, 粘其端, 稍溫, 吹之成形, 圓團·扁瓠之諸品, 皆隨氣延縮. 工人之鍊磨也.”

105) 李圭景, 〈琉璃辨證說〉, 앞의 책, 같은 곳. “自燕京琉璃廠所製出來者, 其薄如紙, 漸不如古, 未知何故也.”

106) 이규경, 같은 글, 같은 곳. “按予兒時, 所見中原琉璃片者, 厚幾布帛尺一寸, 中年所見者, 僅五六分許. 今之所見者, 薄如草葉者, 從倭出來, 非中原所出云.”

107) 〈燕貨禁條物名別單〉, 헌종 4년(1838) 8월 22일, 《備邊司謄錄》23, 國史編纂委員會, 1959, 21~22면.

108) 李圭景, 〈琉璃類〉, 《五洲書種博物考辨》, 1126면. “[制各樣眼鏡法] 凡眼鏡有遠近壯老大小之別, 制範鑄成, 見眼鏡類下. [制各品鏡法] 凡鏡有諸品, 制範鑄出, 見鏡類下.”

109) 李圭景, 〈眼鏡類〉, 같은 책, 1143면. “以靑石作範, 造成而如無潤光, 塗桑灰水, 炙于火上, 取潤.”

110) 李圭景, 〈石鏡類〉, 같은 책, 1139면. “[鏡有大小範法] 欲鑄大小鏡, 造範或方或圓, 鎔琉璃注窪範中制出.”

111) 李圭景, 〈琉璃類〉, 같은 책, 1128면. “[雜攷] 中原琉璃煉成, 後注瀉各範爲諸物, 而未造範用何物. 土範則滯澁難生滋潤, 木範則璃汁如火卽燒. 惟金範不燒不澁, 可用而亦難生潤光. 意者, 璃汁如糖, 非如淸水, 則注瀉範中, 滯凝不均.”

112) 李圭景, 〈石鏡類〉, 같은 책, 1139~1140면. “[鏡底鍍汞法] 取琉璃片, 以南草灰淨洗去油氣, 取白錫片打成錫箔, 與欲鍍琉璃長廣相合, 置錫箔片于正平木片上, 灌生水銀小許于錫箔上, 以細竹片輕輕摩擦, 使汞均鍍箔上, 後以唐紙(俗稱毛土紙), 置其上, 以水細片裹綿微微摩擦唐紙上, 則水銀片片出于紙之四方(掃取更用), 以琉璃片置唐紙上, 輕按后, 輕輕揭起, 唐紙拔出, 則璃片付于箔上, 微按璃片, 無斑駁, 後輕翻木片, 揭起, 則箔付璃上, 仍去目片, 取先用唐紙, 儳璃背裝入鏡匣.”

113) 李圭景, 〈琉璃類〉, 같은 책, 1125면. “[軟琉璃法] 先以自然灰煮令軟之, 彫刻則用刀. 灰生南海. 狀如黃玉, 可浣衣. 玉石, 以此灰霾之, 爛如泥.”

114) 方以智, 《通雅》卷48. 〈金石〉. “陳藏器曰: 自然灰生南海畔, 如黃土, 灰可澣衣. 玉石·瑪瑙之類, 以此灰埋之, 卽爽, 易雕刻. 今益都礁煮石爲琉璃詳小識.”

115) 段成式, 《酉陽雜俎》卷11. “琉璃·馬腦, 先以自然灰煮之令軟, 可以雕刻. 自然灰生南海.”

116) 李圭景, 〈琉璃類〉, 앞의 책, 1127면. “[洗琉璃器油膩法] 用醬湯洗璃器. 油膩自去, 不可水洗,

見水則不圓, 久而卽壞."

117) 方以智,《物理小識》卷8."洗琉璃. 琉璃用醬湯洗, 油自去. 不可水洗. 見水則不圓, 久之卽壞."

118) 이규경, 앞의 글, 같은 책, 1126면."[裁割琉璃作片法] 先以釘入火, 微紅後, 取琉璃以利刃劃作一線, 卽以火釘輕按劃線, 上頭中身下頭."

119) 이규경, 같은 글, 같은 책, 1126~1127면."[琉璃上作畫法] 琉璃之質本膩滑, 故欲作畫, 先以薑片磨擦璃上, 皂角煎水, 和膠調彩, 畫之, 無濡澁水陰之患."

120) 李圭景,〈琉璃辨證說〉, 앞의 책, 751면."我東今能傅承鏡背, 割截琉片, 然其製法未能也"

121) 번옥(燔玉)은 인공 옥이다. 북경에서 수입했다.《오주서종박물고변》권1의〈옥(玉)〉에서 돌가루를 구워서 번옥을 만드는 법을 소개하고 있다. 최주 주역,《오주서종박물고변》, 109면을 보라.

122) 가박(假珀)은 인공 호박이다. 북경에서 수입했다.《오주서종박물고변》권2의〈호박(琥珀)〉에서 인공 호박을 만드는 법, 그리고 그것을 불려서 물건을 만드는 법 등을 소개하고 있다. 최주 주역, 같은 책, 126~128면을 보라.

123) 李圭景,〈琉璃類〉,《五洲書種博物考辨》, 1228면."見今自燕出來燔玉·假珀, 東工更入火溶之, 凝如膠糖, 以鐵鋏團造指環佩物, 滯澁無光, 更塗猛灰水, 入火待赤取出, 始生滋潤, 璃片亦用此法, 生光否也."

124) 서유구는《임원경제지》에서 유리 만드는 법을 열거하고 있다. 이것은 이규경의《오주서종박물고변》의 내용과 동일하다. 그런데《임원경제지》의 인용 서목에《오주서종박물고변》이 있으니, 서유구는 이규경의《오주서종박물고변》을 보았던 것 같다. 다만 서유구가 유리 제조법을 구체적으로 알았을 것으로 보이지는 않는다.《임원경제지》란 책이 원래 정보의 수집과 분류에 치중하고 있으니, 거기에 실린 정보가 실현된 것이라고는 볼 수 없다.

4장 자명종이 맞닥뜨린 조선의 시간

1) 카를로 M. 치폴라, 최파일 옮김,《시계와 문명》, 미지북스, 2013, 56~58면.

2) 치폴라, 같은 책, 65~66면.

3) 치폴라, 같은 책, 74~78면.

4) 미하일 일리인, 심성보 옮김,《책 시계 등불의 역사》, 연구사, 1989, 170면.

5) 치폴라, 앞의 책, 77면.

6) 치폴라, 같은 책, 76면.

7) 치폴라, 같은 책, 87면.

8) 치폴라, 같은 책, 87~88면.

9) 치폴라, 같은 책, 90면.

10) 치폴라, 같은 책, 95면.

11) 이노우에 기요시, 서동만 옮김,《일본의 역사》, 이론과실천, 1989, 142~143면.

12) 치폴라, 앞의 책, 135면.

13) 기요시, 앞의 책, 170~171면.

14) 기요시, 같은 책, 122면.

15) 마테오 리치, 신진호·전미경 옮김,《마테오 리치의 중국 선교사》1, 지식을만드는지식, 2013, 199면.

16) 리치, 같은 책, 208면.

17) 리치, 같은 책, 244~245면.

18) 리치, 같은 책, 278면.

19) 리치, 같은 책, 450~451면.

20) 리치, 같은 책, 471면.

21) 리치, 같은 책, 576면.

22) 리치, 같은 책, 612면.

23) 리치, 같은 책, 568면.

24) 리치, 같은 책, 602~609면.

25) 리치, 같은 책, 631면.

26) 치폴라, 앞의 책, 129면.

27) 치폴라, 같은 책, 137면.

28) 치폴라, 같은 책, 같은 곳.

29) 치폴라, 같은 책, 144면.

30) 李睟光,《芝峯類說》卷19. "續耳譚曰: '大西洋國人利瑪竇者, 泛海八年, 始抵東奧, 多挾異寶. 其最奇者, 有自鳴鍾, 按時有聲, 漏刻毫不爽. 有玻瓈石, 一照眼前, 枯木頹桓, 皆現五色光云.' 按大西洋, 卽歐羅巴也. 自鳴鍾, 聞日本亦有之, 名曰時鍾. 玻瓈石, 近歲我國人被倭擄, 轉入南蕃, 得一寶石以來, 色靑黑, 長纔數寸, 以眼照見則天地世界, 皆成五色, 不可名狀. 蓋此物也."

31) 유변(劉汴)은 명나라 사람으로 경양인(涇陽人)이고 어사(御史)를 지냈다. 이외에 유변에 대

한 인물 정보는 전혀 알려져 있지 않다. 《속이담》은 이수광이 1597년 진위사로 북경에 파견되었을 때 구입해온 책이다. 현재 이 책은 국내에서 찾아볼 수 없고, 또 이수광 외에는 본 기록이 없다.

32) 치폴라, 앞의 책, 132면.

33) 《宣祖實錄》 21년(1588) 11월 17일(4).

34) 치폴라, 앞의 책, 135면.

35) 《潛谷先生筆譚》(규장각 소장). "西洋國人造自鳴鐘, 鄭知事斗源赴京時, 得地而來, 不知其運用之妙, 人皆笑之. 丙子歲, 余亦朝天, 取其鍾見之, 其機轉自擊, 則甚妙, 而不知時刻之相合也. 密陽有巧匠劉興發者, 得日本所賣之鍾, 窮思自得運用之妙, 發機回轉, 十二時皆令自擊. 子午時九擊, 丑未八, 寅申七, 癸卯六, 辰戌五, 己亥四, 每時正中, 則只一擊. 外有輪圖, 却十二時, 日月回轉於其中, 盈虧遲疾, 少不差, 尤極奇異."

36) 李頤命, 〈漫錄〉, 《疎齋集》: 《韓國文集叢刊》 a172, 309면. 金鑢, 〈李安民傳〉, 《薄庭遺藁》: 《韓國文集叢刊》 a289, 526~527면도 이민철에 대한 자세한 전기다. 안민(安民)은 이민철의 자(字)다.

37) 《肅宗實錄》 5년(1679) 1월 3일(1), 3월 3일(1).

38) 이이명, 앞의 글, 같은 곳. "余庶叔敏哲氏, 自幼有巧思, 自鳴鐘, 初來我國, 萊人學其轉軸之法於倭人, 傳之于京, 不能詳, 雖有其器, 不知所用, 先王考亦得一鐘而置之, 叔乃於靜處, 默看其機軸, 盡拔釘各解而置, 見者駭之, 卽依舊合成, 自是始覺其法云, 時年僅十餘歲."

39) 金鑢, 〈李安民傳〉, 《薄庭遺藁》: 《韓國文集叢刊》 a289, 526면. "李敏哲者, 丞相文貞公敬興之子, 字安民, 一字英中, 敏哲母微, 敏哲幼有巧思, 初萊人獻自鳴鍾于文貞, 文貞常置之几案, 敏哲年九歲, 就靜處, 拔其釘, 觀其機運, 復合而成之, 削竹釘用油牋, 依其法製之不差, 敏哲由是硏竆陰陽, 精於璣衡律呂之學, 一切天文歷數九宮卦候, 靡不精通, 敏哲性湛靜, 不喜交接俗人."

40) 《肅宗實錄》 41년(1715) 4월 18일.

41) 《承政院日記》 헌종 9년(1843) 10월 11일(12/16). 관상감에서 감생(監生) 김호(金鎬)·홍의령(洪宜寧)·이희수(李喜修)가 새로 좋은 품질의 자명종·윤도·일영 등을 구입해와서 관상감에 바쳐 이번 인산(因山) 때 쓸 것인데, 모두 그 수고에 보답하는 상을 주어야 한다고 건의하여 허락을 받았다. 《승정원일기》 헌종 12년(1846) 4월 6일(13/17) 기사에도 관상감의 감생이 자명종과 윤도를 바쳐 이번 산릉(山陵)의 금정(金井)을 열 때 사용할 것이라면서 상을 줄 것은 요청해 허락을 받았다. 이런 기사는 《승정원일기》 철종 즉위년(1849) 7월 13일(26/32), 《승정원일기》 고종 원년(1864) 1월 24일(1/3)에도 나타난다.

42) 《景宗實錄》 3년(1723) 10월 9일(2).

43) 李圭景, 〈大食窯琺瑯器辨證說〉, 앞의 책, 69면. "景宗癸卯, 禮部咨, 雍正元年, 皇帝賜朝鮮國王物種, 有法瑯問鍾一箇."

44) 김건서, 하우봉·홍성덕 공역, 〈陳賀差倭〉, 《增正交隣志》, 민족문화추진회, 1998. 1650년

효종의 즉위를 축하하기 위해 일본의 진하사가 가져온 자명종.

45) 《典客司日記》1777년 3월 22일. 진하차왜(陳賀差倭)가 동래부사에게 진상한 물품을 다시 예조에 올린 것이다. 그 물건 중에 자명종 한 좌(座)와 원경(틀을 갖춘 것) 두 면이 들어 있다. 왕의 즉위를 축하한 것이다. 순조 원년(1801)에도 자명종 한 좌, 원경 두 면을 보냈다.

46) 《廷考》卷1, 1725~1776, 韓國學中央研究院 소장. "景宗, 自鳴鐘記. '自鳴鐘乃倭國所製造也.'"

47) 《承政院日記》경종 4년(1724) 6월 30일(12/12).

48) 《承政院日記》영조 원년(1725) 11월 9일(15/23).

49) 金昌業, 《老稼齋燕行日記》卷6, 癸巳 2월 초9일 丁巳. "中有物如柱如橡如竹者, 簇立無數, 大小不一, 而皆金銀雜塗之. 其上橫實一鐵板, 其一邊鑽穴無數, 一邊如扇形. 俄見日影到其方位, 臺上大小鍾, 各打四聲, 中央大鍾打六聲. 此是自鳴鍾, 不足爲異. 所怪者, 鍾聲纔止, 東邊虹門內, 忽有一陣風聲, 如轉衆輪, 繼而樂作, 笙簧·絲竹之聲, 不知自何處出, 律呂合度, 宮商成調."

50) 李宜顯, 〈庚子燕行雜識〉下, 《陶谷集》: 《韓國文集叢刊》181, 492a면. "(502d) 北京太液池, 暢春苑, 正陽門外市街, 最稱壯麗可賞, 且太學石鼓, 是周時古物, 文山廟, 亦合一遭展敬, 而使臣不得任自出入, 無可奈何, 唯天主臺, 置西洋國主像, 中有日影方位自鳴鍾等物, 頗奇巧可觀, 在領賞歸路, 易於歷見, 而亦因事勢緯繡未果, 殊可恨歎, 至於望海亭角山寺之未登, 尤爲平生一大恨矣."

51) 李端相, 〈答朴和叔〉, 《靜觀齋集》: 《韓國文集叢刊》a130, 203면. "近得新制自鳴鍾, 頗精妙. 前頭無官後, 一番來會同玩可也. 其制頗大, 不堪運耳."

52) 李端相, 〈與從子成朝〉, 같은 책, 316면. "自鳴鍾, 自崔英處, 旣已輪來, 英也上告目, 乞得序文, 可笑."

53) 權尙夏, 〈答閔聖猷〉, 《寒水齋集》: 《韓國文集叢刊》150, 151면. "輪藏未知出處, 似是環轉之器, 曾見自鳴鍾, 外面設一輪鐵, 以象日月運行, 而其中小鐵則不動, 此所謂輪藏心, 或是此類耶, 未可知也."

54) 李瑞雨, 〈自鳴鐘刻燭作二十韻〉, 《松坡集》: 《韓國文集叢刊》b41, 112면. "奇哉日本自鳴鐘, 制度元非出範鎔."

55) 李正臣, 燕行錄, [辛丑六月], 《樂翁遺稿》: 《韓國文集叢刊》b053, 144면. "護國大將軍趙爾郝, 持各色綵紙來見求書, 遂書給十餘丈, 彼欲給黃金鎔自鳴鍾, 而不知運用之法, 辭而不受."

56) 安重觀, 〈自鳴鍾銘 幷序〉, 《悔窩集》: 《韓國文集叢刊》b65, 410면. "自鳴鍾, 測時之器也. 盖其制出於中國, 而古未嘗有, 迺近世巧思者之爲也. 其爲狀如板屋而小, 廣二寸半, 高倍之. 其上懸小銅鍾, 而竪桴於鍾旁屋之內, 以鐵爲機輪而層設之, 使之東西互轉, 時至則桴卽擊鍾. 其聲十二時, 各有多寡之數以別之. 外一面, 綴金鉛兩小圓, 以象日月之行, 日速月遲, 而皆左旋, 晝夜晦望, 各以其節應之. 其牙括緘軸, 動如活物. 暑倣於銅渾之制, 而與古蓮花漏之屬, 同其用, 蓋亦人爲之至巧者也. 然日月之行于太虛也, 其贏縮之度不常, 雖以古之巧曆, 有所不能齊者. 況欲以區區之器測而準之, 豈能無差? 故是器也, 與天時常先後而鮮協焉. 夫如是則殆不若据人目, 而揆日月, 察星斗之爲易知也, 可謂不必用之器也. 然當其陰雨之晝, 晦冥之夜, 日與星月不可見, 而時刻之早晚, 蒙不可知, 則

若此之時, 是器亦可以施行矣. 然則又不可謂不必用也."

57) 李德懋, 〈蟬橘堂濃笑〉, 《青莊館全書》: 《韓國文集叢刊》259a, 140~141면. "厨貧, 鳥定棲而餕飧; 齋冷, 鳥出棲而眠悟. 先生何隨鳥而朝夕之耶? 我以鳥爲自鳴鍾·蓮花漏."

58) 홍대용, 《을병연행록》1, 357~358면.

59) 洪大容, 〈劉鮑問答〉, 《燕記》: 《韓國文集叢刊》248, 248면. "盖自鳴鍾, 原出於西制, 近已遍於天下, 而其機輪之制, 隨以增減, 互有意義, 終不如西産之巧. 如問時·日表之類, 大不盈握, 重不過銖兩, 甚者藏於戒指之中, 機輪細如毫絲而能應時擊鍾如神. 但小者難成而易毀, 其不差刻分, 永久無傷, 實愈大愈好. 此樓鍾之善於通變而爲自鳴之上制也."

60) 南懷仁, 〈熱爾瑪尼亞〉, 《坤輿圖說》卷上. "工作精巧, 制器匪夷所思. 能於戒指内, 納一自鳴鐘."

61) 강희제의 증손자다.

62) 홍대용, 앞의 책, 363면.

63) 홍대용, 같은 책, 같은 곳.

64) 홍대용, 같은 책, 같은 곳.

65) 홍대용, 같은 책, 369~370면.

66) 홍대용, 같은 책, 370면.

67) 이 부분은 《을병연행록》과 《연기》가 달리 표현되어 있다. 《연기》에 의하면 앞에는 세 번, 뒤에는 두 번의 종소리가 나는 것으로 되어 있고, 이것은 미시(未時) 정각의 제2각을 알리는 것이었다. 그런데 《을병연행록》은 앞에는 열두 번, 뒤에는 세 번의 종소리가 울린다고 되어 있고, 시간은 정오 2각으로 되어 있다. 비교하면 《을병연행록》의 뒤의 세 번의 종소리는 두 번의 오기다.

68) 홍대용, 《을병연행록》1, 같은 책, 370면.

69) 洪大容, 〈幻術〉, 《燕記》, 《湛軒書》: 《韓國文集叢刊》248, 303면. "此三種, 皆藏羊膓牙輪於其中. 數周而止. 輒以鐵匙, 由底孔而回籆之, 行走如前也."

70) 〈時辰表〉, 《皇朝禮器圖式》卷3. "謹按, 本朝製時辰表, 鑄金爲之, 形圓, 盤徑一寸五分二釐, 均分時刻以針指之. 内施輪齒, 皆如自鳴鍾之法, 具體而微. 盛以金合, 當盤面處, 空之. 合徑一寸五分二釐, 通厚八分."

71) 洪大容, '角山寺' 〈燕記〉, 《文集叢刊》a248, 287면. "行至鳳凰店, 考問鍾打, 戌正三刻矣."

72) 黄胤錫, 《頤齋亂藁》3, 韓國精神文化研究院, 1997, 429면. 1770년 9월 24일. "曾以使行子弟軍官隨入燕都 得西洋自鳴鍾 大如南草銅匣者 及西洋鐵琴 行必自隨."

73) 홍대용, 《을병연행록》1, 444면.

74) 洪大容, 〈京城記略〉, 《燕記》, 《湛軒書》: 《韓國文集叢刊》248, 282면. "他舖有一件鐵匣常制木

機, 踰一丈, 問其價, 答云五百兩銀. 其虛價胡討如此."

75) 홍대용,《을병연행록》1, 453면.

76) 홍대용,《을병연행록》2, 27~28면.

77) 홍대용, 같은 책, 29~30면.

78) 홍대용, 같은 책, 30면.

79) 洪大容,〈劉鮑問答〉,《燕記》,《湛軒書》:《韓國文集叢刊》248, 250면. "日表者, 無鍾而考時, 烏銅鏤花爲匣. 鮑開匣而指示之, 徑寸之中, 備具機輪之制, 神鏤鬼削, 匪夷所思."

80) 홍대용,《을병연행록》2, 91면.

81) 홍대용, 같은 책, 같은 곳.

82) 홍대용, 같은 책, 같은 곳.

83)《承政院日記》영조 원년(1725) 11월 9일(15/23). "趙榮世 以觀象監提調意啓曰:'上年自內退出問辰鍾一坐, 問鍾二坐, 今本監修補改造事, 下敎. 故問辰鍾則唐本已爲修補. 且二坐, 依樣新造, 以爲進上供上之地. 而問鍾, 則其制度機關, 極其細密, 我國工匠, 決難修補製造. 不得已本鍾二坐, 還入之意, 敢啓.'傳曰:'知道.'"

84) 李德懋,〈器服〉,《蜻蛉國志》,《靑莊館全書》:《韓國文集叢刊》a259, 183면. "自鳴鍾, 俗名時計. 有樓時計臺, 形如鍾樓, 上安自鳴鍾. 有懷中時計, 形甚少, 可入懷中, 始出於阿蘭陁. 有鉤時計掛, 柱邊有二鍾, 一鍾垂下, 一鍾自升."

85) 전자는 페르비스트(남회인)의《곤여외기(坤輿外紀)》〈소자명종(小自鳴鍾)〉에서, 후자는 주량공(周亮工)의《민소기(閩小紀)》〈절기(絶技)〉에서 인용된 것이다.

86) 李圭景,〈大食窰琺瑯器辨證說〉, 앞의 책, 69면. "我之舌人金指南通文館志紀年. 景宗癸卯, 禮部咨, 雍正元年, 皇帝賜朝鮮國王物種, 有法瑯問鍾一箇(今自燕出來自鳴, 問時, 鍾表, 時表等器前面, 並以琺瑯圓片爲飾矣)."

87) 측시의는 기계식 시계가 아닌 어떤 시간을 측정하는 기기인 것으로 보인다. 청나라 심대성(沈大成)의 기록에서 살펴볼 수 있다고 하는데, 그 기록은《학복재잡저(學福齋雜著)》일 것으로 보인다.

88) 李圭景,〈物極生變辨證說〉, 앞의 책, 771면. "至於測時之變, 自鳴鍾而極矣, 自鳴鍾之極, 而問時鍾表, 陰晴節氣表而極矣."

89) 실제로《해국도지(海國圖志)》에는 광주부(廣州府)에 들어오는 물화 가운데 '자명종'과 더불어 '시진표'가 예시되어 있다. 송민(宋敏),〈'時計'의 차용〉,《새국어생활》10권 2호, 국립국어원, 2000년 여름, 137면.

90) 南秉哲,〈驗時儀說〉,《圭齋遺藁》:《韓國文集叢刊》316, 642면. "按瀛環志畧海國圖誌等書, 西洋各國, 皆造此儀. 而佛郞西則都城, 有鐘表匠二千人, 每歲造時辰表四萬件‧自鳴鐘一萬八千架. 其

法時時變易, 奇巧出人意表, 以是觀之, 鐘之幾遍天下宜哉!"

91) 성해응(成海應)도 시진표에 대해 언급하고 있는 것으로 보아, 18세기 말에서 19세기 초반에 회중시계는 이미 상당히 알려졌던 것으로 보인다. 成海應, '時辰表, 雜令式'〈燕中雜錄〉,《研經齋全集》:《韓國文集叢刊》a278, 268면. "時辰表來自西洋, 每日上弦一次晝夜周行, 隨大小針所指, 以定時刻分數, 寒暑無異."

92) 李圭景,〈自鳴鍾辨證說〉, 앞의 책, 514~515면. "嘗聞西土有一種金焉, 其名曰胎葉. 凡諸金一經揉曲, 不能自伸, 而惟此金也, 屈而反張, 撚之自解. 故剪作羊腸鐵爲機, 則能自動自旋, 製小鍾小樂, 非此不成. 或作布穀及小雞, 而隨時自鳴. 或製美人, 使兩瞳自轉, 而應時自鳴. 或使美人彈琵琶, 或使神鬼橫槊. 以爲自鳴之機, 絪縕轉旋, 而不差其度者, 莫匪胎葉·羊腸也."

93) 李圭景,〈亞鉛·折鐵·含錫·胎鑠辨證說〉, 앞의 책, 545면. "近世有胎鑠[一作胎葉], 自燕來, 其狀非銅非鐵, 凡銅鐵一番環曲揉撚, 則必不能更張, 惟此物也, 勿論屈伸, 必復翻張反解, 還故樣後乃已, 卽五金外別種, 古書, 有鐵胎弓者, 似是胎鑠, 今中原與遠西巧器奇物自動自行自鳴之機橛, 用羊腸鐵[以胎葉作回環機橛], 卽能柔能剛或屈或伸, 未知煉法, 然與折鐵恰似, 安知非煉成如折鐵者乎? [或云, 此金一入火中, 不復自屈自伸, 故不得火煉云. 雖未知然否, 然姑記之] 意者, 如法煉出折鐵, 作羊腸機, 更試巧器機橛, 能自屈伸反復, 則必無疑難, 故辨證之以俟知者."

94) 南秉哲,〈驗時儀說〉,《圭齋遺藁》:《韓國文集叢刊》a316, 641~642면. "又有一種坐儀. 卷鐵置箇中, 扺之使屈(俗稱胎葉鐵), 箇外纏鐵緪(俗稱羊腸鐵) 緪之一端, 係於卷鐵之端, 箇具軸安於前後銅版. 又造累級輪(或稱塔輪), 中設不逆環, 鐵緪之一端, 係於累級輪, 亦具軸安之. 以鐵匕轉累級, 移纏鐵緪, 則箇中卷鐵, 由箇求伸, 並箇旋轉, 復移鐵緪. 盖以卷鐵代懸錘, 我東不能造胎葉鐵, 無以作坐儀, 此外物事之增減, 制作之變通, 形貌之異同, 不可殫記也."

95)《孝宗實錄》8년(1657) 5월 26일(2).

96)《顯宗改修實錄》5년(1664) 3월 9일(1), "其後上使宋以穎·李敏哲各以其意, 改造測候之器進之, 置諸宮中."

97)《顯宗實錄》10년(1669) 10월 14일(1).

98) 이민철이 제작한 것은 어좌의 옆에, 송이영이 제작한 것은 홍문관에 두었으나, 이내 대내(大內)로 옮겨졌다. 이때 만들어진 혼천의는 오랫동안 사용되지 않아 숙종 13년(1687) 7월 17일 왕은 최석정의 건의를 따라 수격식은 이민철에게, 자명종 방식은 송이영이 사망했기에 관상관원 이진(李繍)과 장인(匠人) 박성건(朴成建) 등에게 수리를 맡겼는데, 14년(1688) 5월 2일 완성되어 희정각 남쪽의 제정각에 두었다《肅宗實錄》14년(1688) 5월 2일(4)). 이민철의 혼천의는 영조 8년(1732)에도 보수되어 경희궁 흥정당의 동쪽에 규정각을 지어 봉안하였다. 사용할 수 없었지만 건물을 따로 지어 봉안한 것은 '경천근민(敬天勤民)'의 뜻을 나타내고 있기 때문이다《燃藜室記述》別集 第15券, 天文典故, 儀象). 정조는 관상감 제조 서호수(徐浩修)에게 이민철이 만든 혼천의의 수리를 명한다. 정조는 이민철의 혼천의를 높이 평가하지만, 남극과 북극을 36도로 주조해 고정하여 북극 고도가 지역에 따라 달라지는 것을 알지 못한 것과 가운데 산하도(山河圖)를 두어 옥형(玉衡)을 대신한 것은 지구가 완전한 원형이라는 것과 항성천(恒星天)에 비하면 한 점도 되지 못하는 것을 알지 못한 소치라고 비판했다. 正祖,〈日得錄〉,《弘齋全書》:《韓國文

集叢刊》a267, 255면. "中置山河圖, 以代玉衡, 則是未達地體正圓, 比之恒星天, 不啻一點也."

99) 崔錫鼎, 〈自鳴鍾銘 幷序〉, 《明谷集》: 《韓國文集叢刊》a154, 151면. "歲己酉春, 我顯廟命刱造渾天儀, 其一用古水激之法, 護軍李敏哲所造也, 其一卽此架, 形制差小, 用日本自鳴鍾之法, 天文敎授宋以穎所造也, 大璣衡置于御座側, 小璣衡置玉堂, 旣而命並入大內, 我殿下十四年秋, 以渾儀中廢, 命臣錫鼎主管修改, 越明年戊辰夏, 二架成, 玆事顚委, 詳載于臣所撰齊政閣記, 水激渾儀, 則使敏哲修補, 命學士吳道一銘之, 自鳴鍾小架, 則宋以穎已死, 使書雲官李穎匠人朴成建等, 精加重修, 命臣錫鼎銘之, 時著雕執徐夏六月己巳也."

100) 李衡祥, 〈璣衡說〉, 《瓶窩集》: 《韓國文集叢刊》164, 432면. "仲舒問我以璿璣玉衡, 作璣衡說以解." 436면. "下設機輪, 以水激之." "制如自鳴鍾, 互相運激, 以時回轉, 其運機之激, 必有其法, 而今不可臆說."

101) 이형상, 같은 글, 같은 책, 311면. "渾天儀, 別無難造之端, 而第其運機之激, 有難臆造. 萊邑有崔載綸者, 手才極妙, 昨昨年致之京城, 合造璣衡漏局及自鳴鍾, 已設於差備門內, 尤可奇者, 欽敬閣, 壬辰以後, 無人影響, 此人能復之, 固請宜來. 前書所及者此也, 兄或未聞耶? 所思頗異之敎, 益切速奉之望."

102) 李頤命, 〈與西洋人蘇霖戴進賢 庚子〉, 《疎齋集》: 《韓國文集叢刊》172, 462면. "鳴鐘之制, 儘奇妙矣. 日本通南舶, 東人數十年僅一見之, 制造不精, 未數月, 必多差錯, 棄而不用, 亦可惜也. 貴邦所造, 應不如是. 渾天儀, 中國歷代多造, 而下設機輪, 以水激之之法, 不傳於東國. 貴邦或有文字記其制法歟? 東人於此等事, 甚鹵莽, 凡以智曉愚, 以先覺覺後覺, 亦豈非天主之仁也? 或可示其法書否? 茅塞之見, 欲質高明者, 不止于此, 恐煩回敎. 千萬不宜, 只乞明答所禀, 以啓昏蒙."

103) 《英祖實錄》4년(1728) 11월 26일(2).

104) 黃胤錫, 《頤齋亂藁》1, 韓國精神文化硏究院, 1994. 37~38면. 1746. 12. 晦. 《이재난고》는 '羅景勳' 혹은 '羅景壎'으로 표기하고 있다.

105) 황윤석은 나경적을 만나지 못했지만 홍대용은 그를 직접 만나서 같이 혼천의를 만들었다. 따라서 황윤석의 나경훈(羅景勳)이란 표기보다는 홍대용을 따라 나경적이라고 하는 것이 옳다고 생각된다.

106) 황윤석, 같은 책, 같은 곳. "蓋是鍾, 始出西洋. 或云: '倭國傳至我國'. 能倣製者, 京城則崔天若·洪壽海, 湖南則同福縣人羅景勳而已. 有白銅爲之, 或以銅鐵, 或以木之堅緻者. 余昔聞其名, 今始半晌詳察, 眞所謂璇璣之運在吾目中者矣. 遂以一律略記其制云."

107) 황윤석, 같은 책, 37면. "余曾聞 楚山李上舍彦復 新購自鳴鍾 其直六十兩 其制精巧 今秋歸自玉川 歷訪請見." 이하에서 그 제도에 대해 기록하고 있다.

108) 황윤석, 같은 책, 38면. "後聞 晋州地師文再鳳言 崔天若熊川人 洪壽海機張人 並有巧且能 入倭舘 傳習金木土石攻治之法 種種精絶而輪鐘火器尤妙 爲世大用 俱沾末官 或云 倭人者過也 天若至全州府冶家 鑄銅蛙 腹中引火藥貯水 亦能自躍自尿 由是知名 壽海亦所不及云."

109) 최천약의 기술자로서의 면모는 안대회, 〈자명종 제작에 삶을 던진 천재 기술자, 최천

약),《벽광나치오》, 휴머니스트, 2011, 211~249면에 잘 정리되어 있다.

110) 이규상, 민족문학사연구소 한문분과 옮김,《18세기 조선인물지(幷世才彦錄)》, 창작과비평사, 1997, 163~164면.

111) 黃胤錫,《頤齋亂藁》1, 259면. 1761년 5월 16일. "(十六日)乍雨 午發 夕抵庭下 居安丈座上 得觀自鳴鍾鋼鐵造成 乃同福羅景壎甫所鑄 而藏弃者也."

112) 黃胤錫,《頤齋亂藁》7, 韓國精神文化硏究院, 2001, 401면. 1786년 7월 28일. "借得大定朝野彙言十四冊 有其嫡兄德保 大容 印章 又借老稼齋 金公昌業 燕行日記五冊 肅廟壬辰陪夢窩行迠德保宰泰仁所膽者 又借鐵鑄之輪鍾一座 制如余所有 而稍大 亦必羅老 景壎 所製也 鳴鍾觀之 有懷德保 人已九原 傷哉!"

113) 黃胤錫,《頤齋亂藁》6, 韓國精神文化硏究院, 2000, 75면. 1778년 8월 23일. "過泰仁邑內大店 聞主倅洪候大容赴完營未歸 同福安生處仁留衙 卽故羅景壎弟子 而亦能工製輪鍾者也."

114) 黃胤錫,〈輪鐘記〉,《頤齋亂藁》4, 韓國精神文化硏究院, 1998, 103~104면. 1775년 2월 27일. "瑞原廉生永瑞 松京忠敬公悌臣雲耳也 自錦城轉寓菖山 採蔘種藜以自給 餘力叔夜柳下業 嘗與羅老景績 偕製輪鐘 又偕爲籠水閣主人洪大容德保 製大機衡于錦城館 功費四五萬文 德保有中國杭州故人陸飛者 爲記其閣 而羅老 以機衡附見生 實有助焉. 壬辰(1772) 又爲丘珍朴上舍燦璿璨瑛從兄弟所邀 赴興陽虎山 留數年爲製輪鐘二架 是其一也."

115) 李圭景,〈自鳴鐘辨證說〉, 앞의 책, 515면. "近世崔天岳者, 善製此種. 嗣此姜僉樞信及其胤彝中·彝五及金興德命烍最精, 然不知有製作之成書也."

116) 李圭景,〈水鳴鍾·漏鍾表辨證說〉, 같은 책, 433면. "翼宗在邸時 命姜彝中·姜彝五[姜信子, 判尹世晃庶孫, 有奇才多巧器. 彝五, 資一品, 官金海府使], 上設璇璣, 下設鳴鍾, 以牙輪轉機, 與鳴鍾相應. 時刻不爽, 人以爲奇巧有過西人云."

117) 徐有本,〈三游儀銘 幷序〉,《左蘇山人文集》:《韓國文集叢刊》b106, 143면. "河生慶禹精於象數之學, 巧思絶人, 嘗手製自鳴鍾自行車, 已乃棄去, 隱居東湖之上, 躬執百工之事以資生, 然亦未嘗炫能求售於人也."

118) 黃胤錫,《頤齋亂藁》4, 104면. "甲午(1774)十二月二十日, 攜至余禪次, 則初面也. 自言: '世不乏守錢家, 無可語此, 頃聞鳴鍾柳道翼甫, 與夫錦鄕興誦, 惟座下可以有之 是以來耳.' 余曾獲從人愛玩於京外, 今旣不求自至, 何可孤也. 爲留四日, 旁圖富儥, 至欲典內子裀衣及其薄田 而歲大凶, 一切閉出, 米莫之售, 僅得五百文, 姑贐其行. 生亦唱曰: '家力如此, 猶眷眷獨至, 使我市人也. 雖求直倍蓰何怪? 但重器非其人勿傳. 吾又何慳. 他日改理幸完, 則因而有之可矣.' 二十四日乃去. 期以三月若九月."

119) 황윤석, 같은 책, 103~109면. 1774년 1월 20일. "甲午正月二十日, 廉君永瑞, 始以輪鐘來留五日, 以二十四日歸, 先給價五兩, 期以三月來理病處而有難色."

120) 황윤석, 같은 책, 같은 곳. "二月初二日至六日 與羅村一次共理輪鐘病處 未完而停 蓋待廉君 有難色 未易坐待也. 三月初三日, 因鄰村白君尙魯, 聞廉君安信. 二十五日, 廉君始至, 共赴冶家,

理輪鐘者. 六日而猶未完. 四月初一日, 廉君歸. 又給價二兩. 期以麥秋或九月更來理. 而前後徒費精力, 反不如不買耳. 九月, 廉君至, 竟不理而歸. 乙未正月初十日, 全州府內西門外冶金興得來. 請以二月念前來理輪鐘, 手價四兩. 二月二十一日, 始得冶匠宋貴白, 共理輪鐘, 以其妙手故也. 三月二十七日, 改理略完. 宋冶之歸, 給手價四兩, 而銅鐵雜價, 又不許焉. 是時三十六日間, 余實汩沒此役, 左手大指次指, 并成胝頑, 因又隱疼, 右指亦覺胝頑. 此皆喪志之害, 可不戒哉! 辛丑十二月追聞, 四月初五日廉君暴逝, 慟哉!"

121) 黄胤錫, 〈輪鐘記〉, 《頤齋亂藁》4, 104면. 1775년 2월 27일. "余意其隱者流也 乃作輪鐘記 如徐子先李振之于利熊二子云. 輪鐘者 東俗所呼自鳴鐘也 刱自泰西諸國 明萬曆中 耶蘇會士利瑪竇傳入中國 歷燕市而東 亦有江浙海舶 轉出日本 依製來者要之 非好古者不有也 其制 或銅或錫或鐵 而銅錫華而已 惟鐵剛耐久 不遽磨損 故余所得諸廉生者 外以其華 內以其剛 爲其外多靜而內多動也."

122) 南秉哲, 〈驗時儀說〉, 《圭齋遺藁》: 《韓國文集叢刊》316, 642면. "自鳴鐘, 本西洋驗時之儀. 明萬曆年, 始入中國, 人皆異之. 吳梅村詩, 至有異物每邀天一笑自鳴鐘與自鳴琴之句. 今則甚多. 在我東者, 亦不下累十百事."

123) 李裕元, 〈心庵明見〉, 앞의 책, 677면. "余嘗請於趙公曰: '晚近, 泰西時鍾, 無人不愛. 公獨不然, 何也?' 公曰: '非我之不愛. 爲其促老, 故遠之也. 盖鍾鳴則時去, 時去則人老. 以若催景之物, 課日相對, 人何以堪乎?' 公之此說, 似託意而發, 然見解則明也. 每對時鐘, 輒思公言."

124) 李圭景, 〈時衡辨證說〉, 앞의 책, 509면. "中原與西國晷盤, 制極精微, 而準我日晷, 則差爽不可用矣. 且有一病, 昏夜陰雨之時, 雖有日晷, 無如之何矣. 如用漏箭, 則不分晝夜雨暘, 可以通行. 然如當沍寒, 易値水凍, 則日晷漏箭, 亦不可恃者. 惟有自鳴·間時·時表等器, 尤非寒士所可畜焉."

125) 홍경모(洪敬謨)는 자신의 집에 소장하고 있는 자명종에 대해 "서양에서 만든 것이며, 추와 침의 오묘함과 형아(衡牙)와 종을 치는 제도가 모두 갖추어져 있다. 이 자명종은 크기가 장(丈)에 차지 않지만, 하늘의 높음과 해와 달의 넓을 집을 나서지 않아도 그 운행의 궤도를 알수 있는 것이 마치 부절을 합한 것 같다."면서 "기이한 것"이라 평가했다. 洪敬謨, 〈家藏器玩銘〉, 《冠巖全書》: 《韓國文集叢刊》b113, 257면. "自鳴鍾幷序. 自鳴鍾, 西洋所造也. 鍾輪懸針之妙, 衡牙撞鍾之制咸具. 是器也大不盈丈, 而天之高也日月之遠也. 不出戶而知其運行之軌度, 若合符契, 可謂奇矣."

126) 《高宗實錄》19년(1882) 4월 6일(3). "有關民生日用者, 照估價値百抽稅不得過一十; 其奢靡玩要等物, 如洋酒·呂宋煙·鍾表之類, 照估價値百抽稅不得過三十."

127) 《承政院日記》고종 21년(1884) 6월 17일(22/23). "以時標言之, 有掛者焉, 有坐者焉, 有佩者焉. 小大不一, 千百其狀, 一時盛行, 莫之禁遏, 抑或有益於利用厚生之道耶? 抑又有助於消災導化之功耶?"

128) 같은 글, "蓋歲有十二月, 日有十二時, 時有刻, 刻有分. 推其已然之跡, 則可知將來之妙. 時標之前, 未聞子午之相錯, 奈之何愛好之貴重之, 費銀而貿易哉?"

5장 양금, 국악기가 된 서양 악기

1) 朴趾源, 〈銅蘭涉筆〉, 《熱河日記》, 《燕巖集》: 《韓國文集叢刊》 a252, 325~326면. "歐邏鐵絃琴, 吾東謂之西洋琴, 西洋人稱天琴, 中國人稱番琴, 亦稱天琴."

2) 洪大容, 〈樂器〉, 《燕記》, 《湛軒書》: 《韓國文集叢刊》 a248, 313면. "洋琴者, 出自西洋. 中國效而用之. 桐板金絃, 聲韻鏗鏘, 遠聽如鍾磬. 惟太滌蕩近噍殺, 不及於琴瑟遠矣. 小者十二絃, 大者十七絃. 大者益雄亮也."

3) 姜世晃, 〈西洋琴〉, 《豹菴稿》: 《韓國文集叢刊》 b80, 396면. "東人或有貿至者, 未知其鼓法與聲調之如何耳."

4) 홍대용, 앞의 글, 같은 곳. "凡宴樂, 用笙簧·琵琶·壺琴·洋琴·絃子·竹笛六種, 如東俗三絃樂."

5) 朴趾源, 〈亡羊錄〉, 《熱河日記》, 앞의 책, 247면. "余問: '歐邏銅絃小琴, 行自何時?' 鵠汀曰: '不知起自何時, 而要之百年以外事也.' 亨山曰: '明萬曆時, 吳郡馮時可, 逢西洋人利瑪竇於京師, 聞其琴. 又有所持自鳴鍾, 已自有記, 盖萬曆時, 始入中國也. 西人皆精曆法, 其幾何之術, 爭纖較忽, 凡所製造, 皆用此法. 中國累黍反屬蠡荇. 且其文字, 以聲爲義, 鳥獸之音, 風雨之響, 莫不審於耳而形于舌. 自謂能識八方風, 能通萬國語, 亦自號其琴爲天琴.' 問: '其紅籤所書, 是何所標.' 鵠汀曰: '這是調絃工工尺尺.'"

6) 朴趾源, 〈銅蘭涉筆〉, 《熱河日記》, 같은 책, 325~326면. "吳郡馮時可, 始至京得之. 利瑪竇以銅鐵絲爲絃, 不用指彈, 只以小板案, 其聲更淸越云. 又自鳴鍾, 僅如小香盒, 精金爲之, 一日十二時, 凡十二次鳴, 亦異云云. 并見蓬牕續錄. 蓋此兩器, 皇明萬曆時, 始入中國也."

7) 馮時可, 《蓬窓續錄》: 陶珽 編, 《說郛續》: 《續修四庫全書》 1190, 505~506면. "聚頭扇卽摺疊扇, 永樂間盛行于國. 東坡謂高麗白松扇, 展之廣尺餘, 合之只兩指. 倭人所製泥金面烏竹骨卽此. 余至京, 有外國道人利瑪竇贈予倭扇四柄, 合之不能一指, 甚輕而有風, 又堅緻. 道人又出番琴, 其製異于中國, 用銅鐵絲爲絃, 不用指彈之, 以小板案, 其聲更淸越. 又有自鳴鍾, 僅如小香盒. 精金爲之, 一日十二時, 凡十二次鳴, 亦異物也."

8) 洪大容, 〈樂器〉, 《燕記》, 《湛軒書》: 《韓國文集叢刊》 a248, 313면. "宿鳳城, 主人子艾引年年十四五, 頗識字, 聽之低廻不忍去, 如有冥會也. 至界面聲, 忽悽然含淚. 問其故, 面紅而不答. 聲樂之感人如此. 而哀怨之極, 至使人涕下, 可知其淫靡也."

9) 黃胤錫, 《頤齋亂藁》 6, 韓國精神文化硏究院, 2000, 54면. 1779년 7월 29일. "但洪君雖通曆數二學, 而律家則似通俗樂耳."

10) 朴趾源, 〈銅蘭涉筆〉, 《熱河日記》, 앞의 책, 325~326면. "歐邏鐵絃琴, 吾東謂之西洋琴, 西洋人稱天琴, 中國人稱番琴, 亦稱天琴. 此器之出我東, 未知何時, 而其以土調解曲, 始于洪德保. 乾隆壬辰六月十八日, 余坐洪軒, 酉刻立見其解此琴也. 槪見洪之敏於審音, 而雖小藝, 旣系刱始, 故余詳錄其日時. 其傳遂廣, 于今九年之間, 諸琴師無不會彈."

11) 박지원, 같은 글, 같은 곳. "蓋此兩器, 皇明萬曆時, 始入中國也. 余山中所有洋琴, 背烙印五音舒記, 製頗精好, 故今來中國, 爲人應求, 遍覽所謂五音舒, 而竟未得."

12) 朴趾源,〈酬素玩亭夏夜訪友記〉,《燕巖集》:《韓國文集叢刊》a252, 64면. "新學鐵絲小琴, 倦至 爲弄數操."

13) 이하는 박종채, 김윤조 옮김,《역주 과정록》, 태학사, 1997, 49~50면에 의한 것이다.

14) 李圭景,《歐邏鐵絲琴譜》: 國立國樂院傳統藝術振興會 編,《韓國音樂學叢書》14, 國立國樂院, 1989, 92면. "流出我東, 則幾正六十載, 終無翻曲, 徒作文房奇器摩弄而已. 正宗朝年當俟考年, 掌 樂院典樂朴寶安者隨使入燕始學鼓法, 翻以東音, 自此傳習, 而以手相授, 苦無字譜, 旋得隨失."

15) 趙熙龍,〈金檍·林熙之傳〉,《壺山外記》, 아세아문화사, 1974, 22면. "東方有洋琴, 而聲促, 無 節歌者. 檍始和之, 瀏瀏可聽. 今鼓之者不知自檍始."

16) 成大中,〈記留春塢樂會〉,《靑城集》:《韓國文集叢刊》a248, 466b면. "洪湛軒大容置伽倻琴, 洪 聖景景性操玄琴, 李京山漢鎭袖洞簫, 金檍挈西洋琴, 樂院工普安亦國手也. 奏笙簧, 會于湛軒之留 春塢. 兪聖習學中, 侑之以歌, 嘐嘐金公用謙, 以年德臨高坐, 芳酒微醺, 衆樂交作, 園深晝靜, 落花 盈階, 宮羽遞進, 調入幽眇. 金公忽下席而拜, 衆皆驚起避之. 公曰: '諸君勿怪, 禹拜昌言. 此勻天廣 樂也, 老夫何惜一拜.' 洪太和元燮亦與其會, 爲余道之如此, 湛軒捨世之翌年, 記."

17) 박종채, 앞의 책, 50면. "時夜靜, 樂作, 嘐嘐公乘月不期而至, 聽笙琴迭作. 意甚樂, 扣案上銅 盤以節之, 誦詩伐木章, 興勃勃也."

18) 朴趾源,〈夏夜讌記〉,《燕巖集》:《韓國文集叢刊》a252, 62~63면. "二十二日, 與麯翁步至湛軒, 風舞夜至. 湛軒爲瑟, 風舞舞而和之, 麯翁不冠而歌. 夜深流雲四綴, 暑氣乍退, 絃聲益淸, 左右靜默, 如ял家之內觀臟神, 定僧之頓悟前生."

19) 南公轍,〈閔生詩集序〉,《金陵集》:《韓國文集叢刊》a272, 203면. "壬寅秋, 余與君携潘秋鐵琴, 遊南山. 君飮酒愈多, 而作詩愈不窮. 日且暮, 君上太一巖絶頂, 彈琴至曙, 宮羽相宣, 操絃驟作, 其 憂深而思遠者, 猗蘭履霜之操也, 其調高而韻淸者, 伯牙子期之音也. 紓然而和, 凄然而悲, 如湘水羈 臣之痛哭也, 如閨房怨女之愁恨也. 及其曲終, 風吹木落, 鵾鵬磔磔驚起於雲霄之間, 慍愉憂憤, 皆出 於心, 而以辨其正變高下, 不知誰爲詩而誰爲琴也."

20) 姜彛天,〈漢京詞〉106수,《重菴稿》:《韓國文集叢刊》b111, 444면. "笙管十三韻本淸, 西洋㮔 製鐵絲橫, 近來解按靑邱曲, 梅月嬌歌許和生."

21) 李學逵, 感事三十四章 甲申,《洛下生集》:《韓國文集叢刊》a290, 550면. "笙簧洋琴覊於音樂 者, 悉蓄之."

22) 張混,〈平生志〉淸供 八十種,《而已广集》:《韓國文集叢刊》a270, 579면. "古琴, 古劍, 古鏡, 古墨, 法書, 名畫, 端溪硯, 湖州筆, 名香, 名茶, 洋缾, 癭木瓢, 花箋, 硯滴, 筆架, 硏匣, 淸濁酒, 黑白 碁, 竹壺, 楸枰, 書牀, 書皮, 藥臼, 爐龕, 茶鼎, 茶籯, 木枕, 竹榻, 葦簾, 紙帳, 蒲扇, 羽扇, 籜冠, 葛 巾, 篛笠, 蓑衣, 藜杖, 芒屩, 蠟屐, 薤簞, 葫蘆, 鑾鞶, 詩筒, 字牌, 琴訣, 碁譜, 怪石, 靑氈, 古梅, 名 菊, 梧桐, 芭蕉, 葡萄架, 桔柏屛, 參同契, 黃庭經, 金剛經, 楞嚴經, 漢魏詩, 唐宋詩, 養生書, 種樹書, 高士傳, 列仙傳, 輿地圖, 歷代圖, 木燭臺, 玉書鎭, 留客環, 竹夫人, 洋琴, 洞簫, 笙簧, 琵琶, 瘦鶴, 蹇驢, 同調友, 知文僮, 玉章, 圖書, 血標, 印朱."

23) 劉在建 편,《里鄕見聞錄》, 아세아문화사, 1974, 58면. "歲庚申, 見洋琴盛行於國中, 言於海石金相國, 曰: '此聲, 殺伐之聲也. 東方屬木, 而金聲方盛, 金實克木, 其將有邪鬒之變起於肘腋之下乎.' 翌年辛酉, 耶蘇獄起, 坐死者甚衆, 株連不拔, 至今爲憂."

24) 金正喜,〈番琴銘〉,《阮堂集》:《韓國文集叢刊》a301, 130면. "小正盡廢. 乃至此音, 誰返樂本?"

맺음말

1) 金䃘行, 步虛詞,《密菴集》:《韓國文集叢刊》b83, 150면. "'明月玲瓏處處家, 銀河渺渺生微波. 十洲來往無人見, 寂寞碧桃千歲花.' 仙子語皆以銀河爲水, 而余則常以爲是水之精, 如陽精之爲日, 陰精之爲月, 近看未必有形, 遠看故如是矣. 又聞西洋劉松齡之言, 謂是衆小星, 其國有万里鏡, 歷歷可見云, 此說亦頗近理. 果如劉說則微波之云, 得無爲眞仙所笑乎, 聊復書之."

2) 申緯,〈冬夜雨, 寮糊窓褙壁訖, 口占三絶, 示兒輩〉,《警修堂全藁》:《韓國文集叢刊》a291, 213a 면. "天寒葉脫露山家, 墐戶還頂風雨遮. 四壁盡教書畵占, 只留明月印櫺紗. 明代紙品糊窓格者曰櫺紗紙. 出天工開物."

3) 안대회,〈18·19세기 조선의 백과전서파와《화한삼재도회》〉,《대동문화연구》69, 성균관대학교 대동문화연구원, 2010을 볼 것.

4) 李圭景,〈序〉,《五洲衍文長箋散稿》上, 1면. "大抵名物度數之術, 縱不及性命義理之學, 亦不可偏發不講, 視若異端也."

5) 姜世晃,〈眼鏡〉,《豹菴遺稿》卷5. "又有以琉璃長數寸, 而大如刀欛者, 削作三稜, 隔眼視物, 則物物皆具五彩, 紅碧爛然. 此亦無可用也."

6) 朴思浩,〈燕薊紀程〉,《心田稿》제1권, 기축년(1829, 순조 29) 3월 9일.

7) 자명금과 자명악은 오르골 같은 것이 아닌가 한다.

8) 徐有榘,〈論士夫宜留意工制〉,《林園經濟志》2, 保景文化社, 1983, 501면. "我東依山環海, 一切利用厚生之具, 不藉他國而足. 而百藝隨荒, 其用塩惡, 苟非北轄燕貨, 東購倭産, 則養生送死, 皆無以爲禮. 此, 其故何哉? 蔽一言, 曰: '士大夫之過也.'"

9) 서유구, 같은 글, 같은 곳. "平居傲然自處以治人食人之義, 而不肯留心工制."

10) 서유구, 같은 글, 같은 곳. "京城內梓人圬者, 攻金攻石之工, 都不過數百而皆繫籍衙門, 非有力者莫可使役."

11)〈提要〉,《御製曆象考成後編》. "自康熙中, 西洋噶西尼·法蘭德等, 出又新製墜子表以定時, 千里鏡以測遠以發第谷未盡之義."

12)〈攝光千里鏡〉,《皇朝禮器圖式》卷3. "謹按, 本朝製攝光千里. 鏡箭長一尺三分, 接銅管二寸六分. 鏡凡四重, 管端小孔, 内施顯微鏡, 相接處施玻璃鏡, 皆凸向外. 箭中施大銅鏡凹向外, 以攝影.

鏡心有小圓孔, 近筒端, 施小銅鏡凹向內, 周隙通光, 注之大鏡而納其影."

13) 임병양란 이후 사족 체제는 전쟁과 체제 자체가 드러낸 모순을 타개하고자 다양한 개혁적 프로그램을 제출하기 시작하였다. 그중 국가권력을 장악하고 있던 일부 경화세족은 체제 운영상의 문제와 그에 따른 더욱 정확한 정보를 풍부하게 획득할 수 있었으므로 그들의 개혁적 프로그램이 가장 우월하였다. 이른바 실학자로 불리는 사람들이 서울을 제외한 지역에서는 거의 나오지 않고, 절대다수가 경화세족인 것은 바로 이 때문이다. '근기실학파(近畿實學派)'란 사실상 경화세족임을 의미한다.

그림 출처

1장 안경, 조선인의 눈을 밝히다

그림 2 《朝鮮時代 文房諸具》, 國立中央博物館, 1992, 99면.

그림 3 문화재청 편, 《한국의 초상화》, 눌와, 2007, 327면.

그림 4 문화재청 편, 《한국의 초상화》, 눌와, 2007, 330면.

그림 5 《韓國의 美—衣裳·裝身具·袱》, 國立中央博物館, 1988, 85면.

그림 6 《사진과 해설로 보는 온양민속박물관》, 溫陽民俗博物館, 1996, 52면.

그림 7 《한국 복식 2천년》, 국립민속박물관, 1995, 135면.

그림 8 《韓國의 美—衣裳·裝身具·袱》, 國立中央博物館, 1988, 85면.

3장 유리거울에 비추어 본 조선

그림 14 국립민속박물관 홈페이지(www.nfm.go.kr), 소장품번호: 민속 077528.

그림 15 국립민속박물관 홈페이지(www.nfm.go.kr), 소장품번호: 민속 027324.

그림 16 국립민속박물관 홈페이지(www.nfm.go.kr), 소장품번호: 민속 033866.

그림 19 국립민속박물관 홈페이지(www.nfm.go.kr), 소장품번호: 민속 027313.

그림 20 《語文生活》 통권 제209호, 한국어문회, 2015년 4월, 표지.

그림 21 국립민속박물관 홈페이지(www.nfm.go.kr), 소장품번호: 민속 001367, 민속 004116.

그림 24 국립민속박물관 홈페이지(www.nfm.go.kr), 소장품번호: 민속 002557.

그림 25 趙善美, 《韓國肖像畵 研究》, 悅話堂, 1994, 334면.

그림 26 《豹菴 姜世晃》, 예술의전당 서울서예박물관, 2003, 26면.

4장 자명종이 맞닥뜨린 조선의 시간

그림 29 카를로 M. 치폴라, 최파일 옮김,《시계와 문명》, 미지북스, 2013, 140면.

그림 32 《조선 선비의 서재에서 현대인의 서재로》, 경기도박물관, 2012, 88면.

그림 33 《조선 선비의 서재에서 현대인의 서재로》, 경기도박물관, 2012, 52면.

그림 34 《조선 선비의 서재에서 현대인의 서재로》, 경기도박물관, 2012, 56면.

그림 35 《조선 선비의 서재에서 현대인의 서재로》, 경기도박물관, 2012, 62면.

그림 36 《조선 선비의 서재에서 현대인의 서재로》, 경기도박물관, 2012, 72면.

그림 37 《조선 선비의 서재에서 현대인의 서재로》, 경기도박물관, 2012, 71면.

5장 양금, 국악기가 된 서양 악기

그림 38 《우리악기 보고듣기》, 경북대학교박물관, 2005, 92면.

조선에 온 서양 물건들

지은이 | 강명관

1판 1쇄 발행일 2015년 12월 21일
1판 3쇄 발행일 2017년 9월 25일

발행인 | 김학원
편집주간 | 김민기 황서현
기획 | 문성환 박상경 임은선 김보희 최윤영 조은화 전두현 최인영 이보람 김진주 정민애 이효은
디자인 | 김태형 유주현 구현석 박인규 한예슬
마케팅 | 이한주 김창규 김한밀 윤민영 김규빈
저자·독자서비스 | 조다영 윤경희 이현주(humanist@humanistbooks.com)
스캔·출력 | 이희수 com.
조판 | 홍영사
용지 | 화인페이퍼
인쇄 | 청아문화사
제본 | 정성문화사

발행처 | (주)휴머니스트 출판그룹
출판등록 | 제313-2007-000007호(2007년 1월 5일)
주소 | (03991) 서울시 마포구 동교로23길 76(연남동)
전화 | 02-335-4422 팩스 | 02-334-3427
홈페이지 | www.humanistbooks.com

ⓒ 강명관, 2015

ISBN 978-89-5862-971-9 03900

* 이 도서의 국립중앙도서관 출판시도서목록(CIP)은 e-CIP홈페이지(http://www.nl.go.kr/ecip)와 국가자료공동목
  록시스템(http://www.nl.go.kr/kolisnet)에서 이용하실 수 있습니다.
  (CIP제어번호: CIP2015032742)

만든 사람들

편집주간 | 황서현
기획 | 전두현(jdh2001@humanistbooks.com) 박상경 정다이
편집 | 김선경 임미영
디자인 | 김태형 최우영